决策理论与方法

Decision Theory and Method

第2版 | 王国华　梁樑 ■ 编著

中国科学技术大学出版社

内 容 简 介

决策理论与方法是研究决策行为基本理论和方法的一门新学科,也是涉及管理学、统计学、运筹学、系统科学、信息科学等许多领域,综合性较强的一门应用学科。本教材分为9章,主要内容包括决策理论基础、若干多属性决策方法、德尔菲法、博弈论基础、投票理论、谈判学、战略决策和决策支持系统等。

本书可作为公共管理类研究生教材以及经济与管理类本科生教材,也适合各级政府管理工作者阅读和参考。

图书在版编目(CIP)数据

决策理论与方法/王国华,梁樑编著. —2 版. —合肥:中国科学技术大学出版社,2014.1 (2023.8重印)

ISBN 978-7-312-03393-3

Ⅰ. 决⋯ Ⅱ. ①王⋯②梁⋯ Ⅲ. 决策学—高等学校—教材 Ⅳ. C934

中国版本图书馆 CIP 数据核字(2013)第 309442 号

出版	中国科学技术大学出版社
	安徽省合肥市金寨路 96 号,230026
	http://press.ustc.edu.cn
	https://zgkxjsdxcbs.tmall.com
印刷	安徽省瑞隆印务有限公司
发行	中国科学技术大学出版社
经销	全国新华书店
开本	787 mm×1092 mm 1/16
印张	20.75
字数	505 千
版次	2006 年 3 月第 1 版 2014 年 1 月第 2 版
印次	2023 年 8 月第 6 次印刷
印数	11001—12500 册
定价	39.80 元

第 2 版前言

　　现代决策理论是第二次世界大战以后在系统理论的基础上，吸收了行为科学、运筹学和计算机科学等其他相关学科的研究成果而发展起来的一门有关决策过程、准则、类型及方法的较完整的理论体系。当代著名管理学家、诺贝尔经济学奖得主赫伯特·西蒙认为，管理就是决策，决策贯穿于管理的全过程，决定了整个管理活动的成败。可见，掌握必要的现代决策理论、技术与方法对于各级各类管理人员提升其工作实践能力、综合素质水平都是极为重要的。

　　决策科学的发展是一个不断充实、不断完善、不断提高的过程。尽管目前人们对决策科学的范畴、结构、内容等还缺乏统一的认识，但是决策的基本理论与方法无疑是决策科学的重要组成部分。本教材分为 9 章，主要内容包括决策理论基础、若干多属性决策方法、德尔菲法、博弈论基础、投票理论、谈判学、战略决策和决策支持系统等。教材根据中国科学技术大学管理学院多年采用的教学讲义改写，在教材编写过程中，得到了中国科学技术大学管理学院各级领导、各位老师的关心和大力支持。2006 年以来，经过多年的教学和科研实践，结合决策科学的一些新的发展，本教材作了适当修改、补充并重新出版。主要修订工作如下：适当增加了决策理论基础内容的介绍，完善了相关章节知识点的衔接性，对部分研究发展较快的领域作出说明，对教学中学生存在疑惑的一些共性问题加以补充阐述，并对原教材中的个别疏漏进行了修正。

　　由于作者水平有限，加之学科发展日新月异，书中有不足和错误之处在所难免，恳请各位专家、学者批评指正。

编　者

2013 年 12 月于合肥

前　言

决策自古有之，国内外历史上曾经涌现出众多具有深谋远虑的政治家、军事家，他们都是优秀的决策者。但是，他们所作的决策都是凭借决策者的阅历、知识和睿智，是靠个人的经验，所以称为经验决策。经验决策仅仅适用于规模狭小、环境变化影响不十分显著的决策问题。随着社会主义市场经济和社会主义民主政治的不断发展，企业面临规模不断扩大、信息瞬息多变、竞争日趋激烈的经济环境，政府和公共管理机构面对社会因素和外部环境错综复杂的局面，传统的经验决策已经远远不能满足管理工作的需要。现代管理与传统管理的主要区别在于决策的科学化和定量化，定性分析与定量分析相结合，应用现代的模型技术和信息技术，对规模庞大、结构复杂的决策问题作出准确分析和及时判断。

当代著名的管理学家、诺贝尔经济学奖获得者西蒙教授这样说过："管理就是决策。"这一精辟论断，突出了决策在现代管理中的核心地位。

决策理论与方法是研究决策行为基本理论和方法的一门新学科，也是涉及管理学、统计学、运筹学、系统科学、信息科学等许多领域，综合性较强的一门应用学科。学习现代科学决策知识，已是各级管理人员的当务之急。决策科学的发展是一个不断充实、不断完善、不断提高的过程。目前，尽管人们对决策科学的范畴、结构、内容等尚缺乏统一的认识，但是决策的基本理论与方法无疑是决策科学的重要组成部分。

科学决策揭示出决策的本质和决策的规律性，破除了决策是单纯个人智慧体现的陈旧观念。科学的决策概念引导组织成员理解自己在组织决策中的地位，使"参与决策、作出决策"的观念成为组织成员的共识。广大组织成员了解、掌握科学决策的道理和基本方法，将使组织的决策更加正确、更加合理、更加容易实施。

本教材分为9章，主要内容包括决策理论基础、若干多属性决策方法、德尔菲法、博弈论基础、投票理论、谈判学、战略决策和决策支持系统等。教材根据中国科学技术大学管理学院课程多年采用的教学讲义改写。在教材编写过程中，得到了中国科学技术大学管理学院各级领导和老师的关心和支持，在此一并表示诚挚的谢意。中国科学技术大学数字化管理实验室的部分博士研究生也参与了案例搜集和教材编写工作，在此也对他们的辛勤工作表示感谢。

由于作者水平有限，加之时间仓促，书中有不足和错误之处在所难免，敬请各位专家和读者指正。

编　者

2005年12月于合肥

目　　录

第 2 版前言 ………………………………………………………………………（ i ）

前言 ………………………………………………………………………………（iii）

第 1 章　决策理论基础 …………………………………………………………（ 1 ）

 1.1　决策的基本原理 …………………………………………………………（ 1 ）

  1.1.1　决策的基本要素 ……………………………………………………（ 1 ）

  1.1.2　决策过程 ……………………………………………………………（ 3 ）

  1.1.3　决策的系统观 ………………………………………………………（ 5 ）

 1.2　公共领域的决策特点 ……………………………………………………（ 6 ）

  1.2.1　现代公共决策的界定 ………………………………………………（ 6 ）

  1.2.2　现代公共决策的主要特征 …………………………………………（ 7 ）

 1.3　效用 ………………………………………………………………………（10）

  1.3.1　理性行为公理 ………………………………………………………（10）

  1.3.2　效用的概念 …………………………………………………………（11）

  1.3.3　效用函数 ……………………………………………………………（12）

  1.3.4　效用函数的构造 ……………………………………………………（12）

 1.4　风险 ………………………………………………………………………（14）

  1.4.1　中立型效用函数 ……………………………………………………（14）

  1.4.2　保守型效用函数 ……………………………………………………（15）

  1.4.3　冒险型效用函数 ……………………………………………………（16）

 1.5　风险决策准则 ……………………………………………………………（17）

  1.5.1　不确定型决策分析 …………………………………………………（17）

  1.5.2　风险型决策分析 ……………………………………………………（21）

 思考题 …………………………………………………………………………（31）

 案例分析 ………………………………………………………………………（31）

第 2 章　多属性决策分析 ………………………………………………………（**35**）

 2.1　多属性决策指标体系 ……………………………………………………（35）

  2.1.1　指标体系的基本概念 ………………………………………………（35）

2.1.2　指标体系设置的原则 ……………………………………………（36）
　　2.1.3　决策指标的标准化 …………………………………………………（36）
　　2.1.4　决策指标权重的确定 ………………………………………………（39）
2.2　多属性决策方法 ……………………………………………………………（42）
　　2.2.1　简单线性加权法 ……………………………………………………（42）
　　2.2.2　理想解法 ………………………………………………………………（43）
　　2.2.3　改进的理想解法 ……………………………………………………（46）
　　2.2.4　功效系数法 ……………………………………………………………（47）
2.3　AHP方法 ……………………………………………………………………（49）
　　2.3.1　AHP方法的基本原理 ………………………………………………（49）
　　2.3.2　判断矩阵 ………………………………………………………………（52）
　　2.3.3　递阶层次结构权重解析过程 ………………………………………（58）
2.4　AHP方法在高校人事分配制度改革中的应用 ………………………（64）
思考题 …………………………………………………………………………………（69）
案例分析 ………………………………………………………………………………（70）

第3章　一种效率评估方法——DEA （84）

3.1　DEA概述 ……………………………………………………………………（84）
　　3.1.1　DEA的产生 ……………………………………………………………（84）
　　3.1.2　DEA的优点 ……………………………………………………………（85）
　　3.1.3　DEA模型应用研究工作 ……………………………………………（85）
　　3.1.4　DEA操作步骤 …………………………………………………………（85）
3.2　CCR模型的基本原理 ………………………………………………………（86）
　　3.2.1　CCR模型 ………………………………………………………………（86）
　　3.2.2　评价系统的DEA有效性 ……………………………………………（88）
　　3.2.3　评价系统DEA有效性的判定 ………………………………………（89）
　　3.2.4　DEA有效决策单元的构造 …………………………………………（91）
3.3　DEA有效性的经济意义 ……………………………………………………（92）
　　3.3.1　生产函数和生产可能集 ……………………………………………（92）
　　3.3.2　DEA有效性的经济意义 ……………………………………………（94）
　　3.3.3　生产活动规模收益的判定 …………………………………………（95）
3.4　CCR模型在公共行政领域的应用 ………………………………………（97）
　　3.4.1　基于DEA的中国区域投资有效性分析 ……………………………（97）
　　3.4.2　污水处理厂规模与技术相对有效评估研究 ………………………（101）
案例分析 ………………………………………………………………………………（104）

第4章　专家咨询方法——德尔菲法 （109）

4.1　德尔菲法基本原理 …………………………………………………………（109）
　　4.1.1　什么是德尔菲法 ………………………………………………………（109）

  4.1.2 德尔菲法的特点 ··· (109)
  4.1.3 德尔菲法的构成要素 ·· (110)
  4.1.4 德尔菲法的注意事项 ·· (110)
  4.1.5 对德尔菲法的评价 ·· (112)
 4.2 德尔菲法的操作分析过程 ·· (112)
  4.2.1 德尔菲法的操作程序 ·· (112)
  4.2.2 征询调查表的制订 ·· (114)
  4.2.3 专家小组的选择 ·· (115)
  4.2.4 德尔菲法中常用的统计方法 ······································ (115)
 4.3 德尔菲法的一些变化方法 ·· (116)
 4.4 德尔菲法实际应用案例 ·· (118)
  4.4.1 旅游的区域环境效应研究——安徽黄山市实证分析 ················ (118)
  4.4.2 我国生物高技术产业发展预测和评价研究 ·························· (121)
 案例分析 ·· (125)

第5章 博弈分析方法 ·· **(138)**

 5.1 博弈论概述 ·· (138)
  5.1.1 博弈论简史 ·· (138)
  5.1.2 博弈论的基本概念 ·· (139)
 5.2 博弈的基本类型 ·· (141)
  5.2.1 完全信息静态博弈:纳什均衡 ···································· (142)
  5.2.2 完全信息动态博弈:子博弈精炼纳什均衡 ·························· (148)
  5.2.3 不完全信息静态博弈:贝叶斯纳什均衡 ···························· (152)
 5.3 博弈论在公共行政领域的应用 ·· (159)
  5.3.1 公共行政的历史 ·· (159)
  5.3.2 博弈论在公共行政领域的应用 ···································· (161)
 思考题 ·· (164)
 案例分析 ·· (165)

第6章 投票理论与方法 ·· **(175)**

 6.1 社会选择概述 ·· (175)
  6.1.1 什么是社会选择 ·· (175)
  6.1.2 社会选择的方式 ·· (175)
  6.1.3 社会福利函数 ·· (176)
 6.2 投票悖论和阿罗不可能定理 ·· (176)
  6.2.1 投票悖论 ·· (176)
  6.2.2 阿罗不可能定理 ·· (177)
 6.3 投票规则 ·· (179)
  6.3.1 一致性规则 ·· (179)

6.3.2　多数规则——一些简单形式 …………………………………………… (181)
　　6.3.3　多数规则——投票悖论的消除 ………………………………………… (184)
6.4　几种选举方法及分析 ……………………………………………………………… (186)
　　6.4.1　首位者优先制 …………………………………………………………… (187)
　　6.4.2　比例代表制 ……………………………………………………………… (188)
　　6.4.3　单记移让投票制 ………………………………………………………… (189)
　　6.4.4　优先选择制 ……………………………………………………………… (191)
案例分析 ……………………………………………………………………………………… (193)

第7章　谈判决策 ……………………………………………………………………… (206)

7.1　谈判的科学与艺术 ………………………………………………………………… (206)
　　7.1.1　什么是谈判 ……………………………………………………………… (206)
　　7.1.2　谈判理论的发展 ………………………………………………………… (207)
　　7.1.3　谈判的科学与艺术 ……………………………………………………… (208)
7.2　谈判过程分析 ……………………………………………………………………… (209)
　　7.2.1　谈判的基本程序 ………………………………………………………… (209)
　　7.2.2　谈判过程的分析 ………………………………………………………… (210)
　　7.2.3　信息在谈判过程中的价值 ……………………………………………… (213)
7.3　谈判中的合作与双赢 ……………………………………………………………… (215)
　　7.3.1　"分桔子"的策略与附加价值 …………………………………………… (215)
　　7.3.2　合作的优势 ……………………………………………………………… (216)
7.4　文化与谈判 ………………………………………………………………………… (217)
　　7.4.1　文化的作用与谈判 ……………………………………………………… (218)
　　7.4.2　文化对谈判的影响 ……………………………………………………… (219)
　　7.4.3　典型文化背景下的谈判风格 …………………………………………… (221)
7.5　谈判案例分析 ……………………………………………………………………… (223)
　　7.5.1　洛兰怪图 ………………………………………………………………… (223)
　　7.5.2　瑞士、法国、德国、荷兰：莱茵河 ……………………………………… (225)
案例分析 ……………………………………………………………………………………… (229)

第8章　战略决策与规划方法 ………………………………………………………… (233)

8.1　战略决策的要素 …………………………………………………………………… (233)
　　8.1.1　什么是战略决策 ………………………………………………………… (233)
　　8.1.2　战略决策的特点 ………………………………………………………… (233)
　　8.1.3　战略决策的要素 ………………………………………………………… (234)
　　8.1.4　战略决策的类型 ………………………………………………………… (235)
8.2　战略决策的形成 …………………………………………………………………… (236)
8.3　SWOT分析方法及其应用 ………………………………………………………… (240)
　　8.3.1　什么是SWOT分析方法 ………………………………………………… (240)

8.3.2　SWOT分析方法的思路及战略构思 …………………………（241）
　　8.3.3　SWOT分析方法的应用 ……………………………………（242）
8.4　政府战略规划案例：西部大开发 ……………………………………（245）
案例分析 ……………………………………………………………………（252）

第9章　决策支持系统……………………………………………………（280）

9.1　计算机决策支持系统 …………………………………………………（280）
　　9.1.1　决策支持系统的产生与发展 …………………………………（280）
　　9.1.2　DSS发展的理论基础 …………………………………………（282）
　　9.1.3　DSS与相关技术的关系 ………………………………………（284）
　　9.1.4　DSS的基本概念 ………………………………………………（286）
　　9.1.5　新一代DSS的发展 ……………………………………………（287）
9.2　群决策支持系统 ………………………………………………………（291）
　　9.2.1　概述 ……………………………………………………………（291）
　　9.2.2　群体决策的行为机理 …………………………………………（292）
　　9.2.3　GDSS的功能结构 ……………………………………………（293）
　　9.2.4　GDSS的运行环境 ……………………………………………（294）
　　9.2.5　结束语 …………………………………………………………（295）
9.3　智能型决策支持系统 …………………………………………………（296）
　　9.3.1　ES技术在DSS中的应用 ……………………………………（296）
　　9.3.2　模型及模型操作的逻辑表示与实现 …………………………（297）
　　9.3.3　主动型决策支持系统 …………………………………………（298）
　　9.3.4　右脑型DSS系统 ………………………………………………（299）
　　9.3.5　机器学习技术在DSS模型库管理中的应用 …………………（299）
　　9.3.6　结束语 …………………………………………………………（300）
9.4　政府决策支持系统建设案例：税务稽查决策支持系统 ……………（301）
　　9.4.1　税务稽查选案步骤 ……………………………………………（301）
　　9.4.2　关键技术 ………………………………………………………（302）
　　9.4.3　内容 ……………………………………………………………（307）
　　9.4.4　目的与意义 ……………………………………………………（308）
　　9.4.5　现状 ……………………………………………………………（309）
　　9.4.6　税务智能决策支持 ……………………………………………（310）
案例分析 ……………………………………………………………………（311）

第 1 章 决策理论基础

1.1 决策的基本原理

1.1.1 决策的基本要素

决策要素是为了更深刻理解和认识管理者的决策过程而提出的概念。从一般的意义上讲,科学决策的基本要素主要应包括以下六个方面的内容。

1. 决策者

决策者是决策的关键,可以是单独的个人,也可以是由多人组成的群体或机构(如委员会)。它是进行科学决策的基本要素,也是诸要素中的核心要素和最积极、最能动的因素,是决策成败的关键。

决策者的智力结构至关重要。一个具有合理智力结构的决策者,不仅能使人各尽其才,而且可以通过有效的结构组合,发挥出巨大的集体力量。

决策者的思维方法是决策的重要条件。人类思维方法可以分为抽象思维、形象思维、灵感思维及创造性思维四种。抽象思维善于抛开事物千姿百态的具体形象而抓住其本质,适用于程序决策;形象思维用直观或艺术形式在虚无缥缈的条件下来确定目标;灵感思维可以在山穷水尽的情况下,使你思路纵横,茅塞顿开;而创造性思维可以开拓认识新的领域,开辟事物新的局面。

决策者的品德修养是重要基础,它能调动下属的积极性和主动性。要求决策者以身作则,以自己良好的形象创造良好的组织风气和人际关系。要有民主作风,相信并依靠广大职工群众,集思广益、博采众长是决策成功的重要基础,也是决策顺利实施的保证。

2. 决策目标

决策目标指决策行动所期望达到的成果和价值。换言之,就是问题的"边界条件"。决策的目标是什么? 最低限度应该达成什么目的? 应该满足什么条件? 这就是所谓"边界条件"。一项有效的决策,必须符合边界条件,边界条件说明得越清楚和越精细,则据以作出的决策越有效。很多条件下,决策具有多目标,且目标间具有负相关性,这种多目标决策问题是决策中的难点。

3. 自然状态

自然状态指不以决策者主观意志为转移的情况和条件,是对环境及环境的作用方式的某种描述(信息)。这种描述是否准确,可以凭经验进行观察、判断,或通过实验加以验证。决策总是涉及某种自然状态,从这个角度来说,决策是从自然状态引申出来的。

一般而言,自然状态可简单分为两大部分:
- 有助于处理各种情况的决策技术和知识;
- 环境所反映的有关信息。

决策技术和知识可以通过参与实践和接受教育得到;情报信息则是由决策者对环境直接观察、分析和诊断或通过查询信息系统得到。在实际工作中,这两方面都对决策的科学性和合理性有极大的影响。

4. 备选方案

在确定了决策目标和自然状态后,围绕既定的目标收集信息,拟订多个备选方案,这是决策的关键;如果只有一个备选方案,就无法比较,也难以分辨方案的优劣。为了防止和避免决策失误,必须对备选方案加以全面的评价。评价内容有:方案目标是否合理;决策所依据的价值准则是否正确;备选方案在技术上是否可行;制订备选方案所采用的理论和方法是否科学;备选方案在经济上是否合理;备选方案在社会方面是否可行;备选方案是否与资源及能力相适应。评价的方法主要有经验判断法、数学分析法和实验法等。

5. 决策后果

决策后果是指决策行动所引起的变化或结果。决策要在对具体决策后果估计的基础上进行备选方案的选择。

6. 决策准则

决策准则指选择方案所依据的原则和对待风险的态度。

科学决策应包括如下几个方面:

1) 要应用系统理论进行决策。运用系统理论是现代决策必须遵循的首要原则。首先应贯彻"整体大于部分之和"的原理,统筹兼顾,全面安排,各要素的单个项目的发展要以整体目标最满意为准绳;其次,协调平衡系统内外各层次、各要素、各项目之间的关系。

2) 时机和条件是决策的基本前提。决策成功与否,与决策事件面临的主客观条件密切相关。一个成功的决策不仅要考虑到需要,还应考虑到可能。有魄力的决策者既敢于承担责任和风险,又不盲目冒险,他们通常在确认方案具有可行性时,才最后作决定。

3) 信息是决策的物质基础。在科学决策中,只有掌握大量信息,才能系统地对信息进行归纳、比较,从而选择、提炼出对决策者有效的信息。信息工作的质量越高,决策的基础就越坚实。决策者应该有较广泛的信息源,并增大信息收集的容量,防止信息通道的阻塞,特别是对信息的加工和分析要准确、完整、及时,这样才能对决策有用。

4) 要尽量使决策达到最优化。由于决策者在认识能力、时间、经费、信息等方面受到的限制,人们在决策时,不能坚持要求最理想的解答,常常只能满足于"足够好的"或"令人满意"的决策。

5) 选定一个最佳的决策方案。决策绝不只限于从几个方案中选定一个方案行动,而是遵循一定的认识规律,从提出问题开始,经过分析问题,最终确定要解决问题的一个系统分析过程。

6) 形成一个完善的决策制度。一个完善的决策制度应包括下列几个方面:尽量征求更多人的意见;有反对意见的主意才是宝贵的;多数人赞成通过;当反对意见不被说服时最好慎重决定。

此外,决策者的价值观和对风险的态度也构成了决策准则的一部分。在作决策时,决策者本人的价值观和对风险的态度或多或少、不可避免地影响了决策。

1.1.2 决策过程

决策是针对决策对象未来的实践方向、目标以及实现方向、目标的原则和方法作出决定的动态反馈过程。决策过程通常随着决策问题的性质、目标要求以及决策者偏好的不同而有所差异。总的说来,决策过程至少要回答以下三个问题:① 需要作出什么样的决策? ② 怎样作出决策? ③ 所作决策的结果怎样?

一般而言,科学决策的流程如图 1.1 所示,通常包括提出决策问题、确定决策目标、拟订决策方案、选择行动方案、决策实施与反馈等五个阶段。

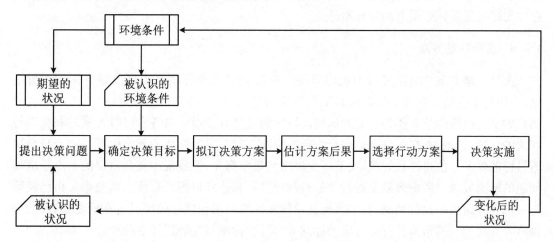

图 1.1 决策过程示意图

1. 提出决策问题

所谓决策问题,就是决策者对于决策对象所期望的状况和实际状况之间存在的差距。决策的最终目的是解决决策对象面临的问题,即消除或者减少期望的状况和实际状况之间的差距。而要找出问题,就要深入调查研究,了解决策对象的实际情况,收集、整理和分析相关信息。同时需要明白,差距反映的还只是现象,只有进一步查明产生差距的真正原因,才能订立具体的决策目标和制订行动方案。决策过程的起点就是发现需要作出决策的问题,找出差距及其原因。

2. 确定决策目标

决策目标，就是决策者通过决策及决策的实施所期望达到的未来状况以及衡量状况的各种指标。其中，指标是衡量目标达到程度的评价标准。同样的决策问题，倘若决策目标不同或者说由不同决策者实施，决策结果会大不相同。决策目标是决策者评价和选择行动方案的基准，全面考虑各方面的需求、估计实现条件，是衡量决策目标是否合理的重要方面。

决策目标的确定可以由决策者先明确总目标，然后根据一定规则进行分解形成目标体系（或集合），直至所有目标可以用一个或者几个可度量的指标（对应于评价准则）来衡量。需要注意的是，目标之间可能存在多种关系，如相互独立、互补关系、冲突关系等。因此，需要进一步考虑目标之间的协调问题。目标的协调根据不同情况可以采用多种不同方法解决。

3. 拟订决策方案

决策方案是实现决策者决策目标、解决决策问题的方法和途径。显然，没有选择就没有决策。理论上，在时间允许的情况下，方案越多，可供比较、鉴别的范围也就越大，因而选出的方案也就更加优越。因此，制订可供决策者选择的备选方案是一项十分重要的内容。通常在实践过程中，需要针对决策问题拟订出多种在原则上有区别的备选方案，这是一个严谨而又具创新性的工作。另外，值得一提的是，拟订决策方案阶段的可行性论证非常重要，同时要准确估计各个方案的实施结果。一般而言，决策方案应该均为可行方案，它们之间只是存在实现决策目标效果上的差异而已。

4. 选择行动方案

选择行动方案是决策过程的关键阶段。决策方案的选择就是根据决策目标和评价准则，应用科学决策方法和手段对拟订的可行方案进行比较、筛选和排序，从中挑选出最优或满意方案提供给决策者作为决策的依据。科学的选择方法需要对各个可行方案的利弊进行深入的分析、比较，并在此基础上进行综合的判断。行动方案好坏的判断标准是是否符合决策目标的要求。值得注意的是，决策行为虽然与效率有关，但最根本和最重要的一点是决策问题的解决效果。所谓效果是指行动是否趋向目标和达到目标的程度。而效率是指已经确定目标和方向后的执行情况，它主要反映系统资源的利用程度。效率只有高低之别，而效果则有好坏之分。通常选择行动方案的标准有"最优"标准与"满意"标准两种。

5. 决策实施与反馈

决策结果是否合理正确，是否能达到预期的目标，还需要通过行动方案的实施加以检验。在决策方案的实施过程中，需要及时把决策的执行情况和变化了的客观情况反馈给决策者，以便对原决策方案作必要的修改、补充或者重新作出新的决策，由此构成了决策的完整动态反馈过程。

1.1.3 决策的系统观

系统观是现代管理科学的基本观念。在现代决策中,无论是决策问题的提出、决策目标的确定、决策方案的拟订还是行动方案的选择以及决策流程、决策方法、决策机制的设计等,都需要遵循系统理论的指导。简单来说,系统观就是要把决策对象看作一个完整的系统,其组成部分是相互关联和相互依存的,并处于一定的外部环境之中,是按一定规律、一定方式组织而成的整体。进一步地,系统观就是要求决策者自觉地运用系统理论和系统方法,从整体观念出发,统筹考虑,合理安排整体中的每一个局部,以求得整体的最优规划、最优控制和最优管理。

在系统观念的指导下,决策者要想达到良好的管理和决策效果,就必须掌握系统思考的基本方法,从而增强系统思考的能力。惟有如此,才能比较准确地认识和把握决策对象的基本规律,有效地解决实践中的各种决策问题,否则,决策不仅不会产生积极的效果,反而可能导致重大的"灾难"。

1. 整体观

系统是由相互作用和相互依赖的若干组成部分(要素)结合而成的、具有特定功能的有机整体。整体性是系统最基本的属性。系统内的各要素是相互作用而又相互联系的,系统与要素相互依存、互为条件,在事物的运动和变化中,系统和要素总是相互伴随而产生,相互作用而变化的。系统的属性总是多于组成它的各个要素在孤立状态时的属性之和,即系统可以产生"1+1>2"的整体效应。当然,这种整体效应在数量表现上既可起放大作用,也可起缩小作用,具体表现取决于这一系统属性的本质、系统的结构以及系统内协同作用的强弱。

2. 动态观

任何系统都处在不断的发展变化之中,系统的要素之间、系统整体与要素之间、系统与外部环境之间相互制约、相互影响、相互作用,从而使得系统不断发展、演化。系统的动态性包含两方面的意思:其一是系统内部的结构状况是随时间而变化的;其二是系统必定与外部环境存在着物质、能量和信息的交换。事实上,任何实际存在的系统都是开放系统,动态性是开放系统的必然表现。另外,由于系统要素之间、整体与要素之间总是存在着千丝万缕的联系,整体中某一个要素的改变会对其他要素产生影响,进而导致系统整体的变化,这就是常说的"牵一发而动全身"的道理。

3. 层次观

系统的结构是系统保持整体性及具有一定功能的内在依据。结构是系统的普遍属性,而系统的整体功能是由系统结构所决定的。系统的结构是指组成系统的各要素(子系统)之间在数量上的比例和空间或时间上的联系方式。通常,系统结构又可以分成不同的层次,层次性包括等级性和多侧面性两重含义:等级性是指任何一个复杂系统都可以从纵向上把它分为若干等级,低一级的系统结构是高一级系统结构的有机组成部分;多侧面性是指任何同一级的复杂系统又可以从横向上分为若干互相联系而又各自独立的平行部分。层次等级结构是物质普遍的存在方式（如事物总是从简单到复杂、从低级到高级、从无序到有序的自然发展），而不同层次等级的系统之间又是相互联系、相互制约的辩证统一。

4. 有序观

系统和非系统的差别主要体现在内部运行机制上。系统构成的关键在于要素之间是否存在为了实现同一个目的的相互协同，并按照一定的规则有秩序地运行。协同作用是任何复杂系统本身所固有的自组织能力，是形成系统有序结构的内部作用力。在一定的外部能量流和物质流输入的条件下，系统会通过大量子系统之间的协同作用，在自身涨落力的推动下达到新的稳定，形成新的时间、空间或时空有序结构。系统演化的这种过程，称为自组织。系统之所以能够保持其有序性，就在于系统各要素之间有着稳定的联系，这种联系作用方式是非线性的。系统的有序和无序是相比较而言的，有序和无序又可以相互转化的。系统从有序到无序再到有序的过程中，从转化机制来看，如果中间过渡态是稳定的，那么它就是一个渐变过程，反之，则是一个突变过程。

1.2 公共领域的决策特点

1.2.1 现代公共决策的界定

1. 现代公共决策的由来

公共决策是现代公共管理的重要组成部分，现代公共管理的主要途径之一就是通过公共政策来对各种社会问题加以宏观调控，对各利益群体进行资源分配，以实现社会的全面健康的发展。公共政策已成为政府和社会相连接的主要纽带。

事实上，公共决策有着悠久的历史，经历了漫长的历史演化。早在阶级国家形成之初，国家和社会的公共权力就被以国王为代表的少数贵族阶层所垄断。他们据此制定服务于自身的国家政策。

随着社会的进步、民主与法制的发展，政治制度日益完善，而社会公共事务日益增加且日益复杂化、多元化和动态化，公共决策研究兴盛起来。自20世纪50年代发端，虽然至今只有五十多年的时间，但是由于社会紧需，公共决策理论发展十分迅速，成为一门注重实践应用的重要学科。

2. 现代公共决策的涵义

公共决策与社会生活的各个层面均有着密切的联系。不仅政府部门、企业界会对各方面的政策时时关注，社会上的每一个个体也都会对与自己有关的公共决策予以关注。可以说，公共决策就在我们的身边，无时无刻不在影响着我们的生活。而我们碰到各种社会问题的时候，也常常会诉诸政策手段和政策过程来予以解决。

那么，究竟什么是公共决策的具体涵义呢？在理论上，不同的学者会给出不尽相同的定义。由于公共决策的研究尚在发展中，现将国内外一些学者的不同解释加以概括归纳，主要有以下几种：

- 美国学者伍德罗·威尔逊认为，公共决策是由政治家即具有立法权者制定的而由行政人员执行的法律和法规。
- 美籍加拿大学者戴维·伊斯顿认为，"公共决策是对全社会的价值作有权威的分配"。
- 决策科学主要的倡导者和创立者哈罗德·拉斯韦尔与亚伯拉罕·卡普兰认为，公共决策是"一种含有目标、价值与策略的大型计划"。
- 我国台湾学者林永波、张世贤认为，公共决策是指"政府选择作为或不作为的行为"。
- 托马斯·戴伊认为，公共决策分析在于说明"政府做什么，为什么这么做，以及这样做会带来什么不同"。

总结以上的不同定义，可以认为，现代公共决策是政府发挥其职能的手段，是以政府为主的公共机构为确保社会朝着政治系统所确定和承诺的正确方向前进，通过广泛参与和连续的抉择以及具体实施产生效果的途径，是通过利用公共资源，来达到解决社会公共问题以及平衡、协调社会公众利益目的的公共管理活动过程。其核心是在市场行为和政府干预之间作出选择。政府运用公共权力和公共资源对社会施加影响的行为都可以视为公共决策。公共决策是对社会的公私行为、价值及规范作出的有选择的约束和指引，它通常是通过法令、条例、规划、方案、措施和项目等形式表达出来的。许多国家的事实表明，政府公共政策制定、执行得正确与否，对经济发展、社会稳定与进步起着决定性的作用。

可以从一般意义上认为，所谓公共决策就是由政府这样的权威机构运用其职能来规范、引导经济法人实体、市场主体和个人行为，以及有效地调动和利用社会经济资源，以实现公平与效率等价值目标的主张或决定。

综上所述，公共决策的逻辑过程至少包含了三个要点，即欲达到的目标或目的，为达成目标而作的宣示或拟采取的行动，以及由政策声明所引发的权威者的实际的政策行动。

1.2.2 现代公共决策的主要特征

一般来说，公共决策是公共意志的体现，它要求决策制订者与决策实施者具有行为一致性和执行重复性，这是公共决策的行为特征。

公共决策还是一个权威性的价值分配方案，因为任何一项具体的决策都涉及相关群体的利益，这是公共决策的价值特征。

同时，公共决策还具有导向特征，成功的决策可以激发民众无穷的潜力，把社会引向光明前景，而失败的决策则可能造成无法挽救的后果，影响社会的进步。

由于公共决策涉及人类生活的不同领域，公共决策研究也就成了一个典型的大学科。可以这样认为，现代社会有什么样的特征，现代公共决策就有什么样的特征。

与传统的政府决策相比较，现代公共决策具有下述主要的特征。

1. 决策内容丰富化

随着经济职能的膨胀和社会职能的扩展,政府大大强化了社会公共权力主体的地位和作用。与社会公共权力主体的职能扩张相联系,公共决策的内容亦随之出现了明显的丰富化。这可以从以下几个方面来理解:

首先,随着政府经济职能的膨胀,西方国家放弃了强烈放任自由的自由资本主义政策,通过各种形式广泛地介入社会经济活动。政府通过央行制度控制货币投入量、利率和汇率,通过税率、税种、关税来调整产业结构,通过国家投资引导企业的行为取向。

其次,随着政府社会职能的扩展,政府大大强化了社会公共管理权威主体的地位和作用。政府在诸如社会公平、社会保障、社会安全、国民教育、公共交通、环境保护、自然资源保护等方面制定了大量的公共决策。这一类的政府公共决策涉及的领域之广泛、程度之深刻、规定之细致,使每一个公民都不可避免地生活在政府的影响之下。

再次,政府公共决策的内容亦随着人类事务的日益增加而在日益丰富化。例如,外层空间的开发和利用问题、公海的共同开发和利用问题、人类遗传和人体研究问题、核能的和平利用问题、防止和克服种种全球性危机问题,这类问题的出现是不会终止的,关于这类问题的政府公共决策亦不会终止。

2. 决策理论和决策分析方法多元化

自公共决策发端以来,公共决策的本体理论以及与公共决策直接相关的各种理论和研究方法真可谓是层出不穷,人们事实上已经很难对其作出详细周全、无一缺憾的概括和描述。

3. 决策问题复杂化

现代公共决策以现代社会的一切问题为考察和行为对象,而现代社会是复杂的社会,现代公共决策也相应地具有了复杂性。这种复杂性可以从以下几个方面来理解:

1) 不同的决策问题具有相关性。从系统论的角度看,相互依存、互为因果是事物的普遍特性,因而公共决策的价值考虑,就不能只是考虑现实直接的、直观的决策后果,还必须同时考虑决策未来的、间接的和潜在的影响。当然,由于认识水平和现实条件的局限,每一项公共决策都很难同时周全地判断所有相关的决策因素。但是,问题的相关性应当成为制订公共决策的一种基本考虑。

2) 决策目标具有多重性。一般来说,公共决策分析是一门有关选择的科学。由于现代社会结构的复杂性和社会发展目标的多重性以及相关性,在考虑和确定公共决策目标时也必须考虑多重性的特点。例如,加快经济增长和抑制通货膨胀两者都应该成为政府公共决策的目标,但是二者之间也存在着难以同时兼顾的矛盾。在公共决策的问题上,政府常常会因为决策目标的多重性而陷入困境。在出现决策选择困难的情况下,公共决策选择的首要价值标准就在于兼顾与兼得,其次是判定轻重缓急。

3) 决策问题具有动态性。现代社会的发展速度和生活节奏明显加快,与此相联系,现代公共决策问题也就具有了较强的动态性。在这里,变化体现在两个不同的方面:一是指决策环境或决策对象的变化,二是指决策本身包括决策制定系统的变化。在过去,公共决策的环境基本上是稳定的,表现在既定的公共决策所涉及的主体、客体以及相关决策因素在相当长的一段时间内是基本不变的。但在现代,情况则完全不同:首先,原先设定的决策条件可能会突然发生某种变化,致使原定决策脱离实际;其次,即使政府最充分地考虑到了几乎所有的决策因素,但由于未能准确地判断变化的速度,也会直接影响到决策的实际效果;再次,许多问题本身具有极强的变动性,如果估计不足,将有可能出现决策滞后的现象。

4. 政治敏感性

1) 以改进决策机制为使命的决策科学往往难以挣脱价值观的束缚,它所选择的改进方向有可能不符合统治系统所信奉的价值观,因而容易遭到统治系统的压制与反对。

2) 决策科学在为实际决策制订服务时,总是要提出各种备选方案,在不同的价值与假设中作出明确的选择,阐明可作为评估决策质量标准的目标等,这与到目前为止一直流行的决策制定模式不一致,因而易于遭到旧的决策模式或决策制定系统的抵制与反对。

3) 决策科学不仅要为政治决策过程提供各种信息输入,还要改造与革新决策过程,告诉决策者怎样制定决策,而决策过程向来被认为是一种由高层决策制定者垄断的"秘密艺术",因此,决策科学容易引起政治家们的反感。

4) 作为决策科学的内容之一的决策分析,往往要明确揭示特定决策备选方案的潜在假设和价值,揭示决策制定者大脑中隐含的一些想当然的理论以及他们的动机与需要。这在有些时候会危及决策制定者或少数统治者的利益,因而也使决策科学易于受到来自政界的压力。

5) 决策科学在政治上敏感的一个最常见、最直接的原因,是决策科学带来的政治变革涉及权力的更替。那些占有重要职位、掌握重大权力但能力差、素质低的政治家与行政人员会竭力反对旨在改进决策制订系统、可能危及其权力与职位的决策科学研究。

5. 科学、艺术二重性

决策既是方法论又是艺术。决策分析主要是方法论的研究和应用。在这里,方法论是指创造、评估和交流决策相关知识的标准、规则和程序的体系。半个多世纪以来,已经形成了一系列取得广泛认可的方法,如成本-效益分析、计算机模拟、博弈论等。由于社会环境、政治传统、意识形态等方面的差别,不同的决策问题需要采用不同的分析方法,既要有定量的也要有定性的,既要有理性的也要有超理性的方法,特别是必须依赖直觉、灵感等创造性的思维活动。在这个意义上,决策与其说是一门科学,倒不如说是一门艺术。

6. 知识的多学科性和跨学科性

决策分析是在当代科学技术进步的基础上产生和发展起来的。作为一门应用性的学科,决策分析涉及管理学、政治学、哲学、经济学、心理学和社会学。除此之外,决策分析还要求了解与公共决策有关的历史、法律、人类学和地理等方面的知识。而量化技术和计算机科学带给决策形成、执行和评估的影响也被认为属于决策分析的范围。决策分析不仅借助社会科学及行为科学,尤其是政治学和社会学的理论和方法,而且借助经济学、数学、系统分析及运筹学等的理论和方法。

1.3 效用

在经济学中,效用(utility)是指商品和劳务满足人的欲望或需要的能力。一种商品或劳务是否具有效用,具有多大的效用,取决于它能否满足和在多大程度上满足人的欲望和需要。效用因人、因时、因地而不同,同一种商品或劳务对于不同的消费者,在不同的时间和不同的地点,其效用是不相同的。由此可知,经济学中的效用是描述商品或劳务满足消费者需要程度的一个概念,主要用于消费者行为的理论分析。同样,在决策理论中需要讨论和描述可行方案的各种结果值满足决策者愿望、实现决策者偏好程度的问题。因此,需要引入效用的概念,并进一步讨论如何测度结果值的效用。

1.3.1 理性行为公理

在随机决策中,决策方案均是在状态空间背景中加以比较,并按照某种规则,选出决策者最满意的行动方案。这里有两个问题需要解决:一是如何表述在一定状态空间背景中的决策方案;二是如何按照人们共同遵循的行为准则来制定评价方案优劣的价值标准。为此,下面我们介绍事态体的概念和理性行为公理。

定义1.1 具有两种或两种以上有限种可能结果的方案,称为事态体。事态体中各种可能结果出现的概率是已知的。设事态体的 n 种可能结果值分别为 $o_1, o_2, \cdots, o_n$,对应的出现概率分别为 $p_1, p_2, \cdots, p_n$, $\sum_{j=1}^{n} p_j = 1$,则事态体记作 $T = (p_1, o_1; p_2, o_2; \cdots; p_n, o_n)$。

特别地,当 $n=2$ 时,即只有两种可能结果的方案,可以用简单事态体 $T = (p, o_1; 1-p, o_2)$ 表示。进一步地,只有一种可能结果的方案,即确定结果的决策方案,也可以用事态体 $T = (0, o_1; 0, o_2; \cdots; 1, o_j; \cdots; 0, o_n)$ 来表示,称为退化的事态体。退化的事态体可以看作结果值 o_j 出现的概率为1,其他结果值出现的概率为0,实质上退化的事态体就是一个确定的结果值。

在事态体概念的基础上,下面引入理性行为公理,它是效用函数的基础。只有满足理性行为公理的事态体集合 Γ,其元素之间的优劣关系和它的效用才具有一致性,即优的元素效用一定大,劣的元素效用一定小。事态体集合实际上就是针对同一决策问题的所有可行方案的集合。

公理1.1(连通性公理) 事态体集合 Γ 上事态体的优劣关系是连通的。即:若 $T_1, T_2 \in \Gamma$,则要么 $T_1 \succ T_2$,要么 $T_1 \prec T_2$,要么 $T_1 \sim T_2$,三者必居其一。

公理1.1说明,事态体集合的所有元素,其优劣关系都具有可比性。

公理1.2(传递性公理) 事态体集合 Γ 上事态体的优劣关系是传递的。即:若 $T_1, T_2, T_3 \in \Gamma$,且 $T_1 \succ T_2, T_2 \succ T_3$,则 $T_1 \succ T_3$;若 $T_1 \sim T_2, T_2 \sim T_3$,则 $T_1 \sim T_3$。

公理1.2说明,事态体集合的所有元素,其优劣关系是可以传递的,总可以按照一定的优劣关系进行排序。

公理1.3(复合保序性公理) 若 $T_1, T_2, Q \in \Gamma$,且 $0 < p < 1$,则当且仅当 $T_1 \prec T_2$ 时有

$pT_1+(1-p)Q < pT_2+(1-p)Q$。

公理 1.3 说明,事态体集合上事态体的优劣关系是可以复合的,复合之后的事态体之间保持原有的优劣关系不变。

公理 1.4(相对有序性公理) 若 $T_1, T_2, T_3 \in \Gamma$,且 $T_1 > T_2 > T_3$,则存在数 $p, q, 0 < p < 1, 0 < q < 1$,使得 $pT_1+(1-p)T_3 > T_2 > qT_1+(1-q)T_3$。

公理 1.4 说明,事态体集合上事态体的优劣关系都是相对的,T_1 不是无限优,T_3 也不是无限劣,否则上述关系式不能成立。也就是说,既然都是针对决策问题的可行方案,它们导致的结果总体上应该处于较为接近的水平上,不存在某一个可行方案的结果比另一个无限好或者无限差。

1.3.2 效用的概念

定义 1.2 设决策问题的各可行方案有多种可能的结果值 o,依据决策者的主观愿望和价值倾向,每个结果值对决策者均有不同的价值和作用。反映结果值 o 对决策者价值和作用大小的量值称为效用,记作 $u=u(o)$。

这里需要指出,在决策理论中,效用是概念,反映决策方案的结果值满足和实现决策者愿望和倾向的程度。另外,效用也是量值,可以用具体的方法测定,并作为决策分析的依据。下面介绍一种效用的测定方法,这种方法称为标准效用测定法,是由冯·诺依曼(von Neumann)与摩根斯坦(Morgenstern)提出来的,故又简称为 V-M 方法。

设有决策系统,其结果值集合 $O=\{o_1, o_2, \cdots, o_n\}$,且
$$o^* > \max\{o_1, o_2, \cdots, o_n\}$$
$$o^0 < \min\{o_1, o_2, \cdots, o_n\}$$

用 V-M 方法测定结果值 $o_j(j=1,2,\cdots,n)$ 的效用值 $u(o_j)$,其步骤如下:

1) 设 $u(o^*)=1, u(o^0)=0$。
2) 建立简单事态体 $(x, o^*; 1-x, o^0)$,其中称 x 为可调概率。
3) 通过反复提问,不断改变可调概率值 x,让决策者权衡比较,当 $x=p_j$ 时,得到无差异关系
$$o_j \sim (p_j, o^*; 1-p_j, o^0) \tag{1.1}$$
4) 测得结果值的效用
$$u(o_j) = p_j u(o^*) + (1-p_j) u(o^0) = p_j \tag{1.2}$$

由 V-M 方法的步骤可以看出,这种方法的基本思路是在结果值集合的基础上,用最优值和最劣值建立简单事态体,通过反复提问,直到得到决策者认可的无差异关系,用无差异概率值来测度结果值的效用。根据理性行为公理和事态体的性质,这种方法保证了结果值和效用关系的一致性。

举例说明。某公司试制某种新产品,根据市场预测,畅销时可获利 10 万元,滞销时将亏损 1 万元。不妨设 $o^*=10, o^0=-1$。这个风险方案可以表示为事态体
$$(p, o^*; 1-p, o^0)$$
该公司另一无风险方案,即如果生产某种老产品,可以稳获利 5 万元。设 $o=5$,于是
$$o^* > o > o^0$$

需要测定效用值 $u(o)$。经过反复提问,让公司决策者反复对比和权衡。当 $p=0.8$ 时,决策者偏好风险方案;当 $p=0.5$ 时,决策者转向偏好无风险方案;当 $p=0.6$ 时,决策者对两种方案无所偏好,即确定无差异关系式

$$o \sim (0.6, o^*; 0.4, o^0)$$

因此,效用值 $u(o) = 0.6$。

1.3.3 效用函数

我们给出了效用的概念以及效用的测定方法,在此基础上,进一步讨论定义在结果值集合上的效用函数。

定义 1.3 设决策问题的结果值集合 $O = \{o_1, o_2, \cdots, o_n\}$,且 $o^* \succ \max\{o_1, o_2, \cdots, o_n\}$,$o^0 \prec \min\{o_1, o_2, \cdots, o_n\}$。定义在 O 上的实值函数满足条件:

1) $u(o^*) = 1, u(o^0) = 0$,且 $\forall o \in O$,$u(o)$ 满足无差异关系 $o \sim (u(o), o^*; 1-u(o), o^0)$;

2) $\forall o_1, o_2 \in O$,如果 $o_1 \succ o_2$,当且仅当 $u(o_1) > u(o_2)$;

3) $\forall o_1, o_2 \in O$,且 $0 \leqslant \lambda \leqslant 1$,则 $u(\lambda o_1 + (1-\lambda) o_2) = \lambda u(o_1) + (1-\lambda) u(o_2)$。

则称 $u(o)$ 为结果值集合 O 上的效用函数(utility function),并记为 $u = u(o)$。

需要注意的是,定义在集合上的效用函数其取值为 $0 \leqslant u(o) \leqslant 1$,效用值与结果值满足优劣关系一致性要求。并且,结果值的凸线性组合满足线性关系。

1.3.4 效用函数的构造

前面给出了效用函数的概念,在管理决策分析中,需要进一步讨论能够反映决策者不同偏好的具体的效用函数,画出相应的效用曲线,以便于在分析过程中操作应用。下面,介绍一种实用的效用函数构造方法。这种方法的基本思路是,对于决策问题的结果值集合,先用标准效用测定法找出一个基准效用值,这就是效用值等于 0.5 的结果值,称为确定当量。其余效用值无须测定,而是按比例用线性内插的方法,用同一个标准计算得到。在这个假设前提下,效用函数的构造过程大大简化了。

设决策问题结果值集合 $O = \{o_1, o_2, \cdots, o_n\}$,取最优值 $o^* \succ \max\limits_{1 \leqslant j \leqslant n}\{o_j\}$,最劣值 $o^0 \prec \min\limits_{1 \leqslant j \leqslant n}\{o_j\}$。现在构造效用函数 $u = u(o)$,并且令 $u(o^*) = 1, u(o^0) = 0$。为了测定基准效用值,各以 0.5 的概率取最优值 o^* 和最劣值 o^0,构造简单事态体

$$(0.5, o^*; 0.5, o^0)$$

用标准效用测定法,得到该事态体的确定当量 o_ξ,使得

$$o_\xi \sim (0.5, o^*; 0.5, o^0)$$

这里需要指出,这是反向应用标准效用测定法,即最优值 o^* 和最劣值 o^0 发生的概率均确定为 0.5。反复提问不断调整的是确定当量的数值 o_ξ,这里 $o^* \succ o_\xi \succ o^0$,直到 o_ξ 和事态体之间的无差异关系成立,由效用函数的定义知

$$u(o_\xi) = 0.5 u(o^*) + 0.5 u(o^0) = 0.5 \times 1 + 0.5 \times 0 = 0.5$$

由此得到的确定当量,是构造效用函数的基准值。这样,得到效用曲线 $u = u(o)$ 上的 3 个已知点 $(o^0, 0), (o_\xi, 0.5), (o^*, 1)$。

为了使效用函数规范化,下面对结果值进行归一化处理。令
$$x^0 = x(o^0) = 0, \quad x^* = x(o^*) = 1$$
其他结果值按线性变换公式
$$x(o_j) = \frac{o_j - o^0}{o^* - o^0} \quad (o_j \in O) \tag{1.3}$$
进行处理。于是,确定当量 o_ξ 的归一化值
$$\xi = x(o_\xi) = \frac{o_\xi - o^0}{o^* - o^0} \tag{1.4}$$
称 ξ 为权衡指标值。经过归一化变换之后,效用曲线上的 3 个已知点对应于变换后的 3 个已知点 $(0,0), (\xi, 0.5)$ 和 $(1,1)$。在坐标平面上用横轴表示归一化值 x,用纵轴表示效用函数值 $u(x)$,就可以粗略地勾画出相应的效用曲线了。

为了较精确地描绘出效用曲线,仅用上述的 3 个点是远远不够的,还需要补充足够多的点。为此,将纵轴效用函数值区间 $[0,1]$ 划分为 2^n 等分,得到一系列效用函数值
$$\frac{1}{2^n}, \frac{2}{2^n}, \frac{3}{2^n}, \cdots, \frac{2^n - 1}{2^n}, 1$$
当 $n = 2$ 时,即将 $[0,1]$ 划分为 $2^2 = 4$ 等分,相应的 4 个效用值分别为
$$0.25, 0.5, 0.75, 1$$
其对应的横坐标值依次记为
$$x_{0.25}, x_{0.5}, x_{0.75}, x^*$$
其中已知 $x_{0.5} = x(o_\xi), x^* = x(o^*) = 1$,只需求得横坐标值 $x_{0.25}$ 和 $x_{0.75}$ 即可。

按照效用函数的构造假设,根据同一标准用线性内插方法计算其他效用函数值。由于无差异关系
$$o_\xi \sim (0.5, o^*; 0.5, o^0)$$
所得到的基准值 o_ξ 将区间 $[o^0, o^*]$ 划分为 $[o^0, o_\xi]$ 和 $[o_\xi, o^*]$ 两个区间,其归一化值为
$$\xi = \frac{o_\xi - o^0}{o^* - o^0} = \frac{x_{0.5} - x_0}{x^* - x_0}$$
其中 $x_0 = 0$ 为 o^0 的归一化值。按照同一标准分别在区间 $[x_0, x_{0.5}]$ 和 $[x_{0.5}, x^*]$ 中内插点 $x_{0.25}$ 和点 $x_{0.75}$,即按比例关系式
$$\frac{x_{0.25} - x_0}{x_{0.5} - x_0} = \frac{x_{0.5} - x_0}{x^* - x_0}$$
$$\frac{x_{0.75} - x_{0.5}}{x^* - x_{0.5}} = \frac{x_{0.5} - x_0}{x^* - x_0}$$
分别计算 $x_{0.25}$ 和 $x_{0.75}$,于是
$$x_{0.25} = x_0 + \xi(x_{0.5} - x_0) = \xi^2 \tag{1.5}$$
$$x_{0.75} = x_{0.5} + \xi(x^* - x_{0.5}) = 2\xi - \xi^2 \tag{1.6}$$
这样,又确定了效用曲线上的两个点 $(x_{0.25}, 0.25)$ 和 $(x_{0.75}, 0.75)$,连同 3 个已知点 $(0,0)$, $(\xi, 0.5)$ 和 $(1,1)$ 共有 5 个点,在坐标平面上用光滑曲线连接,得到较为精确的效用曲线 $u = u(x)$,如图 1.2。

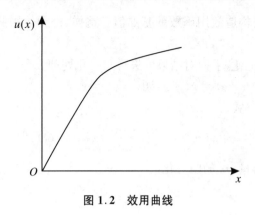

图 1.2 效用曲线

1.4 风险

在市场经济的条件下,许多决策问题都包含有随机的或不确定的因素,决策者选择方案几乎都要承担一定的风险,而不同的决策者对风险的态度是有区别的。效用表示了决策者对决策方案各结果值的偏好程度,也可以用不同类型的效用函数表征决策者对风险的不同态度。通常,根据决策者对风险的不同态度,可以将效用函数分为 3 类,即中立型、保守型和冒险型效用函数。下面分别加以讨论。

1.4.1 中立型效用函数

设有效用函数 $u = u(x)$,若 $x_1 < x_2$,有

$$\frac{u(x_1) + u(x_2)}{2} = u\left(\frac{x_1 + x_2}{2}\right) \tag{1.7}$$

则称为中立型效用函数,对应的效用曲线是一条直线(图 1.3 中的曲线 $u = u_1(x)$)。

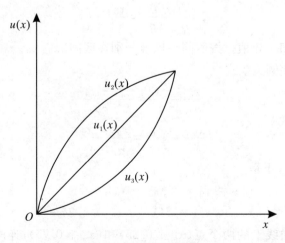

图 1.3 三类效用曲线

例 1.1 某厂商试制一种新产品要承担一定的风险,即有 0.5 的概率获利 $x_1 = 3$(万

元),有 0.5 的概率亏损 $x_2 = -1$(万元)。该风险方案可以表示为简单事态体
$$T = (0.5, x_1; 0.5, x_2)$$
此风险方案的期望收益值为 $\frac{x_1 + x_2}{2} = 1$(万元)。假设该厂商认为此风险方案的效益与另一项不冒风险可稳获利 $x_3 = 1$(万元)的方案是等价的,即无差异关系
$$T = (0.5, x_1; 0.5, x_2) \sim x_3$$
成立。于是,确定当量 x_3 与事态体 T 的效用值相等,即
$$u(x_3) = 0.5 u(x_1) + 0.5 u(x_2)$$
而
$$x_3 = \frac{x_1 + x_2}{2}$$
则有
$$u\left(\frac{x_1 + x_2}{2}\right) = \frac{u(x_1) + u(x_2)}{2}$$
因此,该厂商对风险持中立态度,其效用曲线是一条直线。

应该注意,中立型效用函数的图形是一条直线,表示效用值与结果值成正比例关系。当结果值增加时,效用值按相同比例增加,决策者效用值增加的速度稳定,表明对风险的态度平和,既不对有利结果特别追求,也不对不利结果谨慎从事。由于效用值和结果值成正比例,通常可以用结果值直接评选方案。

1.4.2 保守型效用函数

设有效用函数 $u = u(x)$,若 $x_1 < x_2$,有
$$\frac{u(x_1) + u(x_2)}{2} < u\left(\frac{x_1 + x_2}{2}\right) \tag{1.8}$$
则称为保守型效用函数,对应的效用曲线是一条上凸曲线(图 1.2 中的曲线 $u = u_2(x)$)。

例 1.2 承例 1.1,假设该厂商对风险持谨慎态度,认为此风险方案仅与另一项不冒风险可稳获利 $x_3 = 0.5$(万元)的方案等价,即认为风险方案的可能获利值低于其期望收益值。于是,无差异关系
$$T = (0.5, x_1; 0.5, x_2) \sim x_3$$
成立,确定当量 x_3 与事态体 T 的效用值相等,即
$$u(x_3) = \frac{u(x_1) + u(x_2)}{2}$$
而
$$x_3 < \frac{x_1 + x_2}{2}$$
故有
$$u(x_3) < u\left(\frac{x_1 + x_2}{2}\right)$$
因此

$$\frac{u(x_1)+u(x_2)}{2} < u\left(\frac{x_1+x_2}{2}\right)$$

该厂商对风险持谨慎态度，其效用函数属于保守型效用函数，对应一条上凸曲线。

应该注意，保守型效用函数的图形是一条上凸曲线，表示效用值随结果值的增加而增加，但增加的速度逐渐由快至慢，反映了决策者随结果值增加越来越谨慎，对风险持厌恶态度。效用函数上凸得越厉害，表示决策者对风险保守的程度越突出。

1.4.3 冒险型效用函数

设有效用函数 $u=u(x)$，若 $x_1 < x_2$，有

$$\frac{u(x_1)+u(x_2)}{2} > u\left(\frac{x_1+x_2}{2}\right) \tag{1.9}$$

则称为冒险型效用函数，对应的效用曲线是一条下凸曲线（图 1.2 中的曲线 $u=u_3(x)$）。

例 1.3 承例 1.1，假设该厂商对风险持追求态度，认为该风险方案与另一项不冒风险可稳获利 $x_3=1.5$（万元）的方案等价，即认为风险方案的可能获利值高于其期望利润值。于是，无差异关系

$$T=(0.5, x_1; 0.5, x_2) \sim x_3$$

成立，确定当量 x_3 与事态体 T 的效用值相等，即

$$u(x_3)=\frac{u(x_1)+u(x_2)}{2}$$

而

$$x_3 > \frac{x_1+x_2}{2}$$

故有

$$u(x_3) > u\left(\frac{x_1+x_2}{2}\right)$$

从而

$$\frac{u(x_1)+u(x_2)}{2} > u\left(\frac{x_1+x_2}{2}\right)$$

该厂商对风险持追求态度，其效用函数属于冒险型效用函数，对应一条下凸曲线。

需要指出，冒险型效用函数的图形是一条下凸曲线，表示效用值随结果值增加而增加，但增加的速度逐渐加快，反映了决策者喜欢冒险、乐于大胆尝试的个性，随着结果值增加，对市场变化充满信心，敢于冒风险追求高额利润。效用曲线下凸得越厉害，表示决策者越富于冒险性。

以上三种效用函数是最基本的效用函数。在实际情况中，为了更加准确地反映决策者对风险的态度，可以用三种基本效用函数构造混合型效用函数来表示。例如，根据实际分析，确定结果值 $x_0 \in [0,1]$，当 $x < x_0$ 时，即结果值不大时，决策者具有一定冒险精神，用下凸效用曲线表示；当 $x > x_0$ 时，即结果值较大时，决策者对风险转而持谨慎态度，可用上凸效用曲线表示。这样，构成混合型效用曲线，由下凸曲线和上凸曲线两部分组成，点 $(x_0, u(x_0))$ 是曲线的拐点。

1.5 风险决策准则

对于存在两个或两个以上自然状态的决策问题,每一个行动方案对应着多个不同的结果,即每一个行动方案的结果值是一个随机变量,它们的概率分布可能是已知,也可能是未知的。根据行动方案结果值的概率分布能否估算,将决策问题划分为不确定型和风险型两种。本节首先介绍不确定型决策分析的几种准则,然后介绍风险型决策分析的一般方法。

1.5.1 不确定型决策分析

不确定型决策问题行动方案的结果值出现的概率无法估算,决策者只能根据自己的主观倾向进行决策,不同的主观态度建立的评价和决策准则就不同。根据不同的决策准则,选出的最优方案也可能是不同的。

设决策问题的决策表为

$$
\begin{array}{c|cccc}
 & \theta_1 & \theta_2 & \cdots & \theta_n \\
\hline
a_1 & o_{11} & o_{12} & \cdots & o_{1n} \\
a_2 & o_{21} & o_{22} & \cdots & o_{2n} \\
\vdots & \vdots & \vdots & & \vdots \\
a_m & o_{m1} & o_{m2} & \cdots & o_{mn}
\end{array}
$$

设决策问题的决策矩阵为

$$
O = \begin{pmatrix}
o_{11} & o_{12} & \cdots & o_{1n} \\
o_{21} & o_{22} & \cdots & o_{2n} \\
\vdots & \vdots & & \vdots \\
o_{m1} & o_{m2} & \cdots & o_{mn}
\end{pmatrix}
$$

这里,每种自然状态 $\theta_j (j=1,2,3,\cdots,n)$ 出现的概率 $p(\theta_j)$ 是未知的。如何根据不同方案在各种状态下的条件结果值 o_{ij} 来确定决策者最满意的行动方案呢?下面介绍几种常用的决策准则。

1. 乐观准则(max-max 准则)

乐观准则的基本思路是,假设每个行动方案总是出现最好的条件结果,即条件收益值最大或条件损失值最小,那么最满意的行动方案就是所有 o_{ij} 中最好的条件结果对应的方案。决策的具体步骤是:

1) 根据决策矩阵选出每个方案的最优结果值;
2) 在这些最优结果值中选择一个最优者,所对应的方案就是最优方案。

这里,最优结果值是指最大收益值或最大效用值。在某些情况下,条件结果值是损失值,最优结果值则是指最小损失值 o_{ij}。为叙述方便起见,下面的条件结果值均以条件收益值 q_{ij} 表示。

设方案 a_i 的最大收益值为

$$\bar{q}(a_i) = \max_{1 \leqslant j \leqslant n} q_{ij} \quad (i = 1, 2, \cdots, m)$$

则乐观准则的最满意方案 a^* 应满足

$$\bar{q}(a^*) = \max_{1 \leqslant i \leqslant m} \bar{q}(a_i) = \max_{1 \leqslant i \leqslant m} \max_{1 \leqslant j \leqslant n} q_{ij} \tag{1.10}$$

持乐观准则的决策者在各方案可能出现的结果情况不明时,采取好中取好的乐观态度,选择最满意的决策方案。由于决策者过于乐观,一切从最好的情况考虑,难免冒较大的风险。

例 1.4 某企业拟订了 3 个生产方案,方案一(a_1)为新建两条生产线,方案二(a_2)为新建一条生产线,方案三(a_3)为扩建原有生产线,改进老产品。在市场预测的基础上,估算了各个方案在市场需求的不同情况下的条件收益值如表 1.1 所示,但市场不同需求状态的概率未能测定,试用乐观准则对此问题进行决策分析。

表 1.1

条件结果值 方案	市场需求情况(净现值,单位:万元)		
	θ_1(高需求)	θ_2(中需求)	θ_3(低需求)
a_1	1 000	600	−200
a_2	750	450	50
a_3	300	300	80

解 按照乐观准则进行决策,此问题的决策矩阵为

$$Q = \begin{bmatrix} 1\,000 & 600 & -200 \\ 750 & 450 & 50 \\ 300 & 300 & 80 \end{bmatrix}$$

各方案的最优结果值为

$$\bar{q}(a_1) = \max(1\,000, 600, -200) = 1\,000$$
$$\bar{q}(a_2) = \max(750, 450, 50) = 750$$
$$\bar{q}(a_3) = \max(300, 300, 80) = 300$$

最满意方案 a^* 满足

$$\bar{q}(a^*) = \max_{1 \leqslant i \leqslant 3} \bar{q}(a_i) = \bar{q}(a_1)$$

即 $a^* = a_1$ 为最满意方案。

2. 悲观准则(max-min 准则)

悲观准则也称保守准则,其基本思路是假设各行动方案总是出现最坏的可能结果值,这些最坏结果中的最好者所对应的行动方案为最满意方案。决策的具体步骤是:

1) 根据决策矩阵选出每个方案的最小条件结果值;
2) 再从这些最小值中挑一个最大者,所对应的方案就是最满意方案。

悲观准则的数学描述是,设方案的最小收益值为

$$\bar{q}(a_i) = \min_{1 \leqslant j \leqslant n} q_{ij} \quad (i = 1, 2, \cdots, m)$$

则悲观准则的最满意方案应满足

$$\bar{q}(a^*) = \max_{1\leqslant i\leqslant m} \bar{q}(a_i) = \max_{1\leqslant i\leqslant m} \min_{1\leqslant j\leqslant n} q_{ij} \tag{1.11}$$

持悲观准则的决策者往往经济实力单薄,当各状态出现的概率不清楚时,态度谨慎保守,充分考虑最坏的可能性,采取坏中取好的策略,以避免冒较大的风险。

例 1.5 在例 1.4 的决策问题中,试用悲观准则进行决策分析。

解 各行动方案的最坏条件结果分别为

$$\bar{q}(a_1) = \min(1\,000, 600, -200) = -200$$
$$\bar{q}(a_2) = \min(750, 450, 50) = 50$$
$$\bar{q}(a_3) = \min(300, 300, 80) = 80$$

由式(1.11),最满意方案 a^* 满足

$$\bar{q}(a^*) = \max_{1\leqslant i\leqslant 3} \bar{q}(a_i) = \bar{q}(a_3)$$

即 $a^* = a_3$ 为最满意方案。

3. 折中准则

乐观准则和悲观准则对自然状态的假设都过于极端,乐观准则认为总会出现最好的情况,而悲观准则认为总会出现最坏的情况。折中准则既非完全乐观,也非完全悲观,其基本思路是假设各行动方案既不会出现最好的条件结果值,也不会出现最坏的条件结果值,而是出现最好结果值与最坏结果值之间的某个折中值,再从各方案的折中值中选出一个最大者,对应的方案即为最满意方案。决策的具体步骤是:

1) 取定乐观系数 $\alpha(0\leqslant\alpha\leqslant 1)$,计算各方案的折中值,方案 a_i 的折中值记为 $h(a_i)$,即

$$h(a_i) = \alpha \max_{1\leqslant j\leqslant n} q_{ij} + (1-\alpha) \min_{1\leqslant j\leqslant n} q_{ij} \quad (i=1,2,\cdots,m) \tag{1.12}$$

2) 从各方案的折中值中选出最大者,其对应的方案就是最满意方案,即折中准则最满意方案满足

$$h(a^*) = \max_{1\leqslant i\leqslant m} h(a_i) = \max_{1\leqslant i\leqslant m}\left[\alpha \max_{1\leqslant j\leqslant n} q_{ij} + (1-\alpha)\min_{1\leqslant j\leqslant n} q_{ij}\right] \tag{1.13}$$

乐观系数 α 由决策者主观估计而确定。特别地,当 $\alpha=1$ 时,就是乐观准则;当 $\alpha=0$ 时,就是悲观准则。折中准则中的 α 一般假定为 $0<\alpha<1$。

例 1.6 在例 1.4 的决策问题中,试用折中准则进行决策分析。

解 取乐观系数 $\alpha=\dfrac{1}{3}$,各方案的折中值为

$$h(a_1) = \alpha \max_{1\leqslant j\leqslant 3} q_{ij} + (1-\alpha)\min_{1\leqslant j\leqslant 3} q_{ij} = 1/3\times 1\,000 + 2/3\times(-200) = 600/3$$

类似地

$$h(a_2) = 1/3\times 750 + 2/3\times 50 = 850/3$$
$$h(a_3) = 1/3\times 300 + 2/3\times 80 = 460/3$$

最满意方案 a^* 应满足

$$h(a^*) = \max_{1\leqslant i\leqslant 3} h(a_i) = \max(600/3, 850/3, 460/3) = h(a_2)$$

于是 $a^* = a_2$ 为最满意方案。

本例中,如果取 $\alpha=1/2$,即认为最好和最坏的情况出现的机会均等,则 $a^*=a_1$ 或 $a^*=a_2$。

4. 遗憾准则(min-max 准则)

遗憾准则也称为最小遗憾值准则或最小机会损失准则。通常,人们在选择方案的过程中,如果舍优取劣,就会感到遗憾。所谓遗憾值,就是在一定的自然状态下没有取到最好的方案而带来的机会损失。设在状态 θ_j 下选择了方案 a_i,这时得到条件收益值 q_{ij},则方案 a_i 在状态 θ_j 下的遗憾值 r_{ij}(或称收益值 q_{ij} 的遗憾值)为

$$r_{ij} = \max_{1 \leqslant i \leqslant m} q_{ij} - q_{ij} \qquad (i = 1,2,\cdots,m; j = 1,2,\cdots,n) \qquad (1.14)$$

遗憾准则的基本思路是,假设各方案总是出现遗憾值最大的情况,从中选择遗憾值最小的方案作为最满意方案。具体决策步骤是:

1) 计算各方案在每种状态下的遗憾值 r_{ij}(即机会损失值);
2) 找出各方案的最大遗憾值,即

$$r(a_i) = \max_{1 \leqslant j \leqslant n} r_{ij} \qquad (i = 1,2,\cdots,m)$$

3) 在各方案的最大遗憾值中取最小值,对应的方案为最满意方案,即最满意方案 a^* 满足

$$r(a^*) = \min_{1 \leqslant i \leqslant m} r(a_i) = \min_{1 \leqslant i \leqslant m} \max_{1 \leqslant j \leqslant n} r_{ij} \qquad (1.15)$$

例 1.7 用遗憾准则对例 1.4 中的问题进行决策分析。

解 计算各方案在每种状态下的遗憾值,得遗憾值矩阵为

$$R = \begin{bmatrix} 0 & 0 & 280 \\ 250 & 150 & 30 \\ 700 & 300 & 0 \end{bmatrix}$$

各方案的最大遗憾值为

$$r(a_1) = \max(0,0,280) = 280$$
$$r(a_2) = \max(250,150,30) = 250$$
$$r(a_3) = \max(700,300,0) = 700$$

最满意方案 a^* 满足

$$r(a^*) = \min_{1 \leqslant i \leqslant 3} r(a_i) = r(a_2)$$

因此,最满意方案为 $a^* = a_2$。

5. 等可能性准则(Laplace 准则)

等可能性准则是 19 世纪数学家拉普拉斯(Laplace)提出来的,因此又称为拉普拉斯准则。这个准则认为,在各自然状态发生的可能性不清楚的时候,只能认为各状态发生的概率相等,按相等的概率求出各方案条件收益的期望值(或期望效用值),最大期望值对应的方案即是最满意方案。决策的具体步骤是:

1) 假定各自然状态出现的概率相等,即

$$p(\theta_1) = p(\theta_2) = \cdots = p(\theta_n) = 1/n$$

求出各方案条件收益的期望值

$$\bar{q}(a_i) = \sum_{j=1}^{n} p(\theta_j) q_{ij} = \frac{1}{n} \sum_{j=1}^{n} q_{ij} \qquad (i = 1,2,\cdots,m) \qquad (1.16)$$

或求出各方案的期望效用值

$$\bar{u}(a_i) = \sum_{j=1}^{n} p(\theta_j) u(q_{ij}) = \frac{1}{n} \sum_{j=1}^{n} u(q_{ij}) \qquad (i = 1, 2, \cdots, m) \tag{1.17}$$

2) 再从各方案的条件收益期望值中找出最大者,或从各方案的期望效用值中找出最大者,所对应的方案为 a^*,即 a^* 满足

$$\bar{q}(a^*) = \max_{1 \leqslant i \leqslant m} \bar{q}(a_i) \tag{1.18}$$

或

$$\bar{u}(a^*) = \max_{1 \leqslant i \leqslant m} u(a_i) \tag{1.19}$$

a^* 为最满意方案。

例 1.8 用等可能性准则对例 1.4 中的问题进行决策分析。

解 按等可能性准则,各状态发生的概率设为

$$p(\theta_1) = p(\theta_2) = p(\theta_3) = \frac{1}{3}$$

根据式(1.16),各方案条件收益的期望值为

$$\bar{q}(a_1) = \frac{1}{3} \sum_{j=1}^{3} q_{1j} = \frac{1}{3}(1\,000 + 600 - 200) = \frac{1\,400}{3}$$

$$\bar{q}(a_2) = \frac{1}{3} \sum_{j=1}^{3} q_{2j} = \frac{1}{3}(750 + 450 + 50) = \frac{1\,250}{3}$$

$$\bar{q}(a_3) = \frac{1}{3} \sum_{j=1}^{3} q_{3j} = \frac{1}{3}(300 + 300 + 80) = \frac{680}{3}$$

于是由等可能性准则,最满意方案 a^* 满足

$$\bar{q}(a^*) = \max_{1 \leqslant i \leqslant m} \bar{q}(a_i) = \bar{q}(a_1)$$

即 $a^* = a_1$ 为最满意方案。

上面,我们用不同的决策准则对例 1.4 的问题进行了决策分析,所得结果列表如表 1.2 所示。

表 1.2

决策准则	乐观	悲观	折中($\alpha = 1/3$)	遗憾	等可能
最满意方案	a_1	a_3	a_2	a_2	a_1

从表 1.2 可见,评价的准则不同,选出的最优方案也会不同,而评价的准则往往是随决策者的偏好而定的。因此,方法的选择通常要与决策者共商。此外,在应用多种方法分析之后,一般会发现某些方案一直未曾入选或被选中的频数相对较小,可将这样的方案先淘汰掉,再作进一步分析。上述例 1.4 中,方案 a_3 被选中的频数最低,应该淘汰掉。

1.5.2 风险型决策分析

不确定型决策是在状态概率未知的条件下进行的,它的几种决策准则都带有很强的主观色彩,决策的结果往往因不同的决策者而异。一旦各自然状态的概率经过预测或估算被确定下来,在此基础之上的决策分析所得到的最满意方案就具有一定的稳定性。只要状态

概率的测算切合实际,风险型决策方法相对于不确定型决策方法就更为可靠。

风险型决策一般包含以下条件:
- 存在着决策者希望达到的目标(如收益最大或损失最小);
- 存在着两个或两个以上的方案可供选择;
- 存在着两个或两个以上不以决策者主观意志为转移的自然状态(如不同的市场条件);
- 可以计算出不同的方案在不同自然状态下的损益值;
- 在可能出现的不同自然状态中,决策者不能肯定未来将出现哪种状态,但能确定每种状态出现的概率。

风险型决策分析最主要的决策准则是期望值准则。

1. 期望值准则评价模型

设单目标风险型决策问题的可行方案为 $a_1, a_2, \cdots, a_m$,自然状态为 $\theta_1, \theta_2, \cdots, \theta_n$,且 θ_j 的概率分布是已知的,$p(\theta_j) = p_j (j = 1, 2, \cdots, n)$,各可行方案在不同自然状态下的条件结果值为 $o_{ij} (i = 1, 2, \cdots, m; j = 1, 2, \cdots, n)$。当方案的个数和状态的个数皆为有限数时,该问题可表示为决策表

$$\begin{array}{c c c c c}
 & p_1 & p_2 & \cdots & p_n \\
a_1 & \begin{bmatrix} o_{11} & o_{12} & \cdots & o_{1n} \\ o_{21} & o_{22} & \cdots & o_{2n} \\ \vdots & \vdots & \vdots & \vdots \\ o_{m1} & o_{m2} & \cdots & o_{mn} \end{bmatrix}
\end{array}$$

或者记为决策矩阵

$$O = \begin{bmatrix} o_{11} & o_{12} & \cdots & o_{1n} \\ o_{21} & o_{22} & \cdots & o_{2n} \\ \vdots & \vdots & \vdots & \vdots \\ o_{m1} & o_{m2} & \cdots & o_{mn} \end{bmatrix} \tag{1.20}$$

期望值准则是指根据各方案的条件结果值的期望值的大小进行决策,当条件结果值表示费用,应选期望值最小的方案,当条件结果值表示收益或效用,则应选期望值最大的方案。在实际应用中,风险型决策问题的期望值准则评价模型有以下 3 种情况:

(1) 期望效用值评价模型

设经过效用标准测定法测算,得到决策者的效用函数为 $u = u(x)$,由决策矩阵可以求出各条件结果值的效用值 $u_{ij} = u(o_{ij})(i = 1, 2, \cdots, m; j = 1, 2, \cdots, n)$,全部效用值构成效用值矩阵

$$U = \begin{bmatrix} u_{11} & u_{12} & \cdots & u_{1n} \\ u_{21} & u_{22} & \cdots & u_{2n} \\ \vdots & \vdots & \vdots & \vdots \\ u_{m1} & u_{m2} & \cdots & u_{mn} \end{bmatrix} \tag{1.21}$$

各方案的期望效用值记为

$$h_i = \sum_{j=1}^{n} u_{ij} p_j \quad (i = 1, 2, \cdots, m) \tag{1.22}$$

期望效用值 h_i 表示了各方案的优劣程度，h_i 越大，方案 a_i 越令人满意。这种表示方案令人满意程度的指标，我们称为合意度。

当决策矩阵和效用函数确定了，效用值矩阵也就随之而确定。m 个可行方案的优劣排序问题，就可以用各方案的合意度的大小来表示。求解决策问题，就是寻找合意度最大的方案，即，如果

$$h^* = \max_{1 \leq i \leq m} h_i = \max_{1 \leq i \leq m} \sum_{j=1}^{n} u_{ij} p_j$$

则 h^* 所对应的方案为最满意方案。

期望效用值评价模型可以用矩阵表示，若记

$$\boldsymbol{H} = (h_1, h_2, \cdots, h_m)^{\mathrm{T}}$$
$$\boldsymbol{P} = (p_1, p_2, \cdots, p_m)^{\mathrm{T}}$$

$\boldsymbol{U}$ 为效用矩阵，则

$$\boldsymbol{H} = \boldsymbol{U}\boldsymbol{P} \tag{1.23}$$

合意度向量 $\boldsymbol{H}$ 的最大分量 $h^* = \max\limits_{1 \leq i \leq m} h_i$ 所对应的方案为最满意方案。

(2) 期望结果值评价模型

在实际应用中，有的风险型决策要重复实施多次。例如，在市场相对稳定的情况下，厂家对产品生产量的决策，既要保证销售渠道畅通，又要力求生产相对稳定，一旦作出决策，就要重复实施多次。这种决策称为重复性风险决策。

在重复性风险决策中，由于决策方案重复实施多次，决策者一般认为，事态体 $(0.5, o^*; 0.5, o^0)$ 的确定当量为 $\frac{1}{2}(o^* + o^0)$，即

$$\frac{1}{2}(o^* + o^0) \sim (0.5, o^*; 0.5, o^0)$$

因此，用效用标准测定法测定的 $o_\xi = \frac{1}{2}(o^* + o^0)$，于是

$$\xi = \frac{o_\xi - o^0}{o^* - o^0} = 0.5$$

其效用曲线是直线型的，效用函数 $u = u(x)$。

设方案 a_i 的条件结果期望值为 $\bar{o}(a_i)$，即

$$\bar{o}(a_i) = \sum_{j=1}^{n} o_{ij} p_j \quad (i = 1, 2, \cdots, m) \tag{1.24}$$

当效用函数为直线型，即 $u = u(x)$ 时，合意度 $h_1, h_2, \cdots, h_n$ 的排序与条件结果期望值 $\bar{o}(a_1), \bar{o}(a_2), \cdots, \bar{o}(a_n)$ 的排序是一致的。这是因为，决策矩阵 $\boldsymbol{O} = (o_{ij})_{m \times n}$ 经过归一化处理，元素 o_{ij} 变为 $\frac{o_{ij} - o^0}{o^* - o^0}$，对应的效用值为

$$u_{ij} = u\left(\frac{o_{ij} - o^0}{o^* - o^0}\right) = \frac{o_{ij} - o^0}{o^* - o^0},$$

效用值矩阵可表示为

$$U = \frac{1}{o^* - o^0}(O - O^0)$$

这里 O^0 表示元素全部为 o^0 的 $m \times n$ 矩阵,代入式(1.23),合意度向量

$$H = UP = \frac{1}{o^* - o^0}(OP - O^0 P) \tag{1.25}$$

经过简单运算并整理,得

$$(o^* - o^0)H + O^0 P = OP \tag{1.26}$$

因为

$$O^0 P = (o^0, o^0, \cdots, o^0)^T$$

且 $o^* - o^0$ 为常数,所以(1.26)式是合意度 H 的线性变换。又 $o^* - o^0 > 0$,$H = (h_1, h_2, \cdots, h_m)^T$,$OP = (\bar{o}(a_1), \bar{o}(a_2), \cdots, \bar{o}(a_n))^T$。由(1.26)式可知 $h_1, h_2, \cdots, h_n$ 的排序与 $\bar{o}(a_1), \bar{o}(a_2), \cdots, \bar{o}(a_n)$ 的排序是一致的。

若令

$$\bar{O} = OP = (\bar{o}(a_1), \bar{o}(a_2), \cdots, \bar{o}(a_n))^T \tag{1.27}$$

$\bar{O}$ 为条件结果期望值向量,直接按条件结果期望值的排序来选择最满意方案,这就是期望结果值评价模型。当条件结果为条件收益时,条件结果期望值最大的方案,就是最满意方案,即

$$\bar{q}(a^*) = \max_{1 \leq i \leq m} \bar{q}(a_i) = \max_{1 \leq i \leq m} \sum_{j=1}^{n} q_{ij} p_j \tag{1.28}$$

其中 a^* 为最满意方案。当条件结果为条件损失时,则条件结果期望值最小的方案为最满意方案。

(3) 考虑时间因素的期望值评价模型

在投资决策等问题中,由于方案涉及的时间周期较长、投资额较大,每一方案在寿命期的不同时期(一般为年份)内的损益情况也在发生着变化。为了考察一个方案在寿命期内总的期望收益,必然涉及这个方案在各个不同时期的条件收益,这时就需要考虑资金的时间价值。根据各个方案在寿命期总的期望收益的大小来进行决策,这就是考虑时间因素的期望值准则评价模型。

设第 t 时期($t = 1, 2, \cdots, N$;N 为方案寿命期)的决策表为

$$\begin{array}{c} \begin{matrix} p_1^{(t)} & p_2^{(t)} & \cdots & p_n^{(t)} \end{matrix} \\ \begin{matrix} a_1 \\ a_2 \\ \vdots \\ a_m \end{matrix} \begin{bmatrix} q_{11}^{(t)} & q_{12}^{(t)} & \cdots & q_{1n}^{(t)} \\ q_{21}^{(t)} & q_{22}^{(t)} & \cdots & q_{2n}^{(t)} \\ \vdots & \vdots & & \vdots \\ q_{m1}^{(t)} & q_{m2}^{(t)} & \cdots & q_{mn}^{(t)} \end{bmatrix} \end{array} \tag{1.29}$$

这里 $q_{ij}^{(t)}$ 表示第 t 时期方案 a_i 在自然状态 θ_j 下的条件收益,$p_j^{(t)}$ 表示第 t 时期自然状态 θ_j 出现的概率。由式(1.24)可知,第 t 时期方案 a_i 的期望收益为

$$\bar{q}_t(a_i) = \sum_{j=1}^{n} q_{ij}^{(t)} p_j^{(t)} \quad (i = 1, 2, \cdots, m;\ t = 1, 2, \cdots, N) \tag{1.30}$$

如果用净现值作为标准,方案 a_i 的总的期望收益为

$$\text{NPV}(a_i) = \sum_{t=1}^{N} \frac{\bar{q}_t(a_i)}{(1+k)^t} - F_{a_i} \quad (i = 1, 2, \cdots, m) \tag{1.31}$$

其中 $\mathrm{NPV}(a_i)$ 为方案 a_i 的期望净现值，k 为折现率，F_{a_i} 为方案 a_i 全部投资支出的现值总额。在这个模型中，最满意方案应满足

$$\mathrm{NPV}(a^*) = \max_{1\leqslant i\leqslant m} \mathrm{NPV}(a_i) = \max_{1\leqslant i\leqslant m}\left[\sum_{t=1}^{N} \frac{\bar{q}_t(a_i)}{(1+k)^t} - F_{a_i}\right] \tag{1.32}$$

其中 a^* 表示最满意方案。

2. 期望值准则评价模型应用实例

如果决策问题的方案不具有可重复实施的特点，一般要考虑各方案条件收益的效用，利用期望效用值评价模型来进行决策分析，用这一方法的关键是确定效用值矩阵 U，然后根据已知的状态概率向量 P，由公式(1.23)计算出合意度向量 H。

例1.9 我国某公司与国外一家厂商签订明年的经销协议。如果出口 A 型机床，则明年可以稳获利 800 万元；如果出口另一种 B 型机床，根据国际市场需求情况有 3 种可能：当国际市场需求量高时，可以获利 2 500 万元，当国际市场需求量一般时，可获利 900 万元；当国际市场不景气而滞销时，就会因积压而亏损 500 万元。根据各方面获得的信息，预测明年国际市场需求量大的可能性为 0.3，需求量一般的可能性为 0.4。公司决策者认为，亏损 500 万元风险太大，打算放弃出口 B 型机床。外商又提出另一种方案，出口 C 型机床，在国际市场畅销和一般情况时，可分别获利 1 500 万元和 850 万元，在滞销的情况下，可以稍加改制作为其他加工机械销售，仍可获利 120 万元。上述情况，除第一方案外，其余两方案均有较大利润而又要承担一定的风险。试对此问题进行决策分析。

解 该问题是风险型决策，可行方案有 3 个，即

a_1：出口 A 型机床

a_2：出口 B 型机床

a_3：出口 C 型机床

自然状态及其概率为

θ_1：国际市场畅销，$p(\theta_1) = 0.3$

θ_2：国际市场一般，$p(\theta_2) = 0.4$

θ_3：国际市场滞销，$p(\theta_3) = 0.3$

为了便于运算，因方案 a_1 与市场波动关系不大，故我们认为在 3 种状态下将获利 800 万元。于是，该问题的决策矩阵为

$$Q = (q_{ij})_{3\times 3} = \begin{pmatrix} 800 & 800 & 800 \\ 2\,500 & 900 & -500 \\ 1\,500 & 850 & 120 \end{pmatrix}$$

为了确定效用值矩阵 U，先建立该公司决策者的效用函数 $u = u(x)$。对决策矩阵条件结果值按同一折算标准折算，可设

$$q^* = q_{21} = 2\,500$$
$$q^0 = q_{23} = -500$$

利用效用标准测定法，对该公司决策者反复提问，最后权衡比较确认，事态体(0.5, 2 500; 0.5, -500)的确定当量为 $q_\xi = 550$，即

$$550 \sim (0.5, 2\,500; 0.5, -500)$$

从而求得
$$\xi = \frac{q_\xi - q^0}{q^* - q^0} = \frac{550 - (-500)}{2\,500 - (-500)} = 0.35$$

采用幂函数型效用函数，当 $\xi = 0.35$ 时，效用函数为
$$u(x) = -0.168 + 1.119\,2\sqrt{0.02 + x}$$

对决策矩阵进行归一化处理，得横坐标矩阵
$$X = \begin{pmatrix} 0.433\,3 & 0.433\,3 & 0.433\,3 \\ 1.000\,0 & 0.466\,7 & 0.000\,0 \\ 0.666\,7 & 0.450\,0 & 0.206\,7 \end{pmatrix}$$

由效用函数求得各横坐标点的效用值，于是
$$U = \begin{pmatrix} 0.634\,5 & 0.634\,5 & 0.634\,5 \\ 1.000\,0 & 0.663\,6 & 0.000\,0 \\ 0.819\,8 & 0.649\,2 & 0.399\,5 \end{pmatrix}$$

因为状态概率向量为
$$P = (0.3, 0.4, 0.3)^T$$

所以
$$H = UP = \begin{pmatrix} 0.634\,5 & 0.634\,5 & 0.634\,5 \\ 1.000\,0 & 0.663\,6 & 0.000\,0 \\ 0.819\,8 & 0.649\,2 & 0.399\,5 \end{pmatrix} \begin{pmatrix} 0.3 \\ 0.4 \\ 0.3 \end{pmatrix} = (0.634\,5, 0.565\,4, 0.625\,5)^T$$

即各方案的合意度为 $h_1 = 0.634\,5, h_2 = 0.565\,4, h_3 = 0.625\,5$。因此，最满意方案应满足
$$h^* = \max_{1 \leqslant i \leqslant 3} h_i = 0.634\,5 = h_1$$

这就是说，最满意方案是 a_1，即出口 A 型机床，其次是方案 a_3，方案 a_2 不可取。

另外还要说明，如果用效用函数表进行计算，其决策分析的结果是一样的。当 $\xi = 0.35$ 时，查效用函数表，得效用值矩阵
$$U = \begin{pmatrix} 0.634\,5 & 0.634\,5 & 0.634\,5 \\ 1.000\,0 & 0.663\,6 & 0.000\,0 \\ 0.819\,8 & 0.649\,2 & 0.399\,5 \end{pmatrix}$$

合意度向量为
$$H = UP = (0.634\,5, 0.565\,4, 0.625\,5)^T$$

可见 $h_1 > h_3 > h_2$，两种算法合意度排序结果一样。

对于重复性风险性决策，条件收益期望值的排序与合意度的排序一致，无需利用效用函数。

例 1.10 某报社编辑发行一种晚报，长期以来发行量为 15 万份。近来实行改革，推行经济承包责任制，为提高报社经济效益，对晚报发行量进行决策分析。经过销售调查，在过去 100 天的统计资料中，售完 15 万份仅 12 天。其余销售情况是，有 20 天销售约 14 万份，30 天销售约 13 万份，25 天销售约 12 万份，13 天销售约 11 万份。晚报每份可赚 0.05 元利润；如果销售不出去，则有 0.25 元的成本损失。试分析该报社晚报的发行量为多少时，才能获得最佳经济效益。

解 根据已知条件，这是风险型决策问题。由于发行量一经确定，在一段时间内将按此

发行量发行,故这又是重复性决策。可行方案有 5 个,即

a_1:发行 15 万份

a_2:发行 14 万份

a_3:发行 13 万份

a_4:发行 12 万份

a_5:发行 11 万份

该晚报发行销售状态有 5 种,其状态概率分别为

θ_1:销售 15 万份,$p(\theta_1) = 0.12$

θ_2:销售 14 万份,$p(\theta_2) = 0.20$

θ_3:销售 13 万份,$p(\theta_3) = 0.30$

θ_4:销售 12 万份,$p(\theta_4) = 0.25$

θ_5:销售 11 万份,$p(\theta_5) = 0.13$

方案 a_i 在状态 θ_j 下的条件收益(这里为净利润)为

$q_{ij} = a_i$ 在 θ_j 下的销售份数 $\times 0.05 - a_i$ 在 θ_j 下未销售份数 $\times 0.25$ ($i,j = 1,2,3,4,5$)

例如

$q_{11} = 150\,000 \times 0.05 - 0 \times 0.25 = 7\,500$(元)

$q_{12} = 140\,000 \times 0.05 - 10\,000 \times 0.25 = 4\,500$(元)

同样可以计算出其他的条件收益值,从而得到决策矩阵为

$$\boldsymbol{Q} = (q_{ij})_{5\times 5} = \begin{bmatrix} 7\,500 & 4\,500 & 1\,500 & -1\,500 & -4\,500 \\ 7\,000 & 7\,000 & 4\,000 & 1\,000 & -2\,000 \\ 6\,500 & 6\,500 & 6\,500 & 3\,500 & 500 \\ 6\,000 & 6\,000 & 6\,000 & 6\,000 & 3\,000 \\ 5\,500 & 5\,500 & 5\,500 & 5\,500 & 5\,500 \end{bmatrix}$$

销售状态概率向量为

$$\boldsymbol{P} = (0.12, 0.20, 0.30, 0.25, 0.13)^{\mathrm{T}}$$

由式(1.27),条件结果期望值向量为

$$\begin{aligned}\bar{\boldsymbol{Q}} &= (\bar{q}(a_1), \bar{q}(a_2), \bar{q}(a_3), \bar{q}(a_4), \bar{q}(a_5))^{\mathrm{T}} \\ &= \boldsymbol{QP} = (1\,290, 3\,430, 4\,970, 5\,610, 5\,500)^{\mathrm{T}}\end{aligned}$$

最满意方案 a^* 应满足

$$\begin{aligned}\bar{q}(a^*) &= \max_{1 \leqslant i \leqslant 5} \bar{q}(a_i) \\ &= \max(1\,290, 3\,430, 4\,970, 5\,610, 5\,500) \\ &= \bar{q}(a_4) = 5\,610(元)\end{aligned}$$

所以,最满意方案为 $q^* = a_4$,即发行量为 12 万份。此时该报社平均每天获利为 5 610 元,其经济效益大大超过按固定发行量 15 万份的平均获利 1 290 元。

3. 风险型决策的其他准则

风险型决策问题的主要评价准则是期望值准则,除此之外,还有其他评价方法。以下简要介绍其中两种。

(1) 概率优势法则

设有风险决策问题的收益矩阵为

$$\begin{array}{c} & p(\theta_1) \quad p(\theta_2) \quad \cdots \quad p(\theta_n) \\ \begin{array}{c} a_1 \\ a_2 \\ \vdots \\ a_m \end{array} & \begin{bmatrix} q_{11} & q_{12} & \cdots & q_{1n} \\ q_{21} & q_{22} & \cdots & q_{2n} \\ \vdots & \vdots & \vdots & \vdots \\ q_{m1} & q_{m2} & \cdots & q_{mn} \end{bmatrix} \end{array}$$

如果在所有状态下,方案 a_i 的条件收益值不小于方案 a_j 的条件收益值,即 $q_{ik} \geqslant q_{jk}$ ($k=1,2,\cdots,n$),则称方案 a_i 按状态优于方案 a_j,在方案决策时可以将劣方案 a_j 先淘汰掉。按概率优势是与按状态优势相对而言的。如果方案 a_i 的条件收益值不小于任一实数的概率,大于或等于方案 a_j 的条件收益值不小于同一实数的概率,则称方案 a_i 按概率优于方案 a_j。或用概率语言描述如下:

设方案 a_i 的收益为 q_i,x 是任意实数,称

$$R_i(x) = P(q_i \geqslant x) \quad (i=1,2,\cdots,n) \tag{1.33}$$

为方案 a_i 的风险分布函数。如果

$$R_i(x) \geqslant R_j(x) \quad (i \neq j) \tag{1.34}$$

对一切的 x 都成立,并且至少有一个 x,使得 $R_i(x) > R_j(x)$,则称方案 a_i 按概率优于方案 a_j。

如果在决策问题中,方案 a_i 与方案 a_j 之间存在按概率优势关系,则保留按概率处于优势的方案,淘汰按概率处于劣势的方案。如果任意两个方案之间都存在按概率优势关系,则最满意方案就是对其他所有方案都具有按概率优势的方案。即最满意方案 $A^* = a_{i_0}$ 满足

$$R_{i_0}(x) \geqslant R_i(x) \quad (1 \leqslant i \leqslant m \text{ 且 } i \neq i_0) \tag{1.35}$$

且对每一个 i,至少存在一个 x,使 $R_{i_0} > R_i(x)$ 成立。这就是概率优势法则的决策准则。

例1.11 设有如下决策问题(见表1.3),考察各方案间是否具有按概率优势关系,并按概率优势法则进行决策。

表1.3

自然状态 θ_j 条件收益 q_{ij}	θ_1 $p(\theta_1)=0.3$	θ_2 $p(\theta_2)=0.4$	θ_3 $p(\theta_3)=0.2$	θ_4 $p(\theta_4)=0.1$
a_1	40	20	30	-10
a_2	20	30	-10	20
a_3	30	20	20	-15

解 注意到方案 a_3 按状态劣于方案 a_1,首先淘汰掉 a_3。计算方案 a_1 和方案 a_2 的风险分布函数得

$$R_1(x) = P(q_1 \geqslant x) = \begin{cases} 1 & (x \leqslant -10) \\ 0.9 & (-10 < x \leqslant 20) \\ 0.5 & (20 < x \leqslant 30) \\ 0.3 & (30 < x \leqslant 40) \\ 0 & (x > 40) \end{cases}$$

$$R_2(x)=P(q_2\geqslant x)=\begin{cases} 1 & (x\leqslant -10) \\ 0.8 & (-10<x\leqslant 20) \\ 0.4 & (20<x\leqslant 30) \\ 0 & (x>30) \end{cases}$$

比较 $R_1(x)$ 和 $R_2(x)$ 得到

$$R_1(x)\geqslant R_2(x)$$

且存在 x 使 $R_1(x)>R_2(x)$ 成立。故方案 a_1 按概率优于 a_2,根据概率优势法则,方案 a_1 为最满意方案。

需要加以说明的是,如果一个方案 a 按状态优于另一个方案 a',则 a 必定按概率优于 a';反之,一个方案 a 按概率优于另一个方案 a',则 a 不一定按状态优于 a'。本例中方案 a_1 按状态优于方案 a_3,且通过计算可知 $R_1(x)\geqslant R_3(x)$,即方案 a_1 按概率也优于方案 a_3;方案 a_1 按概率优于方案 a_2,但 a_1 与 a_2 之间不存在按状态优势关系。此外,并非任意两个方案之间都存在按概率优势关系,也就是说,概率优势法则在应用对象上存在一定的局限性。

(2) $\mu-\sigma$ 法则

风险型决策分析的期望值评价准则的判据是方案条件结果的期望值 $\bar{q}(a_i)$,或期望效用值 $\bar{\mu}(a_i)$,这一准则只考虑了方案的收益性,仅从收益这一个方面来对各方案进行排序选优。然而实际情况是,任何方案都要冒收益不确定的风险。那么在评价方案的优劣时,只考虑收益的因素而忽略风险的因素是不合理的。请看下面的例子。

例 1.12 某工厂引进先进设备(方案 a_1),可大幅度提高产品的产量和质量。如果未来市场需求旺盛,收益可大幅度增长,否则,由于引进设备成本昂贵,工厂就要遭受亏损。若延用老设备(方案 a_2),则不论未来市场需求如何,都能获得一定的收益。具体情况见表 1.4。

表 1.4

需求状态 θ_j	需求高(θ_1)	需求中(θ_2)	需求低(θ_3)
条件收益(万元)	0.2	0.6	0.2
a_1	72	-4	-10
a_2	12	10	8

解 这一问题若用期望值准则进行决策,由于

$$\bar{q}(a_1)=\bar{q}(a_2)=10(万元)$$

则方案 a_1 与 a_2 被认为是等价的。但对于厌恶风险的决策者来讲,显然更偏爱方案 a_2,因为方案 a_1 获得大额收益的可能性只有 20%,发生亏损的可能性却是 80%,而方案 a_2 是稳赚不赔的。计算两方案条件收益的方差,得

$$\sigma_1^2=\sum_{j=1}^{3}[q_{1j}-\bar{q}(a_1)]^2 p_j$$
$$=(72-10)^2\times 0.2+(-4-10)^2\times 0.6+(-10-10)^2\times 0.2$$
$$=906.4$$

$$\sigma_2^2=\sum_{j=1}^{3}[q_{2j}-\bar{q}(a_2)]^2 p_j$$
$$=(12-10)^2\times 0.2+(9-10)^2\times 0.2=1.6$$

由此看到 $\sigma_2^2 < \sigma_1^2$，说明方案 a_2 的条件收益 q_2 更加集中于它的均值附近，而方案 a_1 的条件收益 q_1 取值较为分散，或具有较大的波动性。

通常，方案 a_i 的风险用其条件收益 q_i 的方差 $\sigma_i^2 = \sum_{j=1}^{n}[q_{ij} - \bar{q}(a_i)]^2 p_j$ 来描述，这里 $\mu_i = \bar{q}(a_i) = E(q_i)$。$\sigma_i^2$ 越大，表示风险越大；σ_i^2 越小，表示风险越小。上面的例子中，尽管 $\mu_1 = \mu_2$，但 $\sigma_2^2 < \sigma_1^2$，说明方案的风险较小，故厌恶风险的决策者宁愿选择方案 a_2。

$\mu - \sigma$ 法则的基本思路是，在评价一个行动方案时，不仅考虑方案可能带来的期望收益值，同时也明确考虑代表风险的条件收益的方差。

参考文献和网站

[1] 陈珽. 决策分析[M]. 北京:科学出版社,1987.
[2] 彭勇行. 管理决策分析[M]. 北京:科学出版社,2000.
[3] 岳超源. 决策理论与方法[M]. 北京:科学出版社,2003.
[4] 詹姆斯·E·安德森. 公共决策[M]. 唐亮,译.北京:华夏出版社,1990.
[5] 姜圣阶,等. 决策学基础[M]. 北京:中国社会科学出版社,1986.
[6] 莱斯特·斯图尔特. 公共政策导论[M]. 北京:中国人民大学出版社,2004.
[7] 陈庆云,戈世平,张孝德. 现代公共政策概论[M]. 北京:经济科学出版社,2004.
[8] 林德金. 政策研究方法论[M]. 延边:延边大学出版社,1991.
[9] 伍启元. 公共政策[M]. 香港:商务印书馆(香港),1989.
[10] 张金马. 政策科学导论[M]. 北京:中国人民大学出版社,1992.
[11] 威廉·N·邓恩. 公共政策分析导论[M]. 谢明,等,译.北京:中国人民大学出版社,2002.
[12] 王传宏,李燕凌. 公共政策行为[M]. 北京:中国国际广播出版社,2002.
[13] 林水波,张世闲. 公共政策[M]. 台北:台湾五南图书出版公司,1980.
[14] 陈振明. 公共政策分析[M]. 北京:中国人民大学出版社,2003.
[15] 戴维·伊斯顿. 政治生活的系统分析[M]. 王浦劬,等,译. 北京:华夏出版社,1989.
[16] 马永金. 政策科学导论[M]. 北京:中国人民大学出版社,1992.
[17] 夏书章. 现代公共管理[M]. 长春:长春出版社,2000.
[18] 陈振明. 公共管理学[M]. 北京:中国人民大学出版社,1999.
[19] 药师寺泰藏. 公共政策[M]. 张丹,译. 北京:经济日报出版社,1991.
[20] 竺乾威. 公共行政学[M]. 北京:复旦大学出版社,2000.
[21] 公共管理论文资料库:http://www.grchina.com/mpa/lib.htm.
[22] 全国公共管理硕士专业学位教育指导委员会网站:http://www.mpa.org.cn.
[23] 中国公共管理:http://www.mpachina.com.
[24] 中国 MPA 联盟:http://www.grchina.com/mpa/index.htm.

思 考 题

试说明下例中,决策分析的各个基本要素。

某企业拟订了 3 个生产方案,方案 a_1 是新建两条生产线生产两种新产品;方案 a_2 是新建一条生产线生产一种新产品;方案 a_3 是扩建原有生产线改进老产品。在销售预测的基础上,测算了各方案在不同市场需求状态下的条件收益值,见表 1.5。

表 1.5

条件收益值 q_{ij} 方案 a_i	θ_1(高需求)	θ_2(中需求)	θ_3(低需求)
a_1	1 000	600	-200
a_2	750	450	50
a_3	300	300	80

案 例 分 析

案例1 智利政府电讯补贴决策

智利政府用补贴拍卖法通过市场向安第斯山区提供电讯服务,取得了较好成绩。补贴拍卖法:在市场中,常常有一些偏僻分散的地区得不到必要的服务(如邮电、供电、供水),政府要想了解对这些地区提供服务的成本会很难或花费很高,这时就可引入补贴拍卖法。以向西藏提供邮政服务为例,为鼓励企业提供通邮西藏的服务,政府可以公开招标,以一定的服务水平为条件对提供服务者给予若干补贴,补贴额多少将由竞标确定。经过招标,有关信息实际上会由竞争者在竞标中自我揭露出来,政府只需以拨款或税收优惠或提供别的高盈利线路经营权作为补贴。智利政府经过竞拍,安第斯山区有 50% 的目标地区和近 60% 的目标人口,企业不需要政府提供任何补贴即可提供电话服务。智利政府原先预计需要 4 000 万比索补贴预算,最后实际上只花费了 1 000 万,98% 的智利人享受到市场提供的优质低价的电话服务(《1998/1999 年世界发展报告》,第 10 页),高于许多发达国家现代化城市地区的电话服务水平。

案例2 巴西参与式预算决策试验

巴西阿莱格里港市开创了一种参与式预算制度,使全市公民在支出评价和预算配置上有直接的发言权。首先,全市分区召开会议,对前些年的预算进行分析评估,在此基础上确定教育、卫生、交通、城市规划与发展、治安等重点项目并排出轻重缓急。然后,各区选出代表参加全市的参与式预算委员会,讨论全市的投资计划和预算开支。1996年该市有10万市民(占全市人口的8%)参与了市政预算制订工作。这项创新制度调动了市民的积极性,提高了税收征管效率和税收量,增加了公共投资和公共服务。1996年与1989年相比,该市获得污水处理服务的家庭比例从50%提高到98%,有一半崎岖道路得到平整,中小学招生数量增加了1倍(《1998/1999年世界发展报告》,第14页)。阿莱格里港市的例子揭示,参与式预算可以更好地确定投资重点及投资方案,使公共资源和预算投资得到更好的利用,提高政府管理效率和公共服务水平。

案例3　历经70年,三峡工程的决策

三峡工程是迄今为止世界上最大的水利枢纽工程,造福我国人民及子孙后代,影响巨大,它凝结了20世纪几代人的愿望。1918年孙中山先生首次提出兴建三峡的计划,20世纪30年代和40年代国民政府两次进行勘测测量并提出初步计划报告。中华人民共和国成立后,毛泽东提出修建三峡工程问题,并且为此写下了壮丽诗篇。1958年周恩来亲自查勘三峡,听取关于三峡工程的汇报。"文革"后,三峡工程又提上了党和政府的议程。1980年邓小平视察三峡坝址,指示国务院要研究三峡工程建设问题。1984年国务院组织专家讨论后,原则批准三峡工程可行性报告。1986年全国各方面专家412人,分成14个专题进行论证。1990年国务院成立国务院三峡工程审查委员会,对可行性报告进行审查,并于1991年通过审查意见。1992年1月,国务院审议并同意了审查委员会的意见,并提请全国人大常委会审议。1992年4月第七届全国人民代表大会第五次会议审议并通过了《关于兴建长江三峡工程的决议》,为三峡决策画上了圆满的句号。

案例4　从解除"禁放"看公共决策"程序"

离2004年春节还有一个多月的时间,《西安市销售燃放烟花爆竹管理条例》放宽了"禁放"限制,规定春节期间市民可在全市范围内(易燃易爆、加油站、文物等场所除外)燃放烟花爆竹。

人们不知还会不会有别的"禁放"的城市也放宽甚至解除禁令,但与大约十年前的"一窝蜂"发布禁令相比,近年来,"解禁"确实成了一种"反潮流"。仅2003年,就有上海、长春、宁波、安阳、南阳等城市放宽或者解除了燃放烟花爆竹的禁令。

"爆竹声中一岁除。"春节期间是中华民族燃放烟花爆竹最主要的时段,很多市民反对"禁放令"也主要是因为对过年放鞭炮那种喜庆气氛的怀念。允许这个时段燃放,实际上跟完全解除禁令相差无几,"九十步"与"一百步"而已。

几年来,没有哪个城市还在出台"禁放"的政令,而解除"禁放"的城市却接二连三,这即使不能说明"禁放"是不对的,至少也可以说明当初各地纷纷"禁放"的决策失之草率。所以,公共决策的"程序"问题是我们应该探讨的一个重要问题。毫无疑问,像西安等诸多城市这样禁了又解,肯定不如当初就不予禁止,因为政策上的"自食其言"是对政府权威和信用的极大损害。安阳市人大常委会曾经就是否解禁的问题进行了万人问卷调查,结果发现大部分

市民反对禁放,禁令最终被解除。这当然是尊重民意的表现,但不能不让人发问的是:当初决定禁放时,为什么不像原来这样广泛征求市民意见呢?如果那时候就把问题提交市民充分地讨论,不是可以避免政策上的反复吗?

近年来,我国越来越多的法律法规在提交人大审议前,都提前向社会公布,即实行"开门立法"。这是立法工作中的科学化和民主化,也是"政治文明"的体现。法律法规如此,政府进行重大决策时也应该如此。尤其是像"禁放"这种与公众密切相关的公共决策,一定要充分发扬民主,让公众广泛参与。只有遵守这样的程序,才能够避免公开决策中的草率和反复,从而更好地维护政府的权威和信用。

案例5 黄标车问题

2002年10月31日,北京有关部门突然出台一项政策,规定自11月1日起,"黄标车"(即19座以下未取得绿色环保标志的载客汽车)禁行的范围扩大。这意味着约30万辆机动车失去了在该市区行动的自由。车主们纷纷质疑:"黄标车"的一切手续都是合法的,政府凭什么一纸政令就剥夺了它们的部分自由,甚至连个宽限期都没有?不但"黄标车"不满,符合现在"绿色"标准的车主们也很不安,因为他们不知道什么时候政府又会突然提高"绿色"的标准。中央电视台"央视论坛"节目对此项政策提出了批评。专家认为,相关部门在出台这样一种涉及公共利益的决策时应该提前向社会广泛征求意见,在提高效率的同时也要讲求公平,从而制订出兼顾各方利益并为社会广泛接受的方案。社会上的强烈反弹,使政府陷入了相当被动的境地,这肯定不是相关部门所希望看到的。

2003年,北京市政府将《北京市轨道交通运营安全管理办法(送审稿)》在"首都之窗"网站上征求市民意见。《办法》第20条"禁止在车站出入口、车站和列车内乞讨、卖艺、吸烟、躺卧、擅自销售物品"的规定就引起了广泛的质疑。不管此项规定在《办法》最终出台时是否被删除或修改,这种争论肯定有助于北京市政府完善这个《办法》,从而避免政策出台后广受质疑却又进退维谷的尴尬。

案例6 居家工程齐参与

2001年夏天,北京市东城区和平里街道兴化西里社区在街道办事处和区体育局的大力支持下,开始实施全民健身居家工程(由体育彩票基金中拿出一部分资金购置一些健身器材,在社区安装),为社区居民健身锻炼创造良好的硬件环境。

社区在进行全民健身居家工程建设时,首先及时召开了社区党支部、居委会联席会议,进行了认真的讨论和专题研究,提出了有三个地点的选址初步方案。为了便于居家工程的管理,最大限度地方便居民和不扰民,社区居委会在选址问题上充分发扬民主,把初步方案提交社区成员代表大会进行讨论,大家根据社区的情况,分析三个地点的优劣,充分发表意见。经过认真的讨论,大家一致同意将健身乐园建在社区居委会前面树木成荫的小花园内。同时也征得了管片民警、城管分队、办事处领导、文体科的同意,最后落实。实践证明,居家工程的建设由于充分征求了社区居民和其他相关者的意见,既便于加强管理,方便居民就近就便进行健身活动,又因前后楼间距大,避免了扰民问题的出现,因而深受广大居民的欢迎。

健身居家工程的建设需要一定的资金,虽然市、区体育局和街道办事处都给予了很大投入,但是仍不能完全满足需要,还缺少购买地砖的资金。社区居委会认识到建设居家工程是全体社区居民生活中的一件大事,要办好就要充分调动和发挥群众的积极性,充分体现"社区是个家,建设靠大家"的精神,发动居民为工程献计献策。社区党支部、居委会号召社区居民积极为工程建设提供帮助,领导同志带头捐款。社区贴出为工程捐款的通知后,居民积极响应。在整个捐款活动中,先后有115人捐了款,捐资达到4 695元,这些捐款全部都用在了工程建设上。

在地面铺装和健身器材安装到位后,居委会为了能够实施制度化管理和加强安全工作,决定为健身乐园安装护栏。鉴于社区居委会的力量比较薄弱,居委会请求社区单位给予必要的支持,得到了社区单位的积极响应。市城建一公司远东施工队无偿提供服务,出动了十余名施工人员,自带工具、沙子和水泥,冒着酷暑为工程义务劳动了十余天。

正是由于社区居民和社区单位的参与、街道办事处的支持,300平方米的地面铺装和健身器材的安装都提前完成。建成后由于管理到位,每天清晨、午后、傍晚的时段,到这里健身休闲的老人、儿童非常多,还有在这里下棋、打牌、聊天的,大家在一起,既有利于强身健体,又加强了邻里的和睦相处,社区居民非常满意。

第 2 章　多属性决策分析

社会经济系统的决策问题,往往涉及不同属性的多个指标。一般来说,多属性多指标的综合评价有两个显著特点。第一,是指标间的不可公度性,就是说多属性指标之间没有统一量纲,难以用同一标准进行评价。第二,某些指标之间存在一定的矛盾性,某一方案提高了这个指标值,却可能损害另一指标值。因此,克服指标间不可公度的困难,协调指标间的矛盾性,是综合评价要解决的问题。多属性决策方法,是解决此类问题的有力工具。本章将讨论多属性决策的基本原理、几种常用的多属性决策方法及应用实例。

2.1　多属性决策指标体系

2.1.1　指标体系的基本概念

单一的评价指标,只能反映社会经济系统的某一具体特征。社会经济系统规模宏大、因素众多、层次结构复杂,全面地、准确地评价系统的基本特征和要素之间的复杂关系,不可能仅通过单一指标实现,需要使用多个相互联系、相互作用的评价指标。这种由多个相互联系、相互依存的评价指标,按照一定层次结构组合而成,具有特定评价功能的有机整体,称为多属性决策的指标体系。

社会经济系统的多属性决策,通常设置以下几种类型的指标:

1) 经济性指标。包括产值、收入、成本、利润、税金、投资额、流动资金占有率、资金周转期、投资回收期、建设周期、进出口额、固定资产、劳动生产率等。

2) 社会性指标。包括人员素质、社会福利、社会教育、社会发展、就业机会、社会安定、生态环境、污染治理等。

3) 技术性指标。包括产品性能、产品寿命、产品质量、可靠性、安全性、工艺水平、设备水平、技术改造、技术引进、人员素质、管理水平等。

4) 资源性指标。包括矿产资源、水源、能源、土地、森林、人力等。

5) 政策性指标。包括国家和地方的政策、方针、法令、法规、计划、战略、措施等。

6) 基础设施指标。包括交通、通讯、供水、供电、医疗设施等。

7) 其他指标。主要是指涉及特定决策系统的特有指标。例如,在动态投资系统决策中设置含有时间因素的评价指标,如净现值、净现值率等。

对以上列举的每一个指标,又可以进一步分解为若干小类指标或分析指标。经过逐层分解,形成指标树,构成指标体系。建立指标体系是一件政策性、技术性和技巧性很强的工作。同一社会经济系统,在不同时期、环境和决策主体的情况下,指标体系的设置常不相同。

2.1.2 指标体系设置的原则

多属性决策指标体系设置应遵循以下基本原则:

(1) 系统性原则

指标体系应该反映决策系统的整体性能和综合情况,指标体系的整体评价功能大于各分析指标的简单总和。应该注意使指标体系层次清楚、结构合理、相互关联、协调一致。要抓住主要因素,既要反映直接效果,又要反映间接效果,以保证决策的全面性和可信度。

(2) 可比性原则

决策分析是根据系统的整体属性和效用值的比较进行方案排序,可比性越强,决策结果的可信度越大。决策指标和评价标准的制订要客观实际,便于比较。指标间要避免显见的包含关系,隐含的相关关系要以适当的方法加以消除。不同量纲的指标应该按特定的规则作标准化处理,化为无量纲指标,便于整体综合评价。指标处理中要保持同趋势化,以保证指标间的可比性。

(3) 科学性原则

以科学理论为指导,以客观系统内部要素及其相互之间的本质联系为依据,定性和定量分析结合,正确反映系统整体和内部相互关系的量效特征。例如,只有以社会主义市场经济理论为指导,才能正确构建评价企业经济效益的指标体系。定量指标要注意绝对量和相对量结合使用,绝对量反映总量和规模,相对量反映强度和密度。定性指标可作适当的量化处理。两者结合,便于建模综合评价。

(4) 实用性原则

决策指标涵义要明确,数据要规范,口径要一致,资料收集要可靠。指标设计必须符合国家和地方的方针、政策、法规,口径和计算要与通用的会计、统计、业务核算协调一致。决策模型设计要有可操作性,计算分析简便,结构模块化,计算程序化,便于在计算机上操作实现。

2.1.3 决策指标的标准化

指标体系中各指标均有不同的量纲,例如,产值的单位为万元,产量的单位为万吨,投资回收期的单位为年等,这给综合评价带来许多困难。将不同量纲的指标通过适当的变换,转化为无量纲的标准化指标,称为决策指标的标准化。

设有 n 个决策指标 $f_j(1 \leqslant j \leqslant n)$,$m$ 个备选方案 $a_i(1 \leqslant i \leqslant m)$,$m$ 个方案 n 个指标构成的矩阵

$$X = (x_{ij})_{m \times n}$$

称为决策矩阵。

应该注意,决策指标根据指标变化方向,大致可以分为两类,即效益型(正向)指标和成

本型(逆向)指标。效益型指标具有越大越优的性质,成本型指标具有越小越优的性质。

下面介绍几种常用的指标标准化方法。

1. 向量归一化法

在决策矩阵 $X = (x_{ij})_{m \times n}$ 中,令

$$y_{ij} = \frac{x_{ij}}{\sqrt{\sum_{i=1}^{m} x_{ij}^2}} \quad (1 \leqslant i \leqslant m, 1 \leqslant j \leqslant n) \tag{2.1}$$

则矩阵 $Y = (y_{ij})_{m \times n}$ 称为向量归一标准化矩阵。显然,矩阵 Y 的列向量的模等于1,即 $\sum_{i=1}^{m} y_{ij}^2 = 1$。

应该注意,经过向量归一化处理后,其指标值均满足 $0 \leqslant y_{ij} \leqslant 1$,并且正、逆向指标的方向没有发生变化,即正向指标归一化变换后,仍是正向指标,逆向指标归一化变换后,也仍是逆向指标。

2. 线性比例变换法

在决策矩阵 $X = (x_{ij})_{m \times n}$ 中,对于正向指标 f_j,取 $x_j^* = \max\limits_{1 \leqslant i \leqslant m} x_{ij} \neq 0$,则

$$y_{ij} = \frac{x_{ij}}{x_j^*} \quad (1 \leqslant i \leqslant m, 1 \leqslant j \leqslant n) \tag{2.2}$$

对于逆向指标 f_j,取 $x_j^* = \min\limits_{1 \leqslant i \leqslant m} x_{ij} \neq 0$,则

$$y_{ij} = \frac{x_j^*}{x_{ij}} \quad (1 \leqslant i \leqslant m, 1 \leqslant j \leqslant n) \tag{2.3}$$

矩阵 $Y = (y_{ij})_{m \times n}$ 称为线性比例标准化矩阵。

应该注意,经过线性比例变换之后,标准化指标满足 $0 \leqslant y_{ij} \leqslant 1$,并且正、逆向指标均化为正向指标,最优值为1,最劣值为0。

3. 极差变换法

在决策矩阵 $X = (x_{ij})_{m \times n}$ 中,对于正向指标 f_j,取 $x_j^* = \max\limits_{1 \leqslant i \leqslant m} x_{ij}, x_j^0 = \min\limits_{1 \leqslant i \leqslant m} x_{ij}$,则

$$y_{ij} = \frac{x_{ij} - x_j^0}{x_j^* - x_j^0} \quad (1 \leqslant i \leqslant m, 1 \leqslant j \leqslant n) \tag{2.4}$$

对于逆向指标 f_j,取 $x_j^* = \min\limits_{1 \leqslant i \leqslant m} x_{ij}, x_j^0 = \max\limits_{1 \leqslant i \leqslant m} x_{ij}$,则

$$y_{ij} = \frac{x_j^0 - x_{ij}}{x_j^0 - x_j^*} \quad (1 \leqslant i \leqslant m, 1 \leqslant j \leqslant n) \tag{2.5}$$

矩阵 $Y = (y_{ij})_{m \times n}$ 称为极差变换标准化矩阵。

应该指出,经过极差变换之后,均有 $0 \leqslant y_{ij} \leqslant 1$,并且正、逆向指标均化为正向指标,最优值为1,最劣值为0。

4. 标准样本变换法

在决策矩阵 $X = (x_{ij})_{m \times n}$ 中,令

$$y_{ij} = \frac{x_{ij} - \bar{x}_j}{s_j} \qquad (1 \leqslant i \leqslant m, 1 \leqslant j \leqslant n) \tag{2.6}$$

其中,样本均值 $\bar{x}_j = \frac{1}{m}\sum_{i=1}^{m} x_{ij}$,样本均方差 $s_j = \sqrt{\frac{1}{m-1}\sum_{i=1}^{m}(x_{ij} - \bar{x}_j)^2}$。矩阵 $Y = (y_{ij})_{m \times n}$ 称为标准样本变换矩阵。

应该指出,经过标准样本变换之后,标准化矩阵的样本均值为 0,方差为 1。

5. 定性指标量化处理方法

在多属性决策指标体系中,有些指标是定性指标,只能作定性描述,例如"可靠性"、"灵敏度"、"员工素质"等。对定性指标作量化处理,常用的方法是将这些指标依问题性质划分为若干级别,分别赋以不同的量值。一般可以划分为 5 个级别,最优值 10 分,最劣值 0 分,其余级别赋以适当分值。也可以划分为其他级别和赋以其他的分值,方法类似,视具体情况而定。具体分值见表 2.1。

表 2.1

分值 等级 指标	很低	低	一般	高	很高
正向指标	1	3	5	7	9
逆向指标	9	7	5	3	1

例 2.1 某航空公司在国际市场上购买飞机,按 6 个决策指标对不同型号的飞机进行综合评价,这 6 个指标是:最大速度(f_1)、最大范围(f_2)、最大负载(f_3)、价格(f_4)、可靠性(f_5)、灵敏度(f_6)。现有 4 种型号的飞机可供选择,具体指标值见表 2.2。写出决策矩阵,并进行标准化处理。

表 2.2

指标 机型	最大速度 (马赫)	最大范围 (千米)	最大负载 (千克)	费用 (百万美元)	可靠性	灵敏度
a_1	2.0	1 500	20 000	5.5	一般	很高
a_2	2.5	2 700	18 000	6.5	低	一般
a_3	1.8	2 000	21 000	4.5	高	高
a_4	2.2	1 800	20 000	5.0	一般	一般

解 在决策指标中,f_1、f_2、f_3 是正向指标,f_4 是逆向指标,f_5、f_6 是定性指标。按照表 2.1 的分级量化值,将 f_5、f_6 作量化处理,得到决策矩阵

$$X = (x_{ij})_{4 \times 6} = \begin{pmatrix} 2.0 & 1500 & 20000 & 5.5 & 5 & 9 \\ 2.5 & 2700 & 18000 & 6.5 & 3 & 5 \\ 1.8 & 2000 & 21000 & 4.5 & 7 & 7 \\ 2.2 & 1800 & 20000 & 5.0 & 5 & 5 \end{pmatrix}$$

根据不同的方法作标准化处理。

1) 向量归一化法

标准化矩阵为

$$Y = (y_{ij})_{4 \times 6} = \begin{bmatrix} 0.4671 & 0.3662 & 0.5056 & 0.5063 & 0.4811 & 0.6708 \\ 0.5839 & 0.6591 & 0.4550 & 0.5983 & 0.2887 & 0.3127 \\ 0.4204 & 0.4882 & 0.5308 & 0.4143 & 0.6736 & 0.5217 \\ 0.5139 & 0.4392 & 0.5056 & 0.4603 & 0.4811 & 0.3727 \end{bmatrix}$$

2) 极差变换法

标准化矩阵为

$$Y = (y_{ij})_{4 \times 6} = \begin{bmatrix} 0.28 & 0 & 0.67 & 0.50 & 0.51 & 1.00 \\ 1.00 & 1.00 & 0 & 0 & 0 & 0 \\ 0 & 0.42 & 1.00 & 1.00 & 1.00 & 0.50 \\ 0.57 & 0.52 & 0.67 & 0.25 & 0.50 & 0 \end{bmatrix}$$

3) 线性比例变换法

标准化矩阵为

$$Y = (y_{ij})_{4 \times 6} = \begin{bmatrix} 0.80 & 0.56 & 0.95 & 0.82 & 0.71 & 1.00 \\ 1.00 & 1.00 & 0.86 & 0.69 & 0.43 & 0.56 \\ 0.72 & 0.74 & 1.00 & 1.00 & 1.00 & 0.78 \\ 0.88 & 0.67 & 0.95 & 0.90 & 0.71 & 0.56 \end{bmatrix}$$

2.1.4 决策指标权重的确定

在决策指标体系中，每个指标对实现系统目标和功能的重要程度各不相同。权重表示各指标的重要程度，或表示一种效益替换另一种效益的比例系数。合理确定和适当调整指标权重，体现了决策指标体系中，各评价因素轻重有度、主次有别，更能增加决策指标的可比性。确定指标权重的方法，通常有两种，即主观赋权法和客观赋权法。根据主观经验和判断，用某种特定法则确定指标权重的方法，称为主观赋权法。根据决策矩阵提供的评价指标的客观信息，用某种特定法则确定指标权重的方法，称为客观赋权法。主观赋权法依赖经验和判断，难免带有一定主观性。客观赋权法虽依据客观指标信息，但指标信息数据采集有时难免受到随机干扰，在一定程度上影响其真实可靠性。因此，两种赋权方法各有利弊，实际应用中应该有机结合。下面介绍几种确定指标权重的常用方法。

1. 相对比较法

相对比较法是一种主观赋权法。它将所有指标分别按行和列构成一个正方形的表，根据三级比例标度，指标两两比较进行评分，并记入表中相应位置，再将各指标评分值按行求和，得到各指标评分总和，最后，进行归一化处理，求得各指标的权重系数。

设有 n 个决策指标 $f_j (1 \leqslant j \leqslant n)$，按三级比例标度两两相对比较评分，其分值设为 a_{ij}，三级比例标度的含义是

$$a_{ij} = \begin{cases} 1, & \text{当 } f_i \text{ 比 } f_j \text{ 重要时} \\ 0.5, & \text{当 } f_i \text{ 与 } f_j \text{ 同样重要时} \\ 0, & \text{当 } f_i \text{ 没有 } f_j \text{ 重要时} \end{cases}$$

评分值构成矩阵 $A = (a_{ij})_{m \times n}$。显然,$a_{ii} = 0.5, a_{ij} + a_{ji} = 1$。指标 f_i 的权重系数

$$w_i = \frac{\sum_{j=1}^{n} a_{ij}}{\sum_{i=1}^{n} \sum_{j=1}^{n} a_{ij}} \quad (i = 1, 2, \cdots, n) \tag{2.7}$$

应该注意,使用相对比较法时,任意两个指标之间相对重要程度要有可比性。这种可比性在主观判断评分中,应满足比较的传递性,即若 f_1 比 f_2 重要,f_2 比 f_3 重要,则 f_1 比 f_3 重要。如果主观评分中发现某些指标间不满足传递性,要及时对评分值进行适当的调整。

例 2.2 在例 2.1 购买飞机的问题中,用相对比较法确定 6 个决策指标的权重。

解 列出表 2.3,按三级比例标度,两两比较给出评分值,并根据公式(2.7),计算各指标的权重 $w_i (i = 1, 2, \cdots, 6)$,结果列于表 2.3 的最后一列。

表 2.3

评分值 指标	f_1	f_2	f_3	f_4	f_5	f_6	评分总值	权重 w_i
f_1	0.5	1	1	1	0.5	0	4	0.22
f_2	0	0.5	0.5	0.5	0	0	1.5	0.08
f_3	0	0.5	0.5	0.5	0	0	1.5	0.08
f_4	0	0.5	0.5	0.5	0	0	1.5	0.08
f_5	0.5	1	1	1	0.5	0	4	0.22
f_6	1	1	1	1	0.5	0.5	5.5	0.31

2. 连环比率法

连环比率法也是一种主观赋权法。这种方法以任意顺序排列指标,按此顺序从前到后,相邻两指标比较其相对重要性,依次赋以比率值,并赋以最后一个指标的得分值为1,从后到前,按比率值依次求出各指标的修正评分值,最后,归一化处理得到各指标的权重。

设有 n 个决策指标 $f_j (1 \leq j \leq n)$,连环比率法的步骤是:

1) 将 n 个指标以任意顺序排列,不妨设为 $f_1, f_2, \cdots, f_n$。

2) 从前到后,依次赋以相邻两指标相对重要程度的比率值。指标 f_i 与 f_{i+1} 比较,赋以指标 f_i 比率值 $r_i (i = 1, 2, \cdots, n-1)$。比率值 r_i 以三级标度赋值,即

$$r_i = \begin{cases} 3(\text{或 } 1/3), & \text{当 } f_i \text{ 比 } f_{i+1} \text{ 重要(或相反)} \\ 2(\text{或 } 1/2), & \text{当 } f_i \text{ 比 } f_{i+1} \text{ 较为重要(或相反)} \\ 1, & \text{当 } f_i \text{ 与 } f_{i+1} \text{ 同样重要} \end{cases}$$

3) 计算各指标的修正评分值。赋以 f_n 的修正评分值 $k_n = 1$,根据比率值 r_i 计算各指标的修正评分值

$$k_i = r_i k_{i+1} \quad (i = 1, 2, \cdots, n-1)$$

4) 归一化处理。求出各指标的权重系数值,即

$$w_i = \frac{k_i}{\sum_{i=1}^{n} k_i} \quad (i = 1, 2, \cdots, n) \tag{2.8}$$

例2.3 用连环比率法计算例2.1中6个决策指标的权重。

解 按照连环比率法的4个步骤,依次列表计算。在表2.4中,第2、3、4列分别表示比率值 r_i、修正评分值 k_i、指标权重值 w_i。

表2.4

指标 f_i	比率值 r_i	修正评分值 k_i	指标权重值 w_i
f_1	3	1/2	0.20
f_2	1	1/6	0.07
f_3	1	1/6	0.07
f_4	1/3	1/6	0.02
f_5	1/2	1/2	0.20
f_6	1	1	0.40
$\sum$		2.5	1.01

计算结果与例2.2结果接近。计算过程表明,连环比率法相对比较简便。由于赋权结果依赖于相邻指标的比率值,而比率值的主观判断误差,在逐步计算过程中会产生误差传递,以致影响指标权重的准确性。

3. 熵值法

熵值法是一种客观赋权法,依据各指标值所包含的信息量的大小,确定指标权重。设有 m 个方案,n 个指标,指标值为 $x_{ij}(1 \leqslant i \leqslant m, 1 \leqslant j \leqslant n)$。熵是信息论中测度一个系统不确定性的量。信息量越大,不确定性就越小,熵越小。反之,信息量越小,不确定性越大,熵也越大。熵值法是利用指标熵值来确定权重,其计算步骤是:

1) 对决策矩阵 $\boldsymbol{X} = (x_{ij})_{m \times n}$ 用线性比例变换法作标准化处理,得出标准化矩阵 $\boldsymbol{Y} = (y_{ij})_{m \times n}$,并进行归一化处理,得

$$p_{ij} = \frac{y_{ij}}{\sum_{i=1}^{m} y_{ij}} \quad (1 \leqslant i \leqslant m, 1 \leqslant j \leqslant n)$$

2) 计算第 j 个指标的熵值

$$e_j = -k \sum_{i=1}^{m} p_{ij} \ln p_{ij} \quad (1 \leqslant j \leqslant n) \tag{2.9}$$

其中,$k > 0, e_j \geqslant 0$。

3) 计算第 j 个指标的差异系数。对于第 j 个指标,指标值的差异越大,对方案评价的作用越大,熵值就越小。反之,差异越小,对方案评价的作用越小,熵值就越大。因此,定义差异系数

$$g_j = 1 - e_j \quad (1 \leqslant j \leqslant n) \tag{2.10}$$

4) 确定指标权重。第 j 个指标权重为

$$w_j = \frac{g_j}{\sum\limits_{j=1}^{n} g_j} \quad (1 \leqslant j \leqslant n) \tag{2.11}$$

熵值法是客观赋权法，根据原始数据之间的关系确定指标权重，在一定程度上避免了主观随意性。

4. 专家咨询法

组织若干对决策系统熟悉的专家，通过一定的方式对指标权重独立地发表见解，用统计方法作适当处理，这种方法称为专家咨询法，或称为德尔菲(Delphi)法。

设有 n 个决策指标 $f_n(1 \leqslant j \leqslant n)$，组织 m 个专家咨询，每个专家确定一组指标权重估计值

$$w_{i1}, w_{i2}, \cdots, w_{in} \quad (1 \leqslant i \leqslant m)$$

对 m 个专家给出的权重估计值平均，得出平均估计值

$$\bar{w}_j = \frac{1}{m} \sum_{i=1}^{m} w_{ij} \quad (1 \leqslant j \leqslant n)$$

计算估计值和平均估计值的偏差

$$\Delta_{ij} = |w_{ij} - \bar{w}_j| \quad (1 \leqslant i \leqslant m, 1 \leqslant j \leqslant n)$$

对偏差 Δ_{ij} 较大的第 j 个指标的权重估计值，再请第 i 个专家重新估计 w_{ij}。经几轮反复，直到偏差满足一定要求。这样，就得到一组指标权重的平均估计修正值 $_j(1 \leqslant j \leqslant n)$。

2.2 多属性决策方法

2.2.1 简单线性加权法

简单线性加权法是一种常用的多属性决策方法，这种方法根据实际情况，先确定各决策指标的权重，再对决策矩阵进行标准化处理，求出各方案的线性加权指标平均值，并以此作为各可行方案排序的判据。应该注意，简单线性加权法对决策矩阵的标准化处理，应当使所有的指标正向化。简单线性加权法的基本步骤是：

1) 用适当的方法确定各决策指标的权重，设权重向量为

$$W = (w_1, w_2, \cdots, w_n)^T$$

其中，$\sum\limits_{j=1}^{n} w_j = 1$。

2) 对决策矩阵 $X = (x_{ij})_{m \times n}$ 作标准化处理，标准化矩阵为 $Y = (y_{ij})_{m \times n}$，并且标准化之后的指标均为正向指标。

3) 求出各方案的线性加权指标值

$$u_i = \sum_{j=1}^n w_j y_{ij} \qquad (1 \leqslant i \leqslant m) \tag{2.12}$$

4) 以线性加权指标值 u_i 为判据,选择线性加权指标值最大者为最满意方案,即

$$u(a^*) = \max_{1 \leqslant i \leqslant m} u_i = \max_{1 \leqslant i \leqslant m} \sum_{j=1}^n w_j y_{ij} \tag{2.13}$$

例 2.4 用简单线性加权法对例 2.1 的购机问题进行决策。

解 用适当方法确定购机问题 6 个决策指标的权重向量为

$$W = (0.2, 0.1, 0.1, 0.1, 0.2, 0.3)^\mathrm{T}$$

用线性比例变换法,将决策矩阵 $X = (x_{ij})_{4 \times 6}$ 标准化,由例 2.1 知,标准化矩阵为

$$Y = (y_{ij})_{4 \times 6} = \begin{bmatrix} 0.80 & 0.56 & 0.95 & 0.82 & 0.71 & 1.00 \\ 1.00 & 1.00 & 0.86 & 0.69 & 0.43 & 0.56 \\ 0.72 & 0.74 & 1.00 & 1.00 & 1.00 & 0.78 \\ 0.88 & 0.67 & 0.95 & 0.90 & 0.71 & 0.56 \end{bmatrix}$$

计算各方案的线性加权指标值

$$u_1 = 0.835, \quad u_2 = 0.709, \quad u_3 = 0.853, \quad u_4 = 0.738$$

因此,最满意方案是

$$u(a^*) = \max_{1 \leqslant i \leqslant 4} u_i = u_3 = u(a_3)$$

即

$$a^* = a_3$$

购机问题各方案的排序结果是

$$a_3 \succ a_1 \succ a_4 \succ a_2$$

2.2.2 理想解法

理想解法又称为 TOPSIS(Technique for Order Preference by Similarity to Ideal Solution)法,直译为"逼近理想解的排序方法",是一种有效的多属性决策方法。这种方法通过构造多属性问题的理想解和负理想解,并以靠近理想解和远离负理想解两个基准作为评价各可行方案的判据。因此,理想解法又称为双基点法。

所谓理想解,是设想各指标属性都达到最满意的解。所谓负理想解,也是设想各指标属性都达到最不满意的解。例如,在二指标 f_1、f_2 的决策问题中,不妨设二指标均为效益型指标,指标值越大越优。该问题有 m 个可行方案 $a_i(i=1,2,\cdots,m)$,各方案的二指标值记为 x_{i1}, x_{i2}。于是,每一个方案 a_i 都可以用平面 $f_1 f_2$ 上的点 $A_i(x_{i1}, x_{i2})$ 表示。如果记 $x_1^* = \max_{1 \leqslant i \leqslant m} \{x_{i1}\}, x_2^* = \max_{1 \leqslant i \leqslant m} \{x_{i2}\}; x_1^- = \min_{1 \leqslant i \leqslant m} \{x_{i1}\}, x_2^- = \min_{1 \leqslant i \leqslant m} \{x_{i2}\}$,则此问题的理想解为 x_1^*,x_2^*,负理想解为 x_1^-,x_2^-。理想解和负理想解均可以表示为平面 $f_1 f_2$ 上的点 $A^*(x_1^*, x_2^*)$,$A^-(x_1^-, x_2^-)$,分别称为理想点和负理想点(图 2.1)。

确定了理想解和负理想解,还需要确定一种测度方法,表示各方案目标值靠近理想解和远离负理想解的程度。从图 2.1 中可以看出,点 A_1 距离理想点 A^* 比点 A_2 近,但是点 A_1 距离负理想点 A^- 并不比点 A_2 远。因此,按双基点判据,难以确定方案 a_1、a_2 的优劣,这说

明定义这种测度的必要性。

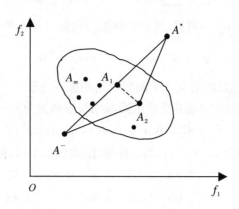

图 2.1　理想解法二指标问题示意图

这种测度就是相对贴近度。设方案 a_i 对应的点 A_i 到理想点 A^* 和负理想点 A^- 的距离分别为

$$S_i^* = \sqrt{\sum_{j=1}^{2}(x_{ij}-x_j^*)^2}, \quad S_i^- = \sqrt{\sum_{j=1}^{2}(x_{ij}-x_j^-)^2}$$

方案 a_i 与理想解、负理想解的相对贴近度定义为

$$C_i^* = \frac{S_i^-}{S_i^- + S_i^*} \quad (i=1,2)$$

容易看出，相对贴近度满足

$$0 \leqslant C_i^* \leqslant 1$$

当 $a_i = a^*$ 时，即方案为理想方案时，则 $C_i^* = 1$；当 $a_i = a^-$ 时，即方案为负理想方案时，则 $C_i^* = 0$。当 $a_i \to a^*$ 时，即方案逼近理想解而远离负理想解时，则 $C_i^* \to 1$。因此，相对贴近度 C_i^* 是理想解排序的判据。

应该注意，多指标属性在量纲和数量级上的差异，往往给决策分析带来诸多不便。一般来说，用理想解法进行决策，应先将指标值作标准化处理。

设决策矩阵

$$\boldsymbol{X} = (x_{ij})_{m \times n}$$

指标权重向量为 $\boldsymbol{W} = (w_1, w_2, \cdots, w_n)^{\mathrm{T}}$，理想解法的基本步骤是：

1) 用向量归一化法对决策矩阵作标准化处理，得到标准化矩阵 $\boldsymbol{Y} = (y_{ij})_{m \times n}$，其中

$$y_{ij} = \frac{x_{ij}}{\sqrt{\sum_{i=1}^{m} x_{ij}^2}} \quad (i=1,2,\cdots,m; \ j=1,2,\cdots,n)$$

2) 计算加权标准化矩阵

$$\boldsymbol{V} = (v_{ij})_{m \times n} = (w_j y_{ij})_{m \times n}$$

3) 确定理想解和负理想解

理想解 $V^* = \{(\max_{1 \leqslant i \leqslant m} v_{ij} \mid j \in J^+), (\min_{1 \leqslant i \leqslant m} v_{ij} \mid j \in J^-)\}$
$= \{v_1^*, v_2^*, \cdots, v_n^*\}$

(2.14)

负责理想 $V^- = \{(\min_{1\leqslant i\leqslant m} v_{ij} \mid j \in J^+),(\max_{1\leqslant i\leqslant m} v_{ij} \mid j \in J^-)\}$

$\qquad\qquad\quad = \{v_1^-, v_2^-, \cdots, v_n^-\}$ (2.15)

其中 $J^+ = \{$效益型指标集$\}$, $J^- = \{$成本型指标集$\}$。

4) 计算到理想解和负理想解的距离。到理想解的距离是

$$S_i^* = \sqrt{\sum_{j=1}^n (v_{ij} - v_j^*)} \quad (i = 1,2,\cdots,m)$$

到负理想解的距离是

$$S_i^- = \sqrt{\sum_{j=1}^n (v_{ij} - v_j^-)} \quad (i = 1,2,\cdots,m)$$

5) 计算各方案的相对贴近度

$$C_i^* = \frac{S_i^-}{S_i^- + S_i^*} \quad (i = 1,2,\cdots,m) \tag{2.16}$$

6) 按相对贴近度的大小，对各方案进行排序。相对贴近度大者为优，相对贴近度小者为劣。

例 2.5 用理想解法对例 2.1 的购机问题进行决策。

解 由例 2.1，已经求得决策矩阵 $\boldsymbol{X} = (x_{ij})_{4\times 6}$ 的向量归一化标准矩阵

$$\boldsymbol{Y} = (y_{ij})_{4\times 6} = \begin{pmatrix} 0.4671 & 0.3662 & 0.5056 & 0.5063 & 0.4811 & 0.6708 \\ 0.5839 & 0.6591 & 0.4550 & 0.5983 & 0.2887 & 0.3127 \\ 0.4204 & 0.4882 & 0.5308 & 0.4144 & 0.6736 & 0.5217 \\ 0.5139 & 0.4392 & 0.5056 & 0.4603 & 0.4811 & 0.3727 \end{pmatrix}$$

指标权重向量为

$$\boldsymbol{W} = (0.2, 0.1, 0.1, 0.1, 0.2, 0.3)^{\mathrm{T}}$$

计算加权标准化矩阵，求得

$$\boldsymbol{V} = (v_{ij})_{4\times 6} = \begin{pmatrix} 0.0934 & 0.0366 & 0.0506 & 0.0506 & 0.0962 & 0.2012 \\ 0.1168 & 0.0659 & 0.0455 & 0.0598 & 0.0577 & 0.1118 \\ 0.0841 & 0.0488 & 0.0531 & 0.0414 & 0.1347 & 0.1565 \\ 0.1028 & 0.0439 & 0.0506 & 0.0460 & 0.0962 & 0.1118 \end{pmatrix}$$

分别确定理想解和负理想解为

$V^* = \{v_1^*, v_2^*, v_3^*, v_4^*, v_5^*, v_6^*\}$

$\quad = \{0.1168, 0.0659, 0.0531, 0.0414, 0.1347, 0.2012\}$

$V^- = \{v_1^-, v_2^-, v_3^-, v_4^-, v_5^-, v_6^-\}$

$\quad = \{0.0841, 0.0366, 0.0455, 0.0598, 0.0577, 0.1118\}$

各方案到理想解和负理想解的距离分别是

$S_1^* = 0.0545$, $\quad S_2^* = 0.1197$, $\quad S_3^* = 0.0580$, $\quad S_4^* = 0.1009$

$S_1^- = 0.0983$, $\quad S_2^- = 0.0439$, $\quad S_3^- = 0.0920$, $\quad S_4^- = 0.0458$

各方案的相对贴近度为

$C_1^* = 0.643$, $\quad C_2^* = 0.268$, $\quad C_3^* = 0.613$, $\quad C_4^* = 0.312$

用理想解法各方案的排序结果是

$$a_1 \succ a_3 \succ a_4 \succ a_2$$

2.2.3 改进的理想解法

简单线性加权法和理想解法都需要事先确定决策指标的权重系数,或者用主观赋权法,或者用客观赋权法。改进的理想解法是一种新的多属性决策方法,这种方法利用决策矩阵的信息,客观地赋以各指标权重系数,并以各方案到理想点距离的加权平方和作为综合评价的判据,因此显得更加简便实用。

设决策矩阵为 $X = (x_{ij})_{m \times n}$,标准化矩阵为 $Y = (y_{ij})_{m \times n}$,指标权重向量为 $W = (w_1, w_2, \cdots, w_n)^T$,则加权标准化矩阵为

$$V = (v_{ij})_{m \times n} = (w_j y_{ij})_{m \times n}$$

理想解

$$V^* = \{v_1^*, v_2^*, \cdots, v_n^*\}$$

其中,

$$y_j^* = \begin{cases} \max\limits_{1 \leqslant i \leqslant m} y_{ij}, & \text{当 } j \in J^+ \\ \min\limits_{1 \leqslant i \leqslant m} y_{ij}, & \text{当 } j \in J^- \end{cases} \quad (j = 1, 2, \cdots, n)$$

表示第 j 个指标的理想值。用各方案到理想解的距离平方和作为评价方案的准则,记为

$$d_i = \sum_{j=1}^{n}(v_{ij} - v_j^*)^2 = \sum_{j=1}^{n}(y_{i_y} - y_j^*)^2 w_j^2$$

显然,d_i 越小,方案越优。为了确定指标权重 w_j,构造最优化模型

$$\begin{cases} \min Z = \sum_{i=1}^{m} d_i = \sum_{i=1}^{m}\sum_{j=1}^{n}(y_{ij} - y_j^*)^2 w_j^2 \\ \text{s. t.} \quad \sum_{j=1}^{n} w_j = 1 \\ \quad\quad w_j > 0 \quad (y = 1, 2, \cdots, n) \end{cases} \quad (2.17)$$

求解此模型,作拉格朗日函数

$$L = \sum_{i=1}^{m}\sum_{j=1}^{n}(y_{ij} - y_j^*)^2 w_j^2 + \lambda(\sum_{j=1}^{n} w_j - 1)$$

令 $\dfrac{\partial L}{\partial w_j} = 0$,得

$$2\sum_{i=1}^{m}(y_{ij} - y_j^*)^2 w_j + \lambda = 0 \quad (j = 1, 2, \cdots, n)$$

从而解得

$$w_j = \dfrac{1}{\left[\sum\limits_{j=1}^{n} \dfrac{1}{\sum\limits_{i=1}^{m}(y_{ij} - y_j^*)^2}\right]\left[\sum\limits_{i=1}^{m}(y_{ij} - y_j^*)^2\right]} \quad (2.18)$$

$$\lambda = \dfrac{1}{2\sum\limits_{j=1}^{n} \dfrac{1}{\sum\limits_{i=1}^{m}(y_{ij} - y_j^*)^2}} \quad (2.19)$$

显然有 $w_j > 0$ $(j=1,2,\cdots,n)$，并且 w_j 是最优化模型目标函数的最小值点。公式(2.18)给出了确定指标权重的计算公式。

改进理想解法的基本步骤是：
1) 将决策矩阵 $X = (x_{ij})_{m \times n}$ 标准化，得到标准化矩阵 $Y = (y_{ij})_{m \times n}$。
2) 确定标准化矩阵的理想解

$$Y^* = \{y_1^*, y_2^*, \cdots, y_n^*\}$$

其中，y_j^* 表示第 j 个指标的理想值，即

$$y_j^* = \begin{cases} \max\limits_{1 \leq i \leq m} y_{ij}, & \text{当 } j \in J^+ \\ \min\limits_{1 \leq i \leq m} y_{ij}, & \text{当 } j \in J^- \end{cases} \quad (j = 1, 2, \cdots, n)$$

3) 根据公式 2.18，计算各指标的权重系数 $w_j (j=1,2,\cdots,n)$。
4) 计算各方案到理想解的距离平方

$$d_i = \sum_{j=1}^{n} (y_{ij} - y_j^*)^2 w_j^2 \quad (i = 1, 2, \cdots, m)$$

5) 根据判据 d_i 值的大小，对各方案排序。d_i 越小，方案越优。

例 2.6 设多属性决策的标准化矩阵为

$$Y = (y_{ij})_{5 \times 6}$$

$$= \begin{bmatrix} 0.5828 & 0.9637 & 1 & 0 & 0 & 1 \\ 1 & 1 & 0.6097 & 0.2931 & 0.5170 & 0.7242 \\ 0.9416 & 0.9609 & 0.6581 & 1 & 0.5509 & 0.6380 \\ 0 & 0 & 0 & 0.1414 & 0.0918 & 0.5231 \\ 0.8256 & 0.8388 & 0.5624 & 0.0376 & 1 & 0 \end{bmatrix}$$

各指标均为效益型指标，试用改进理想解法进行决策。

解 标准化矩阵 Y 的理想解为

$$Y^* = \{1, 1, 1, 1, 1, 1\}$$

根据公式(2.18)，计算各指标的权重系数向量

$$W = (w_1, w_2, w_3, w_4, w_5, w_6)^T$$
$$= (0.2102, 0.2464, 0.1739, 0.0801, 0.1123, 0.1770)^T$$

求出各方案到理想解的距离平方

$$d_1 = 0.0268, \quad d_2 = 0.0131, \quad d_3 = 0.0104, \quad d_4 = 0.1573, \quad d_5 = 0.0460$$

因此，各方案的排序结果是

$$a_3 > a_2 > a_1 > a_5 > a_4$$

2.2.4 功效系数法

功效系数法是将各决策指标的相异度量转化为相应的无量纲的功效系数，再进行综合评价的多属性决策方法。功效系数法的基本步骤是：

1) 确定决策指标体系。设决策矩阵为 $X = (x_{ij})_{m \times n}$，用适当方法确定指标的权重向量 $W = (w_1, w_2, \cdots, w_n)^T$。

2) 计算各指标的功效系数。设第 j 个指标的满意值为 $x_j^{(h)}$，不允许值为 $x_j^{(s)}$。功效系数的计算分为两种情况：

对于正向指标，功效系数为

$$d_{ij} = \frac{x_{ij} - x_j^{(s)}}{x_j^{(h)} - x_j^{(s)}} \times 40 + 60 \tag{2.20}$$

这里，$x_j^{(s)} < x_j^{(h)}$。容易看出，不允许值 $x_j^{(h)}$ 的功效系数为 60，满意值 $x_j^{(h)}$ 的功效系数为 100。因此，功效系数的取值范围是 $60 \leqslant d_{ij} \leqslant 100$。

对于逆向指标，功效系数为

$$d_{ij} = \frac{x_j^{(s)} - x_{ij}}{x_j^{(s)} - x_j^{(h)}} \times 40 + 60 \tag{2.21}$$

其中，与正向指标不同的是 $x_j^{(h)} < x_j^{(s)}$。其他含义与公式(2.20)相同。

应该指出，功效系数是无量纲的量，不论正向或逆向指标，其相应的功效系数均需正向化。满意值和不允许值的功效系数也可以取其他数值。正、逆向指标功效系数的取值关系，分别如图 2.2 和图 2.3 所示。

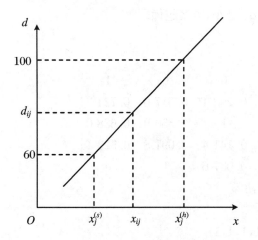

图 2.2　正向指标功效系数的取值关系　　　图 2.3　逆向指标功效系数的取值关系

3) 计算各方案的总功效系数。总功效系数的计算有两种方法。一种是算术加权平均，即

$$d_i = \sum_{j=1}^{n} w_j d_{ij} \tag{2.22}$$

另一种是几何加权平均，即

$$d_i = \left(\prod_{j=1}^{n} d_{ij} w_j \right)^{(\sum_{j=1}^{m} w_j)^{-1}} \tag{2.23}$$

4) 以总功效系数为判据，对各方案进行排序。功效系数越大，方案越优；反之，功效系数越小，方案越劣。

2.3 AHP 方法

AHP（Analytic Hierarchy Process）方法,又称为层次分析法或多层次权重解析方法,是 20 世纪 70 年代初期由美国著名运筹学家、匹兹堡大学教授萨蒂(T. L. Saaty)首次提出来的。该方法是定量和定性分析结合的多属性决策方法,能够有效地分析目标准则体系层次间的非序列关系,有效地综合测度决策者的判断和比较。由于 AHP 方法系统、简洁、实用,其在社会、经济、管理等许多方面,得到越来越广泛的应用。

2.3.1 AHP 方法的基本原理

1. 递阶层次结构模型

应用 AHP 方法对社会、经济和管理领域的问题进行多属性决策,首先要把问题条理化、层次化,构造出能够反映系统本质属性和内在联系的递阶层次结构模型。在这种层次结构模型中,根据系统分析的结果,弄清系统与环境的关系、系统所包含的因素、因素之间的相互联系和隶属关系等,将具有共同属性的元素归并为一组,作为结构模型的一个层次。同一层次的元素既对下一层次元素起着制约作用,同时又受到上一层次元素的制约。这样,构造了递阶层次结构模型。AHP 的层次结构,既可以是序列型的,也可以是非序列型的。一般来说,可以将层次分为 3 种类型:

1) 最高层。只包含一个元素,表示决策分析的总目标,因此也称为总目标层。
2) 中间层。包含若干层元素,表示实现总目标所涉及的各子目标,包括各种准则、约束、策略等,因此也称为目标层。
3) 最低层。表示实现各决策目标的可行方案、措施等,也称为方案层。

在层次结构模型中,相邻两层次元素之间的关系用直线标明,称为作用线;元素之间不存在关系,就没有作用线。如果某一元素与相邻下一层次所有元素均有关系,则称此元素与下一层次存在完全层次关系。如果某元素仅与相邻下一层次部分元素存在关系,则称为不完全层次关系。在实际操作中,模型的层次数由系统的复杂程度和决策的实际需要而定,不宜过多。每一层次元素一般不要超过 9 个,过多的元素会给主观判断比较带来困难。构造一个合理而简洁的层次结构模型,是 AHP 方法的关键。下面,举例说明构建层次结构模型的方法。

例 2.7 构建科研课题决策的层次结构模型。对于科研课题的决策,往往涉及众多因素,最主要涉及成果贡献、人才培养、可行性及发展前景等 4 个目标。和这 4 个目标相关的因素又有以下几个(图 2.4):

- 实用价值。是指科研课题的研究成果给社会带来的效益,包括经济效益和社会效益。实用价值与成果贡献、人才培养和发展前景等目标都有关系。
- 科技水平。指课题在学术上的理论价值以及在同行中的领先水平。科技水平直接关系到成果贡献,也关系到人才培养、发展前景。

• 优势发挥。指课题发挥本单位学科及人才优势的程度,体现与同类课题比较的有利因素。这与人才培养、课题可行性和发展前景均有关系。

• 难易程度。指课题本身的难度以及课题组现有人才、设备条件所决定的成功可能性。这与课题可行性、发展前景相关联。

• 研究周期。指课题研究预计所需时间,这与可行性直接相关。

• 财政支持。指课题的经费、设备以及经费来源,还包括有关单位支持。这与课题可行性、发展前景直接相关。

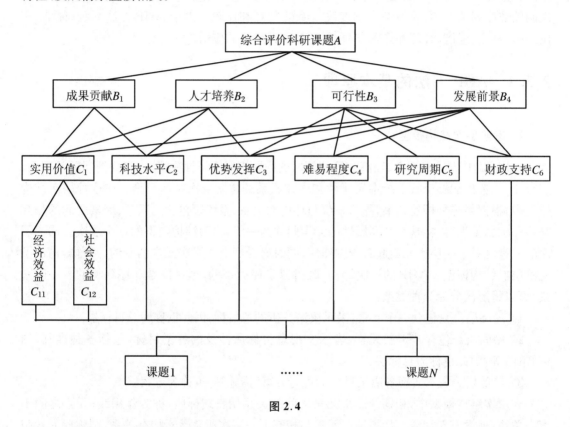

图 2.4

总目标层:综合评价科研课题(A)。

目标层:包括 4 个目标,即成果贡献(B_1)、人才培养(B_2)、可行性(B_3)、发展前景(B_4)。

子目标层:包括 6 个子目标,即实用价值(C_1)、科技水平(C_2)、优势发挥(C_3)、难易程度(C_4)、研究周期(C_5)、财政支持(C_6)。其中实用价值又分解为经济效益(C_{11})、社会效益(C_{12})两个子目标。

方案层:包括待决策的科研课题 1 至课题 N。

2. 层次元素排序的特征向量法

构建了层次结构模型,决策就转化为待评可行方案关于具有层次结构的目标准则体系的排序问题。AHP 方法采用优先权重作为区分方案优劣的指标。优先权重是一种相对度量数,表示方案相对优劣的程度,其数值介于 0 和 1。在给定的决策准则下,数值越大,方案越优,反之越劣。方案层各方案关于目标准则体系整体的优先权重,是通过递阶层次从上到下逐层计算得到的。这个过程称为递阶层次权重解析过程。

递阶层次权重解析的基础,是测算每一个层次各元素关于上一层次某元素的优先权重。这种测算是通过构造判断矩阵实现的,也就是以相邻上一层次某元素为准则,该层次元素两两比较判断,按照特定的比例标度将判断结果数量化,形成判断矩阵然后计算判断矩阵的最大特征值和对应的特征向量,以特征向量各分量表示该层次元素的优先权重。这种排序称为层次单排序。再以上一层次每个元素为准则,都按照上述过程进行层次单排序。然后,进行组合加权,得到该层次元素相对于相邻上一层次整体的组合优先数值。这种排序称为层次总排序。排序计算沿着递阶层次结构,从上到下逐层进行。最后,计算出各方案关于整个目标准则体系的优先权重,完成递阶层次权重解析过程。层次分析法也因此得名。

为了说明层次元素排序的特征向量法原理,先讨论一个原理相似的物体测重问题。设有 m 个物体,它们的重量分别为 $g_1, g_2, \cdots, g_m$。为了测出各物体的重量,现将每一物体重量与其他物体重量作两两比较。例如,第 i 个物体重量与其他物体重量相比较,得到 m 个重量比值 $g_i/g_1, g_i/g_2, \cdots, g_i/g_m (i=1,2,\cdots,m)$。将 m 个重量比作为第 i 行,构成一个 m 行 m 列的矩阵 A,称为 m 个物体重量的判断矩阵,即

$$A = (a_{ij})_{m \times m} = \begin{bmatrix} g_1/g_1 & g_1/g_2 & \cdots & g_1/g_m \\ g_2/g_1 & g_2/g_2 & \cdots & g_2/g_m \\ \vdots & \vdots & \vdots & \vdots \\ g_m/g_1 & g_m/g_2 & \cdots & g_m/g_m \end{bmatrix}$$

设各物体重量组成的向量为

$$G = (g_1, g_2, \cdots, g_m)^{\mathrm{T}}$$

左乘矩阵 A 得到

$$AG = \begin{bmatrix} g_1/g_1 & g_1/g_2 & \cdots & g_1/g_m \\ g_2/g_1 & g_2/g_2 & \cdots & g_2/g_m \\ \vdots & \vdots & \vdots & \vdots \\ g_m/g_1 & g_m/g_2 & \cdots & g_m/g_m \end{bmatrix} \begin{bmatrix} g_1 \\ g_2 \\ \vdots \\ g_m \end{bmatrix}$$

$$= \begin{bmatrix} mg_1 \\ mg_2 \\ \vdots \\ mg_m \end{bmatrix} = m \begin{bmatrix} g_1 \\ g_2 \\ \vdots \\ g_m \end{bmatrix} = mG$$

即

$$AG = mG$$

根据线性代数知识,m 是矩阵 A 的最大特征值,G 是矩阵 A 属于特征值 m 的特征向量。计算矩阵的特征值和特征向量是线性代数的常用方法。因此,物体测重问题就转化为求判断矩阵的特征值和对应的特征向量。m 个物体的重量,就是判断矩阵最大特征值的特征向量的各个分量。

物体测重问题启发我们,一组物体无法直接测出各物体的重量,可以通过两两比较判断,得到每对物体相对重量的判断值,构造判断矩阵,求解判断矩阵的最大特征值和对应的特征向量,就得到这组物体的相对重量。完全类似地,对于社会、经济和管理等领域中的决策问题,通过建立层次结构模型,在相邻两层次之间构造两两元素比较的判断矩阵,用特征

向量法求出层次单排序,最终完成递阶层次解析过程。

显然,判断矩阵 $A=(a_{ij})_{m\times m}$ 的元素 $a_{ij}>0$ $(i,j=1,2,\cdots,m)$,并且满足条件

1) $a_{ii}=1(i=1,2,\cdots,m)$
2) $a_{ij}=1/a_{ji}(i,j=1,2,\cdots,m)$
3) $a_{ij}=a_{ik}/a_{jk}(i,j,k=1,2,\cdots,m)$

满足条件 1)~3)的矩阵,称为互反的一致性正矩阵。

下面,我们不加证明地引述一些结论。

定义 2.1 设 $A=(a_{ij})_{m\times m}$,$A>0$(即 $a_{ij}>0$;$i,j=1,2,\cdots,m$),如果满足条件

1) $a_{ii}=1(i=1,2,\cdots,m)$
2) $a_{ij}=1/a_{ji}(i,j=1,2,\cdots,m)$

则称矩阵 A 为互反正矩阵。

定义 2.2 设 $A=(a_{ij})_{m\times m}$,$A>0$,如果满足条件

$$a_{ij}=a_{ik}/a_{jk} \quad (i,j,k=1,2,\cdots,m)$$

则称矩阵 A 为一致性矩阵。

一致性正矩阵的性质:最大特征值 $\lambda_{\max}=m$,其余特征值均为 0。

一致性矩阵是互反正矩阵,反之,互反正矩阵不一定是一致性矩阵。根据主观判断所构造的判断矩阵具有互反性,并不一定具有一致性。这里,我们给出互反正矩阵的一些性质:

1) 设互反正矩阵 $A=(a_{ij})_{m\times m}$,$\lambda_{\max}$ 是 A 的最大特征值,则 $\lambda_{\max}\geq m$;
2) 设互反正矩阵 $A=(a_{ij})_{m\times m}$,$\lambda_1,\lambda_2,\cdots,\lambda_m$ 是 A 的特征值,则 $\sum\limits_{\substack{i,j \\ i\neq j}}\lambda_i\lambda_j=0$;
3) 设互反正矩阵 $A=(a_{ij})_{m\times m}$,A 是一致性矩阵的充分必要条件是 $\lambda_{\max}=m$。

2.3.2 判断矩阵

1. 判断矩阵的构造

定义 2.3 设 m 个元素(方案或目标)对某一准则存在相对重要性,根据特定的标度法则,第 i 个元素($i=1,2,\cdots,m$)与其他元素两两比较判断,其相对重要标度为 $a_{ij}(j=1,2,\cdots,m)$,这样构造的 m 阶矩阵用于求解各元素关于某准则的优先权重,称为权重解析判断矩阵,简称判断矩阵,记作 $A=(a_{ij})_{m\times m}$。

定义 2.3 指出,构造判断矩阵的关键,在于设计一种特定的比较判断两元素相对重要程度的标度法则,使得任意两元素相对重要程度有一定的数量标准。这种标度法则是 AHP 方法的重要特色,是将人的决策判断数量化的方法。T. L. Saaty 教授应用的 1~9 标度方法,其各级标度的含义如表 2.5 所示。

表 2.5

标度	定义	含义
1	同样重要	两元素对某属性同样重要
3	稍微重要	两元素对某属性,一元素比另一元素稍微重要

续表

标 度	定 义	含 义
5	明显重要	两元素对某属性,一元素比另一元素明显重要
7	强烈重要	两元素对某属性,一元素比另一元素强烈重要
9	极端重要	两元素对某属性,一元素比另一元素极端重要
2,4,6,8	相邻标度中值	表示相邻两标度之间折中时的标度
上列标度倒数	反比较	元素 i 对元素 j 的标度为 a_{ij},反之则为 $1/a_{ij}$

1~9 标度法则符合人的认识规律,具有一定的科学依据。从人的直觉判断能力来说,在区分事物数量差别时,总是习惯使用相同、较强、强、很强、极端强等判断语言。根据心理学实验表明,多数人对不同事物在相同属性上的差异,其分辨能力介于 5~9 级,1~9 标度反映了多数人的判断能力。T. L. Saaty 通过大量模拟实验证明,1~9 标度方法是可行的;与其他标度方法比较,它能更有效地将思维判断数量化。事实上,数字标度的选择是一个开放的研究课题,国内外有大量学者提出了许多不同的标度方式,如 1~5 标度、1~15 标度(1,5,8,11,15)、x^2 标度(1,9,25,49,81)、$\sqrt{x}$ 标度(1,$\sqrt{3}$,$\sqrt{5}$,$\sqrt{7}$,3)、9/9~9/1 标度、10/10~18/2 标度、指数 $9^{k/9}$ 标度等。进一步地,有学者提出 $S_t(k) = (9 + tk)/(10 + t - k)$ 的标度谱系,并将其与 1~9 标度和其他标度进行比较研究。在实际应用中,采用不同的数字标度,应用效果有较大差别,得出的决策结果往往也大不相同。本教材中,均以 1~9 标度构建判断矩阵,表 2.5 中所列各级标度,在数值上给出两元素相对重要程度的等级。根据 1~9 标度,就可以构造出判断矩阵。

设有 m 个元素 $A_1, A_2, \cdots, A_m$,现在构造关于准则 C_r 的判断矩阵。将 m 个元素自上而下排成一列,自左向右排成一行,左上角交叉处标明准则记号 C_r。将左边第一列任一元素 $A_i(i=1,2,\cdots,m)$ 和上边第一行的任一元素 $A_j(j=1,2,\cdots,m)$ 比较,关于准则 C_r 的重要程度作出判断,按照 1~9 标度给出相应的标度值 a_{ij}。这样,就构造出元素 $A_1, A_2, \cdots, A_m$ 关于准则 C_r 的判断矩阵 $\boldsymbol{A} = (a_{ij})_{m \times m}$。其形式如式(2.24):

$$
\begin{array}{c|cccccc}
C_r & A_1 & A_2 & \cdots & A_j & \cdots & A_m \\
\hline
A_1 & a_{11} & a_{12} & \cdots & a_{1j} & \cdots & a_{1m} \\
A_2 & a_{22} & a_{22} & \cdots & a_{2j} & \cdots & a_{2m} \\
\vdots & \vdots & \vdots & \vdots & \vdots & \vdots & \vdots \\
A_i & a_{i1} & a_{i2} & \cdots & a_{ij} & \cdots & a_{im} \\
\vdots & \vdots & \vdots & \vdots & \vdots & \vdots & \vdots \\
A_m & a_{m1} & a_{m2} & \cdots & a_{mj} & \cdots & a_{mm}
\end{array}
\tag{2.24}
$$

例如,判断矩阵

$$
\boldsymbol{A} = \begin{bmatrix} 1 & 3 & 1/4 \\ 1/3 & 1 & 5 \\ 4 & 1/5 & 1 \end{bmatrix}
$$

标度 $a_{12} = 3$ 表示,关于准则 C_r,第一个元素比第二个元素稍微重要;标度 $a_{31} = 4$ 表示,第三个元素比第一个元素介于稍微重要和明显重要之间。其余标度意义类似。

2. 判断矩阵的一致性检验

按照 1~9 标度构造的判断矩阵 $A = (a_{ij})_{m \times m}$，显然有 $a_{ij} > 0$，矩阵 A 是正矩阵。并且，满足条件

1) $a_{ii} = 1 (i = 1, 2, \cdots, m)$
2) $a_{ij} = 1/a_{ji} (i, j = 1, 2, \cdots, m)$

矩阵 A 是互反正矩阵。由于客观事物的复杂性和主观判断的多样性，难以将同一准则下不同元素的相对重要程度判断得十分准确。一般来说，不一定满足一致性条件

$$a_{ij} = a_{ik}/a_{jk} \quad (i, j, k = 1, 2, \cdots, m)$$

满足一致性条件的矩阵，称为具有完全的一致性。判断矩阵一般不具有完全的一致性。

根据一致性正矩阵的性质，只有判断矩阵 A 具有完全的一致性时，才有惟一非零的最大特征值，其余特征值为 0。层次单排序才能归结为计算判断矩阵 A 的最大特征值 $\lambda_{\max} = m$ 及其特征向量 $W = (w_1, w_2, \cdots, w_m)^T$，并有

$$a_{ij} = w_i/w_j \quad (i, j = 1, 2, \cdots, m)$$

由于判断矩阵不满足完全一致性条件，判断矩阵 A 仅仅是互反正矩阵，由互反正矩阵的性质知道，A 的最大特征值

$$\lambda_{\max} \geq m$$

其余特征值并非全为 0。并且，判断值与计算值 w_i/w_j 并非一致。我们希望判断矩阵具有满意的一致性，即希望它的最大特征值略大于阶数 m，其余特征值接近于 0。这样计算出的层次单排序结果才是合理的。因此，我们必须对判断矩阵的一致性进行检验，使之达到满意的一致性标准。

设判断矩阵的全部特征值为

$$\lambda_1 = \lambda_{\max}, \lambda_2, \cdots, \lambda_m$$

由于 A 是互反正矩阵，$a_{ii} = 1, (i = 1, 2, \cdots, m)$。判断矩阵 A 的迹

$$\mathrm{tr}\, A = \sum_{i=1}^{m} a_{ii} = m$$

于是，A 的全部特征值之和

$$\lambda_{\max} + \lambda_2 + \cdots + \lambda_m = \mathrm{tr}\, A = m$$

从而

$$\left| \sum_{i=2}^{m} \lambda_i \right| = \lambda_{\max} - m$$

为了达到满意的一致性，使得除了 $\lambda_{\max}$ 之外，其余特征值尽量接近于 0。取其余 $m-1$ 个特征值和的绝对值平均作为检验判断矩阵一致性的指标，即

$$\frac{\left| \sum_{i=2}^{m} \lambda_i \right|}{m-1} = \frac{\lambda_{\max} - m}{m-1}$$

称为判断矩阵的一致性指标（consistency index），记作

$$C.I = \frac{\lambda_{\max} - m}{m-1} \tag{2.25}$$

其中，m 为判断矩阵的阶数，$\lambda_{\max}$ 为判断矩阵的最大特征值。一般来说，$C.I$ 越大，偏离一致

性越大;反之,$C.I$ 越小,偏离一致性越小。

另外,判断矩阵的阶数 m 越大,即判断对象的数量增加、难度提高,由判断的主观因素造成的偏差就越大,偏离一致性也就越大;反之,判断矩阵的阶数 m 越小,偏离一致性越小。当阶数 $m \leqslant 2$ 时,$C.I = 0$,判断矩阵具有完全的一致性。因此,使用 $C.I$ 无法直接评判判断矩阵是否具有满意的一致性。

为了解决这一问题,必须引入平均随机一致性指标(random index),记作 $R.I$。对于 $R.I$ 指标值,T. L. Saaty 是用随机方法构造不同阶数的判断矩阵,经过 500 次以上的重复计算,求出一致性指标 $C.I$,然后加以平均而得到的。$R.I$ 指标随判断矩阵的阶数而变化,一个参考数值如表 2.6 所示,表中列出 1~15 阶判断矩阵的 $R.I$ 指标值。

表 2.6

阶数	1	2	3	4	5	6	7	8
$R.I$	0	0	0.52	0.89	1.12	1.26	1.36	1.41
阶数	9	10	11	12	13	14	15	
$R.I$	1.46	1.49	1.52	1.54	1.56	1.58	1.59	

需要说明的是,平均随机一致性的计算缺陷是采用有限次随机试验,这就带来计算结果的不稳定性,所以不同教材和参考资料上的 $R.I$ 数值会有所不同。实际上,对于较高阶的判断矩阵,有限次随机试验很难代表样本空间的状态,如 12 阶判断矩阵理论上就有 1.62×10^{81} 个可能的结果。关于这一问题,还有待学者继续研究改进。

一致性指标 $C.I$ 与同阶的平均随机一致性指标 $R.I$ 的比值,称为一致性比率(consistency ratio),记作

$$C.R = \frac{C.I}{R.I} \qquad (2.26)$$

用一致性比率 $C.R$ 可以检验判断矩阵的一致性。$C.R$ 越小,判断矩阵的一致性越好。一般认为,当 $C.R \leqslant 0.1$ 时,判断矩阵符合满意的一致性标准,层次单排序的结果是可以接受的,否则,需要修正判断矩阵,直到检验通过。

综上所述,判断矩阵的一致性检验步骤是:

1) 求出一致性指标 $C.I = \dfrac{\lambda_{\max} - m}{m-1}$;

2) 查表得到平均随机一致性指标 $R.I$;

3) 计算一致性比率 $C.R = \dfrac{C.I}{R.I}$。当 $C.R \leqslant 0.1$ 时,接受判断矩阵;否则,修改判断矩阵。

3. 判断矩阵的求解

构造了判断矩阵,为求出层次单排序中各元素的优先权重,一是要解出判断矩阵的最大特征值及其对应的特征向量,二是要进行一致性检验。

判断矩阵是决策者主观判断的定量描述,求解判断矩阵并不要求过高的精度。这里,介绍两种近似计算方法,即根法及和法。

(1) 根法

设判断矩阵 $A = (a_{ij})_{m \times m}$，根法的基本步骤是：

1) 计算 A 的每一行元素之积

$$M_i = \prod_{j=1}^{m} a_{ij} \quad (i = 1, 2, \cdots, m)$$

2) 计算 M_i 的 m 次方根

$$\alpha_i = \sqrt[m]{M_i} \quad (i = 1, 2, \cdots, m)$$

3) 对向量 $\boldsymbol{\alpha} = (\alpha_1, \alpha_2, \cdots, \alpha_m)^T$ 作归一化处理，令 $w_i = \alpha_i \big/ \sum_{k=1}^{m} \alpha_k (i = 1, 2, \cdots, m)$，得到最大特征值对应的特征向量

$$\boldsymbol{W} = (w_1, w_2, \cdots, w_m)^T$$

4) 求 A 的最大特征值 $\lambda_{\max}$。由于 $AW = \lambda_{\max}$，而

$$AW = (\sum_{j=1}^{m} a_{1j} w_j, \sum_{j=1}^{m} a_{2j} w_j, \cdots, \sum_{j=1}^{m} a_{mj} w_j)^T$$

故有

$$\lambda_{\max} w_i = \sum_{j=1}^{m} a_{ij} w_j \quad (i = 1, 2, \cdots, m)$$

记 $(\boldsymbol{AW})_i = \sum_{j=1}^{m} a_{ij} w_j$，表示向量 AW 的第 i 个分量。于是

$$\lambda_{\max} = \frac{(\boldsymbol{AW})_i}{w_i} \quad (i = 1, 2, \cdots, m)$$

取算术平均值，即

$$\lambda_{\max} = \frac{1}{m} \sum_{i=1}^{m} \frac{(\boldsymbol{AW})_i}{w_i} \tag{2.27}$$

例 2.8 求解判断矩阵

$$A = \begin{bmatrix} 1 & 3 & 6 \\ 1/3 & 1 & 4 \\ 1/6 & 1/4 & 1 \end{bmatrix}$$

的最大特征值及其对应的特征向量。

解 用根法求解。因为

$$M_1 = 18, \quad M_2 = 4/3, \quad M_3 = 1/24$$

$$\alpha_1 = \sqrt[3]{M_1} = 2.620\,74, \quad \alpha_2 = \sqrt[3]{M_2} = 1.100\,64, \quad \alpha_3 = \sqrt[3]{M_3} = 0.346\,68$$

对向量

$$\boldsymbol{\alpha} = (\alpha_1, \alpha_2, \alpha_3)^T = (2.620\,74, 1.100\,64, 0.346\,68)^T$$

作归一化处理，得特征向量

$$\boldsymbol{W} = (w_1, w_2, w_3)^T = (0.644\,2, 0.270\,6, 0.085\,2)^T$$

由于

$$AW = \begin{bmatrix} 1 & 3 & 6 \\ 1/3 & 1 & 4 \\ 1/6 & 1/4 & 1 \end{bmatrix} \begin{bmatrix} 0.644\,2 \\ 0.270\,6 \\ 0.085\,2 \end{bmatrix}$$

$$= (1.967\,2, 0.826\,1, 9.260\,2)^T$$

由公式(2.27),得最大特征值为

$$\lambda_{\max} = \frac{1}{m}\sum_{i=1}^{m}\frac{(AW)_i}{w_i} = \frac{1}{3}\left(\frac{1.967\ 2}{0.644\ 2} + \frac{0.826\ 1}{0.270\ 6} + \frac{0.260\ 2}{0.085\ 2}\right) = 3.053\ 5$$

进行一致性检验,由于

$$C.I = \frac{\lambda_{\max} - m}{m - 1} = \frac{3.053\ 5 - 3}{2} = 0.026\ 8$$

$$C.R = \frac{0.026\ 8}{0.52} = 0.051\ 5 < 0.1$$

所以,判断矩阵满足一致性检验。

(2) 和法

和法的基本步骤是:

1) 将判断矩阵 A 的元素按列作归一化处理,得到矩阵 $Q = (q_{ij})_{m \times m}$,其中

$$q_{ij} = a_{ij} \Big/ \sum_{k=1}^{m} a_{kj} \quad (i, j = 1, 2, \cdots, m)$$

2) 将矩阵 Q 的元素按行相加,得到向量 $\boldsymbol{\alpha} = (\alpha_1, \alpha_2, \cdots, \alpha_m)^T$。其中,

$$\alpha_{ij} = \sum_{j=1}^{m} q_{ij} \quad (i = 1, 2, \cdots, m)$$

3) 对向量 $\boldsymbol{\alpha}$ 作归一化处理,即

$$w_i = \alpha_i \Big/ \sum_{k=1}^{m} \alpha_k \quad (i = 1, 2, \cdots, m)$$

得特征向量 $W = (w_1, w_2, \cdots, w_m)^T$。

4) 求出最大特征值

$$\lambda_{\max} = \frac{1}{m}\sum_{i=1}^{m}\frac{(AW)_i}{w_i}$$

例 2.9 用和法求解判断矩阵

$$A = \begin{bmatrix} 1 & 3 & 6 \\ 1/3 & 1 & 4 \\ 1/6 & 1/4 & 1 \end{bmatrix}$$

最大特征值及其对应的特征向量。

解 将判断矩阵按列作归一化处理,得

$$Q = \begin{bmatrix} 2/3 & 12/17 & 6/11 \\ 2/9 & 4/17 & 4/11 \\ 1/9 & 1/17 & 1/11 \end{bmatrix}$$

将 Q 的元素按行相加,得

$$\boldsymbol{\alpha} = (1.918, 0.821\ 2, 0.260\ 8)^T$$

对向量 $\boldsymbol{\alpha}$ 作归一化处理,所求特征向量为

$$W = (0.639\ 3, 0.273\ 7, 0.086\ 9)^T$$

由于

$$AW = \begin{bmatrix} 1 & 3 & 6 \\ 1/3 & 1 & 4 \\ 1/6 & 1/4 & 1 \end{bmatrix} \begin{bmatrix} 0.639\ 3 \\ 0.273\ 7 \\ 0.086\ 9 \end{bmatrix} = (1.981\ 8, 0.834\ 4, 0.261\ 9)^T$$

得最大特征值

$$\lambda_{\max} = \frac{1}{3}\left(\frac{1.9818}{0.6393} + \frac{0.8344}{0.2737} + \frac{0.2619}{0.0869}\right)$$

进行一致性检验。由于

$$C.I = \frac{\lambda_{\max} - m}{m - 1} = \frac{3.0541 - 3}{2} = 0.0271$$

$$C.R = \frac{0.0271}{0.52} = 0.0521 < 0.1$$

判断矩阵 A 满足一致性检验。可以看出，两种方法计算结果大致相同。

2.3.3 递阶层次结构权重解析过程

1. 递阶权重解析公式

下面，讨论用 AHP 方法对一般非序列型目标准则体现问题进行决策，这种过程称之为递阶层次结构权重解析过程。递阶层次结构模型如图 2.5 所示。图中，最上层为总目标 G。中间为 n 层子目标，第一层子目标记为 $g_1^{(1)}, g_2^{(1)}, \cdots, g_{n_1}^{(1)}$；第二层子目标记为 $g_1^{(2)}, g_2^{(2)}, \cdots, g_{n_2}^{(2)}$；$\cdots$；第 n 层子目标记为 $g_1^{(n)}, g_2^{(n)}, \cdots, g_{n_n}^{(n)}$。倒数第二层为准则层，记为 $c_1, c_2, \cdots, c_s$。最底一层是方案层，记为 $a_1, a_2, \cdots, a_m$。相邻两层元素之间存在关系，标明作用线，无作用线表示不存在关系。

在层次权重解析过程中，应该注意不完全层次关系。例如，在图 2.5 中，关于准则 c_2，方案层中方案 a_1 与准则 c_2 不存在关系。构造判断矩阵应将 a_1 除外，得到 $m-1$ 阶矩阵，解得 $m-1$ 维特征向量。在权重解析过程中，方案 a_1 关于准则 c_2 的权重应为 0。方案层关于准则 c_2 的优先权重向量，将方案 a_1 的权重补进去，仍为 m 维向量。对一般不完全层次关系，均应该作类似的处理。

AHP 方法的目的，在于求出各方案对总目标 G 的优先权重。求解过程从上到下，在相邻层次之间逐层进行，故称为递阶权重解析。

首先，讨论相邻两层次间的权重解析。设已经计算出第 $k-1$ 层子目标关于总目标 G 的优先权重向量为

$$\boldsymbol{W}^{(k-1)} = (w_1^{(k-1)}, w_2^{(k-1)}, \cdots, w_{n_{k-1}}^{(k-1)})^{\mathrm{T}}$$

第 k 层子目标的 n_k 个元素对以第 $k-1$ 层子目标的第 j 个元素为准则的优先权重向量为

$$\boldsymbol{P}_j^{(k)} = (p_{1j}^{(k)}, p_{2j}^{(k)}, \cdots, p_{n_k j}^{(k)})^{\mathrm{T}}$$

令

$$\boldsymbol{P}^{(k)} = (\boldsymbol{P}_1^{(k)}, \boldsymbol{P}_2^{(k)}, \cdots, \boldsymbol{P}_{n_{k-1}}^{(k)})^{\mathrm{T}}$$

这是 $n_k \times n_{k-1}$ 矩阵，表示第 k 层子目标 n_k 个元素关于第 $k-1$ 层各元素的 n_{k-1} 个优先权重向量所构成的矩阵。于是，第 k 层子目标关于总目标 G 的组合优先权重向量为

$$\boldsymbol{W}^{(k)} = (w_1^{(k)}, w_2^{(k)}, \cdots, w_{n_k}^{(k)})^{\mathrm{T}} = \boldsymbol{P}^{(k)} \boldsymbol{W}^{(k-1)} \quad (k=1,2,\cdots,n)$$

或者表示为分量形式

$$w_i^{(k)} = \sum_{j=1}^{n_{k-1}} p_{ij}^{(k)} w_j^{(k-1)} \qquad (i = 1, 2, \cdots, n_k)$$

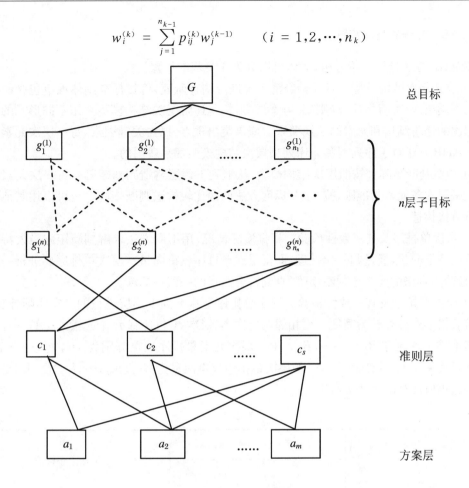

图 2.5 递阶层次结构模型

其次,用公式将递阶权重解析过程表示出来,给出方案层关于总目标 G 的优先权重向量。为此,按照图 2.5 的递阶层次结构,引入以下记号:

$\boldsymbol{W}^{(1)}$ 表示第 1 层子目标关于总目标 G 的优先权重向量;

$\boldsymbol{P}_1^{(2)}, \boldsymbol{P}_2^{(2)}, \cdots, \boldsymbol{P}_{n_1}^{(2)}$ 表示第 2 层 n_2 个子目标关于以第 1 层 n_1 个元素为准则的优先权重向量, $\boldsymbol{P}_1^{(2)}, \boldsymbol{P}_2^{(2)}, \cdots, \boldsymbol{P}_{n_1}^{(2)}$ 是 $n_2 \times n_1$ 矩阵;

$\boldsymbol{P}_1^{(c)}, \boldsymbol{P}_2^{(c)}, \cdots, \boldsymbol{P}_{n_n}^{(c)}$ 表示准则层 s 个准则关于以第 n 层 n_n 个元素为准则的优先权重向量, $\boldsymbol{P}_1^{(c)}, \boldsymbol{P}_2^{(c)}, \cdots, \boldsymbol{P}_{n_n}^{(c)}$ 是 $s \times n_n$ 矩阵;

$\boldsymbol{P}_1^{(a)}, \boldsymbol{P}_2^{(a)}, \cdots, \boldsymbol{P}_s^{(a)}$ 表示方案层 m 个方案关于准则层 s 个准则的优先权重向量, $\boldsymbol{P}_1^{(a)}, \boldsymbol{P}_2^{(a)}, \cdots, \boldsymbol{P}_s^{(a)}$ 是 $m \times s$ 矩阵;

最后,计算方案层各方案关于总目标 G 的优先权重。这个优先权重记为
$$\boldsymbol{W}^{(a)} = (w_1^{(a)}, w_2^{(a)}, \cdots, w_m^{(a)})^{\mathrm{T}}$$

于是,AHP 方法的递阶权重解析过程的计算公式为
$$\boldsymbol{W}^{(a)} = \boldsymbol{P}^{(a)} \boldsymbol{P}^{(c)} \boldsymbol{P}^{(n)} \cdots \boldsymbol{P}^{(2)} \boldsymbol{W}^{(1)} \tag{2.28}$$

公式(2.28)仅是递阶权重解析过程的理论公式,实际计算是利用判断矩阵的表格形式,从上到下进行计算。

2. AHP 方法的基本步骤

用 AHP 方法进行决策分析,大体可以分为 4 个基本步骤:

1) 建立层次结构模型。对社会经济系统进行调查研究,将目标准则体现所包含的因素划分为不同层次,如目标层、准则层、方案层等,构建递阶层次结构模型。用不同形式的框图标明层次的递阶结构和元素的从属关系。应该突出重点,抓住关键因素,每一层次元素不宜过多。AHP 方法对于序列型和非序列型层次结构模型都是适用的。

2) 构造判断矩阵。按照层次结构模型,从上到下逐层构造判断矩阵。每一层元素都以相邻上一层次各元素为准则,按 1～9 标度方法两两比较构造判断矩阵。也可以用其他改进的标度方法构造。

3) 层次单排序及其一致性检验。根据实际情况,用不同方法求解判断矩阵最大特征值和对应的特征向量,经过归一化处理,即得层次单排序权重向量。层次单排序要进行一致性检验,检验不合格的要修正判断矩阵,直到符合满意的一致性标准。

4) 层次总排序及其一致性检验。层次总排序是从上到下逐层进行的。在实际计算中,一般按表格形式计算较为简便。设相邻两层次中,层次 A 包含有 m 个元素 $A_1, A_2, \cdots, A_m$,层次 B 包含 n 个元素 $B_1, B_2, \cdots, B_n$。上一层次元素总排序权重分别为 $w_1, w_2, \cdots, w_m$,下一层次元素关于上一层次元素 A_j 的层次单排序权重向量为 $(b_{1j}, b_{2j}, \cdots, b_{nj})^\text{T}$。层次 B 的总排序权重值计算由表 2.7 给出。

表 2.7

层次 A 层次 B	A_1 A_2 $\cdots$ A_m w_1 w_2 $\cdots$ w_m	层次 B 总排序权值
B_1	b_{11} b_{12} $\cdots$ b_{1m}	$\sum_{j=1}^{m} w_j b_{1j}$
B_2	b_{21} b_{22} $\cdots$ b_{2m}	$\sum_{j=1}^{m} w_j b_{2j}$
$\cdots$	$\cdots$ $\cdots$ $\cdots$ $\cdots$	$\cdots$
B_n	b_{n1} b_{n2} $\cdots$ b_{nm}	$\sum_{j=1}^{m} w_j b_{nj}$

同样地,层次总排序的一致性检验也是从上到下逐层进行的。设层次 B 关于层次 A 的元素 A_j 的单排序检验一致性指标为 $C.I_j$,平均随机一致性指标为 $R.I_j$,则层次总排序检验的一致性指标、平均随机一致性指标和一致性比率指标分别是

$$C.I = \sum_{j=1}^{m} w_j C.I_j \qquad (2.29)$$

$$R.I = \sum_{j=1}^{m} w_j R.I_j \qquad (2.30)$$

$$C.R = \frac{C.I}{R.I} = \frac{\sum_{j=1}^{m} w_j C.I_j}{\sum_{j=1}^{m} w_j R.I_j} \tag{2.31}$$

应该注意,在实际操作中,总排序一致性检验常常可以省略。这是因为层次单排序通过一致性检验,层次总排序一致性检验公式(2.29)、(2.30)和(2.31)计算加权平均值,不会有太大的偏离。再者,实际构造判断矩阵,难以兼顾整体排序的一致性。目前,大多数实际工作都没有对整体一致性进行严格检验。

3. AHP 方法应用实例

例 2.10 某市中心有一座商场,由于街道狭窄,人员车辆流量过大,经常造成交通堵塞。市政府决定解决这个问题,制订出 3 个可行方案:

a_1:在商场附近修建一座环形天桥;
a_2:在商场附近修建地下人行通道;
a_3:搬迁商场。

决策的总目标是改善市中心交通环境。根据当地的具体条件和有关情况,专家组拟订 5 个目标作为对可行方案的评价准则:

c_1:通车能力;
c_2:方便群众;
c_3:基建费用不宜过高;
c_4:交通安全;
c_5:市容美观。

试对该市改善市中心交通环境问题作出决策分析。

解 用 AHP 方法对此问题作出决策分析。

1) 构建层次结构模型

根据专家咨询意见,建立层次结构模型(见图 2.6)。其目标准则体现属于非序列型多层次结构,共分 3 个层次,3 层次元素之间均为完全层次关系。

2) 层次单排序及其一致性检验

对于总目标 G,准则层各准则两两比较构造判断矩阵 $\boldsymbol{B}^{(c)}$(表 2.8),求解最大特征值 $\lambda_{\max}^{(c)}$ 及其对应的特征向量 $\boldsymbol{W}^{(c)}$,并进行一致性检验。即

表 2.8

	G	c_1	c_2	c_3	c_4	c_5
$\boldsymbol{B}^{(c)}$	c_1	1	3	5	3	5
	c_2	1/3	1	3	1	3
	c_3	1/5	1/3	1	1/3	3
	c_4	1/3	1	3	1	3
	c_5	1/5	1/3	1/3	1/3	1

$$W^{(c)} = (0.461, 0.195, 0.091, 0.195, 0.059)^{\mathrm{T}}$$
$$\lambda_{\max}^{(0)} = 5.206$$
$$C.R = 0.046 < 0.1$$

对于各准则,构造方案层各方案的判断矩阵 $B_j^{(a)}(j=1,2,3,4,5)$,求出优先权重向量 $P_j^{(a)}(j=1,2,3,4,5)$,并进行一致性检验。

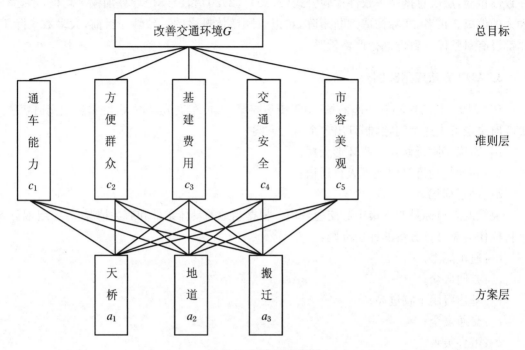

图 2.6 层次结构模型

对于准则 c_1(通车能力),判断矩阵(表 2.9)及其求解结果为

表 2.9

$B_1^{(a)} =$	c_1	a_1	a_2	a_3
	a_1	1	1	5
	a_2	1	1	5
	a_3	1/5	1/5	1

$$P_1^{(a)} = (0.455, 0.455, 0.091)^{\mathrm{T}}$$
$$\lambda_{\max}^{(1)} = 3$$
$$C.R = 0 < 0.1$$

对于准则 c_2(方便群众),判断矩阵(表 2.10)及其求解结果为

表 2.10

$B_2^{(a)} =$	c_2	a_1	a_2	a_3
	a_1	1	3	5
	a_2	1/3	1	2
	a_3	1/5	1/2	1

$$\boldsymbol{P}_2^{(a)} = (0.648, 0.230, 0.122)^{\mathrm{T}}$$
$$\lambda_{\max}^{(2)} = 3.005$$
$$C.R = 0.004 < 0.1$$

对于准则 c_3（基建费用），判断矩阵（表 2.11）及其求解结果为

表 2.11

$\boldsymbol{B}_3^{(a)} =$	c_3	a_1	a_2	a_3
	a_1	1	4	7
	a_2	1/4	1	4
	Sa_3	1/7	1/4	1

$$\boldsymbol{P}_3^{(a)} = (0.695, 0.299, 0.075)^{\mathrm{T}}$$
$$\lambda_{\max}^{(3)} = 3.079$$
$$C.R = 0.068 < 0.1$$

对于准则 c_4（交通安全），判断矩阵（表 2.12）及其求解结果为

表 2.12

$\boldsymbol{B}_4^{(a)} =$	c_4	a_1	a_2	a_3
	a_1	1	1/2	1/3
	a_2	2	1	1
	a_3	3	1	1

$$\boldsymbol{P}_4^{(a)} = (0.169, 0.387, 0.443)^{\mathrm{T}}$$
$$\lambda_{\max}^{(4)} = 3.018$$
$$C.R = 0.016 < 0.1$$

对于准则 c_5（市容美观），判断矩阵（表 2.13）及其求解结果为

表 2.13

$\boldsymbol{B}_5^{(a)} =$	c_5	a_1	a_2	a_3
	a_1	1	1/2	1/3
	a_2	2	1	1
	a_3	3	1	1

$$\boldsymbol{P}_5^{(a)} = (0.169, 0.387, 0.443)^{\mathrm{T}}$$
$$\lambda_{\max}^{(5)} = 3.018$$
$$C.R = 0.016 < 0.1$$

3) 层次总排序及其一致性检验

方案层 3 个可行方案对准则层各准则的优先权重向量 $\boldsymbol{P}_j^{(a)}$ ($j = 1,2,3,4,5$) 所构成的 3×5 矩阵为

$$P^{(a)} = (P_1^{(a)}, P_2^{(a)}, P_3^{(a)}, P_4^{(a)}, P_5^{(a)})$$

$$= \begin{bmatrix} 0.455 & 0.648 & 0.695 & 0.169 & 0.169 \\ 0.455 & 0.230 & 0.229 & 0.387 & 0.387 \\ 0.091 & 0.122 & 0.075 & 0.443 & 0.443 \end{bmatrix}$$

3 个可行方案对总目标 G 的组合优先权重向量为

$$W = (w_1, w_2, w_3)^T = P^{(a)} W^{(c)}$$

$$= \begin{bmatrix} 0.455 & 0.648 & 0.695 & 0.169 & 0.169 \\ 0.455 & 0.230 & 0.229 & 0.387 & 0.387 \\ 0.091 & 0.122 & 0.075 & 0.443 & 0.443 \end{bmatrix} \begin{bmatrix} 0.461 \\ 0.195 \\ 0.091 \\ 0.195 \\ 0.059 \end{bmatrix}$$

$$= (0.442, 0.374, 0.185)^T$$

因此,

$$w_1 = 0.442, \quad w_2 = 0.374, \quad w_3 = 0.185$$

这说明 3 个可行方案的排序结果是

$$a_1 \succ a_2 \succ a_3$$

即修建天桥为最满意方案,其次是修建地下人行通道,最差方案是搬迁商场。

2.4 AHP 方法在高校人事分配制度改革中的应用

1. 背景

人事分配是人事管理工作中的重要组成部分,也是调动人员积极性的主要手段,更是提高工作效率和管理效益的关键环节。建立合理的人事分配制度有利于人员结构的整体优化,在人事管理中建立竞争激励机制。

当前,国内高校正在进行新的一轮内部管理体制改革,其中改革的重点之一是人事分配制度的改革,其目的是转换机制,理顺管理体制,强化岗位聘任,打破"铁饭碗"和平均主义"大锅饭",破除职务"终身制"和人才"单位所有制",形成"能进能出,能上能下,能高能低"的竞争激励机制,创造有利于优秀人才尽快成长和发挥才干的制度环境,建设高素质的人员队伍,全面提高办学效益和整体水平。改革的目标是加大学校内部分配力度,使教职工的收入和岗位职责、工作业绩及贡献直接挂钩,真正实现按劳分配、优劳优酬。

一般来说,高校教职工的工资结构分为国家工资和校内工资两部分。国家工资是按照国家的工资制度和政策发放的,学校没有自主分配的权力。对于校内工资,是学校通过各种筹资手段筹集的资金用于内部分配的资金,一般情况下多数人是可以享受到的。为了更能体现多劳多得、优劳优得的原则,目前正在进行以岗位聘任为手段并与待遇密切相关的分配制度改革,因此就必然涉及需要聘任多少岗位的问题。如果现有人员全部聘任,每人都享受到分配的待遇,显然不能体现优劳优得的原则。到底需要聘任多少岗位,就存在着一个决策的问题。

2. 人事分配方案

在人事分配方案的递阶层次结构图中,目标层应是建立能够真正调动人员积极性的最佳分配方案;对于方案层,根据高校的实际情况,假设可以按 3 个方案考虑。

方案一:聘任少数人,可以使这些优秀人员的工资收入有很大幅度的提高。

方案二:聘任多数人,可以使一定规模人员的工资收入有较大幅度的提高。

方案三:聘任绝大多数人,可以使每人的工资收入在现有基础上有一定幅度的提高。

考虑到高等学校的具体情况,在上述 3 个方案中,每个方案的实施都要涉及以下几个方面的准则。

准则一:改革效应。改革是促进发展的动力,不同方案会引起人们对改革的不同的反应。

准则二:资金投入。改革是需要有资金支持的,资金投入的多少将直接影响人们对改革的响应与否。

准则三:骨干人才。不同的改革方案关系到是否有利于骨干人才的培养和成长。

准则四:优化结构。改革的目标之一是优化队伍结构,建立一支合理的人员梯队,以有利于长远发展。

准则五:激励效果。不同程度待遇的提高会有不同的激励效果,同时,人员聘任的多少也会影响激励的效应。

有了目标、准则和方案,就可以构建出人事分配方案递阶层次结构图(图 2.7)。

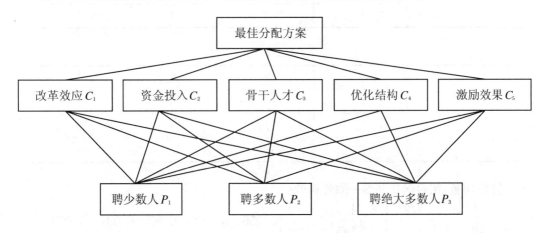

图 2.7 人事分配方案递阶层次结构图

3. 收集评价数据

在判断两两比较矩阵时,如果数据的来源不具有普遍性和权威性,则评价出的结果就会失去说服力。为此,采取了专家与高等学校人事主管相结合的办法,通过广泛征求意见并反复推敲,确定下列两两比较矩阵的数据为最终数据(表 2.14~表 2.17)。

表 2.14

因素	C_1	C_2	C_3	C_4	C_5
C_1	1	1/2	1/2	1/6	1/7
C_2	2	1	1/2	1/3	1/5
C_3	2	2	1	1	1/3
C_4	6	3	1	1	1/2
C_5	7	5	3	2	1

表 2.15

$B_1 =$

C_1	P_1	P_2	P_3
P_1	1	1	5
P_2	1	1	7
P_3	1/5	1/7	1

表 2.16

$B_2 =$

C_2	P_1	P_2	P_3
P_1	1	1/5	1/3
P_2	5	1	1
P_3	3	1	1

表 2.17

$B_3 =$

C_3	P_1	P_2	P_3
P_1	1	4	5
P_2	1/4	1	2
P_3	1/5	1/2	1

计算权向量、组合向量并作一致性检验：

$$A = \begin{pmatrix} 1 & 1/2 & 1/2 & 1/6 & 1/7 \\ 2 & 1 & 1/2 & 1/3 & 1/5 \\ 2 & 2 & 1 & 1 & 1/3 \\ 2 & 2 & 1 & 1 & 1/3 \\ 6 & 3 & 1 & 1 & 1/2 \\ 7 & 5 & 3 & 2 & 1 \end{pmatrix} \xrightarrow{\text{列向量归一化}} \begin{pmatrix} 0.056 & 0.043 & 0.083 & 0.037 & 0.065 \\ 0.111 & 0.087 & 0.083 & 0.075 & 0.092 \\ 0.111 & 0.174 & 0.167 & 0.222 & 0.153 \\ 0.333 & 0.261 & 0.617 & 0.222 & 0.230 \\ 0.389 & 0.435 & 0.500 & 0.444 & 0.460 \end{pmatrix}$$

$$\xrightarrow{\text{按行求和}} \begin{pmatrix} 0.284 \\ 0.448 \\ 0.827 \\ 1.213 \\ 2.228 \end{pmatrix} \xrightarrow{\text{归一化}} \begin{pmatrix} 0.057 \\ 0.090 \\ 0.165 \\ 0.243 \\ 0.445 \end{pmatrix} = W$$

$$AW = \begin{pmatrix} 0.289 \\ 0.457 \\ 0.850 \\ 1.243 \\ 2.275 \end{pmatrix}$$

$$\lambda_{\max} = \frac{1}{5}\left(\frac{0.289}{0.057} + \frac{0.457}{0.090} + \frac{0.850}{0.165} + \frac{1.243}{0.243} + \frac{2.228}{0.445}\right) = 5.084$$

$$C.I = \frac{5.084 - 5}{4} = 0.021$$

查表知 $n = 5$ 时，

$$R.I = 1.12, \quad C.R = \frac{0.021}{1.12} = 0.019 < 0.1$$

可知，矩阵 A 通过一致性检验，且

$$W = (0.057, 0.090, 0.165, 0.243, 0.445)^{\mathrm{T}}$$

同理，按照上述步骤可以对 B_1, B_2, B_3, B_4, B_5 进行计算，结果如表 2.18 所示。

表 2.18

	C_1	C_2	C_3	C_4	C_5
P_1	0.436	0.115	0.681	0.123	0.110
P_2	0.487	0.480	0.201	0.557	0.581
P_3	0.077	0.405	0.118	0.320	0.309
$\lambda_{\max}$	3.014	3.029	3.025	3.018	3.004
$C.I$	0.007	0.015	0.013	0.009	0.002
$C.R$	0.012	0.026	0.022	0.016	0.005

可见，上述 5 个矩阵均通过一致性检验。

组合一致性检验

$$C.I^* = (0.007, 0.015, 0.013, 0.009, 0.002) \begin{pmatrix} 0.057 \\ 0.090 \\ 0.165 \\ 0.243 \\ 0.445 \end{pmatrix} = 0.011$$

$$C.R^* = 0.019 + \frac{0.011}{0.58} = 0.038 < 0.1$$

说明整个层次的比较判断通过一致性检验。

计算组合权向量 根据上述所得数据，可以算出组合权向量：

$$W^{(3)} = \begin{pmatrix} 0.436 & 0.115 & 0.681 & 0.123 & 0.001 \\ 0.487 & 0.430 & 0.201 & 0.557 & 0.581 \\ 0.077 & 0.405 & 0.118 & 0.320 & 0.309 \end{pmatrix} \begin{pmatrix} 0.057 \\ 0.090 \\ 0.165 \\ 0.243 \\ 0.445 \end{pmatrix} = (0.23, 0.50, 0.27)^{\mathrm{T}}$$

4. 结论与讨论

从计算出的组合权向量中可以看出,方案一所占的权重是 23%,方案二所占的权重是 50%,方案三所占的权重是 27%。显然方案二所占的权重远高于其他两个方案,说明在类似这种人事分配制度改革中,分配方案应考虑按一定的规模聘任多数人,以起到改革的促进作用。从目前国内高校先期改革的情况来看,通过调查发现,许多高校实施的方案是让多数人受益,这与课题通过 AHP 方法计算出的决策方案相吻合,说明 AHP 方法不仅可以应用于政治、经济、军事等领域,还可以具体应用到人事管理过程中。

事实上,分配制度改革的直接目的是通过建立合理的人事分配制度,激发人们的工作热情,最大限度地调动人们的积极性。对高等学校来说,其长期目标是在调动人员积极性的基础上,更重要的是如何提高人员的基本素质,优化队伍结构,建立适应高等教育发展的学术梯队。尽管在本课题的研究中,方案二是最优的,但从另外一个角度来看,方案一和方案三仍占有一定的权重,那么对决策来说,如果有充分的财力作支撑,还可以考虑再适当扩大聘任规模或制定一项另外提高少数人(即骨干人才)待遇的分配政策,以调动各类层次和人员的积极性,真正做到财尽其用,人尽其才。

[殷焕武. 科技与管理,2000(3)]

参考文献及网站

[1] 陈珽. 决策分析[M]. 北京:科学出版社,1987.
[2] 顾基发,金良超. 多目标决策及其应用[M]. 北京:科学出版社,1981.
[3] 宣家骥. 多目标决策[M]. 长沙:湖南科学技术出版社,1988.
[4] 胡永宏,贺思辉. 综合评价方法[M]. 北京:科学出版社,2000.
[5] 邱东. 多指标综合评价方法的系统分析[M]. 北京:中国统计出版社,1991.
[6] 魏世孝,周献中. 多属性决策理论方法及其在 C^3I 系统中的应用[M]. 北京:国防工业出版社,1998.
[7] 彭勇行. 管理决策分析[M]. 北京:科学出版社,2000.
[8] 伍启元. 公共政策[M]. 香港:商务印书馆(香港),1989.
[9] 威廉·N·邓恩. 公共政策分析导论[M]. 谢明,等,译. 北京:中国人民大学出版社,2002.
[10] 中国期刊网. http://www.edu.cnki.net
[11] 公共管理论文资料库. http://www.grchina.com/mpa/lib.htm
[12] 中国公共管理. http://www.mpachina.com

思 考 题

某公司利润分配方案的 AHP 层次结构图如图 2.8,并构造判断矩阵:

G	C_1	C_2	C_3
C_1	1	1/5	1/3
C_2	5	1	3
C_3	3	1/3	1

$C_1 - a_i$

C_1	a_1	a_2	a_3	a_4	a_5
a_1	1	2	3	4	7
a_2	1/2	1	3	2	5
a_3	1/3	1/3	1	1/2	2
a_4	1/4	1/2	2	1	3
a_5	1/7	1/5	1/2	1/3	1

$C_2 - a_i$

C_2	a_2	a_3	a_4	a_5
a_2	1	1/7	1/3	1/5
a_3	7	1	5	3
a_4	3	1/5	1	1/3
a_5	5	1/3	3	1

$C_3 - a_i$

C_3	a_1	a_2	a_3	a_4
a_1	1	1	3	3
a_2	1	1	3	3
a_3	1/3	1/3	1	1
a_4	1/3	1/3	1	1

试用 AHP 方法进行决策分析。

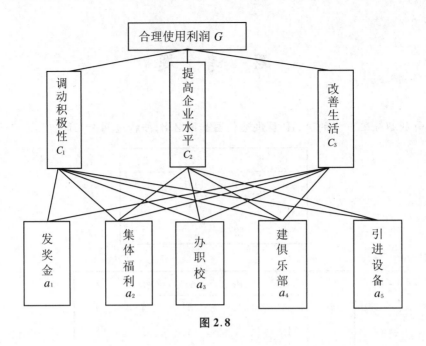

图 2.8

案 例 分 析

案例1　管理人员的综合测评方法

各级主管人员是企业经营管理的中流砥柱,对主管人员的测评是企业人力资源开发和管理的重要内容,也是一大难题。目前的测评工作存在许多问题和缺陷,主要表现在:缺乏明确的考核标准,定性判断多,定量分析少,结果往往使测评工作变成了评"人缘"、"搞平衡";考核工具缺乏科学性,操作性不强;企业主管对测评结果不够重视,也没有配套奖惩措施,致使人们对考核敷衍了事;测评缺乏反馈,被测评者既无申辩、说明的机会,也无了解自身表现与组织期望之间吻合程度的机会,使测评失去改善管理人员素质这个最重要的意义。

为克服以上缺陷,提高测评效果,追求评价方法的科学性、评价内容的全面性、评价结果的准确性、评价组织的高效性,可以从国内传统人事考核经验、吸取国外先进人力资源管理方法,应用 AHP,把定性考核和定量考核结合起来,从建立科学合理的考核指标、确定规范的考核标准入手,本着公平、公正的原则对管理人员进行评价。

1. 测评指标体系的设计

遵循择要的原则(相关的原则、价值的原则和不相容的原则),尽可能选择那些对工作影响较大的因素,以突出重点,并注意选择那些有评价价值而又有独立内容的指标。

按上述原则并结合企业实际情况,从素质、智力、能力、绩效 4 个方面进行评价(图 2.9):

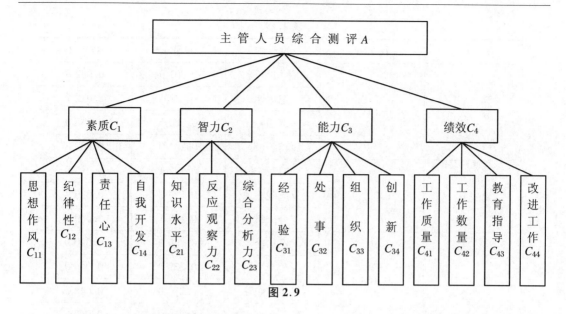

图 2.9

2. 测评指标体系中各指标权数的确定

采用 1~9 标度方法,逐对比较指标的相对优越程度,根据一般判断,可得判断矩阵。具体数据可根据测评的目的不同,运用专家意见法确定。现假设判断矩阵为:

A	C_1	C_2	C_3	C_4
C_1	1	2	1	1/4
C_2	1/2	1	1/2	1/5
C_3	1	2	1	1/4
C_4	4	5	4	1

运用根法,计算得到最大特征根及其对应的特征向量,并进行一致性检验:

$$\lambda_{\max} = \frac{0.655\,5}{4 \times 0.163\,4} + \frac{0.371\,6}{4 \times 0.091\,9} + \frac{0.655\,5}{4 \times 0.163\,4} + \frac{2.348}{4 \times 0.581\,3} = 4.026\,5$$

$$C.I = \frac{4.026\,5 - 4}{4 - 1} = 0.008\,8$$

$$C.R = \frac{0.008\,8}{0.90} = 0.009\,8 < 0.1$$

因此,4 个指标的权重系数分别为:0.163 4,0.091 9,0.163 4,0.581 3。

同样可求得 $C_1 - C_{1i}$、$C_2 - C_{2i}$、$C_3 - C_{3i}$、$C_4 - C_{4i}$ 的判断矩阵及相应的 $\lambda_{\max}$。

得到各评价指标的权重,如表 2.19 所示。

表 2.19

指标	权重	准则	权重1	权重2
素质	0.163 4	思想作风	0.201 0	0.032 8
		纪律性	0.775	0.012 7
		责任心	0.520 5	0.085 0
		自我开发	0.201 0	0.032 8
智力	0.091 9	知识水平	0.172 1	0.015 8
		反应观察力	0.725 8	0.066 7
		综合分析力	0.102 1	0.009 4
能力	0.163 4	经验	0.250 0	0.040 9
		处事	0.250 0	0.040 9
		组织	0.250 0	0.040 9
		创新	0.250 0	0.040 9
绩效	0.581 3	工作质量	0.333 0	0.193 6
		工作数量	0.333 0	0.193 6
		教育指导	0.167 0	0.097 1
		改进工作	0.167 0	0.097 1

3. 测评指标体系测评标准的建立

在设计好测评指标体系后,为了增强测评的可操作性,减少测评者本身的臆想成分,有必要建立一个规范的管理标准来保证测评工作的进行,方法如下:

第一,针对每项测评指标制定组织期望的基本要求,来作为基本标准。

第二,以制定的基本标准为参照,把发挥得非常出色的定为优秀;比组织期望稍高的定为良好;刚好达到组织期望要求的为合格;稍低于组织期望但又不妨碍业务的定为稍差;把水平低已妨碍了业务的定为不合格。这样,对每项测评指标划分出了优秀、良好、合格、稍差、不合格 5 个等级。

第三,对于每项指标的 5 个等级,分别赋予 1.0、0.8、0.6、0.4、0.2 的等差非对称性的赋值,再用这项指标的权数乘以被测评者所得等级的相应赋值,便得到被测者在该项指标上的得分。以此类推,全部指标的得分总和便是被测者的最后得分。

这样,通过对管理标准的制定和对每项指标的赋值,就可以把被测项目量化,有利于考核。并且规范的管理标准使测评者心中有了明确的测评尺度,降低了主观随意性。

4. 测评示例

测评对象为某公司技术部主任,初步评定打分结果如表 2.20 所示。

表 2.20

指标	目标 A													
	C_1				C_2			C_3				C_4			
子指标	C_{11}	C_{12}	C_{13}	C_{14}	C_{21}	C_{22}	C_{23}	C_{31}	C_{32}	C_{33}	C_{34}	C_{41}	C_{42}	C_{43}	C_{44}
自我评定	0.6	0.8	1.0	0.6	0.8	0.6	0.8	0.8	0.8	0.8	0.6	0.8	0.6	1.0	0.8
下级评定	0.4	0.7	0.8	0.5	0.8	0.5	0.6	0.6	0.6	0.4	0.4	0.6	0.5	0.8	0.8
同级评定	0.6	0.8	0.7	0.5	0.6	0.7	0.6	0.7	0.6	0.6	0.7	0.8	0.6	0.8	0.6
上级评定	0.6	0.8	0.7	0.6	0.7	0.6	0.7	0.6	0.6	0.6	0.5	0.8	0.7	0.8	0.7

根据表 2.19 的权重,可得每项指标的总得分如表 2.21 所示。

表 2.21

C	C_1	C_2	C_3	C_4
自我评定	0.823 7	0.654 8	0.75	0.766 8
下级评定	0.651 6	0.561 8	0.60	0.633 5
同级评定	0.627 5	0.672 6	0.65	0.700 0
上级评定	0.667 6	0.637 4	0.60	0.750 0

可以看出,由于测评人的不同,测评结果也就产生了差异。这主要是由于测评者所获得的信息不完整及测评者自身的主观因素造成。

为了测评主管人员的综合素质,还必须制定综合评价测评标准档次。将每项指标加权平均后(代表每项指标加权平均后的最终结果)对照表 2.22 的标准,就可以得到每位测评对象综合测评的档次。

表 2.22

	不合格	稍差	合格	良好	优秀
标 准	$\mu \leqslant 0.4$	$0.4 < \mu < 0.6$	$0.6 < \mu < 0.7$	$0.7 < \mu < 0.85$	$0.85 < \mu \leqslant 1.0$

以技术部主任为例,这里为了简化运算,通过取平均值,可得出该技术部主任各个指标的平均水平,如表 2.23 所示(注:在具体操作中,可以采用不同权重进行加权平均)。

表 2.23

C	C_1	C_2	C_3	C_4
得 分	0.692 6	0.631 7	0.65	0.712 6

再结合各指标权重,可得其 μ 值为

$$\mu = 0.692\,6 \times 0.163\,4 + 0.631\,7 \times 0.091\,9 + 0.65 \times 0.163\,4 + 0.712\,6 \times 0.581\,3$$
$$= 0.691\,7$$

对照测评指标档次可知,该技术部主任综合素质属于合格,但接近良好。

[王核成,许水龙. 华东经济管理,2001(2). 有删改]

案例2 分析电力企业经济效益及其制约因素

本案例通过对电力企业经济效益及其制约因素分析,建立合理的工业经济效益评价指标体系,综合应用AHP法和TOPSIS法对工业经济效益进行分析评价。

根据我国目前工业生产的实际情况,制约企业经济效益提高的主要因素,是物质消耗高、产品质量差、生产效率低、技术进步慢。因此,改进和完善评价工业经济指标体系,应该遵循以下原则:一是反映企业生产和销售过程中投入和产出增值量的对比关系,使增产和节约统一起来;二是加强指标体系的综合性和层次结构性;三是要有合理的评价标准,并且有可操作性。

根据上述原则和电力工业实际情况,构建了电力工业经济效益评价指标体系(图2.10)。在指标体系中,各层次指标的意义是:

第一层次:A(综合经济效益)。

第二层次:B_1(经济效率),B_2(物质消耗),B_3(产品质量),B_4(技术进步)。

第三层次:C_1(全员劳动生产率),C_2(资金利税率),C_3(成本利润率),C_4(净产值率),C_5(定额流动资金周转次数),C_6(供电煤耗率),C_7(线路损失率),C_8(周波合格率),C_9(技术进步贡献率)。

需要说明的是,技术进步贡献率是利用全要素生产函数(TFP)进行综合测定的。其余各经济指标的意义和计算,均按电力部关于电力工业经济评价考核指标有关规定测算。

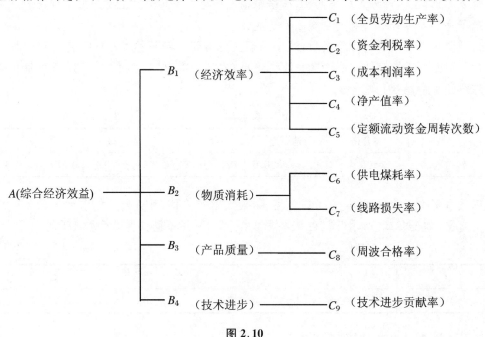

图2.10

首先用AHP方法确定递阶层次结构指标体系的权重系数。第一步,分层计算单一准则下各指标的相对权重。设分类指标为$B_k(k=1,2,\cdots,m)$,分析指标为$C_l(l=1,2,\cdots,n)$。以指标B_k为准则,按照1~9比例标度,构造相邻下一层次指标C_l的判断矩阵:

$$A^{(k)} = (a_{ij}^{(k)})_{n\times n} \quad (k=1,2,\cdots,m)$$

计算出层次单排序权重向量
$$W^{(k)} = (w_{1k}, w_{2k}, \cdots, w_{nk})^{\mathrm{T}}$$
并进行一致性检验。

第二步，计算分析指标 C_l 对于综合评价指标 A 的组合权重。设 $B_k(k=1,2,\cdots,m)$ 对于综合指标 A 的权重向量为 $W_B = (w_1^{(B)}, w_2^{(B)}, \cdots, w_m^{(B)})^{\mathrm{T}}$，分析指标 C_l 对分类指标 B_k 的相对权重向量为 $W_C^{(k)} = (w_{1k}^{(C)}, w_{2k}^{(C)}, \cdots, w_{nk}^{(C)})^{\mathrm{T}}$。则指标 C_l 对综合指标 A 的组合权重向量为
$$W_C = (w_1^{(C)}, w_2^{(C)}, \cdots, w_m^{(C)})^{\mathrm{T}}$$
其中，权系数 $w_l^{(C)} = \sum_{k=1}^{m} w_k^{(B)} w_{lk}^{(C)} (l=1,2,\cdots,n)$。

其次，用 TOPSIS 方法综合评价企业经济效益。按照指标体系图 2.10 的递阶层次结构，先分类进行综合评价，得出在分类指标 B_k 下，各企业的综合排序结果。再以各企业在分类指标 B_k 下的贴近度为数据，计算综合经济效益指标下的综合排序结果。这样分类评价和综合评价结合，便于分析制约经济效益的主要因素。

湖北电力工业"七五"期间(1986～1990年)工业经济效益指标值如表 2.24 所示。在多层次结构的指标体系中，各指标的性质、变换方向和数量级别均不相同，对综合经济效益的整体影响也不尽相同。在充分征求有关管理人员意见的基础上，应用判断矩阵法，测算了各层次指标的权重系数。第二层次各分类指标 B_1、B_2、B_3、B_4 的权重分量为
$$W_B = (0.6124, 0.2000, 0.0938, 0.0938)^{\mathrm{T}}$$
第三层次各分析指标 $C_1 \sim C_9$ 的权重向量为
$$W_C = (0.1197, 0.1898, 0.1197, 0.0635, 0.1197, 0.1000, 0.1000, 0.0938, 0.0938)^{\mathrm{T}}$$
从权重值计算结构可以看出，对工业经济效益起制约作用的主要因素是资金利税率，其次是全员劳动生产率、成本利润率和流动资金周转次数等，从而明确了提高经济效益的途径。

表 2.24

年份\单位 指标	全员劳动生产率 元/人	资金利税率 %	成本利润率 %	净产值率 %	流动资金周转次数 次	线路损失率 %	供电标准煤耗 克/度	周波合格率 %	技术进步贡献率 %
1986	18 234	21.8	18.9	67.9	3.3	9.92	438	98.33	18.8
1987	18 101	20.3	17.2	68.0	3.4	9.78	436	94.11	18.5
1988	18 490	17.8	9.6	69.2	4.5	9.76	434	99.53	18.4
1989	19 146	19.2	11.6	70.1	4.3	9.56	434	99.68	18.0
1990	20 558	21.02	10.8	70.2	5	9.38	432	99.65	17.8

电力工业经济效益指标体系由 4 类 9 个指标组成，为了分类比较和全面评价相结合，在应用 TOPSIS 方法时，同时进行分类和综合评价。经济效益评价的分类和综合指标计算结构如表 2.25 所示。

表 2.25

指标 年份	经济效率		物质消耗		产品质量		技术进步		综合经济效益	
	贴近度	分序	贴近度	分序	贴近度	分序	贴近度	分序	贴近度	分序
1986	0.637 1	1	0	5	0.782 6	4	1	1	0.635 6	1
1987	0.560 0	2	0.269 2	4	0	5	0.695 7	2	0.558 8	2
1988	0.280 4	3	0.333 3	3	0.826 1	3	0.608 7	3	0.282 5	3
1989	0.347 8	4	0.653 8	2	1	1	0.739 1	4	0.353 2	4
1990	0.448 9	5	1	1	0.913 0	2	0	5	0.450 9	5

从表 2.25 列出的分类和综合排序结果可以清楚地看出,湖北省"七五"期间电力工业企业综合经济效益,1986~1988 年是逐年下降的,1988~1990 年有所回升,而回升的幅度不大,这种评价与实际情况相吻合。这段时间正是全国工业企业经济效益滑坡的年份。经过省属各电力企业共同努力,劳动生产率呈平稳增长趋势,发电量已实现与利税同步增长,煤耗和线路损失率也逐年下降。但是,由于管理体制上的原因,电价体系不甚合理,电力税率增长过快,燃料供应混乱和运价大幅上涨,加上部分企业对成本变化的消化和吸收能力有限,从而导致经济效益下滑。从 1988 年开始,全省电力企业推行经营承包责任制,算细账,挖潜力,加强基础工作,经济效益才有所好转。电力企业是技术密集型企业,生产能力受设备限制。技术进步指标分析表明,湖北省电力工业技术进步在经济增长中所占比重过低,并且还呈现下降趋势,这也是制约经济效益增长的基本原因。通过多属性决策方法对湖北省工业企业经济效益的综合评价分析,进一步明确了提高经济效益的有效途径。

[彭勇行,王跃辉. 数量经济技术经济研究,2000(9). 有删改]

案例3 选择"封龙山旅游资源初期开发"的合理方案

封龙山,位于河北省会石家庄市西南,自古以来就是燕赵名山。它以多元化的历史文化、文物古迹和奇特的自然景观成为河北省级风景名胜区,有关部门已准备对其全面开发,而初期开发方案的选择将成为封龙山旅游资源开发成败的关键。我们用 AHP 方法对封龙山旅游资源初期开发方案进行决策。

共有 4 个方案可供选择,即:

方案一 a_1:保持现状;

方案二 a_2:开发部分自然景观;

方案三 a_3:恢复主要寺庙等古建筑方案;

方案四 a_4:开发部分自然景观,同时恢复部分古建筑方案。

下面分别讨论了各方案的经济效益、环境效益、社会效益和开发的技术可行性 4 个方面准则及其子准则,最后通过 AHP 方法得出 a_2 为最佳方案的结论。

1. 建立递阶层次结构模型及对准则定性描述

(1) 建立递阶层次结构

为了在 4 个方案中选出最佳方案,应对各方案的效益指标进行计算,但许多效益是难以量化的，因而我们采用 AHP 方法，首先建立递阶层次结构系统，如图 2.11 所示。

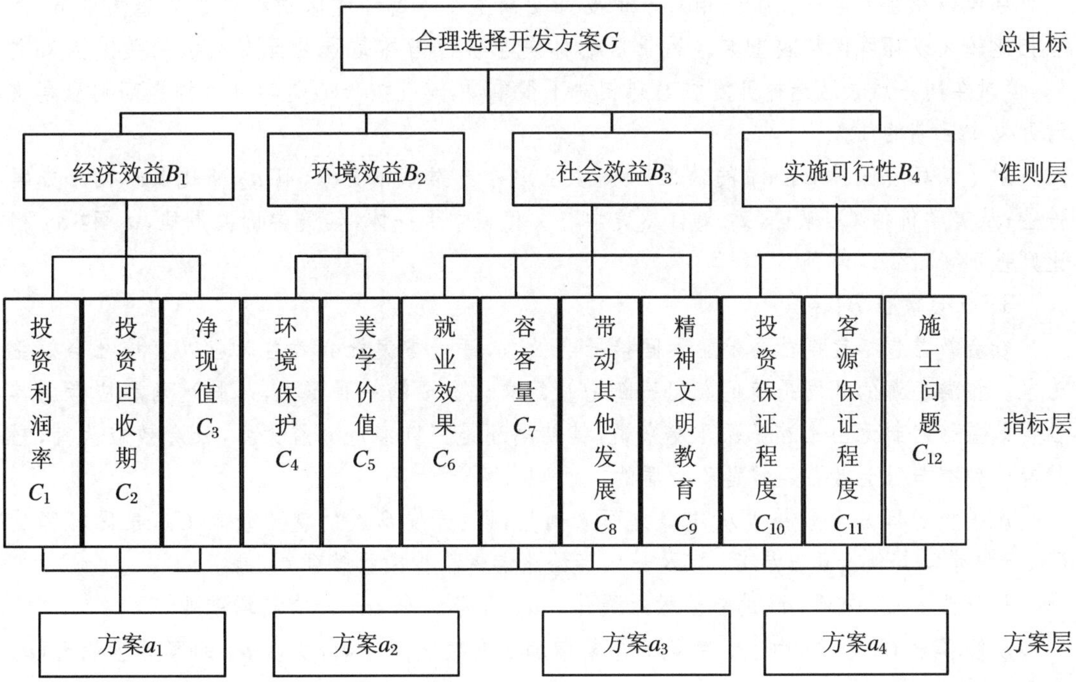

```
                        合理选择开发方案G                    总目标
                               │
        ┌──────────┬───────────┼───────────┬──────────┐
     经济效益B₁   环境效益B₂   社会效益B₃   实施可行性B₄   准则层
```

层次结构图（指标层）：投资利润率C_1、投资回收期C_2、净现值C_3、环境保护C_4、美学价值C_5、就业效果C_6、容客量C_7、带动其他发展C_8、精神文明教育C_9、投资保证程度C_{10}、客源保证程度C_{11}、施工问题C_{12}

方案层：方案a_1、方案a_2、方案a_3、方案a_4

图 2.11

(2) 对准则定性描述

选择初期开发方案主要是考察方案的效益和可行性。一般地说，效益包括经济效益B_1、环境效益B_2和社会效益B_3 3个方面。对于封龙山风景旅游区来说，初期开发最重要的是经济效益的实现，而环境效益相对来说则不很重要，这是因为旅游区初期开发是为了今后的更大发展，而资金的积累是今后发展的关键。因此，从初期开发角度，评价和合理选择开发方案主要应从经济效益方面来进行。与效益相应的是方案所提各种措施的可行性，方案可行性B_4与效益具有同等重要的意义，如果方案本身不可行，则其实施后的效益计算再好也是没有用的。

1) 经济效益 B_1

经济效益的衡量标准很多，从资源初期开发主要是营利的目的出发，应选择投资利润率C_1、投资回收期C_2和净现值C_3这3个指标，3个指标中又以投资利润率最重要，其次是净现值。

对于投资利润率C_1，a_1比其他3个方案差是显然的；而且恢复主要寺庙等古建筑投资较大，吸引的游客主要又是拜佛烧香的香客，所以投资利润率也不高；a_2是开发部分自然景观，由于封龙山的潜在客源是石家庄及其周边市民，完善自然景观的投资又不大，所以实现高投资利润率是可能的；a_4则介于a_2和a_3之间。

对于投资回收期C_2，由于a_1维持现状无须增加新的基建投资，故不存在投资回收期问题，而a_2、a_3和a_4中以a_3投资回收周期最大，a_2投资回收期最短。

对于净现值C_3，由于a_4是自然景观与人文景观的结合，一定周期内（考虑整个开发周期）的净效益最大，故其净现值最大，a_3次之，a_2再次之，a_1净现值最低。

2) 环境效益 B_2

环境效益在初期开发阶段相对不重要。初期主要考虑环境保护和景物的美学价值,两者相比较又以环境保护较重要。风景区总体美学价值当然是景区开发价值的关键因素之一,但对在同一风景区选择开发方案则相对不很重要,其全方位的美学价值的提高则应是旅游开发中后期的任务。

对于从环境保护 C_4,a_1 的效果最好,其余3个方案基本类似,但 a_2 略比其他两个方案差些;从美学价值 C_5 来说,a_4 集自然美学与文化美学于一体,其美学价值最佳,a_2 和 a_3 相比则差不多,比 a_3 略强。

3) 社会效益 B_3

社会效益包括直接社会效益和间接社会效益,评价方案社会效益时应以直接社会效益为准。旅游资源的开发是满足人们不断增长的文化需要的一种形式,从长远角度应考虑其社会效益。对封龙山旅游资源开发来说,其初期还是应以经济效益为主,社会效益为辅,当然经济效益与社会效益经常是不矛盾的。

风景旅游区社会效益可从4个方面来衡量,即:开发形成的就业效果 C_6、景区容客量 C_7、开发带动其他产业发展 C_8 以及景区带给旅游者精神文明教育 C_9 等。

从就业率 C_7 来看,a_4 的就业效果最佳。a_3 略好于 a_2,a_1 没有新增就业。

从容客量 C_7 来说,由于古建筑的恢复增加了有效利用空间,所以 a_3 的客容量最大,a_2 小于 a_3 和 a_4。

从旅游开发带动其他产业发展 C_8 来看,a_2 和 a_4 对旅游纪念品和旅游食品需求最大,因而这两个方案这方面的效益最大(a_2 略好一些)。

从旅游者获得精神文明教育 C_9 来说,由于古建筑恢复在很大程度上是引来更多的香客,因而增加了迷信色彩,与精神文明相抵触,故 a_3 最差,a_2 最好。

4) 实施可行性 B_4

就风景旅游区开发来说,方案实施的可行性是相当重要的。我们这里所说的可行性主要是指投资保证程度 C_{10}、客源保证程度 C_{11}、施工周期及施工难易程度 C_{12}。这3个方面最重要的是客源保证程度 C_{10}。客源是旅游商品经济和社会效益实现的保证,再好的设计方案和大的容客量,如果没有客源保证将是一个空想。当然投资的保证程度 C_{11} 也很重要,但如果确有效益,投资应该不成问题。相对来讲,施工周期和难易程度 C_{12} 是不重要的因素。

对于客源保证程度 C_{10},a_1 当然没有问题,a_2 和 a_4 差不多,a_3 略次。保证客源,关键在宣传。

投资的保证程度 C_{11} 是从投资额多少来衡量的,因为总体来说用于投资的资金是比较紧张的,因而投资额大,其保证程度就差;投资额小保证程度就好些,这样投资保证程度的顺序(从好至差)应为:a_1, a_2, a_4, a_3。

施工周期 C_{12} 以 a_3 最长,其施工难度也较大,a_2 比 a_3 要好得多,a_4 介于其中。

2. 用 AHP 方法评价4个方案

依据实地调查结果及上面的分析建立判断矩阵,并分别计算各种选择初期开发方案的准则和子准则的组合权重,然后得到4个方案的组合权重。根据1~9标度方法将准则定量化。

具体计算过程不再一一列出,最后我们得到各层次元素的组合权重如表2.26所示。

从表 2.26 中可看出,4 个方案中各项衡量准则最优的是 a_2,占 30.30%,而 a_3 和 a_4 均低于维持原状的 a_1,主要原因是对客源和投资的保证程度问题。

若投资和客源有保证,则方案实施可行性 B_4 可不予考虑,此时判断矩阵将发生变化,计算所得各层次组合权重变为表 2.27 所示。从表 2.27 可看出,此时仍以 a_2 为最佳方案,a_4 也为可选方案,而 a_3 仍然不如维持原状的 a_1。

表 2.26

第二层	准则	B_1					B_2				B_3		
	权重	0.507 4					0.048 7				0.117 3		
第三层	指标	C_1	C_2	C_3	C_4	C_5	C_6	C_7	C_8	C_9	C_{10}	C_{11}	C_{12}
	权重	0.273 8	0.082 9	0.150 7	0.032 9	0.015 8	0.009 7	0.005 5	0.061 6	0.040 4	0.061 1	0.233 5	0.031 9
第四层	方案	a_1			a_2			a_3			a_4		
	权重	0.277 5			0.303 0			0.152 1			0.267 0		

注:表 2.26 中第二层还有 B_4,权重 0.326 5。

表 2.27

第二层	准则	B_1					B_2		B_3	
	权重	0.637 0					0.104 7		0.258 3	
第三层	指标	C_1	C_2	C_3	C_4	C_5	C_6	C_7	C_8	C_9
	权重	0.343 7	0.104 1	0.189 2	0.070 7	0.034 0	0.021 4	0.012 2	0.135 7	0.089 0
第四层	方案	a_1		a_2		a_3		a_4		
	权重	0.182 3		0.343 9		0.174 2		0.299 7		

3. 结论

1) 在综合考察经济效益、环境效益、社会效益和方案实施可行性 4 个方面因素的情况下,封龙山旅游资源初期开发应以开发自然景观的方案 a_2 为首选方案。

2) 若投资有充分保证,且客源问题已解决(譬如加强了广告宣传并取得了显效),则可在开发自然景观方案 a_2 和开发部分自然景观同时恢复部分古建筑的方案 a_4 中作出选择,后者可能对进一步的开发活动有一定帮助。

[徐强. 地域研究与开发,1994(4). 有删改]

案例4 对"长江口越江通道工程"进行区位排序

长江口是黄金海岸和黄金水道的交汇处,也是长江流域与沿海地区在自然地理上的交汇点,通三江达四海,兼备"两沿"之优势,身负促进"两沿"发展之重任。但是长期以来,长江口的交通枢纽没有形成,东部沿海陆路大走廊被长江口隔断,国际海运和国内水运的聚散受到严重制约,长江口实际上反而成了东西南北交通网络中的一个天堑和缺口,交汇点不汇,结合部不合,严重制约着沿江、沿海两大战略的配合。正是从这个战略角度出发,国家科委提出了"长江口越江通道工程"重大技术经济问题前期研究课题。此项工程的伟大战略意义在于它将打通沿海交通大走廊、带动沿海沿江地区的进一步对外开放、促进长江三角洲地区振兴,对加速长江三角洲地区工业化、城市化和现代化等方面均有重要推动作用。因此,在长江口选择一个合适的越江区位也就显得非常重要。

越江通道工程的选址涉及社会经济和技术经济、国家与地区交通网络、工程技术可行性及其相关因素等一系列问题,是一个目标众多、因素复杂的问题。这里,我们主要运用 AHP 方法对越江通道工程南支的4个预选位置进行排序分析问题,如图 2.12 所示。这4个预选南支通道区位是:上海罗泾(近浏河口)到崇明、外高桥到长兴岛再到崇明、五号沟到长兴岛再到崇明、江苏白卯口到崇明。

1. 建立递阶层次结构模型(评价指标体系)

对越江通道工程不同区位进行评价和排序,必须建立能对照和衡量各个方案的统一尺度,即评价指标体系。评价指标体系必须科学、客观并尽可能全面地考虑各种因素,包括为建设越江通道所需考虑的全部因素以及通道建成后产生的作用,这样才能明确地对各方案进行排序,并对其缺陷提出适当的对策。

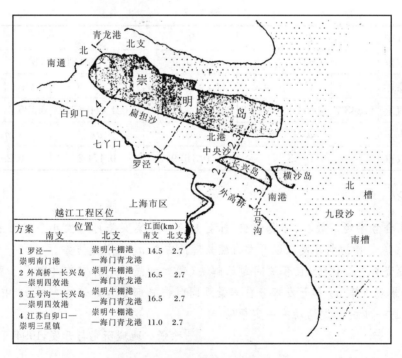

图 2.12 长江口越江通道方案图

经专家多次咨询,将越江通道工程所涉及的因素按性质分层次排列,如图 2.13 所示。长江口越江通道区位选择层次分析结构模型分为:总目标层即选择区位;准则层和指标层即为选择区位的4项准则和13条指标;最低层即为待选的方案。准则层是总目标层在均质形态、价值形态和功能形态上的具体化,每一准则是一个相对独立的整体,相互间又有着密切的内在关系,以保证总体上的协调。13条指标是准则的进一步展开,它从不同侧面对准则进一步予以描述。在地质、水文、气象、航道、河道、河床指标中作了进一步细化。4项准则内容分析如下:

(1) 社会经济和技术经济指标 A_1

此指标是总目标得以实现的根本利益所在。越江通道工程将促进长江三角洲经济发展、促进崇明和苏北沿江经济发展,特别是对上海浦东经济腾飞有着不可估量的影响。由于长江口河床变化大、地质条件差,故对各个区位上投资规模和相关配套费用都有不同的影响。

(2) 交通网络指标 A_2

越江通道工程将打通沿海交通大走廊,故必须服从国家交通网络总体布局,也需和地方上的局部交通网络相衔接,增加交通能力、分流沿江车辆。国家计委 1994 年 5 月批准了长江口拦门沙整治工程,长江口航道在 2010 年将达到 12 m 水深,第 4 代集装箱将全天候进出长江口。越江通道早日建成,使货物快速集散、交通畅通发达,都有利于上海成为远东国际枢纽港。

(3) 工程技术指标 A_3

尽管此桥跨度大、隧道长,但是现代化科学技术是可以解决这些问题的。有国外成功经验,有黄浦江造桥、建隧的经验,越江通道工程无论是桥梁、隧道或是桥、隧结合,在工程技术上是可以解决的。

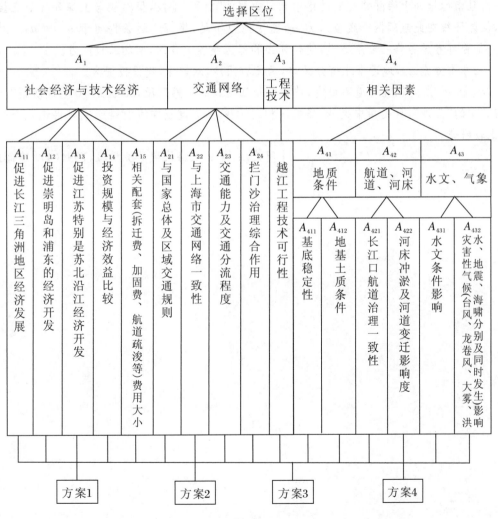

图 2.13

(4) 相关因素指标 A_4

相关因素内容较多,总结为 6 条指标:地质、航道、河道、河床、水文和气象对各个区位都有不同程度的影响。这一部分指标虽然较多,但是比起社会经济效益,它的权系数还是比较低的。

2. 方案排序计算

利用 AHP 方法建立判断矩阵,并进行排序计算。如表 2.28 所示(见下页),每一指标相对于每一区位方案都有 4 种判别优劣的层次,即好、较好、中、差,经过前后两轮 30 名专家打分,得到各个区位在每一指标下的得分:

$$a_1 = 2.713, \quad a_2 = 2.895, \quad a_3 = 3.400, \quad a_4 = 3.089$$

即四个区位的排序为:外高桥—长兴岛—崇明四效港(a_3)>五号沟—长兴岛—崇明四效港(a_4)>罗径—崇明南门港(a_2)>江苏白卯口—崇明三星镇(a_1)。

外高桥方案,南岸地处外高桥"保税区"和港区范围,寸土寸金,城市用地较为紧张与不便;而且南岸地处上海陆路交通网络中相对薄弱的"瓶颈"地段,虽然能与上海外环线直接相连,但外环线在此与郊区干线合二为一,通过能力不足,集、疏、运条件劣于 a_4 和 a_2。对策之一是否可考虑另修一专用通道,使外环线和郊区线各走各的,增加通过能力。

五号沟方案 a_4,地近南北槽分叉口,两侧有阴沙,水较深,建设投资大。

a_2 和 a_1 所处位置河道不稳定,被称为长江河口的敏感河段,20 世纪 70 年代所谓"三沙动乱"中的"三沙",就是指中央沙、扁担沙和浏河沙,所以建议在可行性研究时再选几个区位作比较研究。

[周荣滋,等. 上海机械学院学报,1994(4). 有删改]

表 2.28

准则层	A_1 0.50 社会经济与技术经济					A_2 0.22 交通网络				A_3 0.16 工程技术	A_4 0.12 相关因素					
指标层	A_{11} 促进长江三角洲地区经济发展	A_{12} 促进崇明岛和浦东的经济开发	A_{13} 促进江苏特别是苏北沿江经济开发	A_{14} 投资规模与经济效益比较	A_{15} 相关配套（拆迁费、加固费、航道疏浚等）费用大小	A_{21} 与国家总体及区域交通规划	A_{22} 与上海市交通网络一致性	A_{23} 交通能力及交通分流程度	A_{24} 拦门沙治理综合作用	A_3 越江工程技术可行性	A_{41} 0.39 地质		A_{42} 0.41 航道、河道、河床		A_{43} 0.20 水文、气象	
											A_{411} 基底稳定性	A_{412} 地基土质条件	A_{421} 长江口航道治理一致性	A_{422} 河床冲淤及河道变迁影响度	A_{431} 水文条件影响	A_{432} 地震、海啸分别及同时发生）影响灾害性气候（台风、龙卷风、大雾、洪水、
权系数	0.31	0.32	0.17	0.13	0.07	0.31	0.24	0.16	0.29		0.62	0.38	0.60	0.40	0.39	0.61
越江地址（南支） 江苏白卯口—崇明三星镇 好																
较好	2.97	1.45	3.37	3.64	3.1	2.48	2.1	2.5	1.84	3.5	2.24	3	2.5	3.65	3.35	3
中																
差																
上海罗泾—崇明南门港 好																
较好	3.47	2.61	3.45	3.05	2.4	3.15	2.95	3.15	1.9	2.75	2.62	2.75	2.4	1.7	2.85	3.14
中																
差																
外高桥—长江岛西端—崇明四效港 好																
较好	3.46	3.91	3.15	2.41	2.51	3.18	3.27	3.41	3.86	3.41	3.46	3.71	3.72	3.15	3.11	2.85
中																
差																
五号沟东侧—长兴岛向西至西端—崇明四效港 好																
较好	3	3.5	2.56	2.4	2.38	2.8	3.19	2.83	3.8	3.24	3.19	3.15	3.62	2.93	2.71	2.36
中																
差																

第 3 章 一种效率评估方法——DEA

3.1 DEA 概述

3.1.1 DEA 的产生

数据包络分析(Data Envelopment Analysis,DEA),是运筹学、管理科学和数理经济学交叉研究的一个新的领域。它是由 Charnes 和 Cooper 等人于 1978 年开始创建的。DEA 是使用数学规划模型评价具有多个输入和多个输出的部门或单位(称为决策单元,简记为 DMU)间的相对有效性(称为 DEA 有效)。一个决策单元可以是学校、医院、法院、空军基地,也可以是银行或者企业等。根据对各 DMU 观察的数据判断 DMU 是否为 DEA 有效,本质上是判断 DMU 是否位于生产可能集的前沿面上,并指出 DMU 非有效的原因和程度,给主管部门提供管理信息。生产前沿面是经济学中生产函数向多产出情况的一种推广,使用 DEA 方法和模型可以确定生产前沿面的结构,因此又可将 DEA 方法看作是一种非参数的统计估计方法。使用 DEA 对 DMU 进行效率评价时,可以得到很多在经济学中具有深刻经济含义和背景的管理信息,因而 DEA 领域的研究吸引了众多的学者。Charnes 和 Cooper,以及他们的学生合作者和致力于 DEA 的学者们在以下几个方面做了一系列奠基性的工作:

- 完成大量应用的实例,说明 DEA 应用的广泛性;
- 进行 DEA 模型的计算研究和 DEA 软件的研制,以利于 DEA 方法和模型的实际应用;
- DEA 模型的扩充和完善,例如,加法模型 Log 型的 DEA 模型、关于具有决策者偏好的锥比率的 DEA 模型、具有无穷多个 DMU 的半无限规划的 DEA 模型、随机 DEA 模型等;
- DEA 模型和方法的经济背景和管理背景研究,确立 DEA 在经济学和管理科学中的地位;

- DEA 所依据的数学理论研究，包括凸分析数学规划对策论中与 DEA 有关的基础问题研究，等等。

3.1.2 DEA 的优点

首先，DEA 方法特别适用于具有多输入多输出的复杂系统，这主要体现在以下两点：

1) DEA 以决策单元各输入输出的权重为变量，从最有利于 DMU 的角度进行评价，避免了确定各指标在优先意义下的权重；

2) 假定每个输入都关联到一个或者多个输出，而且输入输出之间确实存在某种关系，使用 DEA 方法则不必确定这种关系的显示表达式。

因此，DEA 方法排除了很多主观因素，具有很强的客观性。

其次，DEA 方法作为一种新的非参数统计方法，较之回归分析等方法有着明显的优点，尤其在经济学生产函数的确定方面更为突出。另外，DEA 方法是纯技术性的，与市场（价格）无关。

3.1.3 DEA 模型应用研究工作

DEA 的第一个成功的运用是评价为弱智儿童开设的公立学校项目，重视在评价的同时还可以描绘出反映大规模社会实验结果的研究方法。之后，随着人们的深入研究和实践，DEA 的应用范围不仅由非营利的公共事业单位扩大到企业，而且也由横向的管理效率评估延伸到同一个决策单元历史发展的纵向评价。

1986 年，周泽昆、陈珽等人首次将 DEA 方法用于我国中小学教育这一类社会系统的综合评估中，不仅得到了成功的结果，而且推进了 DEA 理论与方法的研究进程。1988 年，魏权龄等人用 DEA 方法对全国性学会进行效率评价，不仅合理地确定了评价学会工作的指标体系，而且通过 DEA 模型的计算，为中国科协的学会工作提出了科学的管理与决策建议，引起了各有关方面的浓厚兴趣。日本的刀根薰用 DEA 方法对东京都区立图书馆的效率进行了评价，为提高图书馆效率提供了许多有用的参考信息。1989 年，余学林对科技情报机构功能与综合评价建立了综合 DEA 模型；1990 年，李树根、杨印生等人用 C^2WH 模型综合评价了机械部所属院校的科研相对有效性，受到有关部门的重视。1992 年，杨印生等人用 DEA 方法，对吉林省各地区专业技术人员发挥作用的情况进行了评价；杨印生等人又建立了高校实验室管理效率的综合评价模式，并研制了相应的软件。

技术进步问题也一直受到人们的关注，由于生产函数与技术进步速度密切相关，所以国内外不少学者曾利用 DEA 方法研究了技术进步的测定方法。魏权龄等人曾对技术进步的测定问题作过深入的研讨，得到了不少相关成果。

3.1.4 DEA 操作步骤

1) 收集数据。根据需要搜集有关输入、输出数据。

2) 调整数据。使输入数据（M）的优化方向变小，即越小越好，输出数据（S）的优化方向变大,即越大越好。

3) 建模。假设对 N 个企业进行评价,则就有 N 个决策单元。以 N 个决策单元为行向量,形成一个 $N \cdot (M+S)$ 维数表,该表即为标准 DEA 模型。

4) 求解。运行 DEA 程序,得出效率评价指数,据此判断单元是否有效,及有效的输入量和输出量。

3.2 CCR 模型的基本原理

3.2.1 CCR 模型

设有 n 个部门或企业,称为 n 个决策单元,每个决策单元都有 m 种投入和 p 种产出,分别用不同的经济指标表示。这样,由 n 个决策单元构成的多指标投入和多指标产出的评价系统,可以用图 3.1 表示。

图中,x_{ij} 表示第 j 个决策单元第 i 种投入指标的投入量,$x_{ij} \geqslant 0$;y_{rj} 表示第 j 个决策单元第 r 种产出指标的产出量,$y_{rj} \geqslant 0$;v_i 表示第 i 种投入指标的权系数,$v_i \geqslant 0$;u_r 表示第 r 种产出指标的权系数,$u_r \geqslant 0$ ($i = 1, 2, \cdots, m$; $j = 1, 2, \cdots, p$)。x_{ij} 和 y_{rj} 是已知数据,可以根据历史资料、统计数据和预测计算得到。v_i 和 u_r 是可变权数,需要通过建模计算得到。

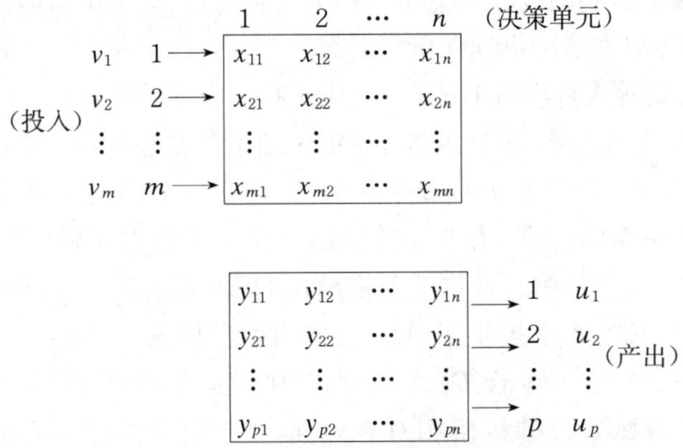

图 3.1 CCR 模型评价系统

由图 3.1 所给出的评价系统,设投入指标和产出指标的权系数向量分别为

$$\boldsymbol{v} = (v_1, v_2, \cdots, v_m)^{\mathrm{T}}$$

$$\boldsymbol{u} = (u_1, u_2, \cdots, u_p)^{\mathrm{T}}$$

对每一个决策单元,都定义一个效率评价指标

$$h_j = \frac{\sum_{r=1}^{p} u_r y_{rj}}{\sum_{i=1}^{m} v_i x_{ij}} \quad (j = 1, 2, \cdots, n)$$

效率指标 h_j 表示第 j 个决策单元多指标投入和多指标产出所取得的经济效率。可以适当地选择权系数 u,v,使得 $h_j \leqslant 1$。

现在,建立评价第 j_0 个决策单元相对有效性的 CCR 模型。设第 j_0 个决策单元的投入向量和产出向量分别为

$$x_0 = (x_{1j_0}, x_{2j_0}, \cdots, x_{mj_0})^T$$
$$y_0 = (y_{1j_0}, y_{2j_0}, \cdots, y_{pj_0})^T$$

效率指标 $h_0 = h_{j0}$。在效率评价指标 $h_j \leqslant 1$ ($j=1,2,\cdots,n$) 的约束条件下,选择一组最优权系数 u 和 v,使得 h_0 达到最大值。构造最优化模型

$$\begin{cases} \max h_0 = \dfrac{\sum\limits_{r=1}^{p} u_r y_{rj_0}}{\sum\limits_{i=1}^{m} v_i x_{ij_0}} \\ \text{s.t.} \dfrac{\sum\limits_{r=1}^{p} u_r y_{rj}}{\sum\limits_{i=1}^{m} v_i x_{ij}} \leqslant 1 \quad (1 \leqslant j \leqslant n) \\ v \geqslant 0, u \geqslant 0 \end{cases} \quad (3.1)$$

此模型称为 CCR 模型,是最基本的 DEA 模型。用 CCR 模型评价第 j_0 个决策单元的有效性,是相对于其他决策单元而言的,故称为评价相对有效性的 DEA 模型。

模型(3.1)可以表示为矩阵形式。记

$$x_j = (x_{1j}, x_{2j}, \cdots, x_{mj})^T, \quad y_j = (y_{1j}, y_{2j}, \cdots, y_{pj})^T$$

有

$$(\bar{P}) \begin{cases} \max h_0 = \dfrac{u^T y_0}{v^T x_0} \\ \text{s.t.} \dfrac{u^T y_j}{v^T x_j} \leqslant 1 \quad (1 \leqslant j \leqslant n) \\ v \geqslant 0, u \geqslant 0 \end{cases}$$

$(\bar{P})$ 是一个分式规划,利用 Charnes-Cooper 变换,可以转化为一个等价的线性规划问题。令

$$t = 1/(v^T x_0), \quad \omega = tv, \quad \mu = tu$$

则 $\bar{P}$ 化为线性规划问题

$$(P) \begin{cases} \max V_p = \mu^T y_0 \\ \text{s.t.} \ \omega^T x_j - \mu^T y_j \geqslant 0 \quad (1 \leqslant j \leqslant n) \\ \omega^T x_0 = 1 \\ \omega \geqslant 0, \mu \geqslant 0 \end{cases} \quad (3.2)$$

线性规划 (P) 的对偶规划问题为

$$(D)\begin{cases} \min V_D = \theta \\ \text{s.t.} \sum_{j=1}^{n} \boldsymbol{x}_j \lambda_j + \boldsymbol{s}^- = \theta \boldsymbol{x}_0 \\ \phantom{\text{s.t.}} \sum_{j=1}^{n} \boldsymbol{y}_j \lambda_j - \boldsymbol{s}^+ = \boldsymbol{y}_0 \\ \phantom{\text{s.t.}} \lambda_j \geqslant 0 \quad (1 \leqslant j \leqslant n) \\ \phantom{\text{s.t.}} \boldsymbol{s}^+ \geqslant 0, \boldsymbol{s}^- \geqslant 0 \end{cases} \tag{3.3}$$

其中,松弛变量 $\boldsymbol{s}^- = (s_1^-, s_2^-, \cdots, s_m^-)^{\mathrm{T}}, \boldsymbol{s}^+ = (s_1^+, s_2^+, \cdots, s_p^+)^{\mathrm{T}}$。

例 3.1 设有 4 个决策单元,2 个投入指标和 1 个产出指标的评价系统,其数据如图 3.2 所示,写出评价第 1 个决策单元相对效率的 CCR 模型。

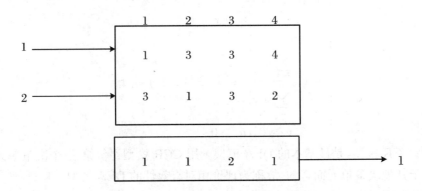

图 3.2

解 由式(3.2)和式(3.3)知,评价第 1 个决策单元相对效率 CCR 模型的线性规划,对偶规划分别为

$$(P)\begin{cases} \max V_p = \mu_1 \\ \text{s.t.} \begin{aligned} \omega_1 + 3\omega_2 - \mu_1 &\geqslant 0 \\ 3\omega_1 + \omega_2 - \mu_1 &\geqslant 0 \\ 4\omega_1 + 2\omega_2 - \mu_1 &\geqslant 0 \\ \omega_1 + 3\omega_2 &= 1 \\ \omega_1, \omega_2 &\geqslant 0, \mu_1 \geqslant 0 \end{aligned} \end{cases}$$

$$(D)\begin{cases} \min V_D = \theta \\ \text{s.t.} \begin{aligned} \lambda_1 + 3\lambda_2 + 3\lambda_3 + 4\lambda_4 + s_1^- &= \theta \\ 3\lambda_1 + \lambda_2 + 3\lambda_3 + 2\lambda_4 + s_2^- &= 3\theta \\ \lambda_1 + \lambda_2 + 2\lambda_3 + \lambda_4 - s_1^+ &= 1 \\ \lambda_1, \lambda_2, \lambda_3, \lambda_4 &\geqslant 0, s_1^-, s_2^-, s_1^+ \geqslant 0 \end{aligned} \end{cases}$$

3.2.2 评价系统的 DEA 有效性

用模型 (P) 给出评价决策单元 j_0 为 DEA 有效的定义。

定义 3.1 如果线性规划 (P) 的最优解 $\boldsymbol{\omega}^0, \boldsymbol{\mu}^0$,满足条件

$$V_p = \boldsymbol{\mu}^{0\mathrm{T}} y_0 = 1$$

则称决策单元 j_0 为弱 DEA 有效。

定义 3.2 如果线性规划 (P) 的最优解 $\boldsymbol{\omega}^0, \boldsymbol{\mu}^0$,满足条件

$$V_p = \boldsymbol{\mu}^{0\mathrm{T}} y_0 = 1$$

并且 $\boldsymbol{\omega}^0 > 0, \boldsymbol{\mu}^0 > 0$,则称决策单元 j_0 为 DEA 有效。

显然,如果一个决策单元为 DEA 有效,则也是弱 DEA 有效。由线性规划 (P) 和分式规划 $\overline{P}$ 的等价性可知,最优解 $\boldsymbol{\omega}^0, \boldsymbol{\mu}^0$ 使 (P) 取得最优值 V_P,同时也使 $(\overline{P})$ 取得最优值 $V_{\overline{P}}$,并且两个等价问题的最优值 $V_P = V_{\overline{P}} = h_0 = 1$。因此,评价系统 DEA 有效,就是指决策单元 j_0 相对于其他决策单元,效率评价指标取得最优值,在多指标投入和多指标产出情况下,取得最佳经济效率。

下面,不加证明地给出 CCR 模型的几个基本性质。关于线性规划 (P) 和对偶规划 (D) 的最优解,有下述定理。

定理 3.1 线性规划 (P) 及其对偶规划 (D) 都有可行解,因而都有最优解。且最优值

$$V_D = V_P \leqslant 1$$

根据线性规划的对偶理论,判定决策单元的 DEA 有效性,也可以利用对偶规划 (D)。

定理 3.2 关于对偶规划 (D),有

1) 如果 (D) 的最优值 $V_D = 1$,则决策单元 j_0 为弱 DEA 有效;反之亦然。

2) 如果 (D) 的最优值 $V_D = 1$,并且每个最优解 $\boldsymbol{\lambda}^0 = (\lambda_1^0, \lambda_2^0, \cdots, \lambda_n^0)^\mathrm{T}, s^{0-}, s^{0+}, \boldsymbol{\theta}^0$ 都满足条件 $s^{0-} = 0, s^{0+} = 0$,则决策单元 j_0 为 DEA 有效;反之亦然。

在实际应用中,评价系统的投入和产出指标均有不同的量纲。关于最优效率指标与量纲的关系,有下面的定理。

定理 3.3 决策单元的最优效率指标 V_P 与投入指标值 x_{ij} 及产出指标值 y_{rj} 的量纲选取无关。

3.2.3 评价系统 DEA 有效性的判定

评价系统的决策单元是否 DEA 有效,如果利用线性规划 (P) 判定,根据定义,需要判断是否存在最优解 $\boldsymbol{\omega}^0, \boldsymbol{\mu}^0$,满足条件

$$V_P = \boldsymbol{\mu}^{0\mathrm{T}} y_0 = 1$$

并且 $\boldsymbol{\omega}^0 > 0, \boldsymbol{\mu}^0 > 0$。如果利用对偶规划 (D) 判定,根据定理 3.2,需要判断是否所有的最优解 $\boldsymbol{\lambda}^0, s^{0-}, s^{0+}, \boldsymbol{\theta}^0$ 都满足条件

$$V_D = \boldsymbol{\theta}^0 = 1, \quad s^{0-} = 0, \quad s^{0+} = 0$$

在实际应用中,无论利用 (P) 还是 (D),上述判断都并非易事。为了使判定决策单元 DEA 有效、简便、实用,Charnes 和 Cooper 引入了非阿基米德无穷小量的概念。从而,可以利用单纯形方法求解线性规划问题,判定决策单元的 DEA 有效性。

设 ε 是非阿基米德无穷小量。在广义实数域内,ε 表示一个小于任何正数且大于零的数。考虑带有非阿基米德无穷小量 ε 的 CCR 模型

$$(P_\varepsilon)\begin{cases} \max \boldsymbol{\mu}^\mathrm{T} \boldsymbol{y}_0 = V_{P_\varepsilon} \\ \text{s. t.} \begin{cases} \boldsymbol{\omega}^\mathrm{T} \boldsymbol{x}_j - \boldsymbol{\mu}^\mathrm{T} \boldsymbol{y}_j \geqslant 0 \quad (1 \leqslant j \leqslant n) \\ \boldsymbol{\omega}^\mathrm{T} \boldsymbol{x}_0 = 1 \\ \boldsymbol{\omega}^\mathrm{T} \geqslant \varepsilon \hat{\boldsymbol{e}}^\mathrm{T} \\ \boldsymbol{\mu}^\mathrm{T} \geqslant \varepsilon \boldsymbol{e}^\mathrm{T} \end{cases} \end{cases}$$

其中,$\hat{\boldsymbol{e}}^\mathrm{T} = (1,1,\cdots,1)$ 是元素均为 1 的 m 维向量,$\boldsymbol{e}^\mathrm{T} = (1,1,\cdots,1)$ 是元素均为 1 的 p 维向量。(P_ε) 的对偶规划为

$$(D_\varepsilon)\begin{cases} \min [\theta - \varepsilon(\hat{\boldsymbol{e}}^\mathrm{T} \boldsymbol{s}^- + \boldsymbol{e}^\mathrm{T} \boldsymbol{s}^+)] = V_{D_\varepsilon} \\ \text{s. t.} \begin{cases} \sum_{j=1}^n \boldsymbol{x}_j \lambda_j + \boldsymbol{s}^- = \theta \boldsymbol{x}_0 \\ \sum_{j=1}^n \boldsymbol{y}_j \lambda_j - \boldsymbol{s}^+ = \boldsymbol{y}_0 \\ \lambda_j \geqslant 0 \quad (1 \leqslant j \leqslant n) \\ \boldsymbol{s}^- \geqslant 0, \boldsymbol{s}^+ \geqslant 0 \end{cases} \end{cases}$$

利用带有 ε 的模型 (D_ε),容易判定决策单元 DEA 的有效性。为此,有以下定理。

定理 3.4 设 ε 为非阿基米德无穷小,线性规划 (D_ε) 的最优解为 $\boldsymbol{\lambda}^0, \boldsymbol{s}^{0-}, \boldsymbol{s}^{0+}, \theta^0$,有
1) 若 $\theta^0 = 1$,则决策单元 j_0 为弱 DEA 有效;
2) 若 $\theta^0 = 1$,并且 $\boldsymbol{s}^{0-} = 0, \boldsymbol{s}^{0+} = 0$,则决策单元 j_0 为 DEA 有效。

由定理 3.4 可知,利用模型 (D_ε) 一次计算就能够判定决策单元是否 DEA 有效。在实际操作中,只要取 ε 足够小,例如取 $\varepsilon = 10^{-6}$。用单纯形法求解 (D_ε),通常利用线性规划应用软件,在计算机上实现。

例 3.2 利用模型 (D_ε) 判定例 3.1 中各决策单元是否 DEA 有效。

解 由图 3.2,决策单元 1 所对应的线性规划 (D_ε),取 $\varepsilon = 10^{-6}$,有

$$\begin{cases} \min [\theta - 0.000\,001(s_1^- + s_2^- + s_1^+)] \\ \text{s. t.} \begin{cases} \lambda_1 + 3\lambda_2 + 3\lambda_3 + 4\lambda_4 + s_1^- = \theta \\ 3\lambda_1 + \lambda_2 + 3\lambda_3 + 2\lambda_4 + s_2^- = 3\theta \\ \lambda_1 + \lambda_2 + 2\lambda_3 + \lambda_4 - s_1^+ = 1 \\ \lambda_1, \lambda_2, \lambda_3, \lambda_4 \geqslant 0, \ s_1^-, s_2^-, s_1^+ \geqslant 0 \end{cases} \end{cases}$$

利用单纯形法求解,得到最优解

$$\boldsymbol{\lambda}_0 = (1,0,0,0)^\mathrm{T}, \quad s_1^{0-} = s_2^{0-} = s_1^{0+} = 0, \quad \theta_0 = 1$$

因此,决策单元 1 为 DEA 有效。

同样地,经过判定,决策单元 2,3 均为 DEA 有效。

决策单元 4 所对应的线性规划 (D_ε) 为

$$\begin{cases} \min [\theta - 0.000\,001(s_1^- + s_2^- + s_1^+)] \\ \text{s. t.} \begin{cases} \lambda_1 + 3\lambda_2 + 3\lambda_3 + 4\lambda_4 + s_1^- = 4\theta \\ 3\lambda_1 + \lambda_2 + 3\lambda_3 + 2\lambda_4 + s_2^- = 2\theta \\ \lambda_1 + \lambda_2 + 2\lambda_3 + \lambda4 - s_1^+ = 1 \\ \lambda_1, \lambda_2, \lambda_3, \lambda_4 \geqslant 0, \ s_1^-, s_2^-, s_1^+ \geqslant 0 \end{cases} \end{cases}$$

利用单纯形法求解,得到最优解
$$\boldsymbol{\lambda}_0 = (0, 3/5, 1/5, 0)^{\mathrm{T}}, \quad s_1^{0-} = s_2^{0-} = s_1^{0+} = 0, \quad \theta_0 = 3/5$$
因为 $\theta_0 = 3/5 < 1$,故决策单元 4 不是弱 DEA 有效。当然,也不是 DEA 有效。

3.2.4 DEA 有效决策单元的构造

评价系统并非所有的决策单元都是 DEA 有效,经过判定后,如何对一些非 DEA 有效的决策单元进行分析,指出造成非有效的原因,并据此改进为具有 DEA 有效性的决策单元。为此,需要讨论决策单元在相对有效面上的"投影"。

如果决策单元 j_0 是 DEA 有效,线性规划 (P) 有最优解 $\boldsymbol{\omega}^0, \boldsymbol{\mu}^0$,并且满足条件
$$\boldsymbol{\omega}^0 > 0, \quad \boldsymbol{\mu}^0 > 0, \quad V_P = \boldsymbol{\mu}^{0\mathrm{T}} \boldsymbol{y}_0 = 1$$
又由约束条件 $\boldsymbol{\omega}^{0\mathrm{T}} \boldsymbol{x}_0 = 1$,故有 $\boldsymbol{\omega}^{0\mathrm{T}} \boldsymbol{x}_0 = \boldsymbol{\mu}^{0\mathrm{T}} \boldsymbol{y}_0$。于是,点 $(\boldsymbol{x}_0, \boldsymbol{y}_0)$ 在超平面
$$\pi : \boldsymbol{\omega}^{0\mathrm{T}} \boldsymbol{x}_0 - \boldsymbol{\mu}^{0\mathrm{T}} \boldsymbol{y}_0 = 0$$
上面。可以证明,超平面 π 上的其他点 $(\boldsymbol{x}, \boldsymbol{y})$ 所表示的决策单元也是 DEA 有效的。超平面称 π 为 DEA 的相对有效面,或者称为有效生产前沿面。因此,可以用在相对有效面上"投影"的方法,改进非 DEA 有效的决策单元。

定义 3.3 设 $\boldsymbol{\lambda}^0, \boldsymbol{s}^{0-}, \boldsymbol{s}^{0+}, \theta^0$ 是线性规划问题 (D_ε) 的最优解。令
$$\hat{\boldsymbol{x}}_0 = \theta^0 \boldsymbol{x}_0 - \boldsymbol{s}^{0-}, \quad \hat{\boldsymbol{y}}_0 = \boldsymbol{y}_0 + \boldsymbol{s}^{0+}$$
称 $(\hat{\boldsymbol{x}}_0, \hat{\boldsymbol{y}}_0)$ 为决策单元 j_0 对应的 $(\boldsymbol{x}_0, \boldsymbol{y}_0)$ 在 DEA 的相对有效面上的"投影"。

决策单元 j_0 对应的 $(\boldsymbol{x}_0, \boldsymbol{y}_0)$ 的"投影" $(\hat{\boldsymbol{x}}_0, \hat{\boldsymbol{y}}_0)$ 构成了一个新的决策单元。关于"投影" $(\hat{\boldsymbol{x}}_0, \hat{\boldsymbol{y}}_0)$ 是否 DEA 有效,有下面的定理。

定理 3.5 设 $(\hat{\boldsymbol{x}}_0, \hat{\boldsymbol{y}}_0)$ 是决策单元 j_0 对应的 $(\boldsymbol{x}_0, \boldsymbol{y}_0)$ 在 DEA 相对有效面上的"投影",则新决策单元 $(\hat{\boldsymbol{x}}_0, \hat{\boldsymbol{y}}_0)$ 相对于原来的 n 个决策单元来说,是 DEA 有效的。

定理 3.5 告诉我们,对于一个非 DEA 有效的决策单元 j_0。它对应的 $(\boldsymbol{x}_0, \boldsymbol{y}_0)$ 在 DEA 相对有效面上的"投影" $(\hat{\boldsymbol{x}}_0, \hat{\boldsymbol{y}}_0)$,是 DEA 有效的。从而,在 DEA 相对有效面上的新决策单元 $(\hat{\boldsymbol{x}}_0, \hat{\boldsymbol{y}}_0)$,给出了一个改进非 DEA 有效决策单元,构造新的 DEA 有效决策单元的方法。

例 3.3 在例 3.1 的评价系统中,对非 DEA 有效的决策单元。求出它在 DEA 相对有效面上的"投影",并判定新决策单元的 DEA 有效性。

解 由例 3.2 知,例 3.1 的评价系统中,决策单元 1、2、3 均为 DEA 有效,决策单元 4 非 DEA 有效。决策单元 4 对应的线性规划 (D_ε) 的最优解为
$$\boldsymbol{\lambda}_0 = (0, 3/5, 1/5, 0)^{\mathrm{T}}, \quad s_1^{0-} = s_2^{0-} = s_1^{0+} = 0, \quad \theta_0 = 3/5$$
令
$$\hat{\boldsymbol{x}}_0 = \theta_0 \boldsymbol{x}_0 - \boldsymbol{s}^{0-} = \frac{3}{5}(4, 2)^{\mathrm{T}} - (0, 0)^{\mathrm{T}} = (12/5, 6/5)^{\mathrm{T}}$$
$$\hat{\boldsymbol{y}}_0 = \boldsymbol{y}_0 + \boldsymbol{s}^{0+} = 1 + 0 = 1$$
则 $(\hat{\boldsymbol{x}}_0, \hat{\boldsymbol{y}}_0)$ 是决策单元 4 对应的 $(\boldsymbol{x}_0, \boldsymbol{y}_0)$ 在 DEA 相对有效面上的"投影"。新决策单元 $(\hat{\boldsymbol{x}}_0, \hat{\boldsymbol{y}}_0)$ 与原来的 4 个决策单元构成新的评价系统,如图 3.3 所示。

对于新决策单元 $(\hat{\boldsymbol{x}}_0, \hat{\boldsymbol{y}}_0)$,是新评价系统的第 5 个决策单元,对应的线性规划模型 (D_ε) 为

$$\begin{cases} \min\left[\theta - 0.000\,001(s_1^- + s_2^- + s_1^+)\right] \\ \text{s. t.} \begin{array}{l} \lambda_1 + 3\lambda_2 + 3\lambda_3 + 4\lambda_4 + \dfrac{12}{5}\lambda_5 + s_1^- = \dfrac{12}{5}\theta \\ 3\lambda_1 + \lambda_2 + 3\lambda_3 + 2\lambda_4 + \dfrac{6}{5}\lambda_5 + s_2^- = \dfrac{6}{5}\theta \\ \lambda_1 + \lambda_2 + 2\lambda_3 + \lambda 4 + \lambda_5 - s_1^+ = 1 \\ \lambda_1,\lambda_2,\lambda_3,\lambda_4,\lambda_5 \geqslant 0,\ s_1^-,s_2^-,s_1^+ \geqslant 0 \end{array} \end{cases}$$

利用单纯形方法求解,得到最优解

$$\boldsymbol{\lambda}_0 = (0,3/5,1/5,0)^{\mathrm{T}}, \quad s_2^{0-} = s_1^{0+} = 0, \quad \theta_0 = 1$$

根据定理 3.4,新决策单元 $(\hat{\boldsymbol{x}}_0, \hat{\boldsymbol{y}}_0)$ 对于原有的 4 个决策单元是 DEA 有效的。

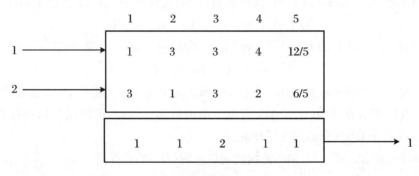

图 3.3

由此例看出,在评价系统中决策单元 4 非 DEA 有效,用"投影"方法构造了在 DEA 相对有效面上的新决策单元 $(\hat{\boldsymbol{x}}_0, \hat{\boldsymbol{y}}_0)$。并且分析决策单元 4 非 DEA 有效的原因是,投入指标量过大。经过改进,只需要原投入量的 3/5,产出量不变,相对效率提高,转化为 DEA 有效的决策单元。

3.3 DEA 有效性的经济意义

3.3.1 生产函数和生产可能集

先介绍生产函数的概念。在单投入和单产出的情况下,生产函数 $y = f(x)$ 表示理想的生产状态,即投入量 x 所能获得的最大产出量 y。因此,生产函数曲线上的点 (x,y) 所对应的决策单元,从生产函数的角度看,是处于技术有效状态。生产函数图形如图 3.4 所示,图中,点 A,C 处于技术有效状态。

一般来说,生产函数是增函数。点 A 将曲线分为两部分,在点 A 之左,$y'>0, y''>0$,曲线是下凸的。在生产函数的下凸区间,表示增加投入量可以使产出量的递增速度增加,此时称为规模收益递增;在点 A 之右,$y'>0, y''<0$,曲线是上凸的。在此区间,增加投入量只能使产出量增加的速度减小,此时称为规模收益递减。规模收益递增,厂商有投资的积极性。规模收益递减,厂商已经没有增加投资的积极性。点 A 是生产函数曲线的拐点,点 A 所对

应的决策单元,既是技术有效,也是规模有效。这是因为该决策单元减少投入量或增加投入量,都不是最佳生产规模。点 C 在生产函数曲线上,对应的决策单元技术有效,但不是规模有效。这是由于点 C 位于规模收益递减区间,点 B 不在生产函数曲线之上,并位于规模收益递减区域,点 B 所对应的决策单元既不是技术有效,也不是规模有效。

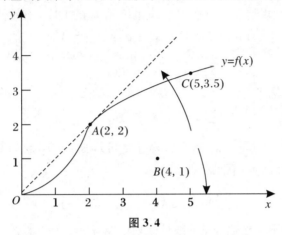

图 3.4

再讨论生产可能集的概念。在多投入和多产出的评价系统中,某种"生产"活动可以用一组投入指标值和产出指标值表示。决策单元 j 的一组投入指标值,写成向量形式

$$\boldsymbol{x}_j = (x_{1j}, x_{2j}, \cdots, x_{mj})^{\mathrm{T}}$$

称为决策单元的投入向量。同样,一组产出值也可以写成向量形式

$$\boldsymbol{y}_j = (y_{1j}, y_{2j}, \cdots, y_{pj})^{\mathrm{T}}$$

称为决策单元的产出向量。于是,决策单元的生产活动可以用向量对 (x_j, y_j) 表示。

我们讨论的目的,是根据 n 个决策单元的生产活动

$$(\boldsymbol{x}_j, \boldsymbol{y}_j) \quad (j = 1, 2, \cdots, n)$$

去确定生产可能集,并根据这些数据,去判定哪些决策单元的生产活动相对有效。

所谓生产可能集,定义为所有可能的生产活动构成的集合,记作

$$T = \{(\boldsymbol{x}, \boldsymbol{y}) \mid \text{产出 } \boldsymbol{y} \text{ 可由投入 } \boldsymbol{x} \text{ 生产出来}\}$$

由于 $(\boldsymbol{x}_j, \boldsymbol{y}_j)$ 是决策单元 j 的生产活动,于是有

$$(\boldsymbol{x}_j, \boldsymbol{y}_j) \in T \quad (j = 1, 2, \cdots, n)$$

例 3.4 设有单投入单产出 3 个决策单元的评价系统,其数据如图 3.5 所示,则生产可能集为

$$T = \{(\boldsymbol{x}, \boldsymbol{y}) \mid 2\lambda_1 + 4\lambda_2 + 5\lambda_3 \leqslant x, \ 2\lambda_1 + \lambda_2 + 3.5\lambda_3 \geqslant y, \ \lambda_1, \lambda_2, \lambda_3 \geqslant 0\}$$

生产可能集 T 如图 3.5 所示。

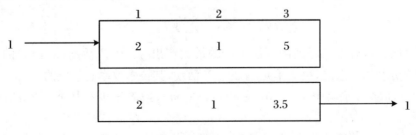

图 3.5

3.3.2 DEA 有效性的经济意义

现在，我们研究在模型 CCR 下，DEA 有效的经济含义。根据 n 个决策单元的生产活动 (x_j, y_j) 的数据，用线性规划模型 (D_ε) 评价决策单元 j_0 的 DEA 有效性。模型

$$(D_\varepsilon) \begin{cases} \min [\theta - \varepsilon(\hat{e}^T s^- + e^T s^+)] = V_{D_\varepsilon} \\ \text{s.t.} \sum_{j=1}^{n} x_j \lambda_j + s^- = \theta x_0 \\ \sum_{j=1}^{n} y_j \lambda_j - s^+ = y_0 \\ \lambda_j \geqslant 0 \ (1 \leqslant j \leqslant n), \ s^- \geqslant 0, \ s^+ \geqslant 0 \end{cases}$$

由于 $(x_0, y_0) \in T$，即 (x_0, y_0) 满足条件

$$\sum_{j=1}^{n} x_j \lambda_j \leqslant x_0, \quad \sum_{j=1}^{n} y_j \lambda_j \leqslant y_0$$

为了看清楚起见，考虑不含松弛变量的线性规划模型

$$(D') \begin{cases} \min \theta = V_{D'} \\ \text{s.t.} \sum_{j=1}^{n} x_j \lambda_j \leqslant \theta x_0, \ \sum_{j=1}^{n} y_j \lambda_j \geqslant y_0 \\ \lambda_j \geqslant 0 \quad (1 \leqslant j \leqslant n) \end{cases}$$

由此可知，线性规划模型 (D') 表示，在生产可能集内，当产出保持不变的情况下，尽量将投入量 x_0 按同一比例减少。如果投入量 x_0 不能按同一比例减少，即模型 (D') 的最优值 $V_{D'} = \theta^0 = 1$，在单投入和单产出的情况下，决策单元 j_0 同时技术有效和规模有效。如果投入量 x_0 能按同一比例 θ 减少，模型 (D') 最优值 $V_{D'} = \theta^0 < 1$，决策单元 j_0 不是技术有效或规模有效。

下面，作进一步讨论。设模型 (D_ε) 的最优解为 $\lambda^0, s^{0-}, s^{0+}, \theta^0$，分 3 种情况讨论。

1) $\theta^0 = 1$，且 $s^{0-} = 0, s^{0+} = 0$

由定理 3.4 知，决策单元 j_0 为 DEA 有效。其经济意义是决策单元 j_0 的生产活动 (x_0, y_0) 同时为技术有效和规模有效。所谓技术有效，是指对于生产活动 (x_0, y_0)，从技术角度来看，资源获得了充分利用，投入要素达到最佳组合，取得了最大的产出效果。由定理 3.1、3.2、3.3、3.4 知，经济效率评价指标

$$h_0 = V_P = V_D = V_{D_\varepsilon} = \theta^0 = 1$$

生产活动 (x_0, y_0) 在可能情况下取得最大产出效果。此时，模型 (D_ε) 的约束条件为

$$\sum_{j=1}^{n} x_j \lambda_j^0 = x_0, \quad \sum_{j=1}^{n} y_j \lambda_j^0 = y_0$$

这些约束条件表示，对于已得到的可能生产的最大产出 y_0，生产活动 (x_0, y_0) 的各种投入 x_0，均得到充分利用。总之，决策单元 j_0 的生产活动，其技术效率是最佳的。

2) $\theta^0 = 1$，但至少有某个 $s_i^{0-} > 0, i \in \{1, 2, \cdots, m\}$，或者至少有某个 $s_r^{0+} > 0, r \in \{1, 2, \cdots, p\}$

由定理 3.4 知，决策单元 j_0 为弱 DEA 有效。其经济意义是，决策单元 j_0 不是同时技

术有效和规模有效。某个 $s_i^{0-}>0$，表示第 i 种投入指标有没有 s_i^{0-} 充分利用。某个 $s_r^{0+}>0$，表示第 r 种产出指标与最大产出值尚有 s_r^{0+} 的不足。总之，此时生产活动 (x_0,y_0) 不是同时技术效率最佳和规模收益最佳。

3) $\theta^0<1$

由定理 3.4 知，决策单元 j_0 不是 DEA 有效。其经济意义是，决策单元 j_0 的生产活动 (x_0,y_0) 既不是技术效率最佳，也不是规模收益最佳。例如，$\theta=0.9<1$，模型 (D_ε) 的约束条件为

$$\sum_{j=1}^n x_j\lambda_j^0 + s^{0-} = 0.9x_0, \quad \sum_{j=1}^n y_j\lambda_j^0 - s^{0+} = y_0$$

这表示，得到产出量 y_0，至多只需投入量 $0.9x_0$。即是生产活动 (x_0,y_0) 的投入规模过大，故不是同时为技术效率最佳和规模收益最佳。

例 3.5 讨论例 3.4 中评价系统各决策单元的 DEA 有效性。

解 由图 3.5，决策单元 1 的线性规划模型 (D_1) 为

$$\begin{cases} \min\ [\theta - 0.000\,001(s_1^- + s_1^+)] \\ \text{s. t.}\ \begin{aligned} 2\lambda_1 + 4\lambda_2 + 5\lambda_3 + s_1^- &= 2\theta \\ 2\lambda_1 + \lambda_2 + 3.5\lambda_3 - s_1^+ &= 2 \\ \lambda_1,\lambda_2,\lambda_3 \geqslant 0, s_1^-, s_1^+ &\geqslant 0 \end{aligned} \end{cases}$$

最优解 $\lambda^0 = (1,0,0)^T$，$s_1^{0-} = s_1^{0+} = 0$，$\theta^0 = 1$。决策单元同时技术有效和规模有效。生产活动 $(2,2)$ 在图 3.4 中对应点 A，表示同时取得最佳技术效率和最佳规模收益。

决策单元 2 的线性规划模型 (D_2) 为

$$\begin{cases} \min\ [\theta - 0.000\,001(s_1^- + s_1^+)] \\ \text{s. t.}\ \begin{aligned} 2\lambda_1 + 4\lambda_2 + 5\lambda_3 + s_1^- &= 4\theta \\ 2\lambda_1 + \lambda_2 + 3.5\lambda_3 - s_1^+ &= 1 \\ \lambda_1,\lambda_2,\lambda_3 \geqslant 0,\ s_1^-, s_1^+ &\geqslant 0 \end{aligned} \end{cases}$$

最优解 $\lambda^0 = (1/2,0,0)^T$，$s_1^{0-} = s_1^{0+} = 0$，$\theta^0 = 1/4 < 1$，决策单元 2 不是 DEA 有效，生产活动 $(4,1)$ 对应点 B，既非技术有效，也非规模有效。

决策单元 3 的线性规划模型 (D_3) 为

$$\begin{cases} \min\ [\theta - 0.000\,001(s_1^- + s_1^+)] \\ \text{s. t.}\ \begin{aligned} 2\lambda_1 + 4\lambda_2 + 5\lambda_3 + s_1^- &= 5\theta \\ 2\lambda_1 + \lambda_2 + 3.5\lambda_3 - s_1^+ &= 3.5 \\ \lambda_1,\lambda_2,\lambda_3 \geqslant 0,\ s_1^-, s_1^+ &\geqslant 0 \end{aligned} \end{cases}$$

最优解 $\lambda^0 = (7/4,0,0)^T$，$s_1^{0-} = s_1^{0+} = 0$，$\theta^0 = 7/10 < 1$。决策单元 3 不是 DEA 有效，生产活动 $(5,3.5)$ 对应点 C，该点在生产函数曲线上，仅是技术有效而不是规模有效。

3.3.3 生产活动规模收益的判定

前面讨论了关于 CCR 模型下，DEA 有效性的经济意义，能够用模型 (D_ε) 判定生产活动是否同时技术和规模有效。还需要进一步讨论生产活动的规模收益判定问题。判定的准

则由下面的定理给出。

定理 3.6 设线性规划 (D_ε) 的最优解为 $\boldsymbol{\lambda}^0, \boldsymbol{s}^{0-}, \boldsymbol{s}^{0+}, \theta^0$,则有

1) 若 $\dfrac{1}{\theta^0}\sum_{j=1}^{n}\lambda_j^0 = 1$,则决策单元 j_0 规模收益不变;

2) 若 $\dfrac{1}{\theta^0}\sum_{j=1}^{n}\lambda_j^0 < 1$,则决策单元 j_0 规模收益递增;

3) 若 $\dfrac{1}{\theta^0}\sum_{j=1}^{n}\lambda_j^0 > 1$,则决策单元 j_0 规模收益递减。

例 3.6 设有单投入单产出 5 个决策单元的评价系统,其数据如图 3.6 所示。试讨论决策单元 1、2、5 的规模收益问题。

解 决策单元 1 对应的线性规划模型为

$$(D_1)\begin{cases} \min\,[\theta - 0.000\,001(s_1^- + s_1^+)] \\ \text{s.t.}\ \begin{aligned} 3\lambda_1 + 5\lambda_2 + 4\lambda_3 + 2\lambda_4 + 6\lambda_5 + s_1^- &= 3\theta \\ 2\lambda_1 + 4\lambda_2 + \lambda_3 + \lambda_4 + 4.5\lambda_5 - s_1^+ &= 2 \\ \lambda_1,\lambda_2,\lambda_3,\lambda_4,\lambda_5 \geqslant 0,\ s_1^-,s_1^+ &\geqslant 0 \end{aligned} \end{cases}$$

最优解 $\boldsymbol{\lambda}^0 = (0,1/2,0,0,0)^{\mathrm{T}}, s_1^{0-} = s_1^{0+} = 0, \theta^0 = 5/6 < 1$。决策单元 1 非 DEA 有效。由于 $\dfrac{1}{\theta}\sum_{j=1}^{5}\lambda_j^0 = \dfrac{3}{5} < 1$,根据定理 3.6 知,决策单元 1 规模收益递增。

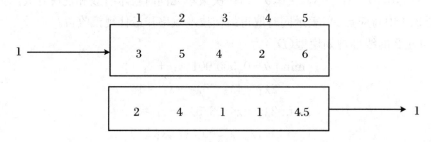

图 3.6

决策单元 2 对应的线性规划模型为

$$(D_2)\begin{cases} \min\,[\theta - 0.000\,001(s_1^- + s_1^+)] \\ \text{s.t.}\ \begin{aligned} 3\lambda_1 + 5\lambda_2 + 4\lambda_3 + 2\lambda_4 + 6\lambda_5 + s_1^- &= 5\theta \\ 2\lambda_1 + 4\lambda_2 + \lambda_3 + \lambda_4 + 4.5\lambda_5 - s_1^+ &= 4 \\ \lambda_1,\lambda_2,\lambda_3,\lambda_4,\lambda_5 \geqslant 0,\ s_1^-,s_1^+ &\geqslant 0 \end{aligned} \end{cases}$$

最优解 $\boldsymbol{\lambda}^0 = (0,1,0,0,0)^{\mathrm{T}}, s_1^{0-} = s_1^{0+} = 0, \theta^0 = 1$。决策单元 2 为 DEA 有效。由于 $\dfrac{1}{\theta}\sum_{j=1}^{5}\lambda_j^0 = 1$,根据定理 3.6 知,决策单元 2 规模收益不变。

决策单元 5 对应的线性规划模型为

$$(D_5)\begin{cases} \min\,[\theta - 0.000\,001(s_1^- + s_1^+)] \\ \text{s.t.}\ \begin{aligned} 3\lambda_1 + 5\lambda_2 + 4\lambda_3 + 2\lambda_4 + 6\lambda_5 + s_1^- &= 6\theta \\ 2\lambda_1 + 4\lambda_2 + \lambda_3 + \lambda_4 + 4.5\lambda_5 - s_1^+ &= 4.5 \\ \lambda_1,\lambda_2,\lambda_3,\lambda_4,\lambda_5 \geqslant 0,\ s_1^-,s_1^+ &\geqslant 0 \end{aligned} \end{cases}$$

最优解 $\lambda^0 = (0,9/8,0,0,0)^T$, $s_1^{0-} = s_1^{0+} = 0$, $\theta^0 = \frac{15}{16} < 1$。决策单元 5 非 DEA 有效。由于 $\frac{1}{\theta^0}\sum_{j=1}^{5}\lambda_j^0 = \frac{6}{5} > 1$，根据定理 3.6 知，决策单元 5 规模收益递减。

同样地，可以判定决策单元 3、4 为规模收益递增。

3.4 CCR 模型在公共行政领域的应用

DEA 是使用数学规划模型评价具有多个输入和多个输出的部门或单位（决策单元 DMU）间的相对有效性（DEA 有效）。一个决策单元在某种程度上是一种约定，它可以是银行或者企业，也可以是学校、医院、法院、空军基地。确定 DMU 的主导原则是：就其"耗费的资源"和"生产的产品"来说，每个 DMU 都可以看做是相同的实体，也即在某一视角下，各 DMU 具有同类的输入和输出。

DEA 的以上特性决定了 CCR 模型在公共决策的很多领域都能得到应用。以下用两个案例具体说明。

3.4.1 基于 DEA 的中国区域投资有效性分析

1. 变量与决策单元的选择

根据数据口径的统一性、可比性原则，同时考虑可得性，设置如下的输入、输出指标和决策单元。

输入指标：年平均总投资（亿元）；
年平均从业人员（万人）；
年平均能源消费总量（万吨标准煤）。
输出指标：年平均国内生产总值 GDP（亿元）；
年平均居民人均消费（元）。
决策单元：28 个省市区。

此外，我们取中国城市经济体制改革之后的 1985 年作为分析的历史起点，并划分 1985～1989 年和 1990～1995 年两个阶段（表 3.1 和表 3.2），以考察区域经济投资有效性的变化趋势和特点。

表 3.1 第一阶段 DEA 评价数据

省市区	固定资产投资（亿元）	从业人员（万人）	能源消费总量（万吨标准煤）	GDP（亿元）	居民人均消费（元）
北京	129.74	595.3	2 448.11	359.48	1 069
天津	78.13	460.3	1 844.63	359.48	1 069
河北	175.85	2 783.5	5 432.40	556.56	509
山西	99.82	1 246.5	4 317.24	270.18	447

续表

省市区	固定资产投资（亿元）	从业人员（万人）	能源消费总量（万吨标准煤）	GDP（亿元）	居民人均消费（元）
内蒙古	52.74	873.7	1 996.06	197.38	527
辽 宁	210.80	1 824.6	7 344.45	709.74	800
吉 林	75.70	1 030.8	3 004.77	280.99	719
黑龙江	137.64	1 335.5	4 944.60	453.89	701
上 海	190.64	767.1	2 841.73	569.58	1 337
江 苏	280.93	3 536.2	2 904.46	927.97	627
浙 江	172.80	2 419.5	2 155.70	597.10	650
安 徽	109.05	2 591.0	2 426.0	463.93	448
福 建	74.53	1 232.5	1 228.20	199.46	576
江 西	61.44	1 657.9	1 590.88	280.10	450
山 东	284.14	3 848.2	5 791.26	876.10	490
河 南	167.99	3 779.7	4 947.40	632.81	372
湖 北	123.56	2 385.8	3 577.16	535.80	560
湖 南	109.57	2929.2	3 572.86	488.39	540
广 东	298.13	3 058.7	3 053.95	881.75	709
广 西	61.18	1 951.1	1 064.79	255.14	406
四 川	188.70	5 460.5	5 885.46	777.25	448
贵 州	37.35	1 445.2	1 642.34	175.07	360
云 南	62.50	1 803.9	1 397.48	248.08	434
陕 西	76.13	1 470.6	1 965.50	261.96	506
甘 肃	43.04	986.3	1 901.84	166.47	420
青 海	20.42	193.3	421.53	46.04	580
宁 夏	16.47	190.5	508.88	42.79	484
新 疆	60.55	574.2	1 666.23	159.40	649

注：第一阶段为 1985~1989 年数据。

资料来源：相关年份的《中国统计年鉴》及各省市区统计年鉴，中国统计出版社。

2. 计算结果

结果见表 3.3。从计算结果，我们可以得出以下结论：

1) 我国区域投资有效性很低，并且有所下降。这不仅表现在有效省区数从第一阶段的 10 个减少为第二阶段的 9 个，而且还表现为有效省区的 GDP 总值占全国 GDP 总值的比例从第一阶段的 32.44% 减少为第二阶段的 27.96%。

表 3.2　第二阶段 DEA 评价数据

省市区	固定资产投资（亿元）	从业人员（万人）	能源消费总量（万吨标准煤）	GDP（亿元）	居民人均消费（元）
北　京	432.92	663.97	2 891.15	858.54	2 127
天　津	222.01	476.98	2 254.13	541.05	2 110
河　北	462.26	304.67	5 476.77	1 652.43	1 089
山　西	200.84	106.13	5 283.24	681.55	1 000
内蒙古	163.17	983.70	2 574.57	519.27	1 070
辽　宁	573.45	161.95	8 888.89	1 817.46	1 815
吉　林	202.66	117.75	3 587.39	704.41	1 475
黑龙江	308.33	192.13	5 632.15	1 197.27	1 745
上　海	694.72	762.07	1 644.29	1 448.81	3 311
江　苏	960.75	334.15	7 838.98	2 877.34	1 454
浙　江	724.31	2 635.97	3 577.03	1 897.47	1 643
安　徽	263.30	3 012.68	3 664.17	1 105.53	963
福　建	337.85	1 485.68	1 790.67	1 141.43	1 728
江　西	166.98	1 913.52	1 967.73	731.30	954
山　东	778.16	4 416.08	7 550.46	2 832.41	1 133
河　南	439.59	4 433.03	5 785.33	1 685.19	809
湖　北	383.02	2 605.17	4 618.47	1 414.55	1 240
湖　南	296.82	3 341.52	4 254.60	1 283.67	983
广　东	1 331.25	3 440.63	5 434.67	3 124.30	1 828
广　西	223.46	2 248.78	1 581.42	883.26	1 038
四　川	523.81	6 160.50	7 397.25	2 093.39	1 014
贵　州	93.51	1 757.93	2 672.56	406.44	739
云　南	218.03	2 079.75	1 806.56	748.66	1 061
陕　西	187.41	1 700.90	2 564.87	644.02	964
甘　肃	96.08	1 117.90	2 382.50	366.75	789
青　海	36.97	216.68	558.50	107.02	1 153
宁　夏	39.62	227.17	723.09	103.93	897
新　疆	206.79	637.32	2 448.53	499.09	1 361

注：第二阶段为 1990～1995 年数据。
资料来源：相关年份的《中国统计年鉴》及各省市区统计年鉴，中国统计出版社。

表 3.3 两阶段区域投资相对效果评价值

省市区	第一阶段		第二阶段	
	DEA 分析结果	相对经济增长速度	DEA 分析结果	相对经济增长速度
北 京	无效,Q-0.938 8	1.06	无效,Q-0.876 3	0.96
天 津	有效,Q-1.000 0	0.88	有效,Q-1.000 0	1.04
河 北	无效,Q-0.785 5	0.95	无效,Q-0.919 8	1.32
山 西	无效,Q-0.727 8	1.00	无效,Q-0.841 0	0.84
内蒙古	无效,Q-0.967 5	1.27	无效,Q-0.829 3	0.83
辽 宁	无效,Q-0.987 0	0.97	无效,Q-0.989 7	0.92
吉 林	有效,Q-1.000 0	1.06	无效,Q-0.895 3	0.76
黑龙江	无效,Q-0.945 1	0.74	有效,Q-1.000 0	0.69
上 海	有效,Q-1.000 0	0.86	有效,Q-1.000 0	1.15
江 苏	有效,Q-1.000 0	1.22	无效,Q-0.920 9	1.69
浙 江	有效,Q-0.996 7	1.36	无效,Q-0.877 0	1.29
安 徽	无效,Q-0.783 2	1.23	无效,Q-0.959 0	1.13
福 建	有效,Q-1.000 0	1.25	有效,Q-1.000 0	1.69
江 西	有效,Q-0.830 6	0.98	有效,Q-1.000 0	1.30
山 东	无效,Q-0.850 5	1.15	无效,Q-0.990 9	1.46
河 南	有效,Q-1.000 0	1.14	无效,Q-0.896 4	1.15
湖 北	有效,Q-1.000 0	1.06	无效,Q-0.952 0	1.15
湖 南	无效,Q-0.979 3	0.87	无效,Q-0.990 9	0.99
广 东	无效,Q-0.987 6	1.31	有效,Q-1.000 0	1.57
广 西	有效,Q-1.000 0	0.80	有效,Q-1.000 0	1.46
四 川	无效,Q-0.899 3	1.03	无效,Q-0.912 5	0.91
贵 州	有效,Q-1.000 0	1.06	有效,Q-1.000 0	0.71
云 南	无效,Q-0.913 8	1.09	无效,Q-0.866 7	0.90
陕 西	无效,Q-0.842 8	0.99	无效,Q-0.825 2	0.79
甘 肃	无效,Q-0.924 8	0.95	无效,Q-0.909 4	0.88

2) 东部地区有效性明显高于中西部地区,中西部的投资有效性亟待提高。一方面两阶段有效省区的数目分布分别为 5,3,3 和 5,2,2;另一方面,从有效省区 GDP 占本地区 GDP 总量的百分比(表 3.4)可得出同样的结论。

表 3.4 DEA 评价有效省区 GDP 占本地区总值的百分比(%)

	东 部		中 部		西 部	
	有效	无效	有效	无效	有效	无效
第一阶段	41.6	58.4	30.3	69.7	14.0	86.0
第二阶段	36.2	63.8	20.7	79.3	10.4	89.7

[赵国杰,冯振环. 地质技术经济管理,2000,22]

3) 新兴沿海工业基地的投资有效性并不突出。在第一阶段,GDP 年均增长速度高于全国平均水平的地区为 17 个省区,第二阶段为 14 个,而这些省区中相对有效的省区分别为 6 个和 7 个,GDP 占投资相对有效省区的比例分别为 32.95% 和 38.33%。虽然比例有所上升,但东南沿海的江苏、浙江均变为无效,而山东省始终处在无效行列。改革开放后涌出的带动我国经济高速增长的新兴沿海工业基地,有效性并没有明显高出内地,致使全国的区域投资有效性水平偏低。

本案例的研究结果对我们极具启迪意义,即改革开放力度大的地区可以实现经济高速增长,但不导致投资有效性的提高。这就要求我们必须进一步深入探求影响投资有效性的体制外因素并寻求对策。

3.4.2　污水处理厂规模与技术相对有效评估研究

在分析研究城市污水处理系统时,一方面要注意外部环境,另一方面也应将目光转向企业内部,通过强化管理,特别是依靠科技进步来挖掘潜力,提高效益。为此对各污水处理厂的相对工作效率进行科学评价,找出差距,指明改进方向,提高污水处理系统的经济效益,则是十分必要。现使用 DEA 方法建立一个污水处理厂的效率评价模型,并对天津、上海、海口等 7 个污水处理厂的实况进行测评分析。

污水处理厂从着手筹建到投入使用直至完全停止使用,在每一阶段都必须投入资金。在项目建设前期,会发生筹备费,在建设期,会发生建设费,在使用期,会发生运营费。将这些费用分为总投资额和年总运行成本。衡量污水处理厂的评价标准有两个:其一是它的日处理污水规模。其二是它的处理程度。利润是现代企业的追求目标,利润的多少是衡量企业经营好坏的重要指标,所以用利税总额作为衡量指标。由于选取的决策单元是处理程度相同的污水处理厂,故处理程度即出水水质指标不作为产生指标考虑。据此,将投入和产出指标归结为:

投入指标:年总运行成本(万元);总投资额(万元)。

产出指标:日处理污水量(万立方米/日);投产利税率(%)。

7 个污水处理厂的具体指标见表 3.5。虽然这 7 个污水处理厂的规模不同,但它们的特质和作用相同,而且投入产出指标也是一样的,因此这几个污水处理厂具有可比性。

表 3.5　各污水处理厂的投入产出指标及数据

		一厂	二厂	三厂	四厂	五厂	六厂	七厂
投入	总投资额(万元)	4 950	14 000	65 800	23 558	28 562	61 600	16 300
	年总运行成本(万元)	292	203	1 408	2 305	2 775	895	2 349
产出	日处理污水量(万立方米)	9	20	31	35	40	22	30
	投资利税率(%)	12.22	10.97	10.87	11.29	8.91	11.00	15.00

将以上述数据代入 CCR 模型,计算各厂的相对效率:

$$\max V_P(\varepsilon) = 9\mu_1 + 12.22\%\mu_2$$

$$(P) \begin{cases} \text{s. t.} \begin{cases} 4\,950w_1 + 292w_1 - 9\mu_1 - 12.22\%\mu_2 \geqslant 2 \\ 14\,000w_1 + 203w_2 - 20\mu_1 - 10.97\%\mu_2 \geqslant 0 \\ 65\,800w_1 + 1\,408w_2 - 31\mu_1 - 10.87\%\mu_2 \geqslant 0 \\ 23\,558w_1 + 2\,305w_2 - 35\mu_1 - 11.87\%\mu_2 \geqslant 0 \\ 28\,562w_1 + 2\,275w_2 - 40\mu_1 - 8.91\%\mu_2 \geqslant 0 \\ 61\,600w_1 + 859w_2 - 22\mu_1 - 11.00\%\mu_2 \geqslant 0 \\ 16\,300w_1 + 2\,349w_2 - 30\mu_1 - 15.00\%\mu_2 \geqslant 0 \\ 4\,950w_1 + 292w_2 = 1 \\ (w_1, w_2) \geqslant \varepsilon \hat{e}^T, (\mu_1, \mu_2) \geqslant \varepsilon \hat{e}^T \\ \text{其中 } \hat{e}^T = (1,1)^T = (1,1) \end{cases} \end{cases}$$

$$\min[\theta - \varepsilon(\hat{e}^T s^- + e^T s^+)]$$

$$(D) \begin{cases} \text{s. t.} \begin{cases} 4\,950\lambda_1 + 14\,000\lambda_2 + 65\,800\lambda_3 + 23\,558\lambda_5 + 61\,600\lambda_6 + 16\,300\lambda_7 + s_1^- \\ \quad = 4\,950\theta \\ 292\lambda_1 + 203\lambda_2 + 1\,408\lambda_3 + 2\,305\lambda_4 + 895\lambda_6 + 2\,349\lambda_7 + s_2^- = 292\theta \\ 9\lambda_1 + 20\lambda_2 + 31\lambda_3 + 35\lambda_4 + 40\lambda_5 + 22\lambda_6 + 30\lambda_7 - s_1^- = 9 \\ 12.22\%\lambda_1 + 10.97\%\lambda_2 + 10.87\%\lambda_3 + 11.29\%\lambda_4 + 8.91\%\lambda_5 + 11\%\lambda_6 \\ \quad + 15\lambda_6 - s_2^- = 12.22\% \\ \lambda_j \geqslant 0\,(j=1,2,\cdots,7),\ s^- = (s_1^-, s_2^-),\ s^+ = (s_1^+, s_2^+)^T \\ s^- \geqslant 0,\ s^+ \geqslant 0 \end{cases} \end{cases}$$

得各污水处理厂相对效率测度(表 3.6)。

表 3.6 各污水处理厂相对效率测度

厂序号	一厂	二厂	七厂	四厂	五厂	三厂	六厂
效率测度	1.000 00	1.000 00	1.000 00	0.812 58	0.770 25	0.316 41	0.249 95

对非 DEA 有效的污水处理厂，可以进一步调整其投入产出指标值使该污水处理厂的规模与技术有效。这是 DEA 方法重要特点之一。对非 DEA 有效的污水处理厂(评价单位)其投入和产出方面的改进目标值(优化值)和差距为：

投入改进目标值：$\hat{X}_k = \theta_k^0 X_k - S^{-0} = \sum X_j \lambda_j^0$

差距：$\Delta X_k = X_K - \hat{X}_k$

产出改进目标值：$\hat{Y}_k = Y_k + S^{+0} = \sum_{j=1}^{n} Y_j \lambda_j^0$

差距：$\Delta Y_k = \hat{Y}_k - Y_k$

即，当产出 Y_k 保持不变的情况下，尽量将投入量 X_k 按同一比 θ 减少($0<\theta<1$)。

此模型同时可以判定各污水处理厂的规模及规模收益状况。

若 $\dfrac{1}{\theta_k^0}\sum\limits_{j=1}^{n}\lambda_j^0 = 1$，则表示第 K 个污水处理厂规模合适规模收益良好。

若 $\dfrac{1}{\theta_k^0}\sum\limits_{j=1}^{n}\lambda_j^0 > 1$，则第 K 个污水处理厂规模收益递减，即再增加投入量时，产出增加的效

率不高,为生产规模过大。

若 $\frac{1}{\theta_k^0}\sum_{j=1}^{n}\lambda_j^0 < 1$,则表示第 K 个污水处理厂规模收益递增,即再增加投入量可以使产出有较大的增加。

从表3.6可以看出一厂、二厂和七厂为DEA有效,而四厂、五厂、三厂和六厂为DEA无效,因此应对这4个污水处理厂作进一步分析(表3.7～表3.10)。

表 3.7 污水处理三厂投入产出优化结果及规模收益

		当前值	改进值	差 距
投入	总投资额(万元)	65 800.000 0	20 819.580 6	449 850.419 4
	年总运行成本(万元)	1 408.000 0	445.501 1	962.498 9
产出	日处理污水量(万立方米)	31.000 0	31.000 0	0.000 0
	投资利税率(%)	0.108 7	10.992 1	−10.883 4
规模效益			规模效益递减	

表 3.8 污水处理四厂投入产出优化结果及规模收益

		当前值	改进值	差 距
投入	总投资额(万元)	23 558.000 0	19 142.783 2	4 415.216 8
	年总运行成本(万元)	2 305.000 0	1 872.999 2	432.000 8
产出	日处理污水量(万立方米)	35.000 0	35.000 0	0.000 0
	投资利税率(%)	0.112 9	22.550 4	−22.437 5
规模效益			规模效益递减	

表 3.9 污水处理五厂投入产出优化结果及规模收益

		当前值	改进值	差 距
投入	总投资额(万元)	28 562.000 0	21 999.994 7	6 562.005 3
	年总运行成本(万元)	2 275.000 0	1 297.777 3	977.222 7
产出	日处理污水量(万立方米)	40.000 0	40.000 0	0.000
	投资利税率(%)	0.089 1	45.490 2	−45.401 1
规模效益			规模效益递减	

表 3.10 污水处理六厂投入产出优化结果及规模收益

		当前值	改进值	差 距
投入	总投资额(万元)	61 600.000 0	15 397.228 0	46 202.772 0
	年总运行成本(万元)	895.000 0	223.709 7	671.290 3
产出	日处理污水量(万立方米)	22.000 0	22.000 0	0.000 0
	投资利税率(%)	0.110 0	1.191 9	10.883 4
规模效益			规模效益递减	

从上述结果分析得出如下结论:在这7个污水处理厂中,污水一厂、污水二厂及污水七厂是相对规模及技术有效的,也即是这3个厂从综合效率角度来看是处在这7个厂的前沿面上的。对于一些DEA无效的污水处理厂,模型计算结果也同时指出改进的方向。

此评估模型适用一般污水处理厂的综合评估,模型中选用的评价指标可根据实际情况增减,评价单元数也可增减。在实际使用中,若参加评价的污水处理厂数量较多,还可以根据实际需要从厂的规模分组进行。

[赵强,张慎峰,吴育华. 成都信息工程学院学报,2003(1)]

参考文献和网站

[1] 魏权龄. 评价相对有效性的DEA方法[M]. 北京:中国人民大学出版社,1988.
[2] 盛昭瀚,朱乔,吴广谋. DEA理论方法和应用[M]. 北京:科学出版社,1996.
[3] 唐军,徐天和,祁爱琴,等. 卫生综合评价研究现状[J]. 中国医院统计,2000(7).
[4] 中国科学技术大学数字化管理实验室,http://dmlab.ustc.edu.cn/
[5] http://www.vms.ecs.umass.edu/~sqp1/deabib.html
[6] Laura 关于 DEA 与生产力问题的一个论坛,http://www.warwick.ac.uk/~bsmb/
[7] 一个关于 DEA 的介绍性网站,http://www.cmp.pdx.edu/dca/homedea.html
[8] Gabriel Tavares 主持的一个 DEA 专业网站,http://www.ipg.pt/dea/
[9] Ali Emrouznejad 教授关于 DEA 的一个专门网站,http://www.warwick.ac.uk/~bsrlu/
[10] Ali Emrouznejad 博士主持的有关 DEA 工作的网站,http://deazone.com

案 例 分 析

DEA方法在国外医疗卫生系统效益评价中的应用

1. DEA方法的数学模型假设

有 n 个参加评比的单元(称为决策单元),记为 DMU,每个 DMU 都有 m 种投入或输入和 s 种产出或输出。第 j 个决策单元的输入向量和输出向量分别是:$x_j = (x_{1j}, x_{2j}, \cdots, x_{mj})^T > 0$,$y_j = (y_{1j}, y_{2j}, \cdots, y_{sj})^T > 0$ $(j = 1, 2, \cdots, n)$,产出指标和投入指标的权系数分别是:$u = (u_1, u_2, \cdots, u_s)^T$,$v = (v_1, v_2, \cdots, v_m)^T$。每个决策单元相应的效率评价指数为

$$h_j = \frac{\sum_{r=1}^{s} u_r y_{rj}}{\sum_{i=1}^{m} v_i x_{ij}} \quad (j = 1, 2, \cdots, n)$$

在该模型的基础上,我们可以得到以下两个线性规划模型。

1) CCR 模型:是评价决策单元的技术有效性和规模有效性的模型。用以评价 DMU 的管理技术水平和生产规模是否适度,以及规模效益的变化趋势等。带有非阿基米德无穷小 ε($\varepsilon>0$ 是比任何大于零的量都小的量)的 CCR 模型为

$$(D_{\text{CCR-}\varepsilon}) \begin{cases} \min\left[\theta - \varepsilon\left(\sum_{i=1}^{m} s_i^- + \sum_{r=1}^{s} s_r^+\right)\right] \\ \text{s.t.} \begin{aligned} & \sum_{j=1}^{n} x_j \lambda_j + s^- = \theta x_{j0} \\ & \sum_{j=1}^{n} y_j \lambda_j - s^+ = y_{j0} \\ & \lambda_j \geq 0 \quad (j=1,2,\cdots,n) \\ & s^- \geq 0, \ s^+ \geq 0 \end{aligned} \end{cases}$$

其中 $s^- = (s_1^-, s_2^-, \cdots, s_m^-)^T$, $s^+ = (s_1^+, s_2^+, \cdots, s_s^+)^T$ 为松弛变量。若 $(D_{\text{CCR-}\varepsilon})$ 的最优解为 $\lambda_0, s_0^-, s_0^+, \theta_0$，则当 $\theta_0 = 1$，且 $s_0^- = s_0^+ = 0$ 时，称决策单元 $DMU-j_0$ 为 DEA 有效。此时 $DMU-j_0$ 既"技术有效"，又"规模有效"。它表明在保持各参评单位现有的管理水平和生产规模的情况下，该单位的综合产出相对最大、效益最佳。否则 $DMU-j_0$ 非技术有效，或非规模有效。对于非 DEA 有效的 $DMU-j_0$，可以通过计算它在有效前沿面上的"投影"：

$$x_{j0}^* = \theta_0 x_{j0} - s_0^-, \quad y_{j0}^* = \theta_0 y_{j0} + s_0^+$$

得到由无效转变为有效，$DMU-j_0$ 在投入和产出方面必须达到的目标。另外，利用 $(D_{\text{CCR-}\varepsilon})$ 的最优解，可以研究 $(D_{\text{CCR-}\varepsilon})$ 的规模收益状况：若 $\frac{1}{\theta}\sum_{j=1}^{n}\lambda_{j0} = 1$，则规模收益不变；若 $\frac{1}{\theta}\sum_{j=1}^{n}\lambda_{j0} > 1$，则规模收益递减；若上式左边小于 1，则规模收益递增。由此我们可以决定其规模的发展情况。

2) CCRSS 模型：是单纯评价决策单元技术有效性即管理水平和技术发挥水平的模型。带有非阿基米德无穷小 ε 的 CCRSS 模型为

$$(D_{\text{CCRSS-}\varepsilon}) \begin{cases} \min\left[\theta - \varepsilon\left(\sum_{i=1}^{m} s_i^- + \sum_{r=1}^{s} s_r^+\right)\right] \\ \text{s.t.} \begin{aligned} & \sum_{j=1}^{n} x_j \lambda_j + s^- = \theta x_{j0} \\ & \sum_{j=1}^{n} y_j \lambda_j - s^+ = y_{j0} \\ & \lambda_j \geq 0 \quad (j=1,2,\cdots,n) \\ & s^- \geq 0, \ s^+ \geq 0 \end{aligned} \end{cases}$$

若 $(D_{\text{CCRSS-}\varepsilon})$ 的最优解为 $\lambda_0, s_0^-, s_0^+, \theta_0$，满足 $\theta_0 = 1, s_0^- = s_0^+ = 0$ 时，$DMU-j_0$ 为技术有效。否则，$DMU-j_0$ 非技术有效。其原因是生产投入过大，或生产能力未能得到充分的发挥，从而造成产出不足。要使该单位由无效变为有效，需要将投入向量和产出向量调整到它在有效前沿面上的"投影"：

$$x_{j0}^* = \theta_0 x_{j0} - s_0^-, \quad y_{j0}^* = \theta_0 y_{j0} + s_0^+$$

即只要投入减少到 x_{j0}^*，产出增加到 y_{j0}^*，$DMU-j_0$ 相对于其他 $n-1$ 个决策单元就是有效的。

2. DEA 在评价医疗卫生机构有效性方面的应用

在国外，一些学者对 DEA 方法应用于医疗卫生系统的效益评估进行了大量的研究。从

现有的研究成果我们知道,DEA 是研究部门间相对有效性的一个非常实用的方法,它已经应用于医院、老人院、药店、流动医疗点等各种医疗卫生机构的效益评价。参加评比的单位,既可以小到一个个体,如医生个人等,也可以大到一个机构或组织,如医院、老人院等。只要他们是同类的,具有可比性,就可以使用 DEA 方法进行效益比较。DEA 方法不仅可以对参评单位的相对有效性,即包括"技术有效性"和"规模有效性"进行横向比较,作出综合评比。同时,还可以为医疗卫生行业的政策制定者和管理者提供有用的管理信息,从而为今后各单位的改进方向提出具体的建议和方案。

目前,DEA 在评价医疗卫生机构有效性方面的应用为以下几个方面:

1) 确定相对的有效生产前沿面进而确定各部门的 DEA 有效性。DEA 方法是根据一组输入和输出数据确定有效生产前沿面。有效的决策单元位于生产前沿面上,其效率指数为 1;而非有效的决策单元不在生产前沿面上,效率指数小于 1。这样,通过决策单元与生产前沿面的位置关系,即可确定决策单元的有效与非有效。

2) 确定各部门在有效生产前沿面上的"投影",由此找出各部门的薄弱环节和主要问题所在,并以此为今后的经营安排和有效的管理提供方案和建议。对于非 DEA 有效的决策单元,一方面,DEA 提出了"投影"的概念,可以通过"投影值"x_{j0}^* 及 y_{j0}^* 得到要实现相对有效,在投入或产出方面必须完成的目标;另一方面,利用实际值与投影值之差 Δx_{j0} 及 Δy_{j0},确定该部门在投入或产出方面与先进水平的差距。如果能消除这些在投入、产出方面的欠缺,就可以使得该部门由无效转为有效。显然,调整比例大的指标正是造成该部门效率不高的主要原因。由此可见,DEA 为非有效的单位提供了一个效率参照集,或者说为投入的使用和产出的可能提供了一个目标水准。如果维持现有的产出状况,对引起无效的投入部分加以改进,就可以降低成本,减少投入。Numamaker 在对 17 所医院的有效性评价时,发现 13 所医院是非有效的。如果这 13 所医院都达到有效,则每年可减少成本 400 万美元。据 Sexton 等人报道,他们对 159 所退伍军人医疗中心作了评估,结果发现,其中 107 个中心是相对有效的。作者估计,如果消除所有人事、器械、药品和供应方面的非技术有效或非管理有效,每年可节省 3 亿美元。同样,Chilingerian 和 Sherman 估计,如果用 DEA 方法提供的所有管理信息真正为人们所认识和采用,那么,对以 128 例病人作为研究对象的评价结果显示,治疗所需的医院资源消耗会减少 15%。这些目标使管理者从中看到了成本控制的最大潜在可能性。

3) 借助 DEA 模型能准确地确定有效性评价的指标体系,并可以分析各部门的有效性对各输入和输出指标的依赖情况。通过增加或减少输入和输出指标,进行多次评价计算,可最终确定指标体系。DEA 方法的效率指数 θ,可以作为研究效率决定因素的因变量。它可以用于确定诸如支付途径、医院的所有权状况、组织的复杂性、管理实践与管理者的教育背景等因素是如何影响决策单元的技术有效性的。如 Hogan、Chesney 和 Wroblewski 在用 DEA 方法调查医疗支付体制对医院相对技术有效性的影响时,将技术效率指数作为因变量,反映医院特征的指标作为自变量。结果发现,医疗支付体制实行一年后,医院的效率增长 25%。他们还指出,教学与效率是负相关的。在一个含有多个医院的系统中,效率与其所有权或会员资格没有显著的关系。Chilingerian 指出,参加 Health Maintenance Organization(HMO)的医生比不参加 HMO 的医生效率更高。在另一例分析影响医院的技术有效性的决定因素时,Valdmanis 发现,公立医院比非营利医院的效率要高。这种效率上的差异,并非是由于利益动机上的差异引起的。公立医院相对效率高的原因通常是因为政府对这些医院有严格的预算限制。Nyman 和 Brivker 研究老人院的效率时发现,营利性老人院要比非营利性老人院效率高,并且随着享受国家医疗照顾老人比例的增加,医院的效益反而下降。

4) 分析当前各部门的相对规模收益情况。Byrnes 和 Valdmanis 对美国加州 1983 年 123 所非营利医院进行了效益评估。他们在用 CCR 模型评价其有效性的同时,还对其规模效益状况做了分析,结果是 49 所医院是规模有效的,并且 DEA 有效(CCR),74 所医院非规模有效,其中 33 所规模收益递增,41 所规模收益递减。也就是说,60% 的医院是非规模有效的,而且是非 DEA 有效的。可见,对本例来说,非规模有效是造成决策单元非 DEA 有效的主要原因。对于规模收益增加的医院,说明他们的规模太小,还有发展的潜力,应加大投资的力度,扩大经营规模;而对于规模收益减少的医院,他们的规模过大,则应削减对他们的投入,控制发展规模,最终实现规模有效。

3. DEA 方法与其他效益评价方法的比较

目前对医院工作效益综合评价的方法很多,我国常用的方法有综合指数模型、多元分析模型等。这些方法基本分为 4 个步骤:一是多指标信息的收集和信息预处理;二是多指标评价中指标的筛选;三是确定评价指标的权重;四是确定多指标综合评价的方法。其中,在信息预处理时,由于综合评价的各指标间的度量单位即量纲不同,各指标的意义、属性也不一致,故需要数据的量纲化。另外,与评价各指标相应的权重系数,有的是依靠评估专家的经验确定的,具有较大的主观性,将影响方法的客观性。

DEA 方法与上述传统的评估方法不同:1) 它可以同时解决多指标投入和多指标产出的问题,无需人为地确定各指标的权重系数,从而保证了方法的客观性。2) 该方法也无需事先确定投入与产出之间的函数关系。3) 由于 DEA 方法的最优效率评价指数与输入量和输出量的量纲选择无关,从而可以避免数据量纲化。因此,该方法更为简洁、实用。

在美国,评价医疗卫生系统效率最为常用的方法是比例分析方法和计量经济学的回归方法。比例分析方法通常是根据某些投入与产出之比值确定卫生系统的效率。然而,在用比例分析方法进行效率评估时存在着某些问题:一是每个比例仅限于一个投入与一个产出之比,而大多数的医疗卫生机构的效率评估要涉及多项投入与产出指标。如果用比例分析方法确定他们的效率状况,就需要用到大量的比例值,因此,该方法用起来相当地繁琐。二是比例分析方法具有很大的主观性。例如,用此方法评估一所医院是不是低效率的,就要由它的比例值超出其中间值的标准误差的程度来决定。而这个程度究竟选取多少合适,要靠人为来指定。

与比例分析方法不同的是,多元回归方法可用于研究具有多目标投入和多目标产出单位的效益评估问题。根据投入和产出数据,可得到反映成本与生产之间关系的回归生产函数。然而,Sherman 指出,利用回归分析考察技术有效性有两个局限:

1) 由普通最小二乘法(OLS)估计出来的生产函数是根据实际数据直接拟合得出的。由于它将有效的和非有效的样本混合在一起进行回归分析,所以反映的只是各种投入要素组合与其平均产出之间的数学关系,体现的是投入与产出数据间的"平均关系",实质上是"平均的生产函数",并未体现出实际的生产前沿面。这样得出的函数实际上是非有效的,可能会造成信息的损失。Banker等人在对北卡罗来纳州各医院进行效益评价时发现,用DEA方法可得到医院的规模效益状况,而用回归分析方法,却得出此例不存在规模效益的结论。可见,尽管这两种方法使用的数据相同,但回归生产函数并不能像DEA那样正确评价规模效益。Banker、Bowlin等人都认为,问题的关键在于:一是虽然DEA和回归方法使用的数据相同,但使用的方式不同。回归分析方法将有效决策单元与非有效的决策单元混为一谈,而DEA则是将有效与非有效区别开来。二是DEA致力于单个医院的优化,回归分析则是整个集合的统计回归优化。

2) 与比例分析方法一样,对医疗卫生机构有效与非有效的划分标准,也需要根据实际值到中间值的距离人为地决定。

与比例分析方法和回归分析方法相比,DEA方法在效益评估方面有着独到之处。首先,DEA方法可以直接解决诸如医疗卫生机构这种多目标规划问题;其次,DEA以其独特的方法,如将有效的医疗卫生机构的位置确定在最佳生产前沿面上,从而建立效率关系。这就避免了用人为的效率标准和因OLS达到"平均效果"的方法而引起的信息损失。最后,DEA的倡导者坚持认为,DEA与回归分析及比例分析方法相比,在探索DMU投入利用方面低效的原因以及决定无效与有效间数量差距方面略胜一筹。Bowlin指出:尽管在决策单元有效与非有效的划分方面使用DEA方法和使用一种基于回归分析的方法结果十分一致,但"从管理学的观点来看,对特定的决策单元,具备决定其低效的原因及其与有效决策单元相比在数量上差距的能力,比只是将他们划分为有效或无效更为重要。"

提高技术有效性是医疗卫生机构限制或降低成本的一种途径。然而,令人遗憾的是,我们对影响其效率的因素知之甚少。DEA方法为我们弥补这方面知识的欠缺提供了可能。人们将会更多地关注并从事技术效率领域的研究。

[韩梅. 中华医院管理杂志,2002(09)]

第 4 章　专家咨询方法
——德尔菲法

4.1　德尔菲法基本原理

4.1.1　什么是德尔菲法

专家咨询法又称德尔菲法(Delphi)，Delphi 原是一处古希腊遗址，是传说中可预卜未来的阿波罗神殿所在地。美国兰德公司在 20 世纪 50 年代与道格拉斯公司协作时，曾以"德尔菲"为代号，研究如何通过有控制的反馈更为可靠地收集专家意见的方法。德尔菲法便由此而得名。它应用极广，约占常用预测方法总数的 24.3%。

德尔菲法是就一定的问题函请相关领域的专家提出意见或看法，然后将专家的答复意见或新设想加以科学地综合、整理、归纳，以匿名的方式将所归纳的结果反馈给各专家再次征询意见，如此经过多轮反复，直到意见趋于较集中，得到一种比较一致的、可靠性较高的意见。

近些年来，德尔菲法已成为一种广泛使用的预测方法。在长远规划者和决策者心目中，德尔菲法享有很高威望，并逐渐成为一种重要的规划决策工具。在 G. A. Steiner 所著的《高层次管理规划》一书中，把德尔菲法当做最可靠的技术预测方法。德尔菲法在军事领域中应用也很普遍。在机械工业科技发展和市场需求预测中，国外也多采用德尔菲法。德尔菲法应用的其他领域主要有人口预测、医疗和卫生保健预测、经营预测、教育预测、研究方案的评价、信息处理以及社会各界的规划等。

4.1.2　德尔菲法的特点

和一般的决策分析方法不同的是，德尔菲法具有三个典型的特点，使这种方法能有效地征求和提炼专家的意见：

1) 匿名性。在使用德尔菲法的时候，专家小组成员彼此不认识，不知道小组中的其他成员。小组成员的相互交往完全是通过匿名的征询调查表形式进行的,专家可以不公开地改变自己的意见,从而无损于自己的威望;此外还可以做到就事论事,需要顾虑的事情较少,各种不同的论点都可以得到充分的发挥。

2) 不断重复的受控的信息反馈。参加应答的专家们从反馈回答的征询调查表上,可以了解到集体的意见、目前的状况、同意和反对各个观点的理由,并依次作出各种新的判断。德尔菲法是逐步进行的,要经过几次迭代即几轮询问,每一轮都把收集到的意见经统计处理后反馈给群中的成员,经过这种信息反馈使成员的意见逐步集中。

3) 对集体答复进行统计处理。使用统计方法对集体的答复进行分析处理是德尔菲法的一个重要特点。对问题答复的结果采用统计判定回答的方法,能够包括整个小组的意见。对于预测问题,根据小组成员的回答可提出中位数和上下四分位点,中位数代表小组的倾向性意见,上下四分位点之间的间隔代表意见的分歧程度;对方案进行排队或择优时,可以采用平均值-方差法。

4.1.3 德尔菲法的构成要素

德尔菲法由三个要素组成:一是协调人;二是一群与决策问题有关的专家;三是一套特制的征询调查表和程序。

在使用德尔菲法进行决策时,协调人的工作主要是:

1) 确定需要咨询的问题。问题要提得明确,答案内容需要定时或定量的还可以予以适当分类。如果对要咨询的问题不明确,是难以进行有意义的答复并且会妨碍答案的归纳综合的。

2) 挑选专家。人数不拘,通常一般问题为 10~50 人,重要问题 100 人左右。专家挑选应照顾到问题的不同方面。

3) 寄出征询调查表,并向征询对象说明程序、方法、对征询答复的保密措施和其他事项。

4) 收集、归纳综合、整理。对征集到的专家答复要客观地、如实地综合,不可遗漏,整理成简明的文字描述和图表,并可用统计学评估的方法标示意见的分布状况。例如在定量的问题中,用答案的中位数标志专家的集体意见,从中位数两端各延伸包括 1/4 答案的数值为上下四分位数,并以"山形图"表示。

5) 反馈征询结果,进行下一轮的意见再征询。

6) 提出预测报告或者决策建议。

专家们的工作是填写征询调查表。在第二轮开始向他们反馈的征询结果中有他们自己的见解,其他见解属于谁,他们并不知道。他们可以修改自己的看法,也可以说明坚持原来看法或说明与众不同的理由。

德尔菲法中征询调查表的设计及程序将在下一节中详细介绍。

4.1.4 德尔菲法的注意事项

德尔菲法同其他方法一样,在决策或预测时要花费很多时间、工作和费用。尽管德尔菲法并不低廉也不容易,但是只要避免一些常见错误,采用这种方法的费用还是合算的。下面就是在使用德尔菲法需要注意的一些问题。

(1) 专家小组成员的选择必须得到专家的同意

在选择专家小组成员时,必须征询每一个入选专家的意见,看其是否愿意参加德尔菲法的专家小组。假若调查表只是按照名单发出,而没有肯定专家们是否愿意参加专家小组,那么,协调人就有可能得不到足够的、有意义的答复,特别是专家小组人数较少时更是如此。曾经有人在使用德尔菲法一开始就按照 200 或 300 个人名发出第一轮调查表。答复率一般达到 50% 或更少一些,有时需要 6~8 个星期才能得到答复。除了延误以外,也无法保证这些人是否能答复每一轮的调查。协调人可能忙忙碌碌,结果却一无收获。在德尔菲工作程序中,协调人所做的一项重要工作就是选择专家小组成员。协调人不仅要选择人,而且还要肯定这些人能用。所选出的专家小组成员规模必须稍微大于协调人的考虑。此外,如专家小组包括现有的最佳人选,协调人还必须作好准备,即有一些小组成员由于时间要求很紧,会不时地错过各轮调查。如果原来的专家小组人数刚刚够,像这种损失可能会严重影响决策或预测的效果。

(2) 要使专家明白德尔菲法的工作程序

并不是每个人都十分了解德尔菲法,协调人也不能相信所挑选的专家都对德尔菲法的工作程序十分了解。协调人要让专家小组中的成员每一个人都清楚地知道德尔菲法,了解德尔菲法的具体工作程序。有些德尔菲工作程序之所以发生问题,其原因是有的小组成员不理解连续调查的目的。

(3) 要简化调查表

调查表的格式应该设计得能有助于小组成员回答问题,而不是妨碍专家们的思考或者是专家陷入使人困惑的调查表不能自拔。最好的办法是,采用"划对号"或"填空"答复问题。但这点很难做到,特别是围绕一些事件存在许多关于能否发生的争论的时候。不过只要有可能就应该这样做。此外,对每一个未来事件的赞成和反对的论点都要做摘要,以便于小组成员随时了解各种论点,并将它们同调查的问题相联系。最后,还要在调查表上留有充分空白,让小组成员写下自己的看法和论点。简言之,调查表应该设计得便于小组成员答复,一份便于答复的调查表有助于答复质量的改进。

(4) 问题的数目

关于调查表中问题的数目在实际中有一个上限。这个数目随着问题的类型而变化。假若每个问题都相当简单只要求一个问题就能回答一个简单事件方面的问题,则限制程度就要高些。而另一方面,如果一个问题需要详细思考,还要衡量相互矛盾的各种论点,那么限制程度就要低些。根据经验,25 个问题应考虑为上限。在特殊环境中,问题的数目可能多些,但是,问题数目如果高达 50 个,协调人就要对这些问题加以详细的研究,使这些问题确实都集中于有关实际论点,而不应该使专家小组成员注意那些次要问题。

(5) 协调人的意见介入

在德尔菲工作程序中,协调人不时地会发现,对某一事件发生争论的双方并没有抓住相互的论点,还会发现双方都忽略了某个明显的论点或事实。在这种情况下,协调人可能想将他的个人意见注明在下一轮的反馈资料内,这种想法必须克服。在任何情况下,协调人都绝对不可以将个人意见带进反馈资料,否则将会歪曲最后的结果,很有可能是结果只是符合了协调人的观点。专家小组是经过千辛万苦挑选出来的,如果协调人确实认为小组成员忽略了问题的某些重要因素,应该考虑到所选择的专家小组不符合条件,惟一解决的办法是,废弃所得出的决策或预测结果,由另外的专家小组重新进行预测。这个建议非常重要,因为大量研究表明,德尔菲法受到虚假或歪曲资料介入时会影响最后的结果。

(6) 德尔菲程序的工作量

使用德尔菲法进行决策或预测时,协调人的主要任务是收集和分析小组成员的答复,并编制下一轮的问题。经验表明,这将需要大约每名小组成员每轮两个小时。编制调查表的事务工作基本相同,但计算时间的方法不同。

(7) 调查周转时间

德尔菲预测调查如利用邮寄,通常每两次调查之间要花费一个月的时间。如在本部门内部小范围(工厂、实验室、大学等)进行德尔菲调查,周转时间就可能短得多。10～15人的专家小组,如采用内部急件传递,两个星期就足以进行四轮调查。但是,小组成员也要积极主动地作出答复,否则,内部通信的优点便会丧失。

4.1.5 对德尔菲法的评价

德尔菲法自从应用以来,在大多数情况下,专家的意见能够趋向一致,调查结果具有较强的收敛性,但也出现过无法取得一致意见的情况。然而通常无法取得一致意见并不意味着德尔菲法运用的失败。在运用德尔菲法的过程中,经常可以发现由于学派的不同而产生不同或者对立的观点,这样可以使组织者从不同的角度考虑问题,有利于对问题的深入研究。德尔菲法作为一种决策或预测的有效工具,其价值在于结果的有效性,有大量事例证明了其预测结论的准确性。

德尔菲法不受地区和人员的限制,用途广泛,而且能引导思维,提供了一种系统的预测方法。在缺乏足够历史资料的领域中,有时只能用这种方法来解决问题。但是德尔菲法也存在一些不足之处,主要有:

1) 预测结果受主观认识的制约。预测的准确程度主要取决于专家的学识、经验、心理状态和对预测对象的兴趣程度。

2) 专家思维的局限性会影响最终的效果。通常专家只是在某个专门的领域从事工作,对其他领域往往了解不多。

3) 德尔菲法在技术上仍不够成熟。例如专家的概念没有完善的、客观的衡量标准,因而在选择专家人选时容易出偏差。征询调查表的设计也难以掌握,有时会比较粗糙。

4.2 德尔菲法的操作分析过程

4.2.1 德尔菲法的操作程序

德尔菲法就是用一系列征询调查表向专家集体征询意见。每一次调查就叫"一轮",每一轮要求专家小组成员和协调人完成的任务均有所不同。所谓"征询调查表"可能容易造成误解。征询调查表不仅仅提出问题,而且还要向专家成员提供有关集体意见情况和其他专家成员各自的观点等信息资料。以下介绍的是兰德公司创建的"传统"的德尔菲法的具体实施步骤。

第一轮,第一份征询调查表是没有固定格式的,允许任何回答。

首先,提出使用德尔菲法所要咨询的问题。即提出要作决策、进行预测或技术咨询的问题。这一步是关键。无论决策、预测还是技术咨询,问题都应当很清楚、很确切,并且能简明扼要地反映组织希望获得什么信息。问题如果提错了,会影响整个德尔菲法的最终结果。

其次,选择和确定专家小组的成员。由于德尔菲法是通过征求专家小组成员的意见从而作出决策或预测,因此选择专家成员是这种方法能否获得正确结果的关键。在德尔菲法开始之前,要把需要制定决策或进行预测的问题向专家成员解释清楚,使他们充分理解提出问题的目的及意义。必要时应向成员介绍德尔菲法的过程、特点、各轮反馈的作用以及平均值、方差、四分位点等统计量的含义等内容。

再次,制订第一份征询调查表,并散发给每个专家成员。这个征询调查表只提出所要咨询的问题和使用德尔菲法要达到的目的,由专家成员自己提出达到该目标的各种可能方案。

然后,协调人收回第一份征询调查表并进行分析。这时需要把专家们提出的决策方案或预测事件进行筛选、分类和综合整理,归并那些相似的,删除那些对特定目的不重要的,理清这些方案或事件之间的关系,以准确的术语和简洁的方式提出一份方案或事件的一览表,使成员容易阅读。

至此,完成了德尔菲法的第一轮调查。

在整理专家们的意见时,无论什么情况,协调人都不能把自己或组织的意见掺入专家们的反应中。如果组织认为收集到的意见明显地忽略了所提出的问题中某些有意义的重要因素,组织者应该考虑到所选择的专家小组不符合条件,可以考虑重新挑选更换专家小组中的成员。

在第二轮调查中,首先,要制订第二份征询调查表并散发给各个专家。这时要把根据第一轮调查结果归纳综合出来的事件一览表发给各个成员,并展开第二轮调查。这一轮除了要求专家对表中所列各项方案或事件继续发表补充或修改意见外,还要求他们对表中的每个方案或事件作出评估。对决策问题,一般要求选择最佳方案,或对所有方案的优劣进行排队;对预测问题,则要求对事件发生的时间作出估计。专家成员的评估意见应以最简单的方式表示,例如方案的择优可以给每个方案打分,也可以用方案排队的顺序号表示。事件发生的时间的估计,则可用年月日表示。在这一步还希望成员说明作出这种选择或估计的理由。

其次,协调人收集第二份征询调查表,对专家成员们的意见进行统计处理,再制订第三份征询调查表。在每轮咨询之后,对收集到的数据进行统计处理,是德尔菲法分析的一项重要工作。在第三份征询调查表中除了反映第二轮调查的统计结果之外,还应当把成员所说明的理由作一小结。这个小结既要简洁、便于阅读又要能充分反映专家们彼此之间的意见分歧,这样,在第三份征询调查表中充分概括了第二轮调查中所获得的信息。

这是使用德尔菲法进行咨询的第二轮。

第三轮,首先协调人把第三份征询调查表散发给专家小组的成员,专家小组成员在收到反映专家小组意见的综合统计报告后,要仔细审阅统计的结果,了解意见的分歧和各种意见的理由,再对方案或事件作出新的评估。这时,成员可以根据意见的总体倾向(均值)和离散程度(方差)以及评估的各种意见及其理由来修改自己的评估。对于预测问题,如果估计的日期处于上、下四分位点区之外,则要求说明作出这种估计的理由,并对小组成员中持反对观点的成员的意见给予评论。在采用平均值-方差法对方案排队或择优时,也可以要求专家这么做。这种讨论可以把其他专家成员忽视的因素和未加考虑的事实包括进去。因此,专家小组的成员虽然分处各地但仍然能进行讨论,而且这种讨论是匿名的。

其次是协调人回收第三个征询调查表,并处理收集到的意见,即重新计算方案或事件的均值、方差、上下四分位点,对专家们的争论作出小结。至此,完成了德尔菲法的第三轮。

第四轮咨询,是第三轮的重复。在第四轮结束时收集和整理第四份征询调查表所获得的信息。

经典的德尔菲法共四轮。在大部分场合,经过几次信息反馈已能得到协调程度较高的结果。一般经验是,经过连续几轮调查,小组估计数值趋向集中。小组成员通常在第二轮对每一事件的估计数值有较大的差别。但是,后来由于小组成员提出了更改估计数值的理由,下几轮的估计数值就趋向更理想的结果了。这种集中收敛过程是由于信息资料的传递和小组成员相互影响形成的。如果专家小组成员的确难于达成一致意见,则协调人需要从各方得到他们的最后意见,并把这种不能达成一致的意见作为德尔菲法的最终结果。

4.2.2 征询调查表的制订

征询调查表是使用德尔菲法进行决策或预测的一个主要工具。征询调查表制订的好坏,直接关系到决策或者预测结果的优劣。在制订征询调查表时,需要注意以下几点:

(1) 对德尔菲法作出简要说明

为了使专家全面了解情况,征询调查表一般应有前言,用以简要说明决策或预测的目的、任务及专家应答在决策或预测中的作用。同时还要对德尔菲法作出扼要说明,因为德尔菲法并不是众人皆知的,即使有些专家接触过此法,也难免有某些误解。

(2) 问题要集中

问题集中并有针对性,以便使各个事件构成一个有机整体。问题要按等级排队,先整体,后局部。同类问题中,先简单,后复杂。这样由浅入深的排列,易于引起专家回答问题的兴趣。

(3) 避免组合事件

如果一个事件包括两个方面,一方面是专家同意的,另一方面是专家不同意的,这时就令专家难以作出回答。

(4) 用词要确切

所列问题应该明确,含义不能模糊,在问题的陈述上要避免使用含义不明确的字眼。

(5) 征询调查表要简化

征询调查表应有助于专家作出评价,使专家把主要精力用于思考问题,而不是用在理解复杂混乱的征询调查表上。征询调查表的应答要求,最好是以"确定一个日期"或"填空"的方式列出。征询调查表还应留有足够的地方以便专家阐明自己的意见和论证。总之,征询调查表应方便专家,不要妨碍他们的应答。

(6) 要限制问题的数量

问题的数量不仅取决于应答要求的类型,同时还取决于专家可能作出应答的上限。如果只要求作出简单回答,问题的数量可适当多些;如果问题比较复杂,则数量可少些。但严格的界限是没有的。一般认为,问题数量的上限以 25 个为宜。如果问题超过 50 个,领导小组就要认真研究问题是否过于分散而未击中要害。

(7) 不应强加领导者个人的意见

在德尔菲法进行过程中,任何情况下及任何一轮,领导小组或领导者个人都不能将自己的意见列入征询调查表中。专家进行讨论时,领导小组或个人不应介入,否则就有把预测结果歪曲到符合领导人观点的危险。

4.2.3 专家小组的选择

如何选择专家小组中的专家是由决策或预测的任务所决定的。如果要求比较深入地了解内部的历史情况和技术政策,或牵涉到本部门的机密问题,最好从内部选取专家;如果决策或预测任务仅仅关系到一些具体技术的发展,最好同时邀请部门内外的专家。

在选择专家时要考虑到:
- 广泛的代表性,在成员中一般应包括技术专家、管理专家、情报专家和干部等;
- 对需要制定决策或进行预测的问题比较熟悉,有较丰富的知识和经验,有较高的权威性;
- 对提出的问题深感兴趣并有时间参加德尔菲法分析的全过程;
- 成员人数要适当。人数过多时,数据的收集和处理工作量大,周期长,结果的准确性提高并不多。但有时为了其他目的,例如使德尔菲分析的结果得到更广泛的支持,成员人数可稍微多一些。

4.2.4 德尔菲法中常用的统计方法

下面简单地介绍数据统计处理常用的四分位法、平均值-方差法以及直方图。

(1) 四分位法

在德尔菲法统计数据处理中,常用中位数表示专家评价的协调结果,上下四分位点表示专家意见的分散程度。将评价结果依次表示在横轴上,并把数据分为四等分。中分点称为中位数,小于中位数的四分位点成为上四分位点,大于中位数的四分位点成为下四分位点。上下四分位点越接近中位数,表示专家评价意见越集中。落在上下四分位点之外的评价值,表示该专家与多数专家意见分歧。在实际操作中,上下四分位点可以用经验公式计算。在预测事情完成时间的统计处理中,设中位数为 T_0,组织预测时间为 T,中位数与组织预测时间之差为 $T - T_0 = X$,则上四分位点 T_1 和下四分位点 T_2 分别为

$$T_1 = T_0 + \frac{2}{3}X \tag{4.1}$$

$$T_2 = T_0 + \frac{5}{3}X \tag{4.2}$$

(2) 平均值-方差法

方案的优劣程度常用方案的评分值表示。设有个专家对 n 个方案进行评价,评价矩阵

$A = (a_{ij})_{m \times n}$。其中 a_{ij} 表示第 i 个专家对第 j 个方案的评分值,分值一般取 0~100 分。方案评分均值和方差分别为

$$M_j = \frac{1}{m} \sum_{i=1}^{m} a_{ij} \quad (j = 1, 2, \cdots, n) \tag{4.3}$$

$$D_j = \frac{1}{m-1} \sum_{i=1}^{m} (a_{ij} - M_j)^2 \quad (j = 1, 2, \cdots, n) \tag{4.4}$$

专家将根据上一轮评价结果的均值和方差修改自己的意见,使意见离散程度越来越小,逐渐趋于一致。

(3) 直方图

结构预测结果和状态预测结果均可用直方图表示。表示结构预测结果的直方图的横坐标是结构相对数,一般以每 20% 为一单位,将 0~100% 分为 5 段,其纵坐标为预测目标将呈现何种结构的专家人数占全部专家人数的比重。而表示状态预测结果的直方图,其横坐标为预测目标可能出现的各种状态或备选方案,其纵坐标为预测某状态出现或择优的专家人数占全部预测专家人数的比重,即各状态出现或各方案被选优的可能性。若对各专家评判赋予不同的权重,那么预测结果将发生变化。

4.3 德尔菲法的一些变化方法

自从兰德公司创立德尔菲法以来,在实际运用过程中,德尔菲法出现很多变化的形式,这些派生的德尔菲法都是对原来的德尔菲法作出某些修改而产生的。派生的德尔菲法主要可以分为两类:第一类是保持传统的德尔菲法的基本特点;第二类是改变其中一个或者多个特点。现扼要介绍几种:

(1) 列出未来事件一览表

经典的德尔菲法一开始都是"一张白纸"。这样做虽有好处,但是也会使专家小组成员感到茫无头绪而不知所措。因此,有一些德尔菲法在开始时便准备了一些未来事件的初表提供给小组成员对此进行预测,从而比较顺利地进入第二轮调查。当然也可以要求小组成员对事件一览表提出补充或修改意见。

(2) 向专家提供背景资料

科技的发展过程还要取决于外部的政治与经济条件,预测也要取决于对这些外部条件的假设。专家小组是由科技专家组成的,他们不可能预测这些政治与经济条件。因此,在第一轮以前,最好先作出对政治与经济环境的预测,再将预测结果提供给小组成员。这样,小组成员在进行科技预测时就能够掌握外部环境的一般情况。如果政治与经济预测有错误,科技预测随之也会有误,但是不提供这方面的情况,科技预测更难避免错误。提供外部环境情况特别适用于工业部门的德尔菲法,因为他们的专家小组成员大都是来自公司的技术部门。如果公司的销售、市场调查和高级管理人员提供外部环境信息,这对小组内的技术专家会有很大帮助。

(3) 增加或者减少调查轮次

经典的德尔菲法共有四轮调查。但有时使用德尔菲法会出现五轮调查。有时经过一系

列的短期试验表明,两轮已足够。第一轮如有未来事件初表,在第二轮时意见基本上已经相当协调。如果协调人认为没有必要再对第三轮的不同意见进行咨询,第四轮也可取消。总之,德尔菲法具有优于面对面会议的优点,即使不能充分进行四轮,只有两轮调查所获得的信息也比一个专家冥思苦想或许多专家面面相觑要强。

（4）多重日期

在经典德尔菲法中,小组每一名成员对每一个未来事件提出一个预测日期。有时这一日期说的是有50%的可能性的日期。但是,其他德尔菲法规定,小组成员应提出3种日期:除了50%可能性日期外,还要有"极少可能"日期和"基本肯定"日期。如给以定量,可定为10%、50%和90%概率估计值,或者给以其他合适的概率。如果将上述50%估计值作为平均日期,即可得出小组的统计结果。小组分歧的程度可以根据平均日期与上限可能日期和下限可能日期之间的分布情况来确定。

（5）对结果进行自我评价

在征询专家意见的同时要求专家对结果进行自我评价,自我评价越高说明专家越自信。有些情况在使用德尔菲法时还需要考虑专家的权威程度,这时就要对专家的权威取权数,对评估结果进行加权平均计算。这样有利于提高德尔菲法的精确度。

（6）使用计算机进行分析

现在,对德尔菲法预测结果使用计算机进行分析已经十分普遍。特别是在参加德尔菲法预测的人数很多和专家小组种类不同的情况下,更需要计算机分析。有些德尔菲法程序中,小组成员多利用远程计算机终端参加预测,终端与中央计算机连接,中央计算机始终掌握着未来事件的当前现状和小组各成员所作出的最后预测估计值。计算机还可随时显示小组成员估计值的平均数和四分位点数,提醒小组成员最后所作出的估计值,并且询问是否需要更改。计算机化完全取消了轮次调查的形式。小组成员可以经常记入他们所选择的估计值,也可以随时更改。这种"实时联机德尔菲法"能使参加人员比较迅速地得出一致意见,而通过邮递的书面德尔菲法征询调查表则慢得多。

以上6种派生的德尔菲法主要属于第一类,这类主要是对传统的德尔菲法中的某些部分进行修正,从而排除传统的德尔菲法中的一些不足。

（7）部分匿名的德尔菲法

匿名性有助于发挥个人的长处,不受外界环境和意见的影响。有时取消部分的匿名也可以保持德尔菲法的优点,并可以加快预测的过程。德尔菲法也可用于面对面的会议中,论点可以公开,估计值则仍然匿名,并通过秘密投票。小组成员对某一未来事件进行讨论,然后各自作出预测。由于小组成员要说明指出其他成员必须更改其预测结果理由,这种方法要进行几轮。通常多采用书面不记名投票方式。但是,有时也用意见征求器电子装置来代替。这种意见征求器由一台小型计算机、一个电视形式的显示器和十几个与计算机连接的控制器件组成。控制器件有一数字刻盘和指示数字的旋钮。每一小组成员"投票"时,可旋动其控制器上的旋钮,旋转到他所估计的数字刻度上。小组成员全部投票完毕后,计算机即对估计值进行统计分析,然后将结果显示在显示器上。显示图像可以是线条图或其他合适的图像以指出估计值的"中心"值和该中心值左右的离散趋势。采用这种意见征求器,投票进展得很快,讨论过程中随时都可进行。小组成员也能迅速地看到意见趋向一致的情况,并决定是否需要继续讨论。讨论虽是公开进行,但是部分控制器连接的电线都经过保密处理,这样就可使投票情况不为其他人所知。小组成员各自都有自己的控制器,而且比较隐蔽,以保证每人的估计值得以匿名。

(8) 部分取消反馈

如果完全取消反馈,则第二轮以后专家只能对自己所提出的建议进行重新认识,这将会影响德尔菲法的准确性。实验研究表明,只对自己的判断简单地重新认识只能使应答结果变坏,而不会改善。因而如果全部取消反馈将会丢失德尔菲法最基本的优点。部分取消反馈,一种是只向专家反馈四分点或十分点,而不提供中位数,这样有助于避免有些专家只是简单地向小组中位数靠拢,借以回避提出新的评价和论据的倾向;另一种是只向部分专家进行反馈。第三轮仅向两种人提出反馈,第一种是其评价结果未进入十分点之间;第二种是该领域的权威专家。如果协调人认为权威专家意见得到证实,则可用权威专家的评价作为预测结果,否则应当以专家小组应答统计中位数作为预测结果。

以上两种方法属于第二类派生德尔菲法,改变了传统德尔菲法中的匿名性和反馈性的特点。

4.4 德尔菲法实际应用案例

4.4.1 旅游的区域环境效应研究——安徽黄山市实证分析

旅游活动与环境休戚相关。环境是旅游活动赖以发展的基础,旅游活动不可避免地对自然环境、人文环境产生积极的或消极的影响。但已有的研究大多探讨旅游活动对环境的消极影响,积极影响探讨相对较少;研究区域大多集中在风景区等较小范围内,较大区域研究相对较少。环境影响评估方法很多,其中多数评估方法需要长时间的观察和详细的资料分析,需要大量的人力、物力和财力,属于客观性评估。这种评估当然是重要的,但主观性评估也不容忽视,特别是考虑到在较大区域范围内旅游活动对环境的影响与其他社会经济活动对环境的影响是同时发生、糅合在一起的。旅游活动对环境影响大多是渐变的,不同于重大工程等对环境的影响是突变的。并且主观性环境评估所用的时间、人力、物力、财力相对少得多,因此主观性环境评估不失其意义。

1. 研究方法

(1) 研究方法

运用德尔菲法分析较大区域旅游活动对环境的影响。Stephen 等运用德尔菲法确定在 2000 年美国可能发生的影响公园和娱乐管理的发展。Green 等采用德尔菲法研究了英国布拉幅的 Salts Mill 旅游发展对环境的影响,结果发现旅游业的发展促使当地废弃建筑物的重新利用、历史遗迹的修复和保护,从而改善了当地环境。

(2) 选择实证分析对象

实证分析对象黄山市位于安徽南部,面积 9 807 平方公里,人口约 145 万。黄山市集中了黄山、齐云山、太平湖等国家级、省级风景名胜区,歙县、黟县等国家级、省级历史文化名城、牯牛降、清凉峰等国家级、省级自然保护区。它们与相邻的九华山、齐山—秋浦、石台溶洞群等国家级、省级风景名胜区一起构成以"世界文化与自然遗产"黄山为中心的皖南旅游区。

经历20多年的发展,黄山市已成为我国重要旅游城市。"八五"期间累计接待旅游者1 500万人次,其中入境旅游者接待量在全国53个重点旅游城市中位居中上游,旅游收入累计11亿元,其中创汇4 600万美元。以黄山市作为实证分析对象具有一定的代表性。

(3) 明确研究目标

作者列出29项旅游活动对研究区域自然、人文环境可能产生的影响。对自然环境影响包括旅游活动对动植物保护的影响,对植被覆盖率、水土流失率的影响,对自然生态系统保护的影响,对水体、大气环境的影响等;对人文环境影响包括旅游活动对基础设施建设的影响,对当地文物、传统建筑风格的影响,对当地政府、居民环境意识的影响,对环境管理的影响等。

调查时要求被调查者(德尔菲专门小组)注明旅游活动对所列29项是否产生影响。如果回答是否定的,在表格中相应位置注明"N";回答是肯定的,则在相应位置注明"Y",并注明影响的性质——正影响(+)、负影响(-),同时注明影响的强度(影响非常大、影响大、影响中等、影响小、影响非常小)。

(4) 确定德尔菲专门小组

专门小组主要由当地旅游部门、环境部门、经济计划部门、新闻部门、规划部门专家及有一定文化程度的居民组成(表4.1)。

表4.1 德尔菲专门小组的组成

专门小组组成	第一轮	第二轮	第三轮
旅游部门	7	6	4
环境部门	10	9	7
经济计划部门	6	4	4
新闻部门	6	4	4
规划部门	5	3	2
一般居民	20	10	6
共计	54	36	27

(5) 调查过程

第一轮调查将调查表当面交给专门小组成员,并向其解释调查目的、德尔菲法的运用。第二、三轮调查时,将上轮专门小组综合意见整理成册,连同上轮个人调查表反馈给专门小组成员,让其对照专门小组综合意见,对自己的意见作一定的调整。第二、三轮调查通过邮寄方式进行。调查自1994年5月开始,同年11月结束。

2. 结果分析

经过三轮调查,专门小组意见明显趋向一致。这其中固然有由于专门小组成员减少的缘故,但更重要的是专门小组成员对照小组综合意见重新评估自己意见的结果。表4.2和

表 4.3 分别列出了第二、三轮专门小组认为旅游活动对当地环境影响最明显的 10 项。

表 4.2　第二轮调查结果(前 10 项)

项　目	专门小组人数	注明正影响人数	注明负影响人数	平均强度
通讯建设	36	36	0	2.0
城镇现代化进程	36	36	0	2.5
公路建设	36	36	0	2.5
城市新区的兴起	36	36	0	2.5
文物得到重视、保护和利用	36	36	0	3.0
铁路建设	36	36	0	3.0
环境管理计划的制订和实施	36	36	0	3.0
当地居民的环境意识	36	36	0	3.5
当地政府的环境意识	36	36	0	3.5
传统建筑风格得到继承发扬	36	34	2	3.5

表 4.3　第三轮调查结果(前 10 项)

项　目	专门小组人数	注明正影响人数	注明负影响人数	平均强度
公路建设	27	27	0	2.0
通讯建设	27	27	0	2.0
城市新区的兴起	27	27	0	3.0
文物得到重视、保护和利用	27	27	0	3.0
传统建筑风格得到继承发扬	27	27	0	3.0
城镇现代化进程	27	27	0	3.0
铁路建设	27	27	0	3.0
公共卫生条件得以改善	27	27	0	3.0
当地政府的环境意识	27	27	0	3.0
环境管理计划的制订和实施	27	27	0	3.0
野生动物猎杀	27	0	27	3.0
野生动物迁徙	27	0	27	3.0

由表 4.2 和表 4.3 可以看出,旅游活动促进当地基础设施建设,有利于当地传统文化的保护、复兴和利用。旅游业已成为当地先导产业。1987 年当地就提出了"以黄山为中心,以皖南为重点,发展旅游事业带动皖南经济发展"的经济发展战略。1987～1989、1993～1996 年两次扩建黄山屯溪机场,供 B-757 等大型客机起降。公路状况得以明显改善,通讯事业发展迅速,旅游业促进了外资引进。与德国共同签署了惟一一个地区性项目,总投资达 90 亿元的黄山地区综合交通工程,促使黄山地区交通得以根本性的改善。1995 年引进外资改造旧城。黄山旅游度假区等开发项目促进了城市新区的兴起。

旅游使得当地传统文化和文物古迹得以复兴。黄山市前身徽州,明清曾有"东南邹鲁"之称,屯溪老街,歙县棠樾牌坊群,黟县西递、宏村古村落古民居群等已成为闻名遐迩的旅游景点。

旅游活动尚没有对当地大气环境、水环境产生较大的负面效应。比较我国另一重要旅游城市桂林市大气质量(表4.4),可以看出黄山市保持着良好的大气环境,许多指标明显优于桂林市。黄山市地面水环境良好,只有工业和居民相对集中的城镇河段有一定的污染,属于工业和生活污水污染。

表 4.4 1993 年黄山市、桂林市大气环境质量比较

城　市	二氧化硫		氮氧化物		总悬浮微粒	
	日平均值	超标率(%)	日平均值	超标率(%)	日平均值	超标率(%)
桂林市	0.076	21.7	0.024	1.7	0.220	25.0
黄山市	0.020	0	0.008	0	0.12	5.0

调查结果表明,旅游活动对当地负面作用主要体现在威胁野生动物的保护。黄山市珍稀动物种类多,受到国家保护的野生动物有 25 种,占全省保护动物种类的 71.4%。旅游活动致使有些部门忽视了野生动物的生态价值,强化了短期实用思想。管理上不够协调,导致野生动物的乱捕滥猎。大量的猎杀,使得金钱豹、大灵猫等珍稀动物几近绝迹。

3. 结论

利用德尔菲法,以安徽黄山市为例,分析了旅游的区域环境效应。结果表明,旅游业的发展促进了当地基础设施的建设,有利于当地传统文化的保护、复兴和利用。旅游活动尚没有对当地大气环境、水环境产生较大的负面效应,但威胁了当地野生动物的保护。

［陆林. 中国环境科学,1996(6)］

4.4.2　我国生物高技术产业发展预测和评价研究

(1) 对预测对象"我国生物高技术产业发展"(以下简称"生物产业")进行分解,确定预测目标。

这一阶段可以由预测组织者——合肥工业大学预测与发展研究所(以下简称"预测所")自行分析确定预测目标,也可编制信函问卷请专家对预测对象进行分解。然后由预测所归纳的结果确定预测目标。

本案例两种形式结合,预测所先将预测对象划分为"生物技术应用开发领域"、"产业发展方向"、"技术开发项目"3 个层次,然后预测所编制了预测目标意向调查表(表4.5～表4.8),经过反复分析和筛选,将预测目标归纳为 9 个应用开发领域、29 个高技术产业发展方向以及 72 个高技术开发项目,并确定聘请全国近百名生物技术领域及管理方面的专家组成德尔菲预测专家组。

(2) 确定预测内容,编制第一轮预测事件调查表,并发函给专家。

预测所确定以信函问卷调查方式就我国生物高技术研究开发现状、相关支撑环境、基础条件及产业发展前景进行综合评价和预测,包括时间预测、结构预测、择优预测和重要性预测等。

生物高技术产业发展评价目标树

A1　医疗卫生
　　B1　免疫活性蛋白及多肽类药物的开发
　　B2　诊断治疗用酶及其他蛋白质的开发生产
　　B3　抗生物质的开发生产
　　B4　生物药用资源的开发利用
　　B5　医用氨基酸系列产品的开发
　　B6　避孕药物的开发
　　B7　含有人细胞与组织的人工脏器的开发
　　B8　人类遗传病的基因治疗
A2　农业
　　B9　高产、优质、抗逆的动植物新品种的培育
　　B10　栽培和养殖新技术开发
　　B11　生物贮存技术开发
A3　食品轻工
　　B12　单细胞蛋白的开发生产
　　B13　微生物多糖等新糖源的开发
　　B14　新型食品用酶制剂的开发利用
　　B15　新型甜味剂及香料开发
　　B16　快速、连续发酵新工艺开发
A4　化学工业
　　B17　高纯度、高稳定的工业用酶开发
　　B18　高效生物杀虫剂的开发
　　B19　利用能够再生的资源生物合成化工产品及肥料
A5　微生物及采矿冶金
　　B20　利用微生物进行矿石的浸滤和金属回收
　　B21　利用微生物进行原油开采及回收
A6　生物能源
　　B22　生物能的开发利用
　　B23　太阳能的生物转换技术开发
A7　环境保护
　　B24　选育或诱变优良菌株降解有机污染物
　　B25　选育特殊菌株处理极端条件下的工业废水
A8　生物电子
　　B26　新型生物电子材料及生物芯片的开发
　　B27　工业生产过程、环境监测控制与医疗诊断用高效率、高灵敏度、微型化、集成化
　　　　　生物传感器的开发研制
A9　生物反应器及分离技术开发
　　B28　生物反应器及其放大规律的开发与研究
　　B29　分离、纯化设备、介质及工艺的研究开发

表4.5　29个生物高技术产业发展方向形成产业年份预测一览表

预测事件	请将你所预测的年份填入合适的概率之下				
	0.1	0.3	0.5	0.7	0.9
B1					
B2					
B3					
…					
B29					

表4.6　食品轻工领域5个发展方向产业结构预测一览表

单位:%

预测事件	请在你认为最合适的结构中打"√"				
	10~20	20~40	40~60	60~80	80~100
B12					
B13					
B14					
B15					
B16					

表4.7　29个领域近期应重点资助的生物高技术发展方向调查表

	B1	B2	…	B28	B29
请你选择(√)					

表4.8　化学工业领域中三大方向对国民经济发展重要性一览表

单位:分

预测事件	请在你认为最合适的结构中打"√"				
	0~20	21~40	41~60	61~80	81~100
B17					
B18					
B19					

注：请按重要程度打分,100分为最重要。

对在表格中无法得到满意答复的预测目标及其相关因素应设计问题请专家们回答。例如：

1) 请列举我国生物产业发展的基础条件,并作评价。
2) 请对我国生物产业发展的相关工业支撑环境作评价。
3) 请说明我国生物产业产品的国际竞争能力,包括理论研究、实验室试验、中试阶段、批量生产等方面。

(3) 收回第一轮问卷调查表,进行统计处理和观点归纳,编制第二轮问卷调查表,函发专家。统计处理包括计算中位数、百分数、算术平均数、标准差系数和画直方图。

1) 年份中位数的计算。例如,据所收回的 90 份调查表对产业形成年份(表 4.5),按 B1～B29 分别升序排列,再根据每一发展方向所拥有的年份数数列计算中位数。凡是奇数,计算公式为 $(n+1)/2$,所得商,即中位数所在位置,该位置上的年份即中位数;凡是偶数,计算公式为 $n/2$,所得商,及其随后一位置上的两个年份的平均数即中位数。并将所有年份中位数编列成表(见表 4.9),准备反馈专家。

表 4.9 29 个生物高技术产业发展方向形成产业年份中位数一览表

预测事件	B1	B2	……	B28	B29
年份中位数	1996	1995	……	2001	1998

注:年份数据是假设的。

2) 结构直方图的绘制。例如,根据收回的 90 份调查表中的表 4.6,分别累计落在 B12～B16 的各结构相对数区间内的"√",并除以 B12～B16 各自所得总"√"数,得结构预测的专家百分数,据此画出直方图。

3) 算术平均数和标准差系数的计算。例如,根据所收回的调查表资料,分别计算预测事件 B17、B18、B19 得分的算术平均数、标准差和标准差系数。假设算术平均数分别为 68、54、89 分,标准差系数分别为 12%、8%、2%。计算结果说明 B19 对国民经济发展最为重要,但专家意见不协调,应在下一轮调查中作为重点调查项目。

(4) 进行第二轮至第四轮问卷调查。将第一轮调查的统计结果先归纳出不同观点,例如:

第 1 个问题:经上一轮调查对 B19 的重要性有不同见解,请各位专家重新打分并说明依据。

……

第 2 个问题:对于生物产业的发展策略分歧的焦点是优先支持基础研究力争国际领先,还是优先支持已接近商业开发的研究成果?

以上在第二轮调查中进行调查。随后的第三、第四轮调查均在前一轮基础上进一步深入,使预测结果明朗化。

(5) 编制预测报告。根据最后一轮的调查资料,经统计处理和观点归纳提出预测结果报告。例如,本案例的预测报告包括如下几个方面:

1) 预测过程概述;
2) 对我国生物高技术研究开发现状的评估;
3) 我国生物高技术产业发展的相关支撑环境及基础条件;
4) 我国生物高技术产业发展的前景预测,形成产业的时间预测,市场竞争能力预测;
5) 我国生物高技术产业发展策略研究;
6) 结束语。

[朱东华. 预测,1993(10)]

参考文献

[1] 陈珽. 决策分析[M]. 北京:科学出版社,1987.
[2] 李铁映,张昕. 预测决策方法[M]. 沈阳:辽宁科学技术出版社,1984.
[3] 蔡美德. 预测与决策[M]. 北京:科学技术文献出版社,1992.
[4] 彭勇行. 管理决策分析[M]. 北京:科学出版社,2000.
[5] 岳超源. 决策理论与方法[M]. 北京:科学出版社,2003.
[6] 刘士义,刘树信. 行政决策学与应用[M]. 北京:气象出版社,1992.
[7] 陈益升,孔昭君. 决策与科学[M]. 北京:科学技术文献出版社,1994.
[8] J·P·马丁诺. 决策用技术预测[M]. 丁朋序,龙毓骞,等,译. 北京:北京现代管理学院,1986.
[9] 喻国华,陈端计. 经济调查预测与决策[M]. 北京:中国科学技术出版社,1995.
[10] 冯文权. 经济预测与经济决策技术[M]. 武汉:武汉大学出版社,1983.
[11] 王美今. 经济预测与决策[M]. 厦门:厦门大学出版社,1997.
[12] 黄孟藩. 决策的科学方法[M]. 北京:海洋出版社,1983.
[13] 保罗·穆迪. 管理决策方法[M]. 安玉英,等,译. 北京:中国统计出版社,1989.

案 例 分 析

案例1　世界高校排行评估

1983年,《美国新闻与世界报道》推出了第一份美国高校排行榜。1986年,英国的《星期日泰晤士报》高等教育副刊发布了英国优秀大学指南。之后,日本的《钻石周刊》、加拿大的《麦克林》、德国的《明镜周刊》、香港的《亚洲新闻周刊》等先后发表本国(地区)的高校排行榜,引起广泛关注。

1991年加拿大《麦克林》(Maclean's)新闻周刊对46所加拿大大学的文科系和科学系的办学质量进行排名,其结果以"A Rating Road Map"为标题发表在1992年的《麦克林》新闻周刊上。此后,《麦克林》新闻周刊定期发布排行结果,影响较大。

1. 排行的目的

《麦克林》新闻周刊的大学排行评估是为学生选择学校而设计的。"每个学生都有权在了解有关情况之后,再作出明智的选择。"因此,此项排行评估选了涉及学生、课堂、教师、财政、图书馆与学校声誉6个方面的22项指标,虽未覆盖大学的全部情况,但却包括了择校学生最想了解的情况。

2. 排行的对象

《麦克林》新闻周刊参照卡内基基金会对美国大学的分类方法,依据研究经费、专业的多

样性及哲学博士学位所涉及的领域,把大学分为如下 3 类:

设有医学院和有博士学位授予权的大学(Medical/Doctoral):设置众多能授予博士学位的专业,科研工作涉及广泛的研究领域,并设有医学院等,在科研上所获资助较多。

综合性大学(Comprehensive):从事大量科研活动,在研究生及本科层次上均有相当多的专业,包括职业性学位专业。

主要招收本科生的大学(Primary Undergraduate):着重从事本科生教育,也有少量研究生教育,但几乎没有博士生专业。

经过这样分类后(按照上述标准与分类,加拿大现有第一类大学 15 所,第二类大学 13 所,第三类大学 23 所),同组内的大学就具有了相似的结构和指标,也具有了可比性。

3. 排行的指标体系

《麦克林》新闻周刊开展加拿大大学排行评估伊始,就制定了确立排行评估指标体系的两条原则:① 反映择校学生最想了解的情况。② 尽可能选择可测量的指标。实在不可测量的,如学校声誉,可以采用专家咨询法来赋值。下面是 1998 年《麦克林》用于大学排行的各项指标及其权重。(注:《麦克林》大学排行指标的权重会根据情况作出一些调整,此处展示的是 1998 年的构成。)

学生质量(21%~22%):包括平均入学分数、75 分以上人数比、届时毕业率、省外学生比例、国际学生(研究生)比例、获奖学金学生百分比。

课堂规模(17%~18%):一二年级课堂、三四年级课堂、终身制教师执教率。

教师队伍(17%):博士人数、每千名教师中获国家奖励的人数、全日制教师获人文社会科学委员会研究基金资助的经费数、全日制教师中获医学、科学与工程委员会研究基金资助的经费数。

财政经费(12%):生均行政开支、奖学金与助学金占行政总经费的比例、行政经费中用于学生服务方面的比例。

图书馆(12%):总藏书量、生均藏书量、图书馆用于购买新书的经费占图书馆开支的比例、图书馆开支占学校行政开支的比例。

学校声誉(20%):声誉调查——对全国数千位(注:1994 年为 1 040 位,1998 年为 3 500 多位)社会精英、大公司总裁、学术领袖、教育行政管理人员及高中升学顾问进行的大学声誉调查,包括 4 项排序,即最高质量、最多创新、未来领袖、总体最佳。校友支持——在过去 5 年内,向学校捐助的校友人数的百分比。

4. 数据资料的采集与处理

《麦克林》新闻周刊通过召开讨论会,并在有独立见解的加拿大、美国评价专家的建议帮助下设计了能正确提出问题和获得准确答案的调查问卷(注:一份长达 12 页的问卷和 19 页的使用说明),由各校校长用 6 周时间来填写。如有疑问,还可以提出并得到回答。最后,在使用这些数据前,杂志还给每位校长一份确认书,对本校提供的信息再次肯定。

另外,杂志还对不能用一般方法测量的内容,开展声誉调查,调查对象包括大学的高级人士、加拿大皇家学会(The Royal Society of Canada)会员、部分政府官员和来自各个地区的主要公司负责人等。

调查所得的全部数据由加拿大统计学会的高级分析员计算和检验,剔除各组数据的特异点,进行敏感性分析,分析各项指标的作用和不同权重对排序的影响,并把地区声誉调查、班级规模和科研资助的数据标准化,以便各校之间的比较。

5. 排行结果的发布

加拿大大学的排行发布在《麦克林》杂志上。排行榜主要包括三方面的内容:三类大学的分别排名名次,包括总名次以及22项指标的具体名次;大学评估标准(指标体系)构成的具体说明;对大学排名榜的分析,即详尽展示作为6个方面22项指标排名基础的各项统计数据。

[董秀华. 高等教育,2000(6)]

案例2　东方针织服装厂

1. 企业概况

滨城东方针织服装厂属全民所有制企业,建于20世纪50年代初期,现为国家针织行业大型二类企业。该厂拥有固定资产原值3 736万元,净值2 146万元,设备年生产能力2 100万件(套),职工人数1 776人;主要产品为汗衫背心、棉毛衫裤、绒衣裤等三大类针织内外衣。该厂产品出口历史悠久,出口比重在70%左右,年创汇额2 000万美元,产品主要销往美国、日本、西欧等六十多个国家和地区。由1986年开始,该厂的印花喷胶棉等高档针织品已进入美国超级市场。

由于建厂早,该厂原有的主要技术装备都是20世纪50年代水平。根据生产发展和国内外针织品市场品种翻新及质量要求不断提高的需要,东方针织服装厂于20世纪80年代中后期先后进行了两次较大规模的技术改造。1985~1986年,为了使产品结构由内衣向外衣转化而进行的"针织外衣化配套改造"项目,总投资1 087万元,共引进染色整理设备和部分针织主机23台套,改造和新建厂房10 143平方米。1988年,为适应出口产品的需要,并逐步使新老产品形成出口系列拳头产品而进行的"针织外衣化二期配套改造"项目,总投资277万元,自行改造氯氧双漂线1条,引进高温染色机3台,多头电脑刺绣机1台;同时,利用补偿贸易的方式引进日本东伸6000型平网印花机1台。这两次改造主要是依据工厂的前处理及后整理水平低,产品水平上不去的实际,重点引进染整印花设备,改造前处理线,同时适当地添平补齐部分针织主机和多头刺绣机,与原有设备配套使用。

经过改造,该厂的技术装备水平大大提高,产品的生产能力和开发能力大大增强,质量且也大幅提高,"鱼"牌针织内外衣已成为名牌,在国内外市场有着较高的声誉,畅销不衰。但是近期在印花产品市场方面,由于受印花能力和新品种开发不足所限,越来越满足不了急剧变化的国内外市场对针织外衣花色品种的需求。该厂惟一的一台日本平网印花机,从投产使用至今,一直在超负荷运转。即使这样,也不能满足市场需求,设备的生产能力和技术水平严重阻碍了该厂印花针织产品市场的进一步开拓。

2. 印花针织产品市场

针织多板印花产品,是该厂一大系列拳头产品。该产品几乎100%出口,仅出口到德国的针织印花睡袍产品,每年就有 60 万件,占了设备生产能力一半以上。近年来,美国、日本、西欧等地区的客户对印花产品的订货量亦越来越大,印花生产计划已排到下一年年末。具有专门用于针织物印花的平网印花机的厂家,在东北地区仅东方针织服装厂一家,在我国南方的针织服装厂家具有此设备的,也是屈指可数,而且大部分平网印花机都是用来进行梭织物或丝织物的印花。在中国,像东方针织服装厂这样用于针织品印花的仅一两家。

在第 68 届法兰克福国际服装博览会上,行家们预测:"由于针织印花面料花色优美,手感柔软,悬垂性好,因此,以后将会以针织印花面料为基础,设计生产各式针织服装,尤其是宽幅针织印花面料应引起格外重视。"

该厂印花产品主要供出口,由于产品供不应求,客户主要对产品的花色和交货期要求较严格,而对价格要求较弱,因此利润较高,目前该厂出口印花产品平均利润率在 10% 左右,个别合同可达到 21%,而一般针织产品的平均利润率仅在 7%。

日前国际市场上彩直条、几何结构图案的印花产品开始流行。该厂现有的日本 ICHI-NOSE 6000 型平网印花机,由于没有圆网滚筒,不能生产这种流行的彩直条、几何图案的印花产品,仅去年就有近 40 万件的类似图案的印花产品合同不得不放弃。

随着国内人民生活水平的不断提高和针织服装由内衣向外衣化的发展,国内消费者对针织印花服装的需要也越来越多了。自去年以来,仅东北地区的百货批发部门来该厂购货的订货合同中,要求印花的产品就占全部订货量 80% 以上。但由于该厂现有印花能力几乎被出口合同占满,致使大部分内销印花产品合同外流。该厂只能在出口产品生产的间隙投放部分内销产品,以照顾老客户。这样一来,出口转内销的印花产品一到市场就被抢购一空。印花产品内销市场潜力十分巨大。

3. 国内外主要平圆网印花机

在对针织印花产品市场进行调研的同时,调研小组开始了对目前国际市场上比较先进的平圆网印花机的信息收集。首先,调研小组查问了以往各届国际纺机展览的备忘录及有关资料。其次,调研小组走访了与该厂有业务联系的省市外贸单位,请他们介绍国际上比较先进的平圆网印花机在国内的使用情况。最后,调研小组向国内同行业的厂家进行了咨询。经过这一系列的工作,调研小组得到了有关平圆网印花机的大量信息。在此基础上,调研小组制定了一条原则:国际上流行且先进的设备必须在国内有引进使用厂家,方能列入此次调研范围,否则不予考虑。根据此原则,对所收集的信息进行了处理,划定需要进一步调研的设备范围为 9 种,具体如下(括号内为该设备在我国的使用厂家,具体厂家略,只注明省市名称):

意大利美佳尼公司 REGGAIN 平圆网印花机(山东滨州)
日本东伸工业株式会社 ICHINOSE 7000 平圆网印花机(广东广州)
台湾宗龙股份有限公司 CL-700 平网印花机(江苏张家港)
瑞士相赛公司 BUSER HYDROMAY-7 平圆网印花机(浙江杭州)
奥地利伊尔玛公司 ZIRMA 圆网印花机(浙江杭州)
湖北圆网印花机(湖北黄石)
上海平网印花机(上海)
韩国 KUIL 机械股份有限公司 GP-8400 平网印花机(江苏盛泽)
澳大利亚灵斯罗公司 PRINTAV-DIMENSIONS 干网印花机(江苏盛泽)

上述设备的制造厂家,有的在国内没有售后服务部兼技术交流站,调研小组就同有技术交流站的公司取得联系,请他们尽快派人到厂进行技术交流。与此同时,为了节省时间,调研小组分成了两组人员,分赴上述各地,进行实地考察,同设备使用厂家的工程技术人员进行广泛交流,以便全面了解各种设备的使用情况。

数日后,两个组的人员返回工厂,技术交流工作也告一段落。调研小组对这一段的工作进行了小结,对上述9种设备进行分类,并总结了优势与不足。会议记录如下(主要内容):

1) 根据设备的综合性能,可将设备分为4个档次。第一,意大利的"美佳尼";第二,日本的"东伸"、瑞士的"布塞"、奥地利的"伊尔玛";第三,台湾省的"宗龙"、韩国的"奎尔"、澳大利亚的"灵斯罗";第四,国产的"上海"和"黄石"。

2) 上述9种设备,其中第一、二档设备是专门为针织品印花而设计的,而其他几种设备是为机织物印花而设计的,如果用来生产针织印花产品,则需增加开边器和整纬装置。

3) 上述设备的印花精度和宽度都能满足印花生产工艺要求,但印花精度越高,对印花产品的档次与质量的提高越有利。精度最高的当属意大利设备,国产设备的精度较国外设备略差。

4) 设备质量水平与价格,由高到低与前述的4档分类相同。

详细情况见表4.10。

表4.10 印花机方案综合评价

项目 方案	评价值	价格 (0.2)	适应性 (0.3)	售后服务 (0.1)	先进性 (0.15)	质量可靠性 (0.25)	综合加权 平均值
日 本	评价值	4	10	8	8	9	
	加权评价值	0.8	3	0.8	1.2	2.25	8.05
意大利	评价值	1	8	8	10	10	
	加权评价值	0.2	2.4	0.8	1.5	2.5	7.4
台 湾	评价值	6	7	6	7	8	
	加权评价值	1.2	2.1	0.6	1.05	2	6.95
瑞 士	评价值	2	7	9	8	9	
	加权评价值	0.4	2.1	0.9	1.2	2.25	6.85
奥地利	评价值	3	6	10	8	9	
	加权评价值	0.6	1.8	1	1.2	2.25	6.85
湖北黄石	评价值	10	2	8	4	5	
	加权评价值	2	0.6	0.8	0.6	1.25	5.25
上海印染	评价值	9	2	8	4	5	
	加权评价值	1.8	0.6	0.8	0.6	1.25	5.05
韩 国	评价值	7	4	5	6	7	
	加权评价值	1.4	1.2	0.5	0.9	1.75	5.75
澳大利亚	评价值	8	4	5	6	7	
	加权评价值	1.6	1.2	0.5	0.9	1.75	5.95

4. 确定标准,分配权重,拟订方案,评价分析

在有技术处、财务处、设备处、印花车间的部分领导和有关技术人员参加的会议上,调研小组将调查研究的情况进行了汇报,并提出了该厂具有的购置平圆网印花机的有利条件、存在问题及解决的措施。到会的领导和技术人员进行了认真的讨论,各部门发表了不同的意见。

(1) 有利条件

1) 市场预测仅国外市场每年外销合同可新增加200万件套。如果国外市场发生意外变化,国内市场就可完全消化新增的印花产品。

2) 工厂生产的第一道工序——织造的生产能力和第二道工序——染整的生产能力远大于最后一道工序——成衣的生产能力,第一、二道工序的生产能力是第三道工序的生产能力的两倍还多。

3) 企业有一支素质较高的技术队伍,有工程技术人员201人,在产品开发、技术改造、产品工艺、产品质量、设备管理、引进消化吸收等方面积累了多年的丰富经验。

4) 企业已积累了33年的生产出口产品的经验,产品由销往发展中国家逐步进入发达国家市场。自1986年以来,部分产品进入美国超级市场,工厂的鱼牌产品已在国际市场上赢得了较好的信誉。工厂对国际市场行情、品种需求具有较强的预测和应变能力。

5) 工厂污水处理站,日处理污水设计能力为1 500吨(两班16小时生产),现实际日处理量不足800吨,污水处理能力有余,可供利用。

6) 工厂1990年新建变电所供电能力为1 260千瓦,能力有余,可供利用。

7) 工厂采用市集中供热系统,供热条件良好,供热能力充足。

(2) 存在问题及解决措施

1) 翻建危房中的部分工序需移地生产,会对部分生产秩序及产品质量造成影响。工厂可采取必要措施避免出现大的损失。新增设备需增加的操作人员,可由工厂内部调剂解决。

2) 本项目在环境保护、安全生产、工业卫生方面严格按国家法规与上级有关部门的要求,同时设计,同时施工,同时投产。本项目新增的印花及漂白废水34吨/日,可以完全由工厂现有污水处理站处理,达到国家标准后排放。

(3) 技术处意见

9种印花机,最先进的当属意大利的"美佳尼"设备,它是世界最先进印花技术的代表。二流设备为日本"东伸"、瑞士"布赛"、奥地利"伊尔玛"。三流设备则是台湾"宗龙"、韩国"奎尔"、澳大利亚"灵斯罗"。国产的设备则是最低的。

先进性表现在它的精度高,自动化程度高,质量稳定性好,使用范围广。印花工艺对精度的要求是非常高的,意大利的设备对花精度能达到±0.01 mm,而其他三、四流的设备的精度只能达到±0.4 mm~±0.6 mm,差距是显而易见的,从该厂的印花产品的要求来看,对花精度高对该厂是有利的。

另外,除了意大利、日本设备外,其他设备均无松式进布和纬编针织物的开边装置,同时,其他设备均无成型的平圆网结构,如果购置,则需对设备进行增加装置的设计,质量情况则无法考证。

意大利设备还有一处非常先进的部位,即最后的烘干箱,它的设计既先进又适用,是其他任何一个厂家都不具备的。印花布进入烘干箱,在箱内的运行速度,只有意大利的设备是可调的,而其他的均是匀速。它的好处是什么呢,就是可以随意调整印花布在烘箱内的时间,确保印花布完全烘干再下机,从而保证了印花产品的质量。因为印花产品根据其花型、套色、色浓度的不同,所需的烘干时间不同,若都是一定的时间,必然会出现有的产品烘不干,造成拖色、抹色,使产品质量严重下降。尤其是在冬季,经常出现气压不足,上述现象更为严重。

因此,技术处的意见是选择意大利的设备。

(4) 设备处意见

从设备的设计及维修方面来看,设备的使用可靠性(即故障率低)最好的是意大利的,它是一家在世界上生产印花机的知名老厂,设备采用的完全是电脑控制、电脑对板、电脑显示故障,需人工检测的地方几乎没有。它适应于高档次、高标准要求的针梭织印花产品,如精度要求非常高的毛巾织物印花,其他设备很难达到它的印花效果。该厂使用意大利设备,是属于用高档设备,生产中档产品,会出现功能过剩现象。日本、瑞士、奥地利的产品的质量可靠性都较好,故障率也较低。澳大利亚和韩国的设备,由于国内使用厂家较少,问题出现的也较多。中国的设备与国外设备比,设备表面比较粗糙,精度不是很高,且到目前为止,主要生产适用于梭织品印花的平网印花机。台湾省的设备是仿造瑞士设备设计制造的,技术还有待于继续提高,质量可靠性不是很好。

关于售后服务,首屈一指的是奥地利公司。该公司在世界各地(包括中国)设立了许多售后服务站。该公司的产品进入中国已有几十年的历史,它的圆网印花机在我国印花行业有很高的知名度,各个使用厂家的反映都是不错的。意大利在中国无售后服务站,且许多备件在中国无法买到,这就要求在订购设备时,一定要考虑周全。瑞士和日本在我国虽然没有售后服务站,但从调查情况看,如果有什么问题,他们的服务还是比较及时和到位的。日本设备的许多配件,在国内已有厂家生产。澳大利亚和韩国在中国均无售后服务站。

由于该厂已有一台平网印花机,若再进一台圆网印花机,则既可以生产多色彩直条、几何结构图案的印花产品,有可以替代部分平网印花机的产品,使现有的印花机得以实施正常的维护和保养。

奥地利圆网印花机,技术先进,质量可靠,售后服务能得以保证,所以,设备处的意见,是引进奥地利设备。

(5) 财务处意见

根据各家的报价,结合该厂的财力状况,财务处认为引进价格适中,且能满足该厂生产要求的印花机即可。技术处、设备处的意见只考虑了设备的先进性和质量可靠性,没有考虑该厂的资金情况,此次引进设备,进行技改,需要向银行申请贷款,自己还要筹措至少30%的资金,目前资金很紧张。

意大利、日本、瑞士、奥地利的设备固然在除了价格以外的各个方面都很理想,但要考虑就本厂目前的状况,是否有必要引进十全十美的设备,好的产品不一定必须使用最好的设备才能生产出来。例如该厂的"京"牌棉涤针织外衣,在国际市场上享有盛誉;"星海"牌18号普梳精漂汗衫背心,连续两年(1984、1985年)荣获国家优质产品银质奖。而该产品的坯布,则是在我国第一代针织机(20世纪50年代)Z201台车和Z211棉毛机上生产出来的。再比如,闻名全国、享誉世界的上海"三枪"牌针织内衣,坯布就是在Z211棉毛机上生产出来的,只不过稍微对该机进行了改进。

因此,财务处的意见是引进台湾的设备。该设备虽然表面看起来比较粗糙,噪音也比较大,稳定性不如上述几种设备,但是,它的价格是很有竞争力的。况且,它的技术性能也满足本厂生产的要求,至于精度能否达到 $\pm 0.6\ \text{mm}$,对最终产品的质量的影响不会很大。可以通过最后的裁剪、选片将其弥补。引进台湾的设备,比奥地利设备节省 32 万美元,既减轻融资的压力,又可缩短投资回收期,增加投资收益率。

(6) 印花车间意见

车间的意见是引进日本的设备,该机能对各种纯棉、混纺、化纤的薄、中、厚纬编针织物进行印花加工,适合于各种涂料、染料工艺要求。平圆网组合,使设备的适用性增加,能对各种不规则图案进行印花,又能适合多色彩直条、几何结构的图案印花,基本上能满足各种客户的要求。该机制造精度高,电脑控制系统先进,印花精度准确,误差 $\pm 0.2\ \text{mm}$。目前国内纺织印染行业共引进该公司印花机 36 台,用户普遍反映,设备质量可靠,产品质量好,品种适用范围广,是较为理想的印花设备。同时,结合本厂的实际情况,使用该机还有以下有利之处:

其一,由于本厂在六年前引进一台日本东伸 6000 型平网印花机,现在的 7000 型是它的更新产品。本厂具有丰富的使用东伸设备的经验。新机到厂后,不需要太多的培训,工人就可上岗,既节省了时间,又节约了培训费用。如果引进一种完全新的设备,培训职工就得 3 个月,若要成为熟练工,完全掌握印花技术,至少得一年以上的时间。

其二,在维护保养上,本厂也有许多成型的经验。现有的技术保全工基本上已经掌握了东伸 6000 型的维护保养技术,7000 型的到来,对他们来说,已不是陌生的事了。

其三,7000 型与 6000 型的许多备品备件是通用的,在引进时可互相兼顾,且本厂已经知道,哪些机件是易损件,可有准备订货。一条传送带额外购买的价格是 2 万美金,6000 型印花机的传送带已经是带病运转了,可以通过此次引进作为 7000 型的备件买进,则会大大降低成本。

其四,现有的与 6000 型配套的感光机、绷网机都适合于 7000 型印花机,因此,不必重新购置,可节省部分资金。

其五,该机所用的网框、绷网机、感光机,在国内都有生产厂家生产,且价格适中,质量可靠。尤其是网框,每个有印花机的厂家都对它比较头疼。因为网框的储备是有限的,如果需要,必须进口,则需要外汇,报关申请等等一系列工作要做,时间往往是来不及的。国内能解决,则无后顾之忧。

其六,东伸平网印花机在东北只有本厂一家使用,平时就有同行业厂家到本厂来考察该设备(6000 型),如果再引进一台 7000 型,则有两台日本东伸公司的设备。在谈判时,本方可向日方提出:如果日方能给本厂优惠价格,本厂可作为日方公司在东北地区的"参观基地"、"销售宣传基地",帮助日方扩大影响,滨海市又是东北地区的窗口,这对日方公司是盼望不得的。因为,我国企业在引进设备时,都很慎重,都希望能在国内见到和了解到所要引进的设备及设备的使用情况,尤其是同行业所用的同型号的设备,日方是非常了解这一情况的。这样一来,本厂的情况对日方的诱惑力是非常大的。因此,本厂在引进设备的价格上、售后服务上,都会得到很大的好处。

以上各个部门进行了认真、激烈的讨论,都谈出了各自的倾向性意见。调研小组根据上述讨论情况,确定了决策标准,标准是价格(0.2)、适应性(0.3)、售后服务(0.1)、先进性(0.15)、质量可靠性(0.25),并给每个标准分配权重(上述括号内数字即为各自的权重),以此对上述9个方案进行评价分析,详见表4.10。

[于立.MBA管理案例[M].大连:东北财经大学出版社,2003.有删改]

案例3 南水北调,再造一条新黄河

2000年10月21日,当黄河水经过"长途跋涉"缓缓流向天津时,早已汇集在此的十里八乡的三百多名群众欢呼雀跃。至此,新中国成立以来第6次引黄济津应急调水工程初战告捷。但是,面对广阔且严重干渴的华北大地,天津是微不足道的一小块。2000年,我国遭遇了百年大旱。南水北调,这项跨世纪的特大型工程,也由此拉开序幕。

1. 华北地区严重缺水,干旱形势日益恶化

近年来,水资源短缺与经济发展加快的矛盾日益加大,不仅工农业生产与群众生活用水出现紧张,而且干旱还直接造成了生态环境恶化。我国几条主要河流相继出现了异常情况:1996年,淮河全流域遭受了严重污染;1997年,黄河出现了700公里的断流;1998年,长江、松花江流域发生特大洪水。2000年上半年,我国北方大部分地区旱情持续发展,形势十分严峻。

为解决缺水问题,各地大量开采地下水。但因严重超采地下水,华北地区出现世界面积最大的复合漏斗区,且面积仍在扩大。位于此地区的河北省可利用水资源量只有170亿立方米,而年均用水量则达200多亿立方米,工农业生产严重缺水造成该地区大量超采地下水。过量超采地下水,造成这一地区地面下沉、土地裂缝和塌陷等恶果。

2. 南水北调工程三条输水线方案

缺水问题目前已经成为制约华北地区经济发展的重要因素,而且引发了地面沉降等一系列社会与环境问题。随着人口的增加和经济的发展,水资源供需矛盾日益突出,缺口越来越大,仅靠水资源挖潜和节约用水难以从根本上缓解。中国的水资源不仅短缺,而且空间分布很不均匀,北方水少,南方水多。因此,南水北调是重要的水资源配置工程。长江是我国最大的河流,水资源丰富,年平均径流量约为9 600亿立方米,入海水量约占径流量的94%以上,因此,完全可以从长江流域调出部分水量。

事实上,数十年来对南水北调的论证一直没有停止过。为解决北方地区严重缺水的问题,从20世纪50年代开始,国家有关部门就组织各方面专家对南水北调工程进行了长期勘察调查和可行性研究。水利部有关负责人说,南水北调工程是中国21世纪一项宏伟的水利工程,是中国实现水资源优化配置最具挑战性的基础设施工程。经过数十年研究,南水北调工程总体格局确定为西、中、东三条线路,分别从长江流域的上、中、下游调水,以缓解北方地区干旱缺水、水环境恶化等问题,适应西北、华北地区经济发展的需要。为进一步加强南水北调工程规划设计管理工作,水利部已将原南水北调规划办公室更名为南水北调规划设计管理局,负责南水北调工程的规划设计管理工作。

水利部邀请有关专家实地考察了南水北调中线、东线有关枢纽和规划输水线路。专家们认为,南水北调工程势在必行,兴建南水北调中线、东线工程是当代技术经济能力可以承受的,如近期实施,可以缓解华北地区的严重缺水状况。同时,南水北调中线、东线工程建成后,通过跨流域调水和黄河水资源合理配置,还可以为西部地区进一步加大用水量提供条件,促进西部大开发战略的实施。水利部南水北调规划设计管理局局长张国良表示,北方地区水资源总体规划已全面展开,水利部于2000年9月正式提出的《北方地区水资源总体规划纲要》,重点阐明北方,尤其是京津冀地区缺水现状,以及南水北调工程总体布局和实施意见。

南水北调工程东线方案:从长江下游的江都抽水,利用京杭大运河逐线抽水北送,经过4级泵站的提升到达黄河,再通过穿黄河隧道北送,使山东、河北东部和天津用上长江水。据说,这是国家的一套应急方案,争取在3~5年内把长江水引到山东、河北东部、天津等地。东线工程总干渠长1 164.2公里。

南水北调工程中线方案:历时6年的南水北调(中线)总干渠工程测量、勘探、科研、规划等工作于2000年中完成。静态总投资达548亿元人民币的中线总干渠,南始丹江口水库陶岔渠首,北至北京玉渊潭,全线长1 226公里。该工程总干渠全线封闭调水,凡跨越河渠、铁路、公路等全部实施立交,干渠建成后,不许行船,也不许在渠内开展旅游项目,以杜绝各种污染,确保水质;总干渠宽100米,渠床采取防渗漏、防冻裂技术及硬化处理。河南段总干渠设分水口49座。输水总干渠是从长江中游最大支流汉江丹江口水库引水,沿唐白河平原及黄淮海平原边缘北上,沿途经南阳、平顶山、郑州,跨过黄河,过焦作经新乡、安阳、邯郸、邢台、石家庄、保定,在西河山附近分水,一支经徐水、霸州、西河闸到天津,一支继续北上,过张坊到北京。引水干渠大部分与京广铁路并行,年平均调水量可达147亿立方米,几乎控制了整个黄淮海平原。丹江口水库陶岔渠首高48米,落差约100米,自南向北可自流运水。由于供水范围大都在总干渠以东,借助西高东低大地势,一般可自流取水,大大降低拉调水成本。整个中线工程预计6年后完成。供水的主要目标是京津、华北地区;主要供水对象是总干渠和天津沿线的城市生活和工业用水,兼顾农业和其他用水;供水范围分属北京、天津、河北、河南和湖北五省市,总面积15.5万平方公里。供水区内耕地1.26亿亩,总人口约1.09亿,其中城镇人口0.28亿,农村人口0.81亿。按照水利部的意见,南水北调工程的建设运行管理机制将以社会主义市场经济体制为准则,遵循政府宏观控制、股份制运作、企业化管理、用水户参与的原则,成立国家控股的供水股份有限责任公司,各省市成立地方供水公司。

南水北调工程西线方案:据专家们说,在南水北调诸方案中,大西线方案最佳。这项工程,主要把"五江一河",即雅鲁藏布江、怒江、澜沧江、金沙江、雅砻江和大渡河沟通,把水引到黄河。大西线方案如成现实,可以涵盖国土面积65%。设计总引水量为每年2 006亿立方米,接近5条黄河的水量,而且可利用黄河4 600公里的河道把水送到西北、华北、东北、中原。经青海调蓄,可输水到柴达木、塔里本、准噶尔三大盆地以及河西走廊与阿拉善。经内蒙古的岱海调蓄,可输水到晋、冀、辽及蒙古草原。由国家有关部门组织的南水北调考察队,于1999年5月18日到6月22日,从大西线南水北调源头朔玛滩开始,到大西线最北端黄河口(四川与甘肃交界处),沿线重点考察了水资源、引水线路和相应要修建的水利工程。结论是:我国西南地区,尤其西藏,水资源相当丰富,水完全可以自流到黄河。

3. 关于三条输水线工程的讨论

南水北调工程采取何种方案？何时开工建设？专家们比较典型的意见是：南水北调工程应先中线、后东线。据南水北调工程的建议者之一、中国科学院地理科学与资源研究所陈传友研究员称：南水北调东、中、西三条线路各有各的供水范围，不能相互替代；从目前我国实际情况出发，既不可能也不需要三条调水线路同时开工建设，应当按轻重缓急，分步实施。根据这几年的实际情况来看，最好是先中线、后东线，加强西线前期研究。

东线调水方案是最早提出的，20世纪80年代中期以后又提出了先中后东的建设时序，西线方案尚属前期研究阶段。东线调水工程是在原江水（长江）北调的基础上发展起来的。它是从长江干流扬州、江都附近抽水，利用原京杭大运河以及勺其平行的河道输水，逐级提水北上，经洪泽湖——骆马湖——东平湖，在位山附近穿过黄河，再经位临运河到天津，总供水量153亿立方米，干渠总长1050公里，主要供水范围为江苏、安徽、山东以及河北、天津的部分地区。20世纪80年代中期以前，华北干旱主要集中在胶东、冀东和天津沿海一带，基本上属于东线调水工程控制的范围，因而最早提出了先修东线工程的计划，当时这是完全正确的。

由于东线调水工程利用了旧运河，可大量减少耕地的占用，减少移民数量，社会难度小，节省投资，并将对黄淮海平原东部地区的生态农业起到巨大作用。同时，还可起到提高运河航运能力的作用。但东线方案的缺点也很明显，即控水面小，所调水质差，逐级提水运营成本高。由于东线调水工程利用现有河道输水，并兼有航运、防洪、除涝等功能，管理上有一定的难度；且东线水体污染严重，调水的市场问题没有解决。据说，有些地区表示不要东线水。

20世纪80年代中期以后，华北地区的干旱向西发展，特别是京广铁路沿线的城市集中区，如北京、石家庄、保定、邢台、邯郸、安阳、郑州、新乡、许昌等，它们都属于中线调水工程控制地区，超越了东线控制的范围，因而20世纪80年代以后又提出了先中后东的建设时序。

中线调水的水源来自丹江口水库，该水库主要承纳山区来水，水质良好。新建总干渠将为混凝土全断面衬砌专用渠道，渠线布置在沿线城市上方，且与河流立交，有利于保护水质，可满足湖北、河南、河北、北京、天津五省市的工农业用水和城市生活用水。

中线调水方案的缺点是淹没损失大，移民多。同时，干渠沿线工程地质、水文地质条件复杂，需要认真对待。但这些问题都是中线本身固有的，不因时间的推移而减轻。相反，有些问题随着社会经济的发展，会变得更加严重，所以宜及时解决。

西线调水方案是从长江上游通天河联叶河段及其支流雅砻江长须河段、大渡河余尔尕河段筑坝引水，通过引水隧洞穿越黄河与长江的分水岭巴颜喀拉山进人黄河。三条隧洞全长约310公里。年调水量145～195亿立方米。西线供水的范围是黄河上中游青海、甘肃、宁夏、内蒙古、陕西、山西六省区的部分地区。

那东、中、西三种方案，孰先孰后？

专家们认为："先中后东，不会搞重复建设；先东后中，很可能给国家造成浪费。"

南水北调工程是以解决京、津、华北地区缺水为主要目标的。从控制范围上讲，东线向北京、河北广大平原地区调水输水难度很大，而且还要耗费较多的电力，占用较多的土地，加之东线水体污染严重，调水没有市场；而西线调水的供水范围又不在华北平原；只有中线沿黄淮海平原西部边缘北上，较全面地控制了京、津、华北地区，完全可自流解决用水问题。虽然中线调水对丹江口电站发电会有影响,损失其部分电能,但损失量并不太大,对汉江中下游虽有一定的影响,但可采取补偿措施。同时,中线输水任务单一、便于管理,只要调度合理,送水时间不受限制,送水有保证。

先中后东,不会搞重复建设;先东后中,很可能给国家造成浪费。目前北方的缺水量尚未有定论,因此调水方案一定要留有余地。中线控制范围宽,在抵御干旱时有较大的回旋余地,即使东线范围出现干旱,中线也可以应急解围,充分发挥调水的作用。具体地说,先修中线,可一并解决中线、东线供水的问题,而如果先修东线,京、津、华北地区缺水的现状仍不能从根本上得到解决,到头来还得再修中线,这样会给国家造成重复建设和浪费。随着环境的改善,东线的水质也会逐步地好起来,到那时,如果中线调水量不足的话,再修东线也为时不晚。中线晚建不如早建,东线早建不如晚建。

还有专家建议,南水北调中线工程应与东线工程同时建设。

4. 朱镕基总理主持南水北调座谈会,要求工程尽早开工

2000年10月中旬,朱镕基总理在中南海主持召开会议,听取国务院有关部门领导和各方面专家对南水北调工程的意见。在这次座谈会上,水利部部长汪恕诚、中国国际工程咨询公司董事长屠由瑞、国家计委副主任刘江就南水北调中的有关问题进行了汇报。他们全面汇报了近年来有关部门和专家对南水北调工程的调研论证和工程实施意见。据汇报,南水北调工程包括西线、中线、东线三个调水方案,汇报对这三个调水方案进行了分析比较。

两院院士、著名水利专家、清华大学原副校长张光斗,水利部原副部长何琼,两院院士、中国工程院副院长潘家铮,长江水利委员会主任黎安田,黄河水利委员会主任鄂竟平,淮河水利委员会主任宁远等专家在会议上发了言。他们一致认为,南水北调工程势在必行,应尽快开工建设,并对南水北调工程的总体布局、建设原则、实施步骤,以及需要注意解决的一些重要问题,发表了许多很好的意见。

朱镕基在听取部门汇报和专家们意见后,作了讲话。他说,北方地区特别是华北地区缺水越来越严重,已经到了非解决不可的时候。实施南水北调工程是一项重大战略性措施,党中央关于制定"十五"计划的建议要求,加紧南水北调工程的前期工作,尽早开工建设。国务院将按照这个要求,周密部署,精心组织,加快工作进度。

朱镕基说,解决北方地区水资源短缺问题必须突出考虑节约用水,坚持开源节流并重、节水优先的原则。目前,我国一方面水资源短缺,一方面又存在着用水严重浪费的问题。许多地方农田浇地仍是大水漫灌,工业生产耗水量过高,城市生活用水浪费惊人。因此,在加紧实施南水北调工程的同时,一定要采取强有力的措施,大力开展节约用水。要认真制订节水的规划和目标,绝不能出现大调水、大浪费的现象。关键是要建立合理的水价形成机制,充分发挥价格杠杆的作用。逐步较大幅度地提高水价,是节约用水的最有效措施。现行的水价过低,既不利于节约用水,也不利于供水事业的发展,必须坚决改革,理顺供水价格,促进节约用水。

朱镕基说,水污染不仅直接危害人民的生活和身体健康,影响工农业生产,而且加剧水资源短缺,使有限的水资源不能充分利用。在南水北调的规划和实施过程中,必须加强对水污染的治理,如果不治理水污染,那么调水越多污染越重,南水北调就不可能成功。一定要先治污,再调水。

朱镕基说,在规划和实施南水北调工程中,要高度重视对生态环境的保护,这个问题非常重要。生态平衡一旦遭到破坏,就会造成难以挽回的后果。特别是对于调出水的地区,要充分注意调水对其生态环境的影响,一定要在周密考虑生态环境保护的条件下才能实施调水工程。

朱镕基强调,南水北调工程的实施势在必行,但是各项前期准备工作一定要做好。关键在于搞好总体规划,全面安排,有先有后,分步实施。同时,要认真搞好配套工程的规划和建设。加快南水北调工程建设,现在条件基本具备。近期开始分步实施,经济实力可以承受。同时,加快一些重大基础设施建设,既可以有效拉动国内需求,开拓传统产业市场,又可以为经济持续发展增加后劲,促进经济良性循环。南水北调工程浩大,涉及面广,任务艰巨,对可能遇到的困难要有充分估计。工程方案要作更加深入细致的研究论证,并要继续听取各方面专家和社会各界的意见,以作出科学决策。

[洪向华.MPA最新案例全集[M].长沙:湖南人民出版社,2001.有删减]

第 5 章 博弈分析方法

5.1 博弈论概述

5.1.1 博弈论简史

博弈论(game theory)又称对策论、游戏理论或策略运筹学。它最早由德国数学家、哲学家莱布尼茨于 1710 年提出。1713 年,杰姆斯·瓦尔德格雷夫首次提出了对策论中的极大中的极小定理(minimax)。然而,直到 1944 年,以冯·诺依曼和奥斯卡·摩根斯坦合著的《博弈论与经济行为》一书的出版为标志,博弈论才得以广泛应用于经济学领域,并成为微观经济学的一个新的重要组成部分。1994 年 10 月 11 日,瑞典皇家科学院公布了该年度诺贝尔经济学奖评选结果:美国普林斯顿大学的纳什(John F. J. Nash)、加利福尼亚大学的海萨尼(J. Harsanyi)与德国波恩大学经济学家泽尔腾(Reinhard Selten),因长期致力于博弈论及其在经济学中运用的研究,共同获此殊荣。

博弈论是研究决策主体的行为发生直接相互作用时的决策以及这种决策的均衡问题。博弈论与传统经济学有关决策理论的区别在于:后者涉及的个人决策,是在给定价格参数和收入的条件下,追求效用最大化的决策(消费者均衡或生产者均衡);个人效用只依赖于自己的选择,而外在于他人的选择;个人最优选择只是价格和收入的函数而不包含其他人选择的函数。然而在博弈论看来,个人效用不仅依赖于自己的选择,而且依赖于他人的选择;个人的最优选择是其他人选择的函数。

博弈论包括合作博弈和非合作博弈两种类型。生活中的很多游戏如打"八十分",下陆战棋"四国大战",就同时包含两种形式的博弈。而我们谈到的博弈论,一般是指非合作博弈,如下象棋。

非合作博弈论创立于 20 世纪 50 年代。1950 年,年仅 22 岁的纳什连续发表两篇划时代的论文:《N 个人对策的均衡点》与《讨价还价问题》,1951 年又发表了《非合作对策》。塔克(A. Tucker)于 1950 年在一篇名为《两个之谜》的论文中对"囚徒困境"作了明确的定义。他们两人的著作基本上奠定了现代非合作博弈论的基石。

泽尔腾则在 20 世纪 60 年代中期将纳什均衡的概念引入动态分析。他在 1965 年发表《需求减少条件下寡头垄断模型的对策论描述》一文,提出了"子博弈精炼纳什均衡"(subgame perfect Nash equilibrium)的概念,又称"子对策完美纳什均衡"。这一研究对纳什均衡进行了第一次改进,选择了更具说服力的均衡点。

海萨尼在 20 世纪 60 年代末把不完全信息引入博弈分析。他在 1967 年发表的开拓性论文《由贝叶斯局中人参加的不完全信息博弈》中重新给出了不完全信息的新定义,并由此提出"贝叶斯均衡"的概念。

进入 20 世纪 80 年代后,克瑞普斯(Kreps)和威尔逊(Wilson)则对不完全信息动态博弈的研究作出了突出的贡献,并提出了更高级的均衡概念:"贝叶斯精炼纳什均衡"或称"完美贝叶斯均衡"。

严格地说,博弈论并不是经济学的一个分支。它是一种方法,应用范围并不仅局限于经济学,政治学、公共选择、军事学、外交甚至犯罪学都涉及博弈论知识。实际上,它属于数学范畴。纳什 1951 年的重要论文就是发表在数学杂志上的。相当长时期内,纳什被认为是一位数学家而不是经济学家。至于博弈论专家获经济学奖,原因大致有三点:

1) 博弈论在经济学领域应用最广泛、最成功,博弈论的许多成果也是借助于经济学的例子来发展引申的。

2) 经济学家对博弈论的贡献也越来越大,特别是在动态分析和不完全信息引入博弈后,例如,克瑞普斯、威尔逊都是经济学家。

3) 最根本性的原因是经济学和博弈论的研究模式是一样的,都强调个人理性,即追求给定条件下效用最大化。

5.1.2 博弈论的基本概念

虽然策略的相互影响可能涉及许多局中人和许多策略,但本章的分析只局限于策略数有限的两人对策,其目的是使分析简单一些。下面先从一个例子入手来建立博弈论的基本概念。

假如一家房地产开发商 A 正在考虑是否要在某一地段开发一栋新房。面临的选择有两种:开发,或是不开发。如果决定开发,必须投入 1 亿元资金;当然,如果不开发,则投入为 0。开发与否的关键显然是看是否有利可图。

众所周知,房地产市场充满风险。风险首先来自市场需求不确定性,需求可能大,也可能小。风险还来源于竞争对手(房地产开发商 B)。让我们假设开发商 B 也面临与开发商 A 同样的决策问题:是否投入 1 亿元资金开发一栋同样的商品房。

假定如果市场上有两栋房出售,需求大时,每栋售价可达 1.4 亿元,需求小时,售价为 7 000 万元;如果市场上只有一栋楼出售,需求大时售价为 1.8 亿元,需求小时为 1.1 亿元。这样,将出现 8 种可能的结果:

1) 需求大,A 开发,B 不开发,则 A 的利润为 8 000 万元,B 的利润为 0。
2) 需求大,A 开发,B 也开发,则各得利润 4 000 万元。
3) 需求大,A 不开发,B 开发,则 A 的利润为 0,B 的利润为 8 000 万元。
4) 需求大,A 不开发,B 也不开发,则双方利润均为 0。
5) 需求小,A 开发,B 不开发,则 A 的利润为 1 000 万元,B 的利润为 0。
6) 需求小,A 开发,B 也开发,则双方利润为 −3 000 万元。

7) 需求小,A 不开发,B 开发,则 A 的利润为 0,B 的利润为 1 000 千万元。

8) 需求小,A 不开发,B 也不开发,则 A、B 的利润均为 0。

在这个例子中,无论是开发商 A 还是 B,在决定是否开发时,都要同时考虑市场需求与竞争对手的行动。我们假定双方同时决策,每一方在作出自己的决定时并不知道双方的决定,再假定市场需求双方都知道,那么,如果市场需求大,双方都会开发,各得 4 000 万元利润;如果需求小,一方是否开发依赖于他认为对手是否开发。当 A 认为 B 会开发时,A 认为自己最好不开发;反之亦然。

在市场需求不能确定的情况下,是否开发则依赖于各自对市场需求大小的判断以及竞争对手是否开发。比如说,如果双方都认为市场需求大的概率为 0.5,那么,不论对方是否开发,每一方的最优决策是开发,因为在最坏的情况下开发可带来 500 万元的期望利润,而不开发利润为 0。但是,如果双方都认为需求大的概率为 0.3,那么,一方只有当认为对方开发的概率小于 31/40 时才会选择开发。

证明如下:设 A 认为 B 开发的可能性为 x,那么,A 开发的期望利润为
$$Ey = 0.3 \times [4\,000 + 8\,000(1-x)] + 0.7 \times [-3000 + 1000(1-x)]$$
A 不开发的期望利润为 0。令 $Ey \geqslant 0$,解得 $x \leqslant 31/40$。

更为复杂但更加现实的情况是,市场需求不确定而不同开发商的开发决策要在不同时间作出。比如说 B 的决策要在 A 之前作出,但 B 在决策之前通过市场调研对需求有了确切的了解,而 A 却没有。那么,B 应该如何决策呢?如果 B 在对市场需求有完全了解的情况下作出开发(或不开发)的决定,A 应该如何决策呢?显然,如果需求是大的,B 会选择开发;但如果需求是小的,B 是否开发依赖于他在多大程度上相信 A 会开发,而 A 是否开发依赖于 A 在多大程度上认为需求是大的。假定 A 认为高需求的概率为 0.5,且 B 知道 A 的这个"先验"信仰,B 将选择不开发。这是因为,如果 B 开发,A 关于高需求的"信仰"不会向下调整,A 将选择开发,B 的利润为 $-3\,000$ 万。由于这个原因,均衡结果将是:如果 B 知道需求是大的,B 决定开发,A 也开发,各得利润 4 000 万元;如果 B 知道需求是小的,B 决定不开发,A 开发。当然,在需求小时,如果 B 有办法使 A 相信需求确实是小的,B 就会决定开发;给定 B 开发的情况下,A 的最优选择将是不开发。

张维迎的《博弈论与信息经济学》一书中的这个"房地产博弈"例子涉及博弈理论讨论的所有重要问题。尽管我们已经知道了几种特殊情况下的答案,要准确地描述这个问题,仍需要了解有关博弈论模型的一些基本概念。

博弈论的基本概念包括:参与人、行动、信息、策略、支付(效用)、结果和均衡。

1) 参与人(player),也叫局中人,指的是一个博弈中的决策主体。他的目的是通过选择行动(或战略)以最大化自己的支付(效用)水平。参与人可能是自然人,也可能是团体,如企业、国家,甚至若干个国家组成的集团(欧盟、北约)等。每个参与人必须有可供选择的行动和一个很好定义的偏好函数。上面例子中的"开发商 A"和"开发商 B"就是两个参与人。除一般意义上的参与人外,为了分析方便,在博弈论中,常把"自然"作为"虚拟参与人"来处理。

2) 行动(actions),是参与人在博弈的某个时点的决策变量。参与人的行动可能是离散的,也可能是连续的。比如上例中,每个参与人都只有两种行动可供选择,即"开发"与"不开发"。几个参与人的行动的有序集叫"行动组合"。如上例中,A 选择不开发,B 选择开发,那

么,(不开发,开发)就是一个行动组合。参与人的行动往往是有顺序的。在房地产开发博弈中,一个可能的顺序为:自然首先选择需求,然后 A 选择是否开发,最后 B 选择是否开发。

行动顺序对博弈结果很重要。同样的参与人,同样的行为组合,行动顺序不同,会导致每个参与人的最优选择不同,得到不同的博弈结果。

3) 信息(information),是参与人有关博弈的知识,特别是有关"自然"的选择、其他参与人的特征和行动的知识。信息集理解为参与人在特定时刻有关变量值的知识。比如:房地产开发博弈中,如果 A 不知道市场需求是大还是小,而 B 知道,那么,A 的信息集为{大,小},B 的信息集为{大}或{小}。完全信息是指自然不首先行动或自然的初始行动被所有参与人准确观察到的情况,即没有事前的不确定性。

4) 策略(strategies),也叫战略,是参与人在给定信息集的情况下的行动规则。它规定参与人在什么时候选择什么行动。因为信息集包含了一个参与人有关其他参与人之前行动的知识,战略告诉该参与人如何对其他参与人的行动作出反应,因而战略又叫参与人的"相机行动方案"。在前例中,如果 B 在不知市场需求的情况下先行动,A 在得知 B 的行动后再选择自己的行动,那么,B 有两个战略,一是当 A 开发时,B 不开发,即(开发,不开发),二是当 A 不开发时,B 开发,即(不开发,开发);A 有四个战略,即(开发,开发)、(开发,不开发)、(不开发,开发)、(不开发,不开发)。

5) 支付(payoff),是指在一个特定的战略组合下参与人得到的确定效用水平,或者是参与人得到的期望效用水平。它是参与人真正关心的东西,并且是所有参与人战略或行动的函数。在前例中,利润值便是参与人的支付。

6) 结果(outcome),是博弈分析者所要揭示的东西,是分析者感兴趣的要素的集合,如均衡战略组合、均衡行动组合、均衡支付组合等。在前例中,一个可能的结果为:(高需求,开发,开发);$(u_A, u_B) = (4\,000, 4\,000)$,即自然选择了高需求,A 和 B 都选择开发,且各得 4 000万元利润。

7) 均衡(equilibrium),是所有参与人的最优战略组合或行动组合。一个博弈中可能出现多个均衡。在前例中,假定开发商 A 与 B 同时选择行动,那么,如果需求大,(开发,开发)是惟一的均衡;如果需求小,(开发,不开发)是一个均衡,(不开发,开发)也是一个均衡。

5.2 博弈的基本类型

博弈的类型可以从两个角度描述。第一个角度是参与人行动的先后顺序。从这个角度,博弈可以分为静态与动态两种。静态博弈指的是博弈中,参与人同时选择行动或虽非同时但后行动者并不知道先行动者采取了什么具体行动;动态博弈是指参与人行动有先后顺序,且后行动者能观察到先行动者行动的选择。划分博弈的第二个角度是参与人对有关其他参与人(竞争对手)的特征、战略空间及支付函数的知识。从这个角度,博弈可分为完全信息博弈和不完全信息博弈。完全信息博弈指的是每一个参与人对所有其他参与人(对手)的特征、战略空间及支付函数有准确的知识;否则,就是不完全信息。

将上述两种划分结合起来,就能得到 4 种不同类型的博弈,即完全信息静态博弈、完全信息动态博弈、不完全信息静态博弈和不完全信息动态博弈。与上述4种博弈相对应的是4个均衡概念，即纳什均衡、子博弈精炼纳什均衡、贝叶斯纳什均衡以及精炼贝叶斯纳什均衡（表5.1）。

表 5.1 博弈的分类及对应的均衡概念

信息＼行动顺序	静　态	动　态
完全信息	完全信息静态博弈 纳什均衡 （纳什，1950，1951）	完全信息动态博弈 子博弈精炼纳什均衡 泽尔腾（1965）
不完全信息	不完全信息静态博弈 贝叶斯纳什均衡 （海萨尼，1967~1968）	不完全信息动态博弈 精炼贝叶斯纳什均衡 （泽尔腾，1975） （克瑞普斯和威尔逊，1982） （费得伯格和泰勒尔，1991）

下面我们分别看一下完全信息静态博弈、完全信息动态博弈和不完全信息静态博弈的具体情况。

5.2.1　完全信息静态博弈：纳什均衡

完全信息静态博弈是一种最简单的博弈，在这种博弈中，由于每个人是在不知其他人行动的情况下选择自己的行动，故战略与行动是一个意思。我们知道，博弈分析的目的是预测博弈的结果，而纳什对非合作博弈的主要贡献正是他在1950年和1951年发表的两篇论文中定义了非合作博弈及其一般均衡解，并证明了这个均衡解的存在，从而奠定了非合作博弈的基础。我们先来讨论纳什均衡的特殊情况。

1. 最优策略均衡

一般来说，由于每个参与人的支付（效用）是博弈中所有参与人的战略的函数，因此每个参与人的最优战略选择依赖于所有其他参与人的选择。但在一些特殊的博弈中，一个参与人的最优战略可能并不依赖于其他参与人的战略选择。这种不论其他参与人的策略如何，能够使自己的支付（效用）对自己最为有利的策略叫最优策略。

假定A、B两企业生产同类产品，同时面临着是否为自己进行广告促销的策略决策，支付矩阵如表5.2所示：

表 5.2 广 告 战

企业B的策略

		广告促销	不做广告
企业A的策略	广告促销	10, 5	15, 0
	不做广告	6, 8	10, 2

上述矩阵中,左上角的支付(10,5)表明,当A、B两企业同时策划广告促销时各自的利润水平;左下角的一组支付(6,8),表示当A企业不做广告,而B企业做广告时,A、B各自的利润水平。

在此例中,企业A的最优策略为采取广告促销。因为对企业A来说,针对企业B的两种可选策略,当A做广告时,最低利润为10(单位);而A不做广告时,最低利润为6(单位)。所以无论B选何策略,广告策略保证了A的最低利润最大化。或者这样表述:对企业A来说,针对企业B的两种策略,假如B做广告,A选择做广告时利润为10,不做广告则利润为6,则A当然选择做广告。假如B不做广告,A选择做广告时,利润为15,不做广告利润为10,当然选择做广告。所以不论B选择哪种策略,A都会选择做广告。

同理,企业B的最优选择也是做广告。所以支付组(10,5)构成了博弈的均衡点,对应于A、B企业的最优策略,从而构成了最优策略均衡。

2. 重复剔除的最优策略均衡

在每个参与人都有最优策略的情况下,最优策略均衡是很理想的,然而,大多数情况下,最优策略均衡是不存在的。尽管如此,在有些博弈中,我们仍可以应用最优策略的逻辑找到均衡。

假定猪圈内有大小猪各一头,在猪圈的一头有一个猪食槽,另一头安装一个按钮,控制猪食的供应。按一下按钮,有8个单位猪食进槽,但需要支付2个单位成本。若大猪先到,大猪吃到7个单位,小猪只能吃到1个单位;若小猪先到,大猪与小猪各吃到4个单位;若两猪同时到,大猪吃到5个单位,小猪吃到3个单位。这里,每头猪有两种策略:"按"和"等待"。支付矩阵如表5.3所示,第一格表示两头猪同时按按钮,因而同时走到食槽边,大猪吃到5个单位,小猪吃到3个单位,扣除2个单位成本,支付水平分别为3个单位与1个单位。

表 5.3 智 猪 博 弈

小 猪

		按	等待
大猪	按	3, 1	2, 4
	等待	7, -1	0, 0

显然,这个博弈没有最优策略均衡,因为尽管"等待"是小猪的最优策略,但大猪没有最优策略:如果小猪选择"等待",大猪的最优策略是"按";反之,如果小猪选择"按",大猪的最优策略是"等待"。也就是说,大猪的最优策略依赖于小猪的策略。这时,我们必须用"重复剔除严格劣战略"的思想来找出均衡。这个思想为:首先找出参与人的劣战略(假定存在),把这个劣战略除去,重新构造一个不包含这个劣战略的新的博弈;然后再剔除新博弈中的劣战略,直至惟一的策略组合,即均衡解。这个博弈的均衡解,称为"重复剔除的最优策略均衡"(iterated dominance equilibrium)。上例中,我们首先剔除小猪的劣战略"按"(比如说,给定大猪"按",小猪也"按"时得到 1 单位,"等待"则得到 4 个单位;给定大猪"等待",小猪"按"得到 -1 个单位,"等待"则得到 0 个单位。因此不管大猪"按"还是"等待",小猪都会选择"等待",而绝不会去"按")。在剔除掉"按"这个策略后的新博弈中,小猪只有一种策略"等待",大猪仍有两个策略,但此时,"等待"已成为大猪的劣战略,剔除这个策略,剩下的惟一策略组合即是(按,等待)。也就是说,如果小猪选择"等待",大猪的最优策略只能是"按"了。这是一个"多劳不多得,少劳不少得"的均衡。

这个博弈结果有许多应用的例子。比如,在股份公司中,股东承担监督经理的职能,但股东中有大股东和小股东之分,他们从监督中得到的收益不一样。在监督成本相同的情况下,大股东从监督中得到的"好处"显然多于小股东。大股东类似于"大猪",小股东类似于"小猪"。博弈结果是,大股东必须担当起绞尽脑汁、多方搜集信息以监督经理的责任。小股东则节约"脑细胞",进行"免费搭车"。

股票市场也是如此。股市上有大户,也有小户,大户类似于"大猪",小户类似于"小猪"。这时候,对小户而言,"跟紧大户"往往是最优选择,而大户则必须自己搜集信息,多方咨询。

还有市场中大企业与小企业的关系。进行新产品的研究开发、为新产品做广告等策略,对大企业是值得的,而对小企业则得不偿失。所以,一种可能的情况是,小企业把精力花在模仿上,或等大企业广告打开市场后再出售廉价仿制品。

3. 纳什均衡

在相当多的博弈中,我们无法使用重复剔除劣战略的办法找出均衡解。比如在房地产开发博弈中,假定市场是低需求时,无论 A 还是 B 的最优战略都依赖于另一方的策略,找不到一种策略优于其他策略。这时我们需要引入纳什均衡。

纳什均衡是完全信息静态博弈解的一般概念。它指在知道其他参与人采取的策略后,能够使自己的支付效用最为有利的策略组合,即如果 B 的选择给定,A 的选择是最优的,以及 A 的选择给定,B 的选择是最优的话,我们就说这一对策略组合是纳什均衡。假定 A、B 两企业都有生产麦片食品的业务,各自有两种策略,即生产咸麦片和甜麦片。A、B 企业支付矩阵如表 5.4 所示:

表 5.4　麦片商博弈

	B企业的策略	
	生产咸麦片	生产甜麦片
A企业的策略　生产咸麦片	-5, -5	10, 10
A企业的策略　生产甜麦片	10, 10	-5, -5

当A、B之间的博弈属于合作性博弈时,双方可以通过协商达成共同瓜分市场的结果,这不是我们讨论的问题。

当A、B之间的博弈属于不合作博弈时,如何得到均衡呢?如果B企业得知A企业将生产咸麦片,那么B企业肯定是生产甜麦片,因为生产甜麦片比咸麦片更有利;反之,如果A企业得知B企业将生产咸麦片,这时如果A企业生产咸麦片将会亏损5单位,而生产甜麦片将获利10单位,故A将生产甜麦片。

在例子中,右上角与左下角两组支付,分别对应着知道对手策略选择后另一方的最佳策略,从而构成纳什均衡。

一旦达到纳什均衡,A、B企业都不会改变其策略,因为一旦偏离纳什均衡,对双方来说都是不利的(即各自亏损5单位)。因而,纳什均衡是一种稳定解(需要强调,这个例子说明一个博弈中可能同时存在多个均衡)。

还有一个著名的纳什均衡博弈例子:斗鸡博弈。设想有两个人手持利剑从独木桥的两端走向中间进行决斗,每个人有两种战略:继续前进,或败下阵来。若两人都继续前进,必将两败俱伤;若一方前进,另一方后退,则前进者光荣,后退者蒙羞;若都败下阵来,则双方都没面子。假设其支付矩阵如表5.5所示:

表 5.5　斗鸡博弈

	B 进	B 退
A 进	-3, -3	2, 0
A 退	0, 2	0, 0

这个博弈中也有两个纳什均衡:如果A进,则B的最优策略应是退;如果B进,则A选择退。两方都进或者都退则不是纳什均衡。夫妻吵架是一个典型的斗鸡博弈。一般说来,夫妻之间吵得太厉害了,结果不是妻子回娘家住几天,就是丈夫到外面抽支烟。

当然,斗鸡博弈的问题是:究竟哪方败下阵来,因为退下来虽然是比两败俱伤好,却总归是不光彩的事。若双方都希望另一方退步,则两败俱伤也会出现。这会在后面的分析中给出进一步的解释。然而,斗鸡博弈的结果似乎与我国传统观念,尤其是武侠文化中的相关内容有较大差异,我们常说"宁为玉碎,不为瓦全"、"人活一口气"等,人们常常为了体现自身价值尤其是精神价值,往往会"明知山有虎,偏向虎山行"。这又是为什么呢？事实上,这是由于我们在这个博弈中双方的支付水平发生了变化,自然博弈的均衡结果也就变化了。

对于斗鸡博弈,再举一个警匪片中常见的情节:假设十几把手枪对准一个匪徒的脑袋,匪徒一般都会放下武器投降；如果匪徒手中多了一个人质,威胁"数三下"就要打死人质,这时往往是警察退步。然而,有些经验丰富、胆识超群的警察在此种情形下,还是挺身而出,并威胁匪徒,"咱们数到三",这时,匪徒也可能投降。这就是说,在进行博弈应用时一定要把握对方的支付水平,同样的事情对不同的参与人可能会出现不同的支付从而导致不同的均衡结果。

4. 混合策略

以上分析一直把每个行为人的策略选择看作是一次性决定的。这种每个行为人只作出一个选择并始终坚持这个选择的策略称为纯策略。然而,在纯策略博弈中,往往会碰到找不到纳什均衡的情况。考虑行为人策略选择的另一种方法,允许行为人使他们的策略随机化,也就是说,行为人对每项选择都指定一个概率,并按照这些概率作出他们的选择。这种策略叫做混合策略。我们可以通过用混合策略代替纯策略的方法来解决上面的问题,求出纳什均衡解。

在这个博弈里,参与人是政府和一个流浪汉。流浪汉有两种策略:寻找工作或游荡；政府也有两种策略:救济或不救济。政府想帮助流浪汉,但前提是后者必须努力找工作,否则,不予救济；而流浪汉只有在得不到政府救济时才会寻找工作。类似问题在父母决定给懒惰的儿子多少资助时也会出现。表 5.6 是这个博弈的支付矩阵。

表 5.6 社会福利博弈

		流浪汉	
		寻找工作	游荡
政府	救济	3, 2	-1, 3
	不救济	-1, 1	0, 0

这个博弈不存在纯策略型纳什均衡。给定政府救济,流浪汉选择游荡时支付为 3,而选择寻找工作只有 2,故流浪汉最优策略是游荡；同理,给定流浪汉游荡,政府的最优策略是不救济；给定政府不救济,流浪汉的最优策略是寻找工作；给定流浪汉寻找工作,政府的最优策略为救济。如此等等,没有一个战略组合构成纯策略纳什均衡。

但是,这个博弈却存在混合策略纳什均衡。设想政府以 1/2 的概率选择救济,1/2 的概率选择不救济。那么,对流浪汉来说,选择寻找工作的期望效用为 $1/2 \times 2 + 1/2 \times 1 = 1.5$,而选择游荡的期望效用为 $1/2 \times 3 + 1/2 \times 0 = 1.5$,选择任何混合策略的期望效用都是 1.5。所以,流浪汉的任何一种策略都是对政府所选择的混合策略的最优反应。

特别地,其中的一种最优混合策略是以 0.2 的概率选择找工作,以 0.8 的概率选择游荡。可以证明,如果流浪汉选择这个混合策略,政府的任何策略的期望效用都为 −0.2。这种情况下,以 1/2 的概率分别选择救济与不救济当然也是政府对流浪汉所选择混合策略的最优反应。这样,我们得到一个混合战略组合,其中政府各以 1/2 的概率分别选择救济和不救济,流浪汉以 0.2 的概率选择工作,0.8 的概率选择游荡,每一个参与人的混合战略都是给定对方混合战略时的最优选择。因此,这个混合策略组合是一个纳什均衡。

前面讨论的是不存在纯策略纳什均衡但存在混合策略纳什均衡的博弈。有些博弈既存在纯策略均衡,也存在混合策略均衡。现举一例。

有一男一女谈恋爱,晚上约会时或者去看足球比赛,或者去看芭蕾舞演出。男的偏好足球,女的则更喜欢芭蕾,但他们都宁愿在一起而不愿分开。支付矩阵见表 5.7。

表 5.7 性 别 战

	女	
	足球	芭蕾
男 足球	2, 1	0, 0
男 芭蕾	0, 0	1, 2

很显然,这个博弈存在两个纯战略纳什均衡:(足球,足球),(芭蕾,芭蕾)。就是说,给定一方去足球场,另一方也会去,对于芭蕾也一样。我们不清楚究竟选择哪个均衡。实际生活中,也许这次看足球,下次就看芭蕾,形成一种默契。或者是,谁先买票,就听谁的。事实上,这个博弈中还有一个混合战略纳什均衡:男的以 2/3 的概率选择足球赛,1/3 的概率选择芭蕾;女的以 1/3 的概率选择足球赛,2/3 的概率选择芭蕾。

5. 囚犯的困境

博弈的纳什均衡的另一个问题是它并不一定导致帕累托有效的结果。博弈论中最著名的例子"囚徒的困境"深刻揭示了这一问题:

A、B 两个嫌疑犯作案后被警察抓住,分别被关在不同的屋子里审讯。每个囚犯都有交代犯罪这样一个选择,从而把另一囚犯也牵连在内;也都有否定参与犯罪这样一个选择。他们明白:如果两个人都坦白,各判刑 3 年;如果两个都抵赖,各判 1 年(或许因为证据不足);如果其中一人坦白,另一人抵赖,坦白的放出去,不坦白的判刑 6 年。支付矩阵如表 5.8 所示。

表 5.8 囚徒的困境

	囚徒B	
	交代	不交代
囚徒A 交代	-3, -3	0, -6
囚徒A 不交代	-6, 0	-1, -1

在这个例子里,纳什均衡就是(坦白,坦白)。如果 B 不承认犯罪,那么,对 A 来说,采取坦白的态度一定会比其他选择更好,因为 A 将被释放。同样,如果 B 决定承认犯罪,那么,A 选择坦白需判 3 年,显然比不坦白需判 6 年要好。因此,不论 B 选什么策略,坦白交代都是 A 的最优策略。对 B 来说情况也是一样——坦白会使 B 的情况比其他选择更好。所以,这个博弈的惟一均衡是两个罪犯都坦白交代。事实上,A、B 都坦白交代不仅是纳什均衡,而且也是最优策略均衡。

囚徒困境反映了个人理性与集体理性的冲突。若两人都能拒不交代,那么他俩的境况就会比其他策略下更好一些!如果他俩都确信另一方不交代,且双方都能应允自己也不交代,那么他们每个人就能得到支付 -1,这些支付使他们的境况比其他选择好。但这个帕累托改进办不到,因为不满足个人理性的要求,(不交代,不交代)不是纳什均衡。问题在于双方没有办法协调他们的行动。即使俩囚徒在被捕之前约定双方都拒不交代,也于事无补,因为没有人有积极性遵守事先的约定。这似乎与现实中一些现象不太符合,比如在一些警匪片中我们经常看到黑社会、团伙作案的罪犯会选择(不交代,不交代)的结果。实际上,这是因为罪犯选择坦白交代的支付水平不同,比如未来可能会导致严重的报复行为,从而改变了博弈的均衡结果。

囚犯的困境在经济和政治现象中有广泛的应用。例如,裁军计划。竞相增加军队的双方都很清楚,如果大家能裁减军队,可以减少大批军费开支,对双方都极为有利。问题是,如果我单方面裁军,而竞争对手不裁军,那我不是受到威胁吗?因此,纳什均衡是双方都大量增加军费预算,大量扩军。"停止核试验"博弈也是一个意思。

其次,两个寡头选择产量的博弈也属于此类。如果两个企业能联合起来形成卡特尔,选择垄断利润最大化的产量,每个企业能得到更多利润,显然是帕累托有效配置。然而,卡特尔协定不是一种纳什均衡,因为给定双方遵守协定的情况下,每个企业都想增加生产,结果是,每个企业只得到纳什均衡产量下的利润,它严格小于卡特尔产量下的利润。

5.2.2 完全信息动态博弈:子博弈精炼纳什均衡

1. 动态博弈与精炼纳什均衡

上节分析了用混合策略来解决有些博弈中不存在纳什均衡的问题,除此之外,纳什均衡还有另外的问题,即有些博弈中可能不止一个(甚至是无穷个)纳什均衡。究竟哪个均衡实际上会发生?很难回答。在纳什均衡中,参与人在选择自己的战略时,把其他参与人的策略当做给定的,不考虑自己的选择将如何影响对手的策略。实际上,当一个人行动在前,另一个人行动在后时,后者自然会根据前者的选择而调整自己的选择,前者在作选择时自然会理性地考虑这一点,所以不可能不考虑自己的选择对其对手选择的影响。由于纳什均衡中,不考虑这种影响,事实上便允许了"不可置信威胁"的存在,于是增加了纳什均衡的个数。而泽尔腾机敏地引入动态博弈分析完善了纳什均衡的概念,定义了与动态博弈对应的"子博弈精炼纳什均衡"。这个概念的意义是将纳什均衡中包含的不可置信的威胁策略剔除出去。它要求参与者的决策在任何时点上都是最优的,决策者要"随机应变"、"向前看",而不是固守旧略。由于剔除了不可置信的威胁,在许多情况下,精炼纳什均衡也就缩小了纳什均衡的个数。这一点对预测分析是非常有意义的。

以前我们介绍的都是标准型。博弈的标准型表达有三个要素：参与人、可选策略、及支付函数。两人有限策略博弈的标准型可用一个矩阵表来表示。这里，有必要介绍博弈的另外一种形式，即扩展型。对比之下，扩展型表达包括五个要素：

- 参与人；
- 每个参与人选择行动的时点；
- 每个参与人在每次行动时可供选择的行动集合；
- 每个参与人在每次行动时有关对手过去行动选择的信息；
- 支付函数。

我们举个产业经济学中市场进入阻挠的例子来说明上述观点。

假设一个企业 A 是市场上的惟一供给者，面临企业 B 可能的竞争威胁。企业 A 有两种可选策略，即斗争与默许。斗争表现为采用降低价格使 B 的收益为 0，默许意味着维持高价格。企业 B 也有两种策略：进入或者不进入。假定进入之前垄断利润为 300，进入之后寡头利润共为 100（各得 50），进入成本是 10。各种策略组合下的支付矩阵如表 5.9 所示。

表 5.9 市场进入博弈

		企业A	
		高价	低价
企业B	进入	40, 50	−10, 0
	不进入	0, 300	0, 300

这个博弈显然有两个纳什均衡，即（进入，高价）和（不进入，低价）。

为什么（进入，高价）是纳什均衡？因为给定企业 B 进入的话，企业 A 选择高价时得 50 利润，选择低价时得不到利润，所以最优战略是高价（默许）。同理，给定企业 A 高价时，进入策略成为企业 B 最优选择。尽管在企业 B 选择不进入时，企业 A 采取任何一种策略都是一样的，但只有当企业 A 选择低价时，不进入才是企业 B 的最优选择，所以（不进入，低价）也是一个纳什均衡，而（不进入，高价）不是纳什均衡。

上面的分析使用的是静态分析方法，得到两个纳什均衡，实际究竟发生哪个，我们只能用动态博弈理论来讨论。

这里，企业 B 先选择行动（进入或不进入），企业 A 后选择是合作还是斗争。如企业 B 选择"进入"，企业 A 默许，支付水平分别是 40 和 50。图 5.1 十分明了地显示了参与人行动的先后顺序，每位参与人可选择的策略以及不同行动组合下的支付水平。在动态博弈中，如果所有以前的行动成为"共同知识"，也就是说，每个人都对过去发生了什么（什么人在什么时候选择什么行动）很清楚，那么给定"历史"，从每一个行动选择开始至博弈结束又构成了一个博弈，称为"子博弈"。如图 5.1 所示，在企业 B 选择进入之后，企业 A 选择行动开始就是一个子博弈。泽尔腾认为：只有当参与人的策略在每一个子博弈中都构成纳什均衡才叫做精炼纳什均衡。或者说,组成精炼纳什均衡的策略必须在每一个子博弈中都是最优的。

在市场进入博弈中,在给定企业 B 已经进入的情况下,在位者的"斗争"、"低价"策略已不再是最优的,这种"斗争"是不可置信的威胁,因为斗争的结果是没有利润;而合作会带来 50 单位利润。所以,(不进入,低价)不是一个精炼纳什均衡。剔除这个均衡,可以证明(进入,高价)是惟一的子博弈精炼纳什均衡。这是泽尔腾的重要贡献。应该强调的是,一个精炼均衡首先必须是一个纳什均衡,反之不然。只有那些不包含不可置信威胁的纳什均衡才是精炼的纳什均衡。

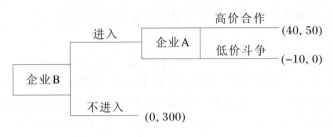

图 5.1

附加一点说明:我们知道,有些纳什均衡之所以不是精炼均衡,是因为它们包含不可置信的威胁;然而,如果参与人能在博弈之前采取某种措施改变自己的行动空间或支付函数,使不可信的威胁变得可信,博弈的精炼均衡就会相应改变。怎样才能使不可信的威胁变得可信呢?往往采取信息经济学中的重要概念:承诺行动。承诺行动是指当事人在不施行这种不可置信威胁时,就会付出更大的代价。尽管这种代价不一定发生,但承诺行动会给当事人带来很大好处,因为它会改变均衡结果。

比如,在市场进入博弈中,如果企业 A 通过某种承诺行动使自己的"斗争"威胁变得可置信,企业 B 就不敢进入了。比方说,企业 A 与第三者打个赌:如果企业 B 进入后他不斗争,他就付给第三者 100 单位。这时,斗争就变成可信的威胁。因为如果企业 B 进入后,企业 A 不斗争带来 50 寡头利润扣除 100 赌注,将得 -50 净利润,而斗争将得 0 利润,所以斗争比不斗争好。有了这个赌,企业 B 就不敢进入了,在位者实际上无需支付赌注便能得到 300 垄断利润。一般说来,承诺行动的成本越高,威胁的可信度就越高。

还可以举些例子来说明这一内容。

假设一位富家千金爱上一个穷小伙子,她父亲坚决不同意,威胁说"如果你嫁给穷小子,你就永远没有这个父亲(断绝父女关系)"。也许女儿可能会想:父亲只有一个,而丈夫可以有很多选择机会,所以,如果她相信父亲的话,她大概会中断与恋人关系。问题是她不知道如果失去女儿,父亲损失也很巨大。一旦女儿真嫁给了穷小子,"木已成舟",一般说来父亲不会断绝父女关系。聪明的女儿如果认识到父亲威胁的不可信,会勇敢地嫁给小伙子。这是一个精炼纳什均衡。对于父亲来说,关键是要使自己的威胁变得可信,更聪明的父亲可能会在与女儿争吵时装出心脏病发作之迹象。这样,女儿知道一旦父亲生气引起心脏病突发或心肌梗死等,她将真正没有父亲了,因此,父亲的威胁变得真正可信了,女儿也就可能中断与恋人的关系。

成语"破釜沉舟"讲的也是这个意思。项羽与秦兵交战,领兵过河就砸锅沉船了,这就是一种承诺行动,即誓死力战。最后项羽大胜秦兵。另外,《三国演义》中仓亭之战也是一例。

曹操召集将领来献破袁之策,程昱献了十面埋伏之计。他让曹操退兵河上,诱袁绍来追,到那时"我军无退路,必将死敌,可胜绍矣"。曹军采纳此计,令许褚诱袁军至河上,曹军无退路,曹操大呼曰:"前无去路,诸军何不死战!"众军回头奋力反击,袁军大败。

2. 有限次重复博弈:"连锁店之谜"

前面讨论的动态博弈基本上都有一个特征,即参与人仅对抗一次,因此,同样的子博弈只会出现一次。如果有相同的参与人反复地进行博弈,那么情形就会有所不同。在这种情况下,每个参与人面前都有出现新策略的可能性。如果另一个参与人在这次作出背叛的选择,那么你就可以在下一次选择背叛以示报复。在一个重复对策中,每一个参与人都有机会树立合作的信誉,并以此鼓励对方也树立起合作的信誉。

影响均衡结果的主要因素是博弈的次数及信息的完整性。如果博弈只进行一次,参与人只会关心一次性支付;但如果博弈重复多次,参与人可能会为长期利益暂时牺牲眼前利益从而选择不同的策略。

以前面讲过的市场进入博弈为例,我们已经知道,在一次博弈中,如果进入者先行动,这个博弈惟一的子博弈精炼纳什均衡结果是:(进入,高价)。现在假定同样的市场有 20 个(可以理解为企业 A 有 20 个连锁店),企业 B 进入一个市场(连锁店),博弈就变成了 20 次重复博弈。假定企业 B 进入第 1 个市场,企业 A 应如何反应呢?

在这个博弈中,在位者选择斗争的惟一原因是市场斗争(低价)起到威慑作用,使企业 B 不敢进入。然而,在有限次重复博弈中,斗争并不是一个值得置信的威胁。设想前 19 个市场已被企业 B 进入,企业 B 现在进入第 20 个市场。因为这是最后一个市场,对企业 A 来说,这与一次博弈无二别,选择高价是最优策略,企业 B 自然选择进入。现在考虑第 19 个市场。因为不论企业 A 选择什么策略,第 20 个市场的均衡结果均不会改变(因为企业 B 知道第 20 个市场是企业 A 会选择不斗争),在位者的最优选择仍然是默许。如此类推,我们得到这个博弈的惟一子博弈精炼均衡是企业 A 在每个市场(连锁店)都选择高价,企业 B 在每个市场都选择进入。这就是所谓的"连锁店之谜"。当然,这个博弈还有其他均衡,如(斗争,不进入)等,但它不是子博弈精炼均衡。

囚徒困境也有类似情况。假如说双方对局十次,那么对于第十局来说,这是最后一局,与一次性对策一样,(坦白,坦白)是双方的最优选择。再看第九局,既然最后一局每个囚徒都会采取背叛,他们为什么要在第九局合作呢?如果你采取合作的话,另一个囚徒仍然可以采取背叛你的策略,并利用你的善良本性而获利。双方都这么考虑,故都会把(坦白,坦白)作为自己的最优选择。同理类推,其余各局博弈均衡都是(坦白,坦白)。

可以说,只要博弈重复的次数是有限的,则博弈的结果就将与一次性博弈(指对局一次)的结果相同。

3. 无限次重复博弈:"针锋相对"(tit for tat)策略

假设囚徒困境博弈进行无数次,那么你就有办法影响你的对手的行为:如果他这次拒绝合作,你就可以在下一次拒绝合作,直到他开始选择合作,然后双方永远选择合作。这就是所谓"针锋相对策略"。其实只要双方都充分关心各自将来的支付,那么将来不合作的威胁就足以说服他们,使他们采取帕累托有效的策略。

罗伯特·阿克赛尔罗德在一个实验中用令人信服的方法证明了这个论点。他要求几十名博弈论专家为囚犯难题提出各自认为最能取胜的策略,然后在计算机上进行使这些策略相互竞争的"比赛"。每个策略在计算机上都要和其他各个策略进行比较,计算机记录下来全部支付。

取胜(具有最高支付)的策略结果被证明是最简单的。这种策略被称为"针锋相对",即在第一局中,你采取合作(不交代)的策略,在以后的每一局中,如果你的对手在上一局采取不合作,那么你也选不合作;反之,如果他合作,那么下一局你也选合作。换句话说,如果你的对手上一局选取什么策略,你在这一局就选择什么策略。

"针锋相对"的策略的确非常令人满意,因为它能立即对背叛加以惩罚。它也是一种宽恕的策略:对于对手的每一次背叛,只惩罚他一次。如果对手选合作策略,那么"针锋相对"的策略就会以合作作为对他的报答。显然,这是在进行无数次重复博弈中达到有效结局的令人满意的机制。顺便说一说另一种对策,叫"冷酷策略"。它指如果第一次对方背叛了我,我将永远对他进行惩罚(采取不合作的策略),丝毫不给他"赎过自新"的机会。实践证明这种策略并不是最好的对策。

克雷普斯有关"声誉"的观点可以用来说明重复博弈导致帕累托有效的理论。克雷普斯的声誉模型是在不完全信息博弈中的应用声誉观点提出在契约不完全的情况下(完全契约指包罗万象、面面俱到的契约,契约中明确规定了各方在可能发生的情况下和条件下的义务、责任和权利等),买卖双方利益冲突不可能在事前全部解决,有些事情非得拖到事后再说。这时,如果市场只进行一次交易或有限几次交易,显然难以达到高效率,"扯皮"也就会很频繁。比如,买者先付款,卖者可能不交货;反之,卖者先交货,买者就可能不付款。如果是进行无数次交易,当双方知道下次还要交易时,这种"扯皮"将大大减少,因为"声誉"的损坏有损今后的利润。这时,双方都尽量地选择合作,以树立自己的良好形象。所以,"声誉"是双方的无形资产,大家为保护"声誉"都必须好好合作。

5.2.3 不完全信息静态博弈:贝叶斯纳什均衡

1. 不完全信息静态博弈与逆运算纳什均衡

前面两节中,我们都假定博弈中的每个参与人对所有其他参与人的支付(偏好)函数有完全的了解,并且其他参与人知道所有参与人的支付函数,即支付函数是"共同知识"。这种博弈叫完全信息博弈。然而,这种假设往往与现实并不相符。比如说,当你与一个陌生人打交道时,你并不知道他的特征,如喜好(事实上,即使长期相处也难说你对他完全了解);当你想买一辆旧车时,你不知道它的质量如何等等。现实中,往往存在不完全信息状况,也就是说,不完全信息博弈中,至少有一个参与人不知道其他参与人的支付函数。

我们首先看看市场进入的例子,支付矩阵如表 5.10 和表 5.11 所示。

这是一个不完全信息博弈,对潜在进入者企业 B 来说,不知道企业 A 的成本函数,也不知道企业 A 是否采取斗争(低价)策略。在给定企业 B 进入时,高成本企业的最优选择是高价(合作),而低成本企业的最优策略是低价(斗争)。低成本情况下,斗争之所以比合作好,可能由于在位者的生产成本是如此之低,从而他在非常低的价格下获得的垄断利润(此时,进入者已无利可图)也高于相对高的价格下分享到的寡头利润(另一种可能的解释是,企业 A 有一种好斗的天性,它更乐于与进入者斗争而不是合作)。

表 5.10 市场进入:高成本情况

		企业A	
		高价	低价
企业B	进入	40, 50	−10, 0
	不进入	0, 300	0, 300

表 5.11 市场进入:低成本情况

		企业A	
		高价	低价
企业B	进入	30, 100	−10, 140
	不进入	0, 400	0, 400

因为企业 B 不知道企业 A 的成本函数,所以处于进退两难之境。这种情况的博弈以前人们认为是没法分析的,直到 1966 年才由海萨尼解决。他引入一个虚拟的参与人——"自然"。自然不同于一般参与人之处在于它在所有后果之间是无差异的。自然首先行动——选择参与人的"类型"。被选择的参与人知道自己的真实类型,而其他参与人并不清楚这个被选择的参与人的真实类型,仅知道各种可能类型的概率分布。另外,被选择的参与人也知道其他参与人心目中的这个分布函数——就是说,分布函数是一种"共同知识"。在"市场进入"这个例子中,自然首先选择企业 A 的类型——高成本还是低成本。企业 A 知道自己是高成本还是低成本,而进入者仅知道企业 A 或者是高成本,或者是低成本,并且知道高成本和低成本的可能性各为多少。

海萨尼的这些工作使这种不完全信息博弈变得可以分析了。在此基础上,他还定义了"贝叶斯纳什均衡"的概念,表述为:在静态不完全信息博弈中,参与人同时行动,没有机会观察到别人的选择。给定别人的策略选择,每个参与人的最优策略依赖于自己的类型。由于每个参与人仅知道其他参与人的类型的概率分布而不知道其真实类型,他不可能准确地知道其他参与人实际上会选择什么战略;但是,他能正确地预测到其他参与人的选择是如何依赖于其各自的类型的。这样,他的决策目的就是在给定自己的类型和别人的类型依从战略的情况下最大化自己的期望效用。贝叶斯纳什均衡是这样一种类型依从战略组合:在给定自己的类型和别人类型的概率分布的情况下,每个参与人的期望效用达到了最大化,也就是说,没有人有积极性选择其他战略。

再看"市场进入"例子,企业 B 只有一种类型,企业 A 有两种类型(高成本和低成本)。也就是说,进入者具有不完全信息,而企业 A 具有完全信息。给定企业 B 进入的情况下,企业 A 选择斗争还是合作依赖于它的类型:如果是高成本,则合作(高价);反之,低价(斗争)。进入者不知道企业 A 的真实类型,但假定知道它的高成本可能性为 p,低成本的可能性为 $(1-p)$。那么企业 B 选择进入时的期望利润为 $40p+(-10)(1-p)$,而选择不进入时的期望利润为 $0 \times p + 0 \times (1-p) = 0$。通过简单计算可以得到:当 $p>0.2$ 时,企业 B 进入得到的期望利润大于不进入时的期望利润,从而进入才是最优的。假定 $p>0.2$,那么,贝叶斯纳什均衡为:企业 B 选择进入,高成本企业 A 选择高价,低成本企业 A 选择低价。

还可用生活中的例子来分析。假定有人向你求爱,你的选择是接受还是拒绝取决于你对求爱者品德的判断。问题是你可能并不能准确地判断求爱者的品德,这时,你的决策显然取决于你在多大程度上相信他是一个品德优良或品德恶劣的人。表 5.12 和表 5.13 是两种情况下的支付矩阵。

表 5.12　求爱博弈:品德优良者求爱

		你	
		接受	不接受
品德优良者	求爱	100, 100	−50, 0
	不求爱	0, 0	0, 0

表 5.13　求爱博弈:品德恶劣者求爱

		你	
		接受	不接受
品德恶劣者	求爱	100, −100	−50, 0
	不求爱	0, 0	0, 0

现在假设你认为求爱者品德优良的概率为 p,品德恶劣概率为 $(1-p)$。求爱者也知道这个 p 为多少,那么,他求爱你接受时你的期望效用为:$100p+(-100)(1-p)$,你不接受的期望效用为 0。当 $p>1/2$ 时,你接受才是最优选择。如果 p 确实大于 $1/2$,贝叶斯纳什均衡为:求爱者求爱,你接受。反之,如果 $p<1/2$,贝叶斯纳什均衡为:求爱者求爱,你不接受。不过,在 $p<1/2$ 时,求爱者不会选择求爱策略。为什么 $p<1/2$ 时,求爱者不选择求爱策略呢?那是因为他估计自己"没戏",不用徒增烦恼,自讨没趣。

2. 古诺寡头竞争模型：贝叶斯纳什均衡应用

古诺寡头竞争模型可以说是纳什均衡的最早版本，它比纳什的定义早一百多年。为了易于理解，我们先来分析完全信息静态博弈古诺模型。

假定有两个参与人——企业 1 与企业 2，每个企业的策略是选择产量 (q_1, q_2)，支付是利润 (π_1, π_2)，利润是两个企业产量的函数。这里我们把需求函数写成

$$P = a - (q_1 + q_2)$$

假定两企业单位成本分别为 c_1, c_2，且每个企业具有不变的单位成本，我们得到两个企业的利润分别为

$$\pi_1 = [a - (q_1 + q_2)]q_1 - c_1 q_1 \tag{5.1}$$

$$\pi_2 = [a - (q_1 + q_2)]q_2 - c_2 q_2 \tag{5.2}$$

要使各自利润最大化，则将两式分别对产量求导且令导数等于 0，得

$$a - (q_1 + q_2) - q_1 - c_1 = 0 \tag{5.3}$$

$$a - (q_1 + q_2) - q_2 - c_2 = 0 \tag{5.4}$$

由式(5.3)、(5.4)解得纳什均衡为

$$\begin{cases} q_1^* = \dfrac{1}{3}(a + c_2 - 2c_1) \\ q_2^* = \dfrac{1}{3}(a + c_1 - 2c_2) \end{cases}$$

如果 $c_1 = c_2 = c$，则有

$$q_1 = q_2 = \frac{1}{3}(a - c)$$

这时，每个企业的纳什均衡利润分别为

$$\pi_1^*(q_1^*, q_2^*) = \pi_2^*(q_1^*, q_2^*) = \frac{1}{9}(a - c)^2$$

为了与垄断情况作比较，让我们来计算一下垄断企业的最优产量与最大利润。

垄断企业的情况为

$$\pi = Q(a - Q - c)$$

令导数为 0，得垄断企业最优产量为

$$Q^* = \frac{1}{2}(a - c) < q_1^* + q_2^* = \frac{2}{3}(a - c)$$

垄断利润为

$$\pi = \frac{1}{4}(a - c)^2 > \frac{2}{9}(a - c)^2 = \pi_1^* + \pi_2^*$$

可见寡头垄断竞争的总产量大于垄断产量的原因是每个企业在选择自己的产量时，只考虑对自己企业利润的影响，而忽视了对另一个企业的外部负效应。这是典型的囚徒困境问题。

现在让我们回到不完全信息静态博弈中来。假定企业 1 的单位成本 c_1 是共同知识，而企业 2 的单位成本有两种类型：高成本 (c_2^H) 或低成本 (c_2^L)；企业 2 知道自己是哪种成本，而企业 1 不知道；$c_2 = c_2^H$ 的概率为 θ，$c_2 = c_2^L$ 的概率为 $(1 - \theta)$。

由已知条件可知

$$\pi_2 = q_2(a - q_1 - q_2) - c_2^H q_2$$

或

$$\pi_2 = q_2(a - q_1 - q_2) - c_2^L q_2$$

为了利润最大化,对上面两式求导且令导数等于 0,得

$$q_2 = \frac{(a - c_2^H - q_1)}{2} \quad 或 \quad q_2 = \frac{(a - c_2^L - q_1)}{2}$$

也就是说,当 c_2 为高成本时,企业 2 的最优产量为

$$q_2^H = \frac{(a - c_2^H - q_1)}{2}$$

当 c_2 为低成本时,企业 2 的最优产量为

$$q_2^L = \frac{(a - c_2^L - q_1)}{2}$$

即企业 2 的产量不仅依赖于企业 1 的产量,还依赖于自己的成本类型。由于企业 1 不知企业 2 的真实类型从而不知企业 2 的最优产量,因此企业 1 的期望利润为

$$E\pi_1 = q_1(1 - q_1 - q_2^H)\theta + [q_1(1 - q_1 - q_2^L)](1 - \theta)$$

令 $(E\pi_1)' = 0$,得

$$q_1 = \frac{1 - q_2^L + (q_2^L + q_2^H)\theta}{2}$$

为了便于理解,我们假定

$$\theta = \frac{1}{2}, \quad a = 2, \quad c_1 = 1, \quad c_2^L = \frac{3}{4}, \quad c_2^H = \frac{5}{4}$$

代入两个企业的均衡产量,得到

$$\begin{cases} q_2^H = \frac{1}{2}(\frac{3}{4} - q_1), \quad q_2^L = \frac{1}{2}(\frac{5}{4} - q_1) \\ q_1 = \frac{1}{2}(1 - \frac{1}{2}q_2^H - \frac{1}{2}q_2^L) \end{cases}$$

联合三式求解得到

$$q_1 = \frac{1}{3}, \quad q_2^H = \frac{5}{24}, \quad q_2^L = \frac{11}{24}$$

现在让我们比较一下不完全信息下的贝叶斯均衡与完全信息下的纳什均衡。如果企业 2 的成本是 $c_2 = \frac{3}{4}$,企业 1 知道 $c_2 = \frac{3}{4}$,得双方最优产量为

$$q_1 = \frac{1}{2}(1 - q_2), \quad q_2 = \frac{1}{2}(\frac{5}{4} - q_1)$$

解得

$$\begin{cases} q_1 = \frac{1}{4} \\ q_2 = \frac{1}{2} \end{cases}$$

即纳什均衡产量为:$q_1 = \frac{1}{4}, q_2 = \frac{1}{2}$。

类似地,如果企业 2 的成本是 $c_2 = \frac{5}{4}$,企业 1 也知道 $c_2 = \frac{5}{4}$,则纳什均衡为:$q_1 = \frac{5}{12}$,

$q_2 = \frac{1}{6}$。

与完全信息情况相比,在不完全信息情况下,低成本企业的产量相对较低,高成本企业的产量相对较高。这是因为:当企业不知道 c_2 时,只能生产预期的最优产量,这个产量高于完全信息下对低成本竞争对手时的产量,低于完全信息下对高成本竞争对手时的产量。企业 2 以此作出自己的选择。

3. 一级密封价格拍卖——贝叶斯均衡应用

拍卖或招标有两个基本功能,一是揭示信息,二是减少代理成本。当买者比卖者更清楚一件物品对买者的价值时,卖者一般不愿意首先提出价格,而常常采用拍卖的方式以获得可能的最高价格。这种情况在古董与名画的交易中特别普遍。当直接的卖者或买者以代理人身份出现时,拍卖也有助于减少买者和卖者之间的损害委托人的合谋行为。例如,如果某学校一位基建处处长可以将一个基建项目承包给某位包工头,则很难排除包工头通过贿赂这位处长使学校利益受损的情况。但如果采用拍卖方式进行,这种寻租行为将大大减少。

一级密封价格拍卖是许多拍卖方式中的一种。在这种拍卖中,投标人同时将自己的出价写下来装入一个信封,密封后交给拍卖人,拍卖人以最高出价者作为成交对象。这里每个投标人的策略是根据自己对该物品的评价和对其他投标人评价的判断来选择自己的出价,赢者的支付是他对物品的评价减去他的出价,其他投标人的支付是零。这时,不同投标人之间进行的就是一场不完全信息博弈。假定每个投标者不知道其他投标者的真实评价而仅知其概率分布,那么,他在选择自己的报价时就面临着一种思想斗争。报价越高,中标的可能性就越大;但另一方面,给定中标的情况,报价越高,利润就越小。我们的分析是要证明:每个投标人的标价依赖于他的类型(对物品的评价),但一般来说,贝叶斯均衡低于这种评价,二者差异随投标人数增加而减少。这就是说更多投标人参加投标,对拍卖人是一件有利的事情。

我们来证明以上结论。首先考虑两个投标人的情况,$i=1,2$。b_1, b_2 分别为两投标人的出价,V_1, V_2 分别为两投标人对物品价值的评价。假定每个投标者不知对方对物品的评价,但知道这种评价(V_i)独立地取自定义在 $[0,1]$ 上的均匀分布函数。假定投标人 i 的出价 b_i 是其价值 V_i 的增函数且可微(也就是说,$b_i > 1 > V_i$ 不可能出现,因为没有人愿意支付出比物品价值本身更高的价格)。这样我们得到双方的支付(利润)如下:

$$\pi_1 = \begin{cases} V_1 - b_1, & \text{当 } b_1 > b_2 \\ \frac{1}{2}(V_1 - b_1), & \text{当 } b_1 = b_2 \\ 0, & \text{当 } b_1 < b_2 \end{cases}$$

与

$$\pi_2 = \begin{cases} 0, & \text{当 } b_1 > b_2 \\ \frac{1}{2}(V_2 - b_2), & \text{当 } b_1 = b_2 \\ V_2 - b_2, & \text{当 } b_1 < b_2 \end{cases}$$

这里,假定当两出价相同时,拍卖人将随机分配。但在连续情况下,可认为出价相同的概率为 0。

假定均衡出价策略为 $b=b^*(V)$。给定 V 和 b,投标人 1 的期望支付是

$$E\pi_1 = (V-b)\text{Prob}(b_2<b) \tag{5.5}$$

因为出价策略是严格递增的

$$\text{Prob}(b_2<b) = \text{Prob}(b_2\leqslant b),$$

因为 $b_2=b^*(V_2)$,所以

$$\text{Prob}\{b_2<b\} = \text{Prob}\{b^*(V_2)<b\} = \text{Prob}\{V_2<b^{*-1}(b)\} = \text{Prob}\{V_2<\Phi(b)\}$$

这里 $\Phi(b) = b^{*-1}(b)$ 是 b^* 的逆函数,即当投标者选择出价 b 时,他的价值为 $\Phi(b)$。因为属于 $[0,1]$ 区间上的均匀分布函数,所以

$$\text{Prob}\{b_2<b\} = \text{Prob}\{V_2<\Phi(b)\} = \Phi(b)$$

代入式(5.5)中,得

$$E\pi_1 = (V-b)\Phi(b)$$

为使 π_1 最大化(均衡条件),令 $(E\pi_1)'=0$,得到

$$(V-b)\Phi'(b) - \Phi(b) = 0$$

如果 $b^*(V)$ 是投标人的最优选择,$\Phi(b)=V$(上面提到当投标人选择出价 b 时,他的价值为 $\Phi(b)$,也就是说 $\Phi(b)=V$)。因此

$$\Phi(b) = [\Phi(b) - b]\Phi'(b) \tag{5.6}$$

式(5.6)简写成

$$\Phi(b) + b\Phi'(b) = \Phi(b)\Phi'(b)$$

$$\partial(b\cdot\Phi(b)) = \Phi(b)\Phi'(b)$$

$$\frac{\partial(\Phi(b)b)}{\partial\Phi(b)} = \Phi(b)$$

$$\frac{\partial(Vb)}{\partial V} = V$$

解得

$$b^* = \frac{V}{2}$$

由于这种博弈是对称的,故用投标人 2 的期望支付也能求出均衡出价 $b^*=V/2$。

就是说,这个博弈的贝叶斯均衡是每个投标人的出价是他的实际价值的一半:$b_i^* = V_i/2$。在均衡情况下,被拍卖品归评价最高的投标人所得,这从资源配置角度来说是有效率的。随着投标人数增加,我们用同样的方法容易得到

$$b^*(V) = \frac{n-1}{n}V \qquad (n \text{ 是投标人个数})$$

显然,当 n 越大时,出价与实际价值差距越小,对卖者就越有利。当 $n\to\infty$ 时,卖者得到买者价值的全部。

5.3 博弈论在公共行政领域的应用

5.3.1 公共行政的历史

自威尔逊提出建立行政学的主张以来,行政学经过一百多年的发展,已日趋成为一门成熟的学科。从公共行政的发展历史看,公共行政的发展轨迹呈现由统治走向管理、由管理走向服务的特点。从政治学角度看,公共行政是建立在经济基础之上的上层建筑,是政治上层建筑的组成部分,而且公共行政都是为其所赖以建立的经济基础和国家政权服务的,这是不可移易的客观规律。迄今为止,公共行政在它所经历的农业经济时代、工业经济时代和后工业经济时代的历史进程中,可以说先后创设了三种行政形态:统治行政、官僚行政和后官僚行政。

公共行政发展的三种形态是一种逻辑的抽象,一国的具体行政形态一般是由其经济、政治、文化、国际环境等因素决定的。在现实的行政实践中很难找到纯粹的某个行政形态,大多数国家都是多种行政形态在时间和空间上的共存,一些发展中国家这种现象尤为突出。

从公共行政形态的历史发展进程及其主要特征中,我们要寻求中国行政改革的取向,就首先要弄清中国现实行政形态。

1949年以前,中国处于统治行政阶段。中国有五千多年的历史,尤其有两千多年的封建历史,小农经济或自给自足经济一直占主导地位。中国统治行政的历史一直延续到1949年,在几千年的时间里,统治行政一直为专制皇权服务,其最大的特征是全体社会成员禁锢在专制主义的严密等级中。当官僚行政在很多工业国家生长得比较成熟时,我们还处于统治行政中。

1949～1982年,是中国现代行政与统治行政的反复和徘徊阶段。虽然新中国成立,建立社会主义后,在社会形态上具有现代性,此时应当是培育现代行政形态、中断统治行政的最好的契机。但在计划经济条件下,一方面受统治行政的影响,另一方面中国计划经济需要高度集权化才能实行计划管理,同时长期计划经济体制的存在和国家政治因素的影响,阻碍了行政形态的现代化发展,使中国处于现代行政与统治行政反复与徘徊之中。

1982年至今,是中国行政形态转型阶段。十一届三中全会以后,中国开始进行社会主义市场经济的探索和改革,不可避免要涉及政治体制和行政体制的改革。从1982年到现在,连续有过多次政府机构改革,这些改革使我国政府管理无论是理论、职能、还是机制、机构、人员等方面,都与时俱进地得到很大改善。但是,传统统治行政还在一定程度上一定范围内影响着中国现代行政的建设,而中国正努力构建适应社会主义市场经济行政形态,这样,中国行政形态存在着二元化特征。比较客观地说,我国行政正处在改革完善过程之中,正处在从传统到现代的过渡与转型之中,如果定位的话,它正处于准官僚行政阶段。

1. 公共行政的价值

胡德和杰克逊确认了三种公共行政的价值:西格玛型价值与节俭和简约有关,西塔型价值与诚实和公平有关,而兰布达价值则与安全和弹性有关。

(1) 西格玛型价值:资源和任务的相配

胡德认为,这一类型的价值在公共管理中是核心的、主流的和传统的价值。从这一价值的角度出发,相对于特定的目标,耗费资源的多少是衡量成败的标准。这一类型的价值强调资源和目标的匹配,因此对可控制和可检验的目标的设计便成为实现这一价值的中心。同样地,控制的重点放在产出方面而不是放在过程或投入上。为了实现这样的控制系统,这一价值类型强调对产出数据库的建设以及对责任的明确划分。因此,政府内部决策和执行的活动分离,政府组织也划分成为独立的、不重复的各个部分,从而形成具有单一目标的和单一功能的小单位。

(2) 西塔型价值:诚实与公平

这一类型的价值追求诚实、公平和相关性,因而它注重防止扭曲、不平等、偏见以及权力的滥用。这一类型的价值也是公共管理的核心价值,并且在诸如行政申诉、政府报告、独立审核等制度中得以制度化。从这一角度出发,衡量公共管理成功的标准是执法过程中的正当与否,而衡量失败的标准则是执法中的营私舞弊。在西塔型价值中,其关注的中心是确保诚实、责任及防止国家机器为私人所用。与之相适应的,这类价值控制的重点是公共管理的过程而不是其结果。

(3) 兰布达价值:可靠性、健全性与适应性

这一类型的价值关注灵活性、健全性、忍耐性,强调适应与生存。就是说,它强调经受危机并在危机中成长的能力。因此,从这一价值出发,衡量公共管理成功的标准,是看其弹性和适应性,而失败则指的是学习能力的丧失以及由此而导致的灾难。这一价值所关注的核心是面对危机和挑战,竭力避免政府系统的失败和瘫痪。为此目标,这一价值类型在组织设计方面主张多目标而非单一目标的组织,主张组织结构的松散以获得更多的适应空间来应对危机和挑战,主张组织控制应当集中于投入和过程方面而不是结果方面。

2. 公共行政的范式

依照库恩(Kuhn)的范式理论,科学的进步就是范式变迁的过程。在公共行政这一领域,至少可确认有4大范式:古典公共行政、公共管理、公共政策和新公共管理。

(1) 古典公共行政范式

它是公共行政学科早期的主导范式。它侧重于构建政府运作的法规系统。它认为只要遵守这些规章制度,政府的效能便能得以发挥,而效率也能得以实现。它认为对政府项目的管理就像操作机器一样,只需要遵守操作规程就可以了。依照莱恩(Lane)的观点,古典公共行政范式有以下核心思想:

- 人与职位是分离的;
- 政府部门的管理应当是规章制度导向的;
- 从上至下的组织结构是有益于政府部门实现效率的;
- 手段和目的分离,事实与价值分离,技术与政治分离;
- 政府部门的动机激励机制是迥然不同于私有工商部门的。

(2) 公共管理范式

古典范式在20世纪40年代受到猛烈抨击,这导致了它的衰亡。其上述核心思想遭到

摈弃。伯纳德(Barnard)的名著《经理的职能》代表着对公共部门进行新探索的最早尝试。西蒙(Simon)的《行政行为》则代表着这一尝试的最终完成。西蒙认为,公共管理范式具有以下核心思想:

- 公共部门所有行为都是对目标的完成;
- 公共治理的实质就是裁量实现这些目标的手段;
- 公共决策制定是有限理性的;
- 决策制定不是一个最大化的过程,而是一个满意化的过程。

因此,公共管理范式尽管抛弃了古典范式,但却保留了其二分法的核心思想,即价值与事实的分离、手段与目标的分离等。公共管理范式将目标而不是规章作为公共管理最重要的起点。为了实现目标,它要求确定与之相配套的手段,因此它不再强调层级制而是强调自主的裁量权,以使公共部门自主地决定相应的手段。而指导这一裁量权的便是理性。这种理性体现在西蒙的决策模型当中,即在决策制定过程中,理性就是对投入与产出的比率的计算。但是,由于信息的不完全,所有的理性都是有限的,这决定了决策仅能是一个满意化的过程,而不是一个最大化的过程。

(3) 公共政策范式

古典范式被摈弃时,对新范式的探索并没有仅局限于公共管理这一范式。公共政策范式便代表了另一种尝试,它的基本特征如下:

- 公共治理事实上就是不断循环的政策周期,它包括政策制定和政策执行;
- 政策制定和政策执行是不可分的;
- 分权化的政策执行要比从上至下的执行模式更有效能;
- 政策周期不仅关注效率,更与政治息息相关;
- 在政策执行中,网络比层级制更有效率。

公共政策范式主张政策周期是公共治理中不可或缺的一部分,因此它强烈反对将政策制定和执行两分的方法。

(4) 新公共管理范式

新公共管理作为最新范式,它不仅挑战古典范式,也同样不同于公共管理范式和公共政策范式。它注重对契约的运用,以至于在它的极端范例——新西兰的实践中,整个国家都因此而改变,完全置于契约与合同之下。新公共管理是一个松散的名词,它被用来描述公共部门的管理实践向私有的工商管理方法的靠拢和借鉴这一现象,即强调以顾客为中心,强调对结果的管理等等。从组织的角度来看,新公共管理包含了两种组织上的变化:一是它使得公共部门和私有部门的界线模糊化,二是减少组织内各种规章程序对行政裁量权的种种束缚,特别是通过对各种市场机制的引入,促进了公共部门组织控制的分权化。

5.3.2 博弈论在公共行政领域的应用

近年来,博弈论的发展及其研究取得了巨大成就,其应用涉及经济学、政治学、军事、演化生物学、计算机和人工智能科学、工程控制论等众多领域,此外它还与会计学、统计学、企业管理、社会心理学、伦理学等学科有着重要的联系。对于社会科学而言,博弈论可称得上是一种具有高度概括力的"统一场论"。本节主要介绍博弈论在公共行政领域的应用情况。

下面将博弈论引入中国行政系统运行的微观分析,以此为例使读者对博弈论在公共行政领域的应用有个初步了解。

我国讲求集体领导,但在领导集体中仍有核心,从而有核心和外围领导人(以下简称核心和外围),核心对外围、对国家机器有更强的影响力。由于对各种问题看法不可能总是一致的,因而就存在博弈。

核心有两种类型,一是包容者,即能包容反对意见;二是打击者,即很难听反对意见,对异己者欲去之而后快。当核心领导人提出意见时,外围内心可能同意,也可能反对,那么他实际上会不会讲真话,则是博弈的结果。例如1965年秋,毛泽东同志在中央工作会议上对大家说,中央出了修正主义,你们怎么办?其实就是外围领导自问的问题:核心领导错了,我们怎么办。表5.14是核心与外围领导人博弈的支付矩阵:

表 5.14

核 心

		打击者		包容者	
		认可	打击	认可	打击
外围	支持	$f_1+2s-1,1$	$f_2+2s-1,0.9$	$f_3+2s-1,1$	$f_4+2s-1,-1$
	反对	$f_5+1-2s,-2$	$f_6+1-2s,2$	$f_7+1-2s,0.9$	$f_8+1-2s,0.1$

这里的认可,并非一团和气,而是按正常的决议程序作出决议,允许不同意的存在。在上表中,有

$$f_1>f_2, \quad f_5>f_6, \quad f_1>f_5, \quad f_6=-\infty,$$
$$f_2>f_6, \quad f_3>f_4, \quad f_7>f_8, \quad f_4>f_8, \quad f_3>f_7$$

外围的支付函数为:f(核心)+g(良心)+h(百姓)。在中国,因为核心在百姓的动员能力上强于外围,而且中国的传统决定中国人对最高领导人的依附性、服从性是很强的,所以f与h基本上可以等价。f,即由于核心的态度决定的外围的所得,它可以分为两种:第一,如果核心认可,则有职位保持、特权、社会声望、升迁等;第二,核心打击,则遭受批判、撤职、遗弃甚至死亡。至于是何种所得,由核心的特征决定。g由外围的党性、良心等因素决定,我们这里排除了林彪、江青等那种"骗子、恶棍、阴谋家"一类的人物,尽管对他们也可以用成本效益分析,但对他们的行为,道德、党性因素的影响太少,因此很难"对话"。g可以分为两种情况,一是核心正确,二是核心不正确:

g(正确,支持) = 1, $\quad g$(不正确,支持) = -1

g(正确,反对) = -1, $\quad g$(不正确,反对) = 1

设s为核心正确的概率,则

$$g(支持)=1s+(-1)(1-s)=2s-1$$
$$g(反对)=(-1)s+1(1-s)=1-2s$$

对于核心中的打击者,有两个博弈结果:(支持,认可)、(反对,打击),但是对于这里的外围,$f_6=-\infty$,所以博弈均衡为(支持,认可)。当然不排除正义感、良心意识特别强的人,g(不正确,支持)=$-\infty$,就会拍案而起,支持自己的观点。对于核心中的包容者,只有一个

博弈结果——认可,所以外围是否反对,取决于 f_3、f_7 和 s。因为 $f_3 > f_7$,如果 $(2s-1) > (1-2s)$,即 $s > 1/2$,则肯定支持他;如果 $(f_3 + 2s - 1) > (f_7 + 1 - 2s)$,即 $s > 1/2 - (f_3 - f_7)/4$,也会支持他。所以,这里有两个知识需要估计,一是核心的特征,是打击者(概率为 p)还是包容者(概率为 $1-p$);二是核心正确与否的概率。

由于传统的中国领导人产生方式的特殊性,同时基本上没有任期限制,在这种组织方式下,核心的特征是为大家所了解的,这是完美信息,例如大家知道核心是包容者,核心知道"大家知道核心是包容者",大家知道"核心知道大家知道核心是包容者",核心知道"大家知道核心知道大家知道核心是包容者"。

由于社会主义处于探索时期,核心正确与否的概率究竟是多少,大家一时很难判断。一般"领导永远是对的/领导错误是小错,过后很快就会自觉/说领导错了就是自己错了",这已经成为博弈时的共同知识。除非出现巨大错误,否则大家宁可相信核心正确的概率 $s = 1$。

参考文献

[1] 谢识予. 经济博弈论[M]. 2版. 上海:复旦大学出版社,2002.
[2] 张维迎. 博弈论与信息经济学[M]. 上海:上海三联书店,上海人民出版社,1996.
[3] 刘怀德,王新生. 中国行政系统运行的微观分析[J]. 长沙电力学院学报(社会科学版),1999(4).
[4] 王满仓,张小娟. 公共权力腐败的经济学分析[J]. 当代经济科学,1999,21(6).
[5] 施锡铨,孙鹤粮. 粮食收购市场博弈分析与粮食流通体制改革[J]. 中国农村观察,1998(6).
[6] 张训苏. 国有资产流失的博弈论分析[J]. 财经研究,1997(4).
[7] 孙春燕,陈耀辉,景睿. 防止盗电的一种有效措施:博弈论的应用[J]. 重庆师范学院学报(自然科学版),1998,15(2).
[8] 信春霞. 分税制下中央与地方财权事权的博弈关系[J]. 四川财政,1998(8).
[9] 梁彤缨. 假冒伪劣商品的博弈分析[J]. 华南理工大学学报(自然科学版),1997(4).
[10] 廖晓. 论绿色营销活动中的"囚徒困境"及政府作用[J]. 商业研究,1999(7).
[11] 赵自兵,何珺. 打假成本,谁来支付:从一个经典博弈模型看打假制度安排[J]. 贵州财经学院学报,1997(4).
[12] 龙志和,辛亚萍. 成渝客运市场博弈分析[J]. 电子科技大学学报,1999,28(6).
[13] 张志斌. 新公共管理与公共行政[J]. 武汉大学学报(哲学社会科学版),2004,57(1).
[14] 范绍庆,范重庆. 论公共行政的发展与中国行政改革的取向[J]. 兰州学刊,2003(6).

思 考 题

1. 考虑如下对策情景,支付矩阵如表 5.15 所示。

表 5.15

	局中人B	
	足球	芭蕾
局中人A 上	a, b	c, d
局中人A 下	e, f	g, h

1) 如果(上,左)为一最优均衡策略,那么在 $a,\cdots,h$ 中,必须满足什么不等式?

2) 如果(上,左)为一纳什均衡,那么在 $a,\cdots,h$ 中,必须满足什么不等式?

2. 已知甲、乙两公司达成一个一揽子交易协议,履行过程中,双方遵守(以出红、绿牌表示):

1) 6 笔生意,一笔一笔做,做完一笔再做一笔。

2) 每笔交易的损益为:双方均红,各得 30 万;双方均绿,各负 30 万;一红一绿,红方负 50 万,绿方得 50 万(其中第 3 和第 6 笔生意损益加倍)。

3) 每次出牌决定通过中介人传递,由中介人按上述规则通报结果。

决策目标:公司利润最大化。

请分析该博弈问题。

3. 假设有 A、B 两竞争企业为了提高销量,考虑是否采取促销策略。事先都不知道谁的促销会更成功,因为促销需要比较高的成本,所以如果促销没有竞争对手成功的话,就有可能造成损失。

如果 A 的促销比 B 成功,A、B 采取的策略组合及利润组合为

(促销,促销)(120,40); (促销,不促销)(150,50);

(不促销,促销)(40,100); (不促销,不促销)(50,50)。

如果 B 的促销比 A 成功,A、B 采取的策略组合及利润组合为

(促销,促销)(70,80); (促销,不促销)(80,60);

(不促销,促销)(30,120); (不促销,不促销)(50,50)。

试分析该博弈问题。

4. 有两个钱包,一个里面的钱数是 10 的 n 次方,另一个里面是 10 的 $(n+1)$ 次方。A、B 两人每人挑一个钱包,挑选后得到的钱就可以据为己有,当然他们都不知道自己到底拿到了钱多的钱包还是钱少的钱包。另外一人 C 知道 A、B 各得了多少钱,他对 A 说:"我知道 B

得了多少钱,咱们打个赌怎么样?你给我一块钱,我就替你去问问B愿不愿意跟你换。他要愿意呢,我就给你们掉换一下钱包;不愿意呢,就算了。你干不干?"对B,C也如法炮制。请问,在该博弈问题中,A、B各自的最优策略是什么?

5. 日常生活中,人们总希望能排队候车,因为排队上车对大家都很方便。但是,每个人都在想,如果我规规矩矩排队,而别人却插队,那我不是很"亏"吗?所以,排队是大家都期望的,然而,人人都有插队的冲动。试用博弈理论解释之。并且请举出经济生活中一个类似的例子。

案 例 分 析

案例1 公共权力腐败的经济学分析

在发展中国家现代化的进程中,由于市场配置资源的功能尚不完备,政府仍拥有巨大的资源配置权力,因而往往出现以政治权力与金钱交换为特征的公共权力腐败现象。回顾我国三十多年的改革历程,腐败也曾多次侵袭神州大地,给社会带来了巨大的资源浪费。因此,如何有效遏制腐败、防止社会资源的进一步浪费已是关系到我国经济发展的关键所在。本文将腐败视作一种有第三方参与的"委托—代理"行为,在基本假设下,运用公共选择理论及博弈论分析方法对腐败行为进行分析,并提出监督治理腐败行为的对策。

我们知道,市场与计划是资源配置的两种方式。但在某些情况(譬如公共产品的提供等)下,市场需要政府干预,这便是所谓"市场失灵"。然而,政府机构的特征决定了它自身的效率不高并且由政府提供的诸多公共产品(譬如政策等)往往不能使经济运行的效率得到改善,这便是所谓的"政府失灵"。腐败现象正是政府失灵的一种表现。

下面,我们运用博弈论的分析方法对这一现象进行分析。为便于分析,我们首先分析两位行贿者的状况。我们进一步假设:对于一项特定的租金 R,存在两个完全竞争的行贿者 A、B,且他们对于寻租成功后的期望利润均为 P(假设 $R/2 \leq P \leq R$),因而他们对官员的额外支付 C 可表示为 $R-P$。这样,我们可以用下述的支付矩阵(表5.16)对上述现象进行表述:

表 5.16

		A	
		行贿	不行贿
B	行贿	$R/2-C$, $R/2-C$	$R-C^*$, 0
	不行贿	0, $R-C$	$R/2$, $R/2$

注:*, $R-C=P$。

在不存在贿赂行为时,A、B 的收益组合是 $(R/2, R/2)$。但上述支付矩阵显示,当 $R/2 - C \geq 0$ 时,该博弈的惟一纳什均衡为(行贿,行贿),此时各方收益组合为 $(R/2 - C, R/2 - C)$,较不存在贿赂行为时的 $(R/2, R/2)$,A、B 的收益下降。这是一个典型的"囚徒困境"。行贿各方均未能得到各自的期望利润,但这一结果在经济上却是稳定的。因为如果 A 或 B 中的任何一方退出行贿,则它的期望利润为零。我们看到,在这种情况下,行贿者的贿赂行为具有经济合理性。

接着,我们讨论 N 个行贿者的情况。在此情况下,博弈各方的行为特征与上述讨论完全一致:各行贿者的竞争行为会使各行贿者均选择"行贿"的策略。因为如果有一方不这样,则它的收益会由 $R/N - C$ 降为零;同样,N 位参与者采取"不行贿"的策略也是不稳定的。因为在此情况下,各方参与人都会考虑:如果自己私自改变策略,则自己的收益将由 $R/N - C$ 增至 R。由此,在 N 人竞争的条件下,各方同时采取行贿仍是博弈的惟一纳什均衡,此时各方收益组合为 $(R/N - C, \cdots, R/N - C)$。我们仍然可以得出:行贿者的贿赂行为具有经济合理性的结论。

通过上面的分析我们还看到,行贿者为追求个人利益最大化的行贿行为转变成为了使自己得到"平均利润"而不得不进行的自卫行为。原本通过市场可以以低成本甚至零成本解决的问题采取了另一种对社会资源造成巨大浪费的高成本的方式进行,这就是寻租理论中讲到的"租的耗散"(rent dissipation)。也就是说,从均衡状态来看,寻租者出于自身利益而实施的寻租行为的结果是连他本身也不可能得到他所预期的收益,寻租者之间的竞争会使租金平均分配在每个竞争者身上,每位竞争者最终得到的仍然只是"平均利润",然而这样的平均利润的获得却是以社会资源的浪费和寻租者本人的额外支付作为前提的。

[王满仓,张小娟. 当代经济科学,1999(6)]

案例2　粮食收购市场博弈分析

博弈局中人为两方,一方是政府粮食收购部门,简称政府;另一方是粮食生产农户全体(仅考虑一个农户的行为,然后合成全体农户行为亦可,由于考虑问题与农户之间产量竞争无关,故结论一致),简称农户。政府选择粮食收购价格 p,农户选择实物生产要素投入量 i。为简化问题,仅考虑一种要素投入。

设粮食生产函数为 $y = F(i) + \varepsilon$,ε 是随机干扰。函数 $F(i)$ 是二阶可微凹函数,满足条件:一阶导数 $F'(i) > 0$,二阶导数 $F''(i) < 0$。这两个条件无非是投入 i 越多产出 y 越高以及投入的边际产出递减的数学描述。设 y_0 是政府的目标收购量(设想农户自留部分也上市参加流通,经过交换,最后到达作为消费者的农民手中,因此该指标口径与实际口径有所区别,y_0 等于实际目标收购量加上农户自留部分)。y_0 根据人口增长、经济发展等因素事先预测确定。先假定目标收购量 y_0 等于实际需求量 y_1(由于 y_1 变化稳定、趋势明显,不难作出较高精度的预测)。政府的效用函数表示为 $U_1 = U_1(p, i)$,追求其最大化。具体形式如下:

$$U_1 = -cp - (y - y_0)^2 \tag{5.7}$$

事实上,$y - y_0 < 0$,表示供不应求,可能导致经济不稳社会不安;$y - y_0 > 0$ 表示供过于求,将引起库存庞大,财政负担沉重。粮食经过长期贮存后,一般会出现质量损失,对于存贮部门来说是不经济的,但它的外部经济性又是显著的。因此,政府追求 $|y - y_0|$ 最小,也就是

$(y-y_0)^2$ 最小。而 $(y-y_0)^2$ 数学处理方便得多。同理,收购价格 p 越高,政府筹集收购资金的难度越大,库存资金占用越多,财政补贴负担越重,政府当然不愿意看到。c 是一个非负常数,它的大小起到调节效用函数中前后两项相对重要性的作用。$c=0$ 表示政府以粮食供求平衡为绝对目标,并且从价格上尽可能照顾农民利益调动农民产粮积极性。这里可以看出政府效用函数的复杂性,作为公共利益的代表,它必须满足粮食消费者的需求,同时也必须照顾粮食生产者的利益;作为社会中公务员集团,它不得不考虑财政支出问题。

设农户效用函数为 $U_2(p,i)$。以 w 表示投入要素价格。农户自然追求纯收入最大。这样,农户效用函数的具体形式为

$$U_2 = py - wi \tag{5.8}$$

粮食生产函数 $y=F(i)+\varepsilon$ 中的 $F(i)$ 可以取柯布-道格拉斯形式,$F(i)=A i^{\alpha}$。A 是技术进步水平,α 是投入 i 的产出弹性。由于 $F(i)$ 必须满足二阶可微单增凹函数的要求,所以 $0<\alpha<1$。这里假设随机扰动存在一阶矩,与 i 无关。政府先行动确定粮食收购价格 p,农户观察到价格后选择投入量 i。因此,这是一个完全信息二阶段动态博弈。

如果考察政府和农户的一般行为,则可以取 $\alpha=1/2$。使用后退归纳法求得子博弈完备纳什均衡:

$$i^* = \frac{(y_0 - \frac{cw}{A^2} - E\varepsilon)^2}{A^2} = \left(\frac{Ap^*}{2w}\right)^2 \tag{5.9}$$

$$p^* = \frac{2w}{A} i^{*\frac{1}{2}} = \frac{2w}{A^2}\left(y_0 - \frac{cw}{A^2} - E\varepsilon\right) \tag{5.10}$$

$$y^* = y_0 - \frac{cw}{A^2} - E\varepsilon = Ai^{*\frac{1}{2}} = \frac{A^2}{2w}p^* \tag{5.11}$$

对随机干扰 ε 取期望的意义为气候等随机因素对未来收成的影响的一个倾向性预期。如果对未来的收成作中性估计,则 $E\varepsilon=0$;如果对未来收成减产的担忧甚于增产的估计,则 $E\varepsilon<0$;反之,则认为 $E\varepsilon>0$。

这里仅从政府角度考虑问题。政府收购价格最佳制定策略由式(5.10)给出。价格 p^* 是目标产量 y_0(或者需求 y_1)的严格单增函数,为了多获得一个单位的目标产量,价格 p^* 应增加 $\frac{2w}{A^2}$ 个单位。政府效用函数调整因子 c 对价格 p^* 有负方向的影响,c 值大表明比较看重财政补贴负担方面的效用,因而制订较低的收购价格 p^*;c 取最小值 0,表明政府优先考虑粮食供求平衡问题,故制订较高的收购价格。此时,忽略随机干扰 ε 的纳什均衡产量 y^* 就等于目标产量。由于 $p^* \geqslant 0$,生产要素价格 w 对 p^* 的影响主要由式(5.10)括号前的 w 决定,它表明当 w 上升时,政府如果要获得预期的产量,则收购价格也应相应提高到足以抵消生产要素价格上涨产生的影响。当 $E\varepsilon>0$ 时,政府认为随机干扰将有利于一个好收成,故收购价格可以低一点;当 $E\varepsilon<0$ 时,则反之。A 是粮食生产技术进步水平。它对价格有两个作用,一是括号内第二项分母上的 A^2,它表明技术进步水平越高,抗财政负担偏好的能力也越强,价格选择不得不高一点;二是括号外分母上的 A^2,它表明粮食生产技术进步水平的提高可以使粮食价格下降。当 $A^2 > \frac{2cw}{y_0 - E\varepsilon}$ 时,主要是后者的情况。从式(5.9)、式(5.11)可以看到粮食收购价格对投入要素和粮食产量的影响都是关键的。我们看到在这个博弈中,政

府具有先行优势,地位优越。

粮食供求关系波动现象的原因如下:首先是市场结构方面的原因。在政府垄断买方市场的结构下,一般有纳什均衡产量 y^* 小于目标产量 y_0 或者需求量 y_1。因此,粮食供求紧平衡或供不应求是一种常态。其次是政府效用动态不一致方面的原因。政府既要追求粮食供求平衡,又要考虑财政负担问题,不得不根据当时的形势在两个目标之间进行权衡。其他原因是在供求形势恶化时,容易出现目标产量高置倾向以及对自然灾害深切担忧倾向。生产要素价格 w 的变动和粮食进出口调节的滞后结果也都对粮食波动现象有影响。

[施锡铨,孙鹤. 中国农村观察,1998(6)]

案例3 国有资产流失的博弈论分析

围绕资产利益,尤其是国有资产利益的多主体博弈是客观存在着的。事实上,"上有政策下有对策"、"政企难以割舍"、政资不易分离、企业权责不清、国有产权难以理顺等,在一定程度上已映射出博弈现象的大量存在。而资产利益主体与利益取向多样化、投资主体多元化、监督与管理主体混沌化、利益获取方式市场化正是这种博弈现象产生的前提与基础。

先建立国有资产利益博弈扩展模型。为了说明问题的方便,这里只考虑国有资产所有者(设为 S)与其经营者(设为 B)这两个主体间的博弈,而对于企业职工、企业管理部门等其他利益主体不予考虑。根据博弈双方的合作程度,将博弈类型划分为非合作博弈、低级无规划博弈、低级有规则合作博弈、中级有规则合作博弈和高级有规则合作博弈。现设国有资产所有者(S)为纵坐标,以国有资产经营者(B)为横坐标,以纵、横坐标值大小显示资产利益博弈后的有利程度,则在我国目前经济转型时期和经济法制约束严重滞后等环境下,将国有资产利益博弈效果模型建立如表5.17所示。

表 5.17 国有资产利益博弈效果模型

S B	非合作博弈	低级无规则博弈	低级有规则博弈	中级有规则博弈	高级有规则博弈
非合作博弈	(-3,-3)	(-1,-2)	(0,-1)	(1,0)	(2,1)
低级无规则博弈	(-2,-1)	(-1,-1)	(1,0)	(2,1)	(3,2)
低级有规则博弈	(-1,0)	(0,1)	(1,1)	(3,2)	(4,3)
中级有规则博弈	(0,1)	(1,2)	(2,3)	(3,3)	(5,4)
高级有规则博弈	(1,2)	(2,3)	(3,4)	(4,5)	(5,5)

这一畸形模型表明:当双方均采取不合作博弈对策时,双方从国有资产中所获的利益最少、博弈效果最差、资产效益最低。反之,在公平、对称的合作博弈规则下进行"对局",随着博弈规则有序程度与合作程度的提高,双方获利就越多、博弈效果就愈理想。但是,由于约束机制和监督机制存在功能性缺陷,以及双方"局中人"时常存在非理性行为等,导致博弈在现实中时常出现"怪异"的结局,即不采取合作对策或采取比对方更低级的合作博弈对策的这一方反而比对方从中获利更多。这已通过表 5.17 中坐标值的大小关系进行了近似的揭

示。"老实人吃亏"、"会哭的孩子有奶吃"似乎在国有资产利益博弈中也得到了某种程度上的印证。当然,这个模型只是探索性的初步揭示。因为现实中的多主体博弈在行为规则、效果、利益分配、利益获取等方面都是复杂的,其博弈效果的数量大小关系自然会更加复杂。

国有资产流失的成因是多方面的,有主观的,也有客观的;有根本性的,也有表面性的;有体制缺陷,也有非体制的操作与行为失误的。不过,从博弈论角度分析,我们可以清楚地认识到这样几个成因:

- 国有资产所有者与监督者缺乏博弈观念或者说博弈意识不强。
- 国有资产所有者一方在具体博弈中时常缺乏能真正代表自己利益的、合格的局中人。
- 博弈规则不对称、不公平。
- 在博弈中缺乏十分有效的约束与监督机制来充分抑制非国有资产所有者主体的机会主义倾向和非理性合作的对策行为。

当然,国有资产管理体制缺陷、企业管理水平低下、产权关系不清、缺乏高素质的职业化企业家队伍等,也是导致国有资产流失的重要原因。

控制国有流失是一项复杂的系统工程,涉及国有资产管理体制改革、企业科学管理程度提高、政企实现真正分离、国有资产经营者动力的有效激励、管理体制的完善等一系列方面。结合上述分析,从博弈论角度来说,应当强化与采取如下对策:

1) 行使国有资产所有权管理职能的各级国有资产管理部门和行使国有资产社会经济管理职能的工商税务等部门,要真正树立起维护国家所有者权益和国家利益的坚强信念和高度责任心,并逐步摆脱利益分配或维护中过分理性化的传统观念束缚,增强利益分配或维护中的"局中人意识"和博弈观念,充分认识到国有资产所有者权益维护是一项与多个"对弈局中人"展开的对策攻坚战。

2) 努力建立对称的、公平的博弈规则。从宏观上说,政府在制定有关法规与政策时,要充分考虑不同利益主体的利益,使有关各方在围绕资产利益分配、再分配或获取过程中处于同等的竞争地位、遵循公平的博弈规则。从微观上说,在股份制改造、现代企业制度试点、产权界定等具体操作过程中,也应建立并遵循对称、公平的博弈规则,并努力促成各方采取合作的博弈对策,形成对利益各方均最有利的"纳什均衡"。

3) 提高博弈各方的合作程度。经过分析,笔者认为,目前的博弈态势正处于国有资产所有者的低级有规则合作与非国有资产所有者的低级无规则合作博弈向前者中级有规则合作与后者低级有规则合作博弈的转轨时期。而上述拓展模型显示,只有提高博弈双方或多方合作程度,才能对双方或多方最有利。

4) 强化对博弈过程中主体行为的互相约束与监控。一方面,这是指企业应当依照《公司法》等来监督国有资产管理部门或主管部门是否采用不合法的行政性手段干预企业经营与管理,是否以"婆婆"自居而不履行法规约定的博弈规则,以及监督企业内部职工是否尽心尽责、参与科学管理;另一方面,也是指国有资产管理部门等应采取切实有力的举措来及时而有效地监督国有资产经营者和相关主体的行为与对策动向,在严于律"己"的同时,迫使博弈的对方以理性、合作的对策遵循契约中的博弈规则,进而减少、甚至杜绝上有政策下有对策的非规范博弈行为的产生。

5) 国有资产所有者及其职能部门应当明确自己与政府行使社会经济管理一般职能在追求目标上的显著差异,把国有资产实现最大化保值增值作为自己的核心目标。从一定意义上说,以放权让利为主线的"博弈规则"改革可以说是以企业地位、权力以及其与政府关系的如何定位为核心目标,实现国有资产保值增值在现实中却是很次要的目标。

[张训苏. 财经研究,1997(4)]

案例4　中央政府与地方政府财权事权的博弈关系

在理性人的假定下,理性人的经济行为并不会完全符合实际情况,即从其利益角度出发的行为本身及结果并不意味着它一定是好的或是合理的。我们假定地方政府为理性人,但它的行为本身也在趋利性的作用下具有一定的不合理性。当它为了地方利益最大化而在事权和财权上与中央展开"政策—对策"对局时,我们认为此时中央与地方便形成了一种博弈关系,这种对局中的策略的优劣与结局都关系到中央、地方最终是否能达到各自利益最大化的目标。我们从博弈的三个方面,即规则、策略、结局,来对中央、地方政府的财权、事权的对局情况加以分析。

(1) 博弈规则

中央政府进行全国范围的宏观调控,对各地区的收入分配进行调节,对全国范围的资源进行有效配置,最终以获取全国利益最大化为得分。地方政府通过地区内的宏观调控、收入分配、区内资源最佳利用和产出最大化,以最终获取地方利益最大化为得分。

(2) 博弈策略

可分为财权与事权两个方面。在事权方面,中央的策略是根据市场经济的客观要求,根据经济规律,依据法律、法规和国家制定的发展规划等向地方先下放一定的自主决策、管理权。而地方的策略是依据以上合法给予的事权和地方具体实际确定如何利用事权进行何种决策和管理。财权方面,中央的策略是制定预算体制、财政收支制度等来要求地方执行,地方的策略是根据上述法定依据决定如何作有利于自身的具体实施。

在这种财权与事权的对局中,事权的对局主要集中于资源配置权上,因为对于收入分配调节和宏观调控这两个宏观的事权,中央并不能充分下放给地方,地方只掌握涉及本地区的小部分权力,而在资源配置上,地方可以拥有更大、更灵活的自主权。地方优先发展对本地更有利的产业,利用优惠政策加以保护扶持,并吸引投资,促进发展,这在各地区间产生一种竞争,地方保护主义的兴起难免会影响到中央预期目标——资源优化配置。在财权的对局中,焦点则集中在中央、地方各得到多少收入的问题上,中央希望通过地方促进发展,扩大分税制的税基来扩大中央得到的收入部分,从而确保中央的各项职能实施。而地方也希望地方财力最大,从而使本地区的发展更有基础,使本地区人民福利增加。

(3) 博弈结局

由以上分析看出,在中央—地方的财权、事权对局中,中央似乎处于较为不利的位置,它未能约束住地方在利益最大化原则指导下的财权、事权的不合理扩张。而在中央利益未达最大化的同时,地方从长远看,其利益也未能达到最大化目标,虽然短期内确实一定程度上提高了本地区的收入和福利等。

针对这种结果,中央必须进行策略上的修改和补充。中央必须修改预算体制,使之真正与分税制协调一致,即取消预算外资金制度,使得在财权问题上地方必须依靠培养和扩大税基来获取更多财力,而非依靠预算外资金扩大财力。这样当地方愿以扩大税基来与中央达到收入同增减时,博弈便从一种零和转向正和。在财力提高的同时,中央必须更加合法、合理、合乎经济规律地约束地方的事权,使得地方发展目标与全国发展规划基本一致,再加以协调,使中央、地方均实现利益最大化目标。这就必须通过严格的法律、规划来确定长远、近期的发展方针,让地方有法可依、有据可依,约束自身行为。另外中央也必须进一步完善转移支付制度,使其真正合法、合理,在不至于打消发达地区发展积极性的同时带动落后地区的发展积极性。

当中央的策略确实做到迫使地方与之利益同向,在财权、事权上不敢也没有余地逾越时,地方打政策之"擦边球"的可能会缩到最小或不存在,则中央策略达到最佳;地方在该策略下也不得不采用非对立策略,配合该策略实施经济行为和政治行为。此时,地方利益才会达到在不破坏全国利益最大化前提下的最大化,双方博弈结果则会达到平衡,此时地方政府行为才可做到市场经济下的真正理性。

[倍春霞. 四川财政,1998(8). 有删减]

案例5 假冒伪劣商品的博弈分析

在围绕假冒伪劣商品而展开的博弈活动中,厂商与消费者之间的博弈是最基本也是最普遍的,为此,可构造一个厂商/消费者博弈模型。

假定厂商 X 和消费者 Y 为某一博弈格局中的两个局中人,根据经济学关于理性经济人的原理,厂商 X 和消费者 Y 在进行博弈时,都将按照使自身利益(报酬函数)最大化的准则作出各自的策略选择。其中,可供厂商 X 选择的策略是:"售假"和"不售假";可供消费者 Y 选择的策略是:"打假"和"不打假"。于是,厂商 X 和消费者 Y 的报酬函数都有四种可能:

1) 若厂商 X 选择"售假",而消费者 Y 选择"打假",则厂商 X 的报酬函数为 $-D$(D 为厂商 X 因制售假冒伪劣商品而被迫支付给消费者 Y 的赔偿金,不包括商品退款),消费者 Y 的报酬函数为 $D-U$(U 为消费者 Y 的打假成本,它包括信息成本、投诉成本和信息搜寻及投诉过程中的机会成本);

2) 若厂商 X 选择"售假",而消费者 Y 选择"不打假",则厂商 X 的报酬函数为 G(G 为厂商 X 制售假冒伪劣商品的额外收益,它通常不大于该假冒伪劣商品的售价),消费者 Y 的报酬函数为 $-L$(L 为消费者 Y 购买假冒伪劣商品而损失的货币额,它通常不小于 G);

3) 若厂商 X 选择"不售假",而消费者 Y 选择"打假",则厂商 X 的报酬函数为零,消费者 Y 的报酬函数为 $-V$(V 亦为消费者 Y 的打假成本,但它只包括信息成本及信息搜寻过程中的机会成本,故 $V<U$);

4) 若厂商 X 选择"不售假",而消费者 Y 选择"不打假",则厂商 X 和消费者 Y 的报酬函数都为零。以上描述的关于假冒伪劣商品的厂商/消费者博弈模型也可用双矩阵形式表达如下(表5.18):

表 5.18

消费者Y

		打假	不打假
厂商 X	售假	−D, D−U	G, −L
	不售假	0, −V	0, 0

需要指出的是,以上模型暗含的假设包括:
- 厂商因其制售假冒伪劣商品的信息发生扩散而付出的代价(如销售受阻、被处以罚款或被没收财产)为零;
- 消费者购买假冒伪劣商品的效用损失等于他的货币损失;
- 只要消费者支付足够的打假成本,那么,要求厂商退货,或调换正品,或支付赔偿金总是能办到的;
- 厂商和消费者对打假成本的预期一致。

现在,我们分两种情况来讨论厂商 X 与消费者 Y 进行博弈的结果。

第一种情况:政府或立法机构在有关法规中明确规定,假冒伪劣商品的制售厂商一经被查处,除无条件退款或调换正品外,还必须向受害消费者支付一定数额的赔偿金,即 $D>0$。这时,博弈的结果将取决于消费者的打假成本 U 与购买假冒伪劣商品而损失的货币额 L 及可得赔偿金 D 之间的对比关系:

1) 当 $U \geqslant L+D$ 时,博弈(在纯策略意义下)的惟一纳什均衡解是:(售假,不打假),即厂商 X 选择"售假",而消费者 Y 放弃打假。可以看出,(售假,不打假)也是帕累托最优解。

2) 当 $U < L+D$ 时,博弈过程不存在纯策略的纳什均衡,但有以下混合策略的纳什均衡:

$$P_x^* = \left(\frac{V}{L+D-U+V}, \frac{L+D-U}{L+D-U+V}\right), \quad P_y^* = \left(\frac{G}{G+D}, \frac{D}{G+D}\right)$$

即厂商 X 以 $V/(L+D-U+V)$ 的概率采取"售假"的策略,以 $(L+D-U)/(L+D-U+V)$ 的概率采取"不售假"的策略;消费者 Y 以 $G/(G+D)$ 的概率采取"打假"的策略,以 $D(G+D)$ 的概率采取"不打假"的策略。相应地,厂商 X 的预期报酬为零,消费者 Y 的预期损失为 $LV/(L+D-U+V)$,即消费者 Y 在前述纯策略均衡状态下的损失与厂商 X 售假的概率之积。

综合以上讨论可得到这样几点结论:

第一,如果为了挽回因购买假冒伪劣商品而蒙受的损失,并得到相应的赔偿金,消费者至少得付出同等的代价,那么,无论这种损失有多大,赔偿金有多高,放弃打假行动总是消费者无奈的选择,而制售假冒伪劣商品的厂商却心安理得地制假售假。

第二,当有关法规规定的赔偿金大大超过假冒伪劣商品的售价,比如相当于它的几倍,甚至十几倍,且足以补偿消费者的打假净成本 $(U-L)$ 时,均衡状态下的消费者最优策略将是"经常不打假"。可见,高额赔偿金并不能成为消费者打假的重要诱因,"王海现象"不具有普遍意义,高额赔偿金的主要作用在于威慑制售假冒伪劣商品的厂商。

第三,当第二点结论的前提条件得到满足,同时,假冒伪劣商品容易被识别,那么,均衡的结果将逼近节省社会成本的理想状态:厂商不售假,消费者也不打假。

第二种情况:政府和立法机构都没有制定有关假冒伪劣商品制售厂商向受害消费者支付赔偿金的法规,或者虽然制定了这类法规,但没有明确规定赔偿金的数额或支付标准,故可视 D 为零。在这种情况下纳什均衡的含义是:无论消费者 Y 的最优选择是"打假"还是"不打假",厂商 X 的最优选择总是"售假",这是因为即使被消费者投诉,他最多不过是退货或调换正品而已。一旦"售假"真的成为厂商 X 的策略选择时,消费者 Y 的最优策略却要视预期打假成本 U 的高低而定:若 $U<L$,则采取打假行动;若 $U>L$,则放弃打假;若 $U=L$,则打假或不打假都无所谓。换句话说,消费者 Y 对打假或不打假的抉择最终将取决于打假成本之外的因素。

基于上面的分析结论,我们提出以下治理假冒伪劣商品的政策建议:
- 建立高额赔偿金制度。
- 努力降低消费者信息成本。
- 加强消费者协会的组织建设,提高其运作效率。
- 加大针对厂商的反暴利力度。

[梁彤缨. 华南理工大学学报:自然科学版,1997(4). 有删减]

案例6　绿色营销活动中的"囚徒困境"及政府作用

在讨论企业是否开展绿色营销活动之前,可以假定:
- 整个市场只存在两个企业,作为理性的经济人,他们各自谋求自己经济利益最大化;
- 绿色市场信息完全充分;
- 绿色产品市场目前在我国只有处于市场引入期,但绿色产品引入市场需支付巨额费用从而使利润为负值(绿色产品成本含生产成本和环境成本)。

在没有政府的干预情况下,我们可以通过以下支付矩阵(表5.19)对企业甲、乙的绿色营销活动进行博弈分析:

表 5.19

		企业乙	
		不开发	开发
企业甲	不开发	0, 0	0, -400
	开发	-400, 0	-300, -300

假定企业甲选择不开发,其支付效用为0,如果企业甲开发,其支付效用为-400,故企业甲在得知企业乙不开发情况下,其最优战略为不开发。同理可知,企业乙的最优战略为不开发。从而(不开发,不开发)构成一个纳什均衡,在这种情况下企业甲与乙将宁可坚持原来的

市场导向观念,不开发绿色营销活动,从而形成所谓的"囚徒困境"。

厂商作为理性经济人,他们所追求的为其自身经济利益最大化,换句话说,除非自身经济利益受到触动,作为环境污染的经济当事人,不可能自觉为实现人类社会的可持续发展而约束自己的经济行为,因此政府有必要通过征收环境保护税,制订环境标准的措施迫使企业和消费者带来的外部效应,实现企业利益、消费者利益和社会利益的均衡;目前一种行之有效的措施在于:政府将环境保护税收入及对污染企业罚款收入转化为设立绿色开发基金、绿色技改基金、加强环保宣传和对开发绿色产品的企业加以补贴等措施所需费用的来源,支持与鼓励厂商积极开展绿色营销活动中的"囚徒困境"转化为"合作博弈"。

假定政府一方面对进行绿色产品开发,开展绿色营销活动的企业进行补贴(+100),一方面对不进行绿色产品开发的污染企业课以重税(-500),则有如下支付矩阵(表5.20):

表 5.20

	企业乙 不开发	企业乙 开发
企业甲 不开发	-500, -500	-500, -300
企业甲 开发	-300, -500	-200, -200

目前,在我国绿色消费很低,绿色产品开发成本极高的情况下,政府为了实现人口、经济、环境的可持续发展,必须开征环境保护税,通过设立绿色开发基金、绿色技改基金、加强环保宣传、对开展绿色营销销售活动的企业进行补贴等措施,使企业的绿色营销"囚徒困境"转化为"合作博弈",从而真正促进绿色营销活动在我国的开展,实现企业利益、消费者需求和社会利益的均衡。

[廖晓. 商业研究,1999(7). 有删减]

第 6 章　投票理论与方法

6.1　社会选择概述

6.1.1　什么是社会选择

社会选择(social choice)理论属于福利经济学的一个重要分支。这一理论分析的是个人偏好和集体选择之间的关系,从不同的个人偏好次序推导出单一的社会偏好次序。从形式上看,社会选择是典型的群决策问题,但从更深层次分析,社会选择理论研究的是个人价值与社会选择之间的冲突与一致性的条件。

在社会生活中,由于每个人所处环境的差异以及利益的关系,对各种问题的偏好不尽相同,当存在共识时,由社会作出的选择通常是没有争议的;而当不同的利益被汇总到每一个人都可以产生影响的决策中时,就会出现异议。社会选择理论研究的根本性问题是社会的各种决策是否尊重了个人偏好,能否对不同的社会状态进行公正的排序或以其他某种方式加以评价,通俗地说,就是一个社会是如何获得一致性的,在此基础上,评价各种社会状态的优劣,并借此采取有意义的社会福利措施。从另一方面说,社会选择也是关于集体或社会如何决策的科学,研究的是资源如何通过集体行动或政治过程进行最优配置的。迄今为止,已有保罗·萨缪尔森、肯尼思·阿罗、詹姆斯·布坎南因为与这个领域相关的研究成就而获得过诺贝尔经济学奖。

社会选择理论可以分为两大部分:实证社会选择与规范社会选择。前者研究的是各种投票机制和选举规则,力求确认某一既定的社会在某一特定的时期内实际拥有的偏好和目标。后者则主要讨论各种规则的前提假设的合理性,力图在某种道德或政治假设基础上,确认社会应当具有的偏好和目标。

6.1.2　社会选择的方式

社会选择的方式有投票、市场机制、独裁、惯例等。在理性的民主社会中,社会选择基本上采取两种方式:一种是投票,通常用于解决"政治"问题;另一种是市场机制,通常用于解决"经济"问题。由于市场机制本质上是用货币投票,因此,究其本质,理性的社会可用投票来模拟描述。但社会决策有时采用另外两种方法：一种是独裁，即社会决策由单个人或者小团体来作出；一种是惯例，即社会决策由那些在各种环境都能作出社会选择的、包罗万象的传统规则来确定，例如宗教法规等。

在理论上的独裁体制中，只有一个人参与选择，在理论上的传统统治的社会中，由传统的规则、惯例来作选择，所以，在这两种情形中，不会出现个体意愿之间的冲突。但是，投票和市场机制这两种社会选择方法在作出社会选择时，需要综合许多个人偏好，并且这些个人都能对决策产生影响。当每个人在他的选择中都具有理性时，独裁和惯例的方法也能够是理性的。但在涉及每个人的偏好时，如何将社会成员的偏好集结成社会的偏好呢？

6.1.3 社会福利函数

社会福利函数（SWF, social welfare function）是社会选择问题的形式描述。在现代主流经济学的标准模型中，个人利益是用个人效用函数来表示的，它是以个人需求与偏好为基础，对与个人利益相关的事物所进行的优劣排序；而社会利益是由社会福利函数来表述的，社会福利函数是一种社会偏好或社会排序，它是以全社会成员的个人偏好为基础，对与成员利益相关的、可供选择的各种事物和各种社会安排的一种优劣排序，通过数学运算可将个人偏好转化成单一的社会偏好。

根据肯尼思·阿罗的描述，社会福利函数是指这样一个过程或规则，对各社会状态的每个个人序关系集合 $R_1, \cdots, R_n$（一个人一个排序），就有一个相应的备选社会状态的社会序关系 R。用公式表示，即 $R = f\{(R_i)\}$。

社会福利函数类似于社会契约、宪法之类包含和反映价值观的东西，它实质上说明了一套共同持有的价值观对于任何一个社会的必要性。如果这一社会福利函数存在，这种偏好能够排序，在这当中体现的便是公共利益。问题在于，能不能找到社会成员的共同的需要和偏好的社会福利函数。

6.2 投票悖论和阿罗不可能定理

6.2.1 投票悖论

如何使一个社会获得一致性呢？人们首先想到的就是把社会中的每个人的偏好加总为社会的偏好，形成一个社会决策机制。因此，在一个民主社会里，多数通过原则可能是作出集体决策的最常见方式，但这一方式不仅存在把多数人的意愿强加给少数人的缺点，而且存在技术上的问题。

早在 1785 年，法国社会学家孔多塞（Condorcet）就发现，多数规则投票可以导致不可预测的结果，它会在各个备选方案之间循环，而不会达成均衡。这种现象被称为投票悖论（the paradox of voting）或孔多塞悖论（Condorcet's paradox），我们可以用下面的例子来说明这一悖论。

假设有 3 个投票者甲、乙、丙，在 3 种备选方案 a_1, a_2, a_3 中进行选择，其偏好如表 6.1 所示：

表 6.1

次序＼成员	甲	乙	丙
1	a_1	a_2	a_3
2	a_2	a_3	a_1
3	a_3	a_1	a_2

将这 3 种方案中 3 个人的偏好用符号表示，甲认为 $a_1 > a_2 > a_3$，乙认为 $a_2 > a_3 > a_1$，丙认为 $a_3 > a_1 > a_2$。粗略地看，显示出来的结果是势均力敌的，每种方案都有三分之一的选民最为满意，如果在任意两个方案中进行选择，其中一个方案总会获得多数票而获胜。但是，如果在 3 种方案中进行选择，投票的结果则是循环的。

当对方案 a_1, a_2 进行成对比较时，认为 $a_1 > a_2$ 的是 2 票赞成 1 票反对，当对方案 a_2, a_3 进行成对比较时，认为 $a_2 > a_3$ 同样是 2 票赞成 1 票反对。据此，人们可以推测出 $a_1 > a_3$，这种合理的预期称为传递性假定。然而，事实上，3 个投票者中有 2 个成员认为 $a_3 > a_1$，即应当是 $a_3 > a_1$，这就与上面的推定相矛盾。多数规则的一个主要问题正是这种假定并不总是有效，社会选择将在这 3 种方案中循环，任何最初被决定的选择可能被另一种选择所击败。

投票悖论说明，当各人的偏好不同时，任意加总这些偏好，其结果可能是不相容的，无法达成均衡。需要指出的是，投票悖论只在备选方案超过两个时才会发生，在只有一个或两个方案时，多数规则可以获得一个均衡的结果。

根据 1965 年坎贝尔和塔洛克在《多数票循环的重要性的测算》一文中所作的计算，投票悖论出现的概率与投票者人数和备选方案的多少有关，投票者人数和备选方案越多，出现投票悖论的可能性越大。1968 年，涅米和韦斯伯格发表的《投票悖论的概率数学解》一文，对坎贝尔和塔洛克的计算作了进一步的研究，指出在投票者人数超过 10 人，而备选方案数不变时，出现投票悖论的概率变动很小；出现投票悖论的概率的大小主要取决于备选方案的数量，备选方案越多，出现的概率越大。

6.2.2 阿罗不可能定理

既然多数规则可能会导致不确定的投票结果，那么是否存在一种社会决策机制，可以消除这种投票悖论呢？美国斯坦福大学教授肯尼思·阿罗对此进行了深入的研究，并于 1951 年在社会选择领域的经典著作《社会选择与个人价值》中提出了著名的"阿罗不可能定理"（Arrow's impossibility theorem），又称独裁定理，认为不可能存在一种社会选择的机制，能够把个人对多种备选方案的偏好次序转换成社会偏好次序，并且准确表达社会全体成员的个人偏好。

阿罗认为，任何社会选择的程序或投票规则必须同时满足两个公理和五个条件，才能将个人偏好次序转化成社会偏好次序。阿罗提出的社会选择机制必须满足的两个公理分别是理性行为公理中的连通性公理（公理1.1）和传递性公理（公理1.2）。根据这两个公理，对于既定的各种个人偏好，社会选择规则必然会产生出一种连通的和可传递的社会偏好次序。

阿罗认为，除了上述两个公理外，社会选择机制还应符合下列五个条件：

条件1：（完全域）对备选方案的个人偏好排序的所有可能的组合，社会选择过程都有能力达成社会决策。就是说，如果给出每个个人偏好排序，社会福利函数均可以给出一个真实的社会排序。因此，个人如何选择他的偏好排序是无关紧要的，个人面临一组选择方案时可以按照自己的意愿排列偏好次序。

条件2：（社会排序与个人排序的正相关性）假设对于某一特定的偏好关系，社会排序的结果是 X 优于 Y，如偏好关系作了如下修改：

1) 个人对不涉及方案 X 的方案作成对比较，其偏好不变；

2) 个人对方案 X 与其他方案作成对比较时，或者偏好不变，或者变得对 X 更有利。即方案 X 在个人的排序中的位置有所提高或保持不变，则群的排序仍有 X 优于 Y。

条件3：（无关方案独立性）对于两个备选方案的任一选择，只依赖于个人对 P 两个备选方案的排序，而与其他备选方案的排序无关。如果在 X 与 Y 之间进行选择，X 与 W 之间的关系发生变化，那么这种变化对 X 与 Y 的偏好次序不相关。同理，如果 W 与 Z 之间的关系发生变化，也不影响 X 与 Y 之间的偏好次序。例如原来有两个候选人现在又增加一个候选人，则人们对原来两个候选人的偏好次序不应受新增候选人的影响。

无关方案独立性的选择，是不依赖于议事日程（投票程序）的选择。

条件4：（成员的自主权）社会偏好次序是从所有逻辑上可能的个人偏好次序的范围内推演而来的，而不是通过限制个人偏好次序的范围而获得的，即它不是强加的。例如对每2个备选方案 X 和 Y，总有某些成员认为 X 优于 Y，才能使社会偏好次序中 X 优于 Y。这一条件表达了自由选择的思想。

条件5：（非独裁性）社会中不存在这样一种个人，对方案集中的任一对方案 X 和 Y，只要他认为 X 优于 Y，社会就认为 X 优于 Y。就是说，社会偏好次序不受某些个人的偏好所左右，任何个人不能把他的偏好强加为社会的偏好。

阿罗经过严格的数学推导证明，任何投票规则或选择程序都不可能同时满足上述的两个公理和五个条件，因此不存在一种把个人偏好总合为理想的社会偏好的政治机制或集体决策规则。

阿罗认为，如果存在至少3个备选对象，社会成员可以自由地以任何方式对它们排序，那么任何一个满足条件2和条件3的社会福利函数以及由此产生的满足公理1.1和公理1.2的社会排序一定是强加的或者是独裁的。"如果关于个人排序特性事先不作任何假设，没有一种方法可以解决投票悖论。不管是复数投票，还是按比例代表制，也不管投票的方法多么复杂，都不能解决投票悖论。类似地，市场机制也不能产生理性的社会选择。"

对于西方市场经济和民主政治之下人们习以为常的这些条件，阿罗通过十分严密的数理逻辑推导，证明不存在一种社会选择方法能同时满足以上五个条件。也就是说人们根本不可能得到一个令人满意的合乎自由民主要求的规则，能够从个人的偏好顺序出发，推导出简单的社会选择顺序。因此，人们在设计一个集体选择过程或起草政治宪章时，不管怎么办，都一定得违背这五个条件中的一个或多个，从而会形成对个人自由的某种侵犯，形成某种强加或独裁。

那么,为什么阿罗不可能定理与前面介绍的社会福利函数的观念存在如此大的差异呢?福利经济学家认为可以集结社会中各成员的福利函数(个人效用函数)形成社会福利函数(即群的效用函数),而阿罗则认为不存在这种社会福利函数。实际上,阿罗在集结群中各成员的偏好排序形成群的偏好序时,避开了个人对各方案的偏好强度以及偏好强度的人际比较,也就是阿罗否认效用函数的基数性,否认效用人际比较的可能性。

6.3 投票规则

投票是现实世界中将个人偏好加总为集体偏好时常用的方法,每种投票方式都事先设定了一组复杂程度不同的规则,每一规则都会对投票结果产生重要的影响。

投票规则有几种类型,第一类是涉及投票的参与者,即谁可以投票,以及每个投票人可以投票的票数。

第二类规则涉及投票程序,包括:
- 提出需要投票的备选方案的过程,确定可以提出提案的人选;
- 适当的投票程序,基本上有两种规则,一是二取一规则,就一对备选方案进行投票,二是相对多数规则,对两个以上的备选方案同时进行投票;
- 投票的次序,即先在哪些备选方案中进行投票,这对于 3 个以上的备选方案不进行同时投票时很重要,可以影响投票的结果。

第三类规则涉及确定投票结果的程序,即采用何种方式来确定最后胜出的备选方案,例如,可以在一致性投票和多数投票间进行选择,在这两种情况下,个人偏好在社会选择中受尊重的程度不同。

下面集中讨论与最后一类规则相关的问题。

6.3.1 一致性规则

一致性规则(unanimity rule),是指一项决策或备选方案,需经过全体投票人一致同意或没有任何一人反对,才能获得通过的一种投票规则,即当且仅当社会所有成员都认为 a 优于 b 时,社会才会选择状态 a 而不是选择状态 b。

一致性规则的基础是保护每个投票人的自由,实行的是一票否决制,根据这个规则作出的决策,可以满足每个投票人的偏好。如果一项提案损害了任何一个投票人的利益,它便不可能获得通过,因此,一致性规则可以达到帕累托最优状态,实现资源配置的帕累托效率。

一致性规则最适用于成员具有同质偏好的社会或组织,并且所决策的问题的性质侧重于效率方面而不是分配方面,否则,一致性规则的实施可能会否决各种备选方案,从而维持现状。现实社会中,联合国常任理事国会议对决策进行的表决,欧盟对财政议案、修改有关欧洲中央银行体制的协议进行的表决,都使用一致性规则。

从理论上来说,一致性规则是一种最优的社会选择规则,但是,它具有几个明显的缺点,从而使它不能得到广泛的应用。

第一，一致性规则的决策成本太高。所谓决策成本，是指个人作为决策集团的一员，在作出投票选择时所花费的时间和精力。每个人的偏好各不相同，要找到所有投票人都满意的妥协解决方案可能要耗费大量的时间和精力，社会成员在寻找一致性过程中所花费的决策成本，可能超过他们从选择的方案中所获得的收益。显然，要在大范围的集体中实现一致同意是非常困难的，因此，这一规则仅在较小范围内的集体选择中才可能被采用。

第二，一致性投票鼓励策略性行为，具有路径依赖性。如果每次按对进行淘汰式的投票，即被否决的议案不能在下一轮投票中再被提出，那么备选方案的投票次序会影响最终结果，从同一点开始，投票的最终结果可能不同，这取决于所选择的投票路径。

例如，a,b,c,d,e 是甲和乙两人社会所投票选择的备选方案，各种方案下两个成员的效用如表 6.2 所示。

表 6.2

备选方案	甲的效用	乙的效用
a	8	7
b	13	8
c	9	11
d	11	14
e	16	10

如果按对进行淘汰式的投票，以备选方案的字母顺序来确定按对投票的顺序，首先从 a 开始，对 a,b 进行投票，b 会获胜；在接下来的几轮中，b 将会击败 c 和 d，但在与 e 的比较中会被 e 击败，e 是投票过程中最终获胜的方案。但是，如果不以备选方案的字母顺序来确定按对投票的顺序，最初在 a,c 之间进行选择，那么最终的结果将是 d。因此，如果对于备选方案的投票顺序是相机决定的，例如由委员会的主席决定，就存在操纵投票结果的可能性。

除此之外，为了取得对自己更为有利的结果，投票人可能不会根据其真实的偏好来投票。在上面的例子中，假设以备选方案的字母顺序来确定按对投票的顺序，并且乙不按其真实偏好投票。在 a 与 b 的比较中，乙假称其偏好 a 而对 b 投反对票，那么 b 会输给 a，在接下来的投票中，两人都表达其真实的偏好，则 c 会击败 a，d 会击败 c，最后 d 会击败 e。通过对 b 投反对票，乙获得了比他按真实偏好投票更多的效用，即获得的效用是 14 而不是 10。

图 6.1 画出了各种可能的备选方案对两个投票者的效用。对于甲乙两个投票者来说，最佳的方案分别是 d 和 e，在 d 点，乙的效用比在 e 点大，而对于甲来说，在 e 点的效用比在 d 点的大。因此，第一轮投票的结果对最终的结果很关键，如果乙使得 b 失败，那么就避开了走向 e 的路径，而走向了通往 d 的路径。这就是一致性投票的路径依赖性，而乙就是利用这一特性来达到更高的效用的。

第三，一致性规则往往使决策的过程缺乏效率，并可能导致威胁和敲诈。一致性规则鼓励策略性行为，因此投票人之间可能采取针锋相对的行动，最终的结果可能取决于投票人之间讨价还价力量的大小，这就使决策的过程变成了漫长的谈判过程，缺乏效率。另外，由于实行的是一票否决制,因此如果某一投票人认识到某项备选方案可以被他否决的话,他可能会以抗拒的形式来敲诈那些想使这一方案获得通过的人,从中谋取个人或其支持者的福利。

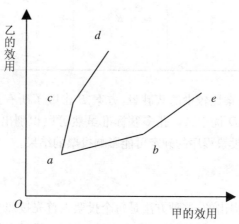

图 6.1　备选方案对投票者的效用

6.3.2　多数规则——一些简单形式

多数规则(majority rule)是指一项决策或备选方案,须经半数以上的投票人赞成才能获得通过的一种投票规则。多数规则分为简单多数票规则和比例多数票规则。简单多数票规则是指只要赞成票超过半数,决策或备选方案就可以通过;比例多数票规则是指赞成票必须高于半数以上一定的比例,如2/3多数、3/4多数等,决策或备选方案就可以通过。

多数规则放弃了一致性标准和个人之间偏好不具有可比性的原则,考虑到一致性投票不能消除操纵投票的可能性,以及决策成本问题,多数规则还是合理的。多数规则在现实中有广泛的运用,大多数西方国家的立法机构、俱乐部和委员会中,都通行多数规则。在美国,大多数立法和惯例都是根据多数票规则制定的。欧盟的部长理事会在对财政政策、雇员的权力和人员自由流动以外的议案进行表决时采用都是多数票规则。欧洲中央银行进行货币政策决策时采用的是2/3多数票规则,即6位董事局成员中有4名投赞成票,一项决策才可以获得通过。

经过不断的发展,多数规则有许多形式,下面就介绍其中的一些简单形式。

1. 孔多塞标准

由两百多年前的法国数学家和经济学家孔多塞勋爵提出,它是考虑到投票人偏好全部排序的几种方式之一,具体的方法是按照预先设计好的程序对各种备选方案进行两两比较,在每一对方案比较中挑选出多数票支持的方案。

例如有 A,B,C,D 4种备选方案,表6.3显示了运用孔多塞标准对这4种方案进行选择的结果:

表 6.3

A	B	C	D
—	B	C	D
	—	B	B
		—	C
			—
A	B	C	D
			A
			B
			C
			D

表内表示的是每对方案比较中的获胜者，方案 B 击败了所有其他方案，方案 C 击败了余下的两种方案，而方案 D 优于 A。孔多塞标准虽然可以识别出一个明显的偏好顺序，但是它的缺点也是明显的，投票程序的确定可能影响投票的结果。

2. 博尔达计算

由博尔达于 1781 年提出的，这种方法是每个投票人首先按照自己的偏好次序排列各种备选方案，而后根据偏好次序对不同的备选方案进行计分，最后根据一定的投票顺序将各个投票人对同一个方案的偏好加总起来，得分最多的方案获胜。博尔达计算的优点是可以让投票人以分数的形式表达他们对各个备选方案的偏好强度。

例如有 m 个人对 n 个备选方案进行打分，每人将备选方案按照自己的偏好次序排列好后，排在第一位的方案得分为 n，第二位的得分为 $n-1$，以此类推，排序最后的得分为 1，然后加总 m 个投票人对这 n 个方案的偏好分数，获得最高得分的方案获胜。

根据阿罗设定的投票规则必须同时满足的两个公理和 5 个条件，博尔达计算既符合两条公理，也满足条件 1、2、4、5，但是不满足条件 3：无关方案的独立性。这可以用下面的例子来解释。

假设有 3 个投票者甲、乙、丙，在 3 种备选方案 X、Y、Z 中进行选择。

开始时的投票情况如表 6.4 所示：

表 6.4

次序＼成员	甲	乙	丙
1	X	Z	Z
2	Y	X	X
3	Z	Y	Y

则 3 种备选方案的得分情况如表 6.5 所示：

表 6.5

次序＼成员	X	Y	Z
甲	3	2	1
乙	2	1	3
丙	2	1	3
总　分	7	4	7

改变后的投票情况如表6.6所示：

表 6.6

成员＼方案	甲	乙	丙
1	X	Z	Z
2	Z	X	X
3	Y	Y	Y

则改变后这3种方案的得分情况如表6.7所示：

表 6.7

成员＼方案	X	Y	Z
甲	3	1	2
乙	2	1	3
丙	2	1	3
总 分	7	3	8

根据表6.5中的结果，开始时方案X和Z各得7分，Y得4分，如果我们要继续比较方案X和Z，它们都得7分，可以把Y作为无关方案，假设成员甲改变他对方案Y的看法，认为它比X和Z都差，则得表6.7中的结果，方案Z增加到8票，而方案X仍为7票，因此群将认为Z优于X，虽然3个成员对方案X和Z的排队均未改变，这个结果与无关方案的独立性这一条件相矛盾。

3. 淘汰投票

通过差额投票将偏好最低的备选方案从所有排序中淘汰出去，这一过程一直重复到只有一个备选方案留下来。如果备选方案的范围很大，而且有很多明显的失败者，可以采用修正的博尔达计算，将落在特定序数后的备选方案赋予零分。

淘汰程序和博尔达计算一样，也是属于策略投票，加入一个新的备选方案，取消现有的备选方案，改变排序等都可以影响候选人的位置，从而违反了无关方案独立性的条件。

4. 赞同投票

该方法是指一个投票人为他赞成的任何一个或所有的备选方案投一票，它可以投全部或部分备选方案的票，也可以不投任何一个备选方案的票，即投票集是备选方案集的子集，如果他没有投任何一个备选方案的票，赞成的子集就是空集，最后，总得票数最多的备选方案获胜。

赞同投票适合于投票人很容易识别赞同的子集，但在对该子集中的备选方案进一步识别排序时存在困难的情况。

6.3.3 多数规则——投票悖论的消除

实行多数规则并不意味着有真正的民主,它也有其明显的缺陷,它可能导致在多个备选方案中循环而不能产生一个明确的结果,即本章前面所提到的投票悖论,对此阿罗不可能定理已经在逻辑上作了论证,但不少学者批评阿罗提出的条件过于苛刻,认为阿罗不可能定理不具有经验上的相关性,他们试图用一些方法来摆脱投票悖论的影响。

1. 单峰偏好

单峰偏好(single-peaked preferences)是邓肯·布莱克在《委员会和选举理论》一书中提出的,他认为,通过适当限制个人偏好以适应某种特殊模式,很可能会产生一种均衡的投票结果,这种由布莱克强加给个人偏好的特殊模式就是这些个人具有单峰偏好。1966 年,阿马蒂亚·森证明了如果偏好是单峰的,则可以摆脱阿罗不可能定理。

所谓单峰偏好,是指个人在一组按照某种标准(如数量大小)排列的备选方案中,对其中的一个方案偏好程度最高,对其他方案的偏好程度都低于对这个方案的偏好程度,或者说,离开这个方案后,对其他方案的偏好程度都逐渐递减。用数学语言来说,单峰偏好就是在一维空间中个人偏好次序成齐次性。

我们用下面的例子来说明单峰偏好。

假设城市有一块空地可用于相互排他的 3 种用途。一个用途是公园,二是作停车场,三是作图书馆,分别称这些用途为 X、Y、Z,表 6.8、6.9 和图 6.2、6.3 表示了 3 个投票人甲、乙、丙的偏好次序:

表 6.8

次序 \ 成员	甲	乙	丙
1	X	Y	Z
2	Y	Z	X
3	Z	X	Y

可以得出,如果用多数规则按对来投票,X 会以 2∶1 的选票击败 Y,Y 会以 2∶1 的选票击败 Z,而 Z 又会以 2∶1 击败 X,从而形成循环。

如果将丙的偏好次序改变,调换其对 X 和 Y 的偏好程度,则:

表 6.9

次序 \ 成员	甲	乙	丙
1	X	Y	Z
2	Y	Z	Y
3	Z	X	X

这时,投票的结果是 Y 击败 X,Y 又可以击败 Z,而 Z 击败 X,即 $Y>Z>X$,从而以方案 Y 的获胜而告终。

将这两种情况用折线图来表示,分别为:

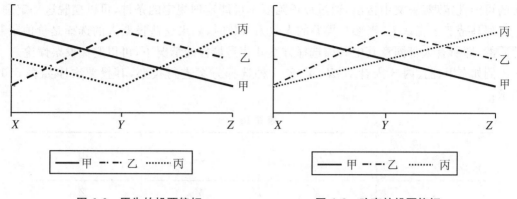

图 6.2 原先的投票偏好　　　　　图 6.3 改变的投票偏好

可以看到,图 6.2 中,投票人甲和乙的偏好模式在效用意义上有一个"高峰":甲的高峰在 X,乙的高峰在 Y。而投票人丙的偏好曲线先下降后上升,有两个高峰,对 X 和 Z 的偏好都超过 Y,在这种情况下,投票结果是循环的。而在图 6.3 中,3 个投票人的偏好曲线都是只有一个高峰,即都是单峰的,从而产生了一个均衡的投票结果。

这个例子表明,单峰偏好是多数规则的稳定力量,出现单峰偏好时,必定存在单一维度标准,备选方案可以依靠单一的基本评价维度,表示成一维的数轴,即备选方案必须是一个维度变量,如公共服务的数量、预算的规模等,投票人不能既考虑预算的规模,又考虑预算的用途。在上例中,存在着多个不同的维度标准,投票人可以从自然环境的改善、人力资源的开发、商业的繁荣等不同的维度来评价备选方案,从而产生多峰偏好。

2. 中间投票人

如果投票人的偏好是单峰的,不仅可以避免投票循环,而且可以产生出惟一的均衡解,即确认出一种其偏好总是占优势的特定类型投票者。邓肯·布莱克在《委员会和选举理论》一书中表明了处于中间位置,比其偏好更强和比其偏好弱的投票人一样多的中间投票人的重要性,他指出单峰偏好所产生的均衡解与中间投票人的第一偏好正好是一致的,即中间投票人偏好的备选方案会被通过。

假设有 5 个投票人(1,2,3,4,5)和 5 种关于预算规模的方案(a,b,c,d,e),投票人 1 偏好 a,投票人 2 偏好 b,以此类推。在这里,中间投票人是投票人 3,他偏好 c。投票人 3 将这些方案分为规模相同的两组:一组包括 a 和 b,它们比 c 小;另一组包括 d 和 e,它们比 c 大,很明显,在 c 与其他四种方案中任何一种进行比较时,c 都会取得多数票,从而获得胜利,最终预算的规模就是投票人 3 所偏好的规模。

因此,在所有投票人的偏好都是单峰的时候,多数规则会产生一个均衡的结果,其与中间投票人的第一偏好是一致的,中间投票人的偏好是最终选择结果的决定性因素。之所以如此,是因为处于中间偏好两端的人数正好相互抵消。

在只有一个维度时,中间投票人会占有优势,但如果存在一个以上的维度,只有该投票人在每个维度上都是中间投票人,他才是决定性的。

3. 阿马蒂亚·森的"价值限制定理"

1966年,获得1998年诺贝尔经济学奖的印度籍经济学家阿马蒂亚·森在《多数票决策的可能性定理》一文中指出,通过放松阿罗不可能定理规定的条件,可以摆脱这一定理。

阿马蒂亚·森认为,当参与投票的人数为奇数时,如果这些投票人的选择是价值限制性质的,即所有人都同意其中一项选择方案并非是最佳的情况下,可以避免投票悖论。

例如有甲、乙、丙3人针对 X、Y、Z 3种选择方案进行投票,其投票次序如表6.10所示:

表 6.10

次序 \ 成员	甲	乙	丙
1	X	Y	Z
2	Y	Z	X
3	Z	X	Y

从前面的叙述可知,这种情况下会产生投票悖论,现在假定所有人均同意 X 方案并非最佳,这样表6.10就变为表6.11:

表 6.11

次序 \ 成员	甲	乙	丙
1	Y	Y	Z
2	X	Z	X
3	Z	X	Y

在对 X 和 Y 两种方案投票时,Y 以两票对一票而胜出于 X;同理,在对 X 和 Z 以及 Y 和 Z 分别进行投票时,可以得到 Z 以两票对一票而胜出于 X;Y 以两票对一票而胜出于 Z。这样,$Y>Z>X$,投票悖论就此宣告消失,惟有 Y 项选择方案得到大多数票而获胜。

阿马蒂亚·森把这个发现加以延伸和拓展,得出了解决投票悖论的三种选择模式,即:
1)所有人都同意其中一项选择方案并非是最佳;
2)所有人都同意其中一项选择方案并非是次佳;
3)所有人都同意其中一项选择方案并非是最差。

阿马蒂亚·森认为,在上述三种选择模式下,投票悖论不会再出现,取而代之的结果是多数规则总是能达到惟一的决定。

6.4 几种选举方法及分析

现代西方选举制度主要有两种:直接民主制和代议民主制。直接民主制是指选民个人直接进行投票,表达自己的偏好,参与决策方案或候选人的选择的一种民主制度。直接民主制一般在小的团体中采用,瑞士的多数的国家决策也采用这种制度。代议民主制是一种间接的选举制度,其过程是首先由选民选举产生有投票资格的人组成特定的组织,如选举团等,而后由他们对决策方案或候选人进行选择。

现代的选举方法可以分为以下几种类型:首位者优先制、比例代表制、单记移让投票制和优先选择制等。这些方法各有优缺点,下面我们将详细介绍这些方法及其变形。

6.4.1 首位者优先制

首位者优先制要求划分选区,选区可以是单议席选区,也可以是多议席选区。在一个选区内,候选人按照得票的多少排序,按顺序获得该选区在议会中的席位,而不管当选的候选人是否获得了过半数选票。

对首位者优先制的修正形式是要求候选人在选区中获得绝对多数的选票,如果有议席未获得过半数的选票,那么就在得票最多的两个候选人中进行第二轮投票,剩下的候选人将退出选举,选举他们的选民将重新决定自己的选择。在第一轮中排名第一的候选人不一定在第二轮投票中获胜,走中间道路的候选人极有可能获得第一轮中被淘汰的候选人的选票,从而击败有坚决的支持者但选举路线比较极端的候选人。

首位者优先制的优点在于:
- 选举方法易懂,程序简单,过程短;
- 当选的候选人的选区一般是固定的,为了获得下次选举的胜利,他会切实为选区工作,把自己塑造成选区利益代表的形象;
- 候选人不需要参加政党也会有当选的机会;
- 采用这一选举方法的国家通常会在议会中形成一个明确多数的党派,如英国和美国,但强大的地方性政党可能会使结果复杂化,如印度。同时,也会有一个强大的反对党在野,形成一个影子政府。

首位者优先制的缺点在于少数党和新党派很难将他们的选票转化为议会中的议席,一个党派可能在议会中取得绝对多数的议席,但却只得到少数的选票。表 6.12 就是可能在首位者优先制下出现的情况。

表 6.12

	A 选区	B 选区	C 选区	议席
第一党	50%	10%	50%	2
第二党	10%	50%	10%	1
第三党	40%	40%	40%	0

在这个例子中,第一党以 36.6% 的选票获得两个议席,第二党以 23.3% 的选票获得一个议席,而第三党以 40% 的选票却没有获得一个议席,因为第三党虽然在总的选票中获得优势,却没有地区优势,无法在选区内获得议席。

6.4.2 比例代表制

所谓比例代表制,就是根据各参选政党所得选票的比例将议席分配给各政党。比例代表制可用于多议席选区,也可以用于一个地区范围或全国范围。比例代表制有许多不同的种类,不同的计算选举结果的方法,也就是将得票转化为议席的方法,是它们的区别所在。

比例代表制的目的在于保障公平的代表权,在这种制度下,不会像首位者优先制那样,出现一个得到多数选票的政党因为得票分散,而不能在议会中得到议席的情况。这种公平的结果,有助于表达每个选民在选择政府过程中的意愿,从而更真实地反映社会现实和各种不同的观点。

比例代表制还有助于增进政党和候选人个人选举的联合。例如,在一个选举 10 名议员的选区,所有的议席将根据候选人得票的比例分配,大约 10% 的选票就可以确保一个议席,如果某候选人获得了 20% 的选票,那么他就有一半的选票作废,这就是促进联合的原因。

多党合作的联合政府比一党单独执政的政府具有某些方面的优势,特别是在作出一些重要的决策时可以集思广益,保证决策的科学性,而且可以保持政策的连续性,不会因为政府的更替而造成政策的重大变更。由于许多竞争对手都是潜在的合作伙伴,因此政府的政策会更中立、更务实、更灵活。二战后,几乎所有的西欧国家都是联合政府创造了社会稳定和政策的连续性,这是促进经济增长和繁荣的一个重要因素。

但是比例代表制造成的联合政府也有很多消极的方面:不稳定的联合会造成软弱的政府,不断的联合和联合破散导致了经常性的议会危机,互相之间的联合有着太多的交易,小党派可以通过在两个竞争集团之间搞平衡,而对政策施加过多的影响力。

比例代表制的另一个缺点是过于复杂,无论是对选民还是对计算选举结果的人员来说,这种选举办法都不是易于操作的。

1. 选民作出选择的方式

比例代表制中让投票人作出选择的最简单最常用的方式是政党名单制,每个政党都向投票人提供一个按照次序排列的候选人的名单,投票人只能对提供给他的名单投票,而不能改变候选人在名单上的位置。在计算结果时,根据各参选政党所得选票的比例将相应的议席数分配给各政党,各政党按照名单上候选人的次序确定当选议员的人员。但是,投票人通过给名单上特定的候选人投票,而重新安排候选人在特定名单上的位置的名单制度也是存在的。

政党名单制给选民的选择是明确的,但选民对决定哪些个人作为候选人能够当选上是没有发言权的,它在选择候选人和排列候选人次序方面给了政党和政党巨头以不恰当的权力。正因为如此,政党名单制产生了变形,出现各种开放的名单制,它允许选民不止投一票,而是可以投多票。

在现行的通行的开放名单制下,选民具有限定的多个投票权,他既可以在所选择的名单上指示优先选择的顺序,也可以把自己的选票分散在不同的名单上,即可以将选票均匀的分散在各个候选人上,也可以将选票集中在一两个候选人身上。这种方法虽然在计票时会非常复杂,但有效地减少了政党在决定候选人当选问题上的影响力,而且保证了候选人与选区内选民之间的密切联系。

2. 分配议席的方式

比例代表制在将得票转化为议席时有多种计算方法，最常用的是"最高剩余额"公式和"最高平均数"公式。

(1) "最高剩余额"公式

假定某选区有100个投票人，有5个议席在4个政党和1个无党派候选人之间进行分配，选票的分布如表6.13所示：

表 6.13

	A党	B党	C党	D党	无党派
得票数	29	28	20	12	11
换算	20+9	20+8	20+0	0+12	0+11
议席	1	1	1	1	1

因为100张选票决定5个议席，所以得到20票的确定有一个议席，其余的议席在具有最高剩余票数的政党之间进行分配。A党、B党和C党都具有20票，因此，它们先各得一个议席。剩下的两个议席就需要比较四个党派和无党派的剩余票数，根据上表可以看出它们的剩余票数分别为9、8、0、12和11票，所以D党和无党派候选人各得一个议席，形成上表所显示的议席分配。

从上表中可以看出，虽然A党比D党和无党派候选人的得票多出两倍以上，但却都各得一个议席。显然，这种计算方法是有利于小党派的，它在拉美国家被广泛采用。

(2) "最高平均数"公式

同上例一样，假定某选区有100个投票人，有5个议席在4个政党和1个无党派候选人之间进行分配，选票的分布如表6.14所示：

表 6.14

	A党	B党	C党	D党	无党派
得票数/1	29(1)	28(2)	20(3)	12	11
得票数/2	14.5(4)	14(5)	10	6	0
议席	2	2	1	0	0

将每个政党和候选人的得票数除以1和2，把其结果列入表内，从中选择票数最多的5个政党和候选人分配议席，在上表中，就依次是A党、B党、C党、A党和B党，因此，A党2票，B党2票，C党1票。如果席位更多，那么分配模型会更大，将以3、4等作为除数。

这种计票方法有利于大政党，小政党会遭到损失，上例中，D党和无党派候选人虽然获得了10%以上的选票，但却没有获得议席。这种方法在欧洲广泛使用。

6.4.3 单记移让投票制

单记移让投票制适用于多议席选区，选民可以选择隶属于同一或不同政党的候选人，并在选票上给候选人标上号码以表示他们的优先选择。

得票超过当选定额的候选人当选,当选定额的计算公式是:[投票总数/(议席数+1)]+1,当选者的剩余得票被重新分配。为了分配剩余的选票,在第一轮计票之后需要先分配第一选择支持当选者的选民的选票的第二选择,当选者的剩余选票按照各候选人分享他的第二选择的比例分配,那些票数超过当选定额的候选人当选,剩余的选票按照同样的方法再分配,如果第二选择支持的人已经当选,就按第三选择分配剩余选票。剩余选票分配完后,得票最少的候选人被取消资格,其得票将根据支持他的选票的第二选择的比例分配。如果当选人数还不够,那么就将倒数第二位的候选人除名,以此类推,直至所有的议席分配完。

假定某四议席的选区有 100 个投票人,其选举的过程将是下面的情况:

$$当选定额 = 100/(4+1) + 1 = 21$$

第一轮得票情况如表 6.15 所示:

表 6.15

候选人	a	b	c	d	e	f	g	h
第一选择	34	18	12	10	9	7	6	4

因为 a 获得了 34 票,超过了定额的 21 票,所以首先当选。在将 a 作为第一选择的选票中,20 个选民的第二选择是 b,10 个选民的第二选择是 c,3 个选民的第二选择是 d,1 个选民的第二选择是 e,那么 13 张(34-21)剩余选票的分配方案如下:

候选人 b 获得:(20×13)÷34 = 8(张)

候选人 c 获得:(10×13)÷34 = 4(张)

候选人 e 获得:(3×13)÷34 = 1(张)

则第二轮得票情况如表 6.16 所示:

表 6.16

候选人	b	c	d	e	f	g	h
得票	26	16	11	9	7	6	4

候选人 b 当选,假设在第一选择投 b 的人当中所有的人第二选择都是 c,那么 5 张(26-21)剩余选票都归 c。

则第三轮得票情况如表 6.17 所示:

表 6.17

候选人	c	d	e	f	g	h
得票	21	11	9	7	6	4

候选人 c 当选后,还有一个议席,而剩余的候选人没有超过当选定额的,为了选出下一名议员,得票最少的 h 被除名,按以 h 为第一选择的选票的第二选择分配选票,如果其中有一些选票的第二选择是已经当选的候选人,则按这些选票的第三选择分配选票,依此类推。假设结果是 d 分得 3 张选票,e 分得 1 张。

则第四轮得票情况如表6.18所示：

表 6.18

候选人	d	e	f	g
得票	14	10	7	6

结果还是没有一个候选人能够得到当选定额的21张，所以得票最少的g被除名，其选票按照上述的方式重新分配，以此类推，直到d或者是e得到必要的当选定额，将4个议席分配完。

单记移让投票制使选民有权力选择议员，与比例代表制相比，有效的削弱了政党和政党巨头对选举结果的控制，有利于加强选民和候选人之间的联系，使得候选人更加关注选民关心的问题。而且实行单记移让投票制可以很少有废票。

但是，单记移让投票制的选举过程长，选民需要表明顺序，计票方法复杂，选举的工作人员需要专门的训练。

单记移让投票制在爱尔兰、马耳他等地有所采用。

6.4.4 优先选择制

优先选择制要求选民以先后次序排列候选人，从而使他们能够表达在第一选择的候选人不能当选情况下的优先选择。这种方法考虑到了选民的替代选择，使得选民有机会表达他们的第二、第三等选择，促进了选民的满意度。而且这种方法可以有效地避免极端分子进入议会，但这也使得少数派、小党派等处于不利地位。

下面简要介绍两种比较常用的优先选择制。

1. 单议席选区的可替代投票制

这种方法使用于单议席的选区，首先设定一个候选人当选的最低得票率。选民按照自己的喜好程度将候选人将排序，如果没有候选人获得超过最低得票率的选票，那么第一选择得票最少的候选人被除名，第一选择支持他的选民的第二选择被分配给剩余的候选人，以此类推，直到产生一个超过最低得票率的候选人。

这种方法在澳大利亚的议会选举和斯里兰卡的总统选举中所采用。

例如某单议席选区有100名投票人，有4个候选人，最低得票率为50%。第一轮投票结果如表6.19所示：

表 6.19

	候选人a	候选人b	候选人c	候选人d
第一选择	34	30	16	20

因为没有人获得50%以上的选票，所以候选人c被除名，按第一选择支持他的选民的第二选择分配选票。第二轮得票结果如表6.20所示：

表 6.20

	候选人 a	候选人 b	候选人 c	候选人 d
第一选择	34	30	16	20
支持 c 的选票的第二选择	10	5		1
合计	44	35		21

第二轮计票后,依然没有人得到超过 50% 的选票,候选人 d 被除名,他的第二选择被重新分配。第三轮得票结果如表 6.21 所示:

表 6.21

	候选人 a	候选人 b	候选人 c	候选人 d
第一选择	44	35		21
支持 d 的选票的第二选择	10	11		
合计	54	46		

最终候选人 a 以超过 50% 的得票率当选。

2. 二轮投票制

二轮投票制实际上是首位者优先制的一种修正形式。如果没有候选人在第一轮投票中得到最低得票率,那么得票最少的候选人将被除名,下一轮选举在剩下的候选人之间进行。关于第二轮投票中保留的候选人人数与投票轮数的规则,各国是不同的。

这一方法被法国及某些中欧和东欧国家(如匈牙利、乌克兰等)所采用。

参考文献

[1] 肯尼思·约瑟夫·阿罗. 社会选择:个性与多准则[M]. 钟晓敏,等,译. 北京:首都经济贸易大学出版社,2000.

[2] 方福前. 公共选择理论:政治的经济学[M]. 北京:中国人民大学出版社,2000.

[3] 乔·B·史蒂文斯. 集体选择经济学[M]. 杨晓维,等,译. 上海:三联出版社,上海人民出版社,1999.

[4] 尼古拉·阿克塞拉. 经济政策原理:价值与技术[M]. 郭庆旺,刘茜,译. 北京:中国人民大学出版社,2001.

[5] 罗云峰,肖人彬. 社会选择的理论与进展[M]. 北京:科学出版社,2003.

[6] 林荣,曾晓强. 社会选择悖论与一致性[J]. 浙江学刊,1999(3).

[7] 史蒂芬·迈克尼. 民主主义与代议制[J]. 杨支柱,文华,译. 外国法译评,1996(3).

案 例 分 析

案例1 美国的选举团制度

在2000年总统选举中,民主党候选人戈尔的国民选票(popular vote)领先于共和党候选人小布什(国民选票率为48.4%比47.9%),在全美国多获得约五十万张选票,但最后却因比小布什少5张选举人票(elector vote,266∶271)而落选。

大选结束后,美国各界反应强烈,来自112所法学院的585位教授联名在《纽约时报》上刊登政治声明,谴责美国最高法院的5名共和党大法官对这次竞选结果的判决,认为他们背离了自己的天职,以党派偏见袒护小布什(2000年大选最后以美国最高法院9名大法官5∶4的判决,中断佛罗里达州人工重新计票,从而支持小布什当选而告终)。有民意测验表明,超过60%的美国人对2000年总统选举不满,主张修改宪法,取消选举团制度,采用直接选举方式选举美国总统。

从美国历史来看,除了2000年这次总统选举以外,以选举团制度为问题焦点的美国总统选举还曾面临3次较大的危机。

最早的一次发生在1824年。那年有4位候选人角逐美国总统。按照国民选票数多少排序,他们分别是杰克逊、亚当斯、克莱、克鲁福德。他们4个人中没有一人得到过半的选举人票,所以根据当时的美国宪法规定,由众议院投票决定。投票结果是亚当斯当选。选举结果刚一宣布,支持杰克逊的选民强烈反对这个结果,并声称是克莱和亚当斯做了交易,克莱以出任国务卿的出价,支持亚当斯当选。杰克逊也宣布这个结果非法,并第一次公开主张废除选举团制度。杰克逊的主张直接导致了后来美国总统候选人提名方法的重大改变,政党代表大会逐渐取代了政党核心会议,成为了提名总统候选人的主要途径。

第二次发生在1876年。北方的共和党候选人海斯在国民选票率低于南方民主党候选人泰登的情况下,以多1张选举人票的微弱优势当选美国总统。当时学者称之为"本世纪最大的过错",《纽约太阳报》以通栏黑框来表示对民主堕落的悲哀,华盛顿地区的报纸甚至主张取消海斯的总统资格。众议院民主党议员击败共和党议员的反对,通过国会决议,声明"泰登当选美国总统"。南方各州反应更为强烈,纷纷成立武装组织,打出"到华盛顿去!""不是泰登就是战争!"等强硬口号。最后,这场危机在南方民主党领导人和北方共和党的幕后交易中平息,共和党同意做出多项让步,包括停止在南卡州和路易斯安那州的军队重建,任命南方民主党人入阁,提供联邦资助等等,最后,离法定的就职日期仅剩两天,海斯才被匆忙宣布正式当选。

第三次危机发生在1969~1979年。这10年有关废除选举团制度的主张开始进入立法机构激烈辩论时期,产生过许多提案。1968年美国总统大选结束后,盖洛普民意测验表明,有81%的美国人主张用直接选举方式取代选举团制度。在这样的大背景下,美国大律师协会(ABA)等院外团体加强了游说力度,于1969年促使美国国会众议院以三分之二多数通过了一个法案,主张废除选举团制度,采用直接选举制,此主张还得到当选的尼克松总统的支持,这在美国历史上很为罕见,但最后被参议院否决。1979 年,废除选举团制度的宪法修正案得到了参议院 51 票的支持,这在美国参议院历史上也是创纪录的,但仍未能达到法定的 67 票而流产。

要理解选举团制度为何成为问题的焦点,首先要知晓"国民选票"、"选举人票"、"选举团"等基本概念。"国民选票",就是普通的公民选票,根据民主制度的一般原则,一个选民一张选票。"选举人票",是根据美国宪法第二章有关总统选举的规定,由各州按照一定的程序挑选出若干特殊选民(即所谓的选举人,elector),根据美国宪法的规定,选举人不得是各州的国会成员或联邦政府公职人员,由选举人代表各州的普通选民来挑选美国总统,选举人所拥有的选票就叫选举人票。根据美国宪法的规定,只有获得多数(过半数,目前为 270 票(含)以上)的选举人票的总统候选人才能当选美国总统。"选举团",即各州选举人组成的团体,就叫选举团。选举团制度是美国总统选举政治的独特产物,它直接影响着美国总统选举的结果。

实际上,选举团制度反映了美国国内两种民主原则之间的矛盾。一个是国民性原则(national principle),另一个是联邦性原则(federal principle)。前者主张强有力的中央政府管理,强调国民多数优先原则,主张一人一票,多数优先,少数服从多数,总统选举应在全国层面进行,国民选票数优先者当选;而后者主张各州平等、相对独立和多样性,强调总统选举的地域代表性,主张总统选举应在各州层面进行,当选的总统,除了获得多数国民选票外,还应有广泛的各州地域代表性。从实际运行的客观效果来看,选举团制度过多顾及了联邦性原则而忽略了国民性原则,从而导致选举人票数的分配与实际国民人口数的分布不对称,或者说各州选举人票的"含金量"(国民代表性)不对等,选举人票不等于国民选票。这就是美国总统选举政治产生问题的根本原因。

根据美国宪法规定,各州的选举人票数等于各州在联邦的代表人数,即各州的参议员人数加上各州的众议员人数。

参议员,代表了美国民主制度的联邦性原则,主张各州不分大小,一律平等,各州在国会拥有数量相等的参议员(每州 2 人)。

众议员,代表了美国民主的国民性原则,按照各州国民人口数量多少分配代表权。美国历史上对众议院席位的分配经历了一个演变时期,基本上可以概括为 4 个阶段。

第一阶段:1840 年以前,采用杰菲逊分配法。即按照一个众议员代表一定数量人口的原则,平均分配众议院席位。最早是 1792 年的每 33 000 人产生 1 名众议员。后来随着人口的增加,比例逐步提高,到 1811 年每 35 000 人产生一个众议员,1820 年每 40 000 人产生一个众议员,1832 年每 47 700 人产生一个众议员。这个分配法弊病有二:① 由于各州的人口总数往往不能被整除,多余的人数被忽略,国民代表性不够;② 随着人口的不断增加,众议院人数会不断膨胀,不利于提高议事效率。

第二阶段:1840~1850 年,采用威伯斯特分配法。即预先设定众议院议员人数,然后全国的国民人口总数除以这个数,得数就是每个众议员应代表的国民人数标准;再把各州的人口总数除以这个标准,所得就是各州应有的众议院席位数,除不尽的余数如果超过标准的 50%,就增加一个席位。这个办法基本上克服了杰菲逊分配法的弊病,但有一个缺点,即众议院总人数不好控制,因为所有超过标准人数 50% 的州都要额外增加一个席位,很容易超出预先设定的众议院总人数标准。

第三个阶段:1850~1940年,采用卫顿分配法。基本方法同威伯斯特分配法,改进之处是在余数席位分配上,从最大的余数开始分配,直到填满预定的众议院总人数为止。

第四阶段:1941年至今,采用亨廷顿分配法。又称平等分配法,主要是要克服以前使用的分配法所产生的不平等。例如,有些人口稀少的州,由于达不到平均的标准人数,结果可能在国会中没有自己的众议员;又如,可能会出现所谓的"阿拉巴马州怪圈"现象,这个现象第一次出现在1881年,在此之前,阿拉巴马州在299个众议院席位中拥有8个席位,可在1881年重新分配席位后,人口已经增加的阿拉巴马州却在300个众议院席位中才拥有7个席位,而其他人口减少的州却没有相应减少席位。亨廷顿分配法采用复杂的数学公式来计算,首先不分大小,给每一个州一个基本席位,然后再把各州人口总数除以$[N(N-1)]$的平方根(N表示该州应得的席位数),其所得就是所谓的"优先参数",然后,根据各州"优先参数"大小顺序分配剩余的众议院席位,直到众议院的435个席位都分完为止。这个方法,相对比较科学,基本上解决了以前方法的问题,所以一直沿用至今。但这也难以实现真正平等,例如,按照这个分配办法,根据1990年美国人口统计数字,2000年总统大选时,从全国层面来看,每个众议员平均代表着约572 500名国民;但从各州层面来看,差距却很大,比如,怀俄明州的一个众议员才代表455 975名国民,而蒙大拿州的一个众议员却代表着803 655名国民。从上述选举人票数分配法中,我们可以清楚地看到,美国各州选举人票的国民代表性差异很大,因此,选举人票数多寡不能正确反映国民选票数的多少,于是就可能出现国民选票数少却当选总统的现象。

此外,联邦和州两个层面游戏规则的不统一,也是导致出现"少数票"总统的重要原因。美国总统选举主要是以州为单位来进行的,而州这个层面的游戏规则与联邦层面的不一样。美国各州,除了缅因州和内布拉斯加州外,基本上都采用"赢者通吃"的规则,即国民选票数最高的候选人获得各州全部选举人票,这事实上是一种相对多数制,即胜者的国民选票数不一定要过半数。例如,2000年大选中,由于有"绿党"、"改革党"等小党派的参与,小布什在很多州的国民选票数往往不到全州选票数的50%,但凭"赢者通吃"的规则,依然获取了该州的全部选举人票。而在联邦层面实行的游戏规则却是过半多数制,根据美国宪法规定,只有获得多数选举人票的候选人才能当选美国总统,这里的"多数"是指过半数。这两个层面游戏规则上的差异,直接导致出现2000年大选的"不民主"的尴尬局面,使美国人再次产生了改革选举团制度的愿望。

但是,要彻底改变或去除选举团制度是非常不容易的。据统计,从1797年至21世纪初,约有700件有关修改或废除选举团制度的提案在美国国会出现过,但只有1804年6月15日生效的美国宪法第12条修正案获得通过,因为选举团制度可以帮助维护联邦制原则,可以保护少数民族、弱势人群的利益。

[参考:林宏宇.民主的尴尬:从选举团制度看美国选举政治[J].国际关系学院学报,2003(1)]

案例2　德国议员选举制度

德国联邦议会实行两院制,由联邦议院和联邦参议院构成。前者由全体德国选民选举产生,代表德国人民的整体意志;后者由各州政府成员组成,代表各州的意志和利益。这里所介绍的德国议员选举制度,主要是指联邦议院议员的选举制度。

二战后的联邦德国创造了一种新的选举制度,这就是双选票双计票的选举方式。联邦议院的 656 个议席数一分为二,一半体现小选区相对多数代表制的要求,全德国分为 328 个小选区,产生 328 名直选议员,由选民根据选票上开列的候选人名单,选择自己认为最合适的一位候选人,各政党候选人都以个人的名义参加选举,获得这一选区相对多数的候选人当选;另一半体现比例代表制的要求,全德国以 16 个州为界划分为 16 个大选区,将另外 328 个议席按人口比例分摊到各选区,各参选政党在 16 个选区中各提出一份本党候选人的名单,选民选择最符合自己政治主张的政党名单。

选民的第一票是投给本选区以个人名义参选的候选人的,第二票是投给政党的。第一票计票制度是小选区相对多数代表制,当选者不一定获得选区的过半数票,只要在诸位候选人中获得的票数最多就当选。如果发生若干名候选人所得选票完全相等的情况,无需进行第二次投票,而是由选区选举委员会抽签决定。第二票计票制度是比例代表制,各州分别统计各政党所得第二票票数,按照法律规定的比例原则分配各政党的议席。德国采用的是黑尔—尼迈尔公式,又称最大均数法或最大余数法。其基本公式为:先以政党所得票乘以议席数,再除以总有效票数,得出一个有两位小数的有理数;小数点前的整数是当然的议席,然后各政党比较小数点后面的小数,依大小分配余下的议席。

德国的两票制实际上是以比例代表制为主,以多数代表制为辅的选举制度,选票的计算和各政党的议席数须以第二票为基础。主要表现在:正常情况下,政党总议席数由第二票得票比例决定。如果 A 党获得的第二票占全国总有效票的 20%,那么,乘以总议席数 656,实际它应得 131 个席位。分得议席的政党以州为单位,首先将议席分配给本党在小选区直选中获胜的候选人,再将剩余议席分配给本党在多选区中的政党名单候选人。前述 A 党如果在第一票中获得了 81 个议席,其 131 个席位中应先扣除 81 个直选议席,剩余的 50 个议席按该党在各州获得的票数根据黑尔—尼迈尔公式分配。如果分配给某党的议席数少于该党在小选区中赢得的议席数,则扩大联邦议院议席总数,以确保在小选区获胜的议员获得议席,这就是所谓的补席。如果一个政党获得的全部第二票少于总有效票的 5%,或者获得第一票的议席数少于 3 席,它将失去按照比例分配议席的资格,它实际所得议席仅限于它获得的直选席位,而它所得比例数所代表的议席将分配给其他符合条件的政党。未达到分配议席条件的政党和虽获得 3 个以上直选议席但未达到 5% 的政党,其议员只能以个人名义参加议会活动,不能组织议会党团。

用来计算各政党议席数的黑尔-尼迈尔公式,是在考虑政党进入议会必需的 5% 的最低得票率的情况下,试图产生公平结果的方法,可用公式表示:

(第二票数×等分配议席数)/所有第二票数超过 5% 的政党的第二票总票数

例如,待分配议席数为 31,第二票票数如下:

  A 党 18 500

  B 党 12 900

  C 党 1 900(刚过 5%)

  D 党 3 600

  合计 36 900

则:A 党 $18\,500 \times 31 / 36\,900 = 15.542 = 15$ 席

B 党　$12\,900\times31/36\,900=10.837=10+1$ 席

C 党　$1\,900\times31/36\,900=1.569=1+1$ 席

D 党　$3\,600\times31/36\,900=3.024=3$ 席

A 党获得了绝对多数选票,但没有分得剩余议席。法律规定:如果一个政党的得票超过了州中第二票总数的一半,就应得到一个特别的议席,剩余的议席才按照黑尔-尼迈尔公式分配,因此最终的结果是:

A 党　$15+1=16$ 席

B 党　$10+1=11$ 席

C 党　1 席

D 党　3 席

[参考:http://www.kaiyuan.de/article.php/511.htm]

案例3　美、英、法三国选举制度

1. 美国总统选举制度

根据联邦宪法,美国总统不是经选民直接选举产生的,它采取的是间接选举,即"选举人制度"。

选举人制度是在1787年美国制宪会议上制定的。当时美国各州已有宪法,这些州宪法都规定州行政首长由州议会选举产生。一种自然的想法是,在联邦政府上重演州政府的安排,由国会选举产生总统。但麦迪逊等联邦党人反对这一主张,认为国会选举总统会造成总统权力太弱,容易受到立法机构的控制,无法形成有力的行政机构,回到1776年"大陆会议"的无联邦行政机构的状况。

但是,若由全体公民直接选总统,就可能出现太多的地方性候选人,没人能代表广泛的意见;而在当时交通与通讯极差的情况下,要在幅员如此广大的国家计算选票也是很困难的事。因此,他们决定挑选出一群具有远见卓识的、不受党派政治影响的人,组成选举团,由他们来决定总统和副总统的人选。

选举团也是美国建国通过宪法时州与州之间妥协的结果。当时,小州提出,除非它们在参议院里和选总统的时候能享受"一州一票"的待遇,否则就不愿加入。大多数小州都是在选举团制度的基础上入盟的。

根据《美国宪法》第二条第一项,总统由各州议会选出的选举人团选举,不是由选民直接选举产生。一州为一个选举人团单位。每个州的选举人人数同该州在国会的参众议员总人数相等,全国共535人。联邦政府所在地哥伦比亚特区在国会中没有代表,1961年生效的宪法修正案给予该特区3个选举人名额。选举人组成选举人团,共538张选举人票。即:美国50个州,不论人口多少,每个州都有2票"保底";哥伦比亚特区不是州,但也有3票;这样加起来总共103张票;这些"保底"的票加起来占了总数的两成。剩下435张票,则按每州的人口分配(因为美国每10年进行一次人口普查,国会根据各州人口的变化情况重新分配众议院议席,所以各州选举人票数也是每10年变更一次)。

在这个间接选举制度下,人口越多的州,拥有的选举人票也越多。现在美国人口最多的

是加利福尼亚州，超过 3 300 万人，占了美国人口的十分之一以上，所以可以获得 52 张选举人票，加上"保底"的 2 张，那么加州的选举人票就是 54 张。至于人口最少的阿拉斯加州，它只有 60 多万人，所以总共只有 3 张选票。

除了缅因州外，只要总统候选人在一个州内占简单多数，那么该州的全部选举人票就都归他所有。所以，在点票过程中，哪个候选人率先获得 270 张选举人票，就能够登上总统的宝座。选举人团制可能导致的后果是，获普选票数最多的候选人反而不一定能当总统（美国历史上有 4 次）。

联邦宪法对总统选举只做了十分概要的规定，而实际上，美国总统选举过程是漫长而复杂的，主要包括预选、候选人提名、竞选、选举总统选举人，最后由选举人投票选出总统等五个阶段。

(1) 预选阶段

预选即初选，在总统选举年的 2 月到 6 月为预选阶段。在这一阶段里主要是选举出参加各党的全国代表大会的代表，各党的总统候选人最后在党的全国代表大会上产生。

宪法没有规定总统候选人如何产生。第一届总统选举中，华盛顿因其卓越功绩和崇高威望而未经提名和预选被一致推选为总统。华盛顿卸任后，开始由国会提名总统候选人，并由两院共同组成一个提名会议决定总统候选人的产生办法。19 世纪初期，一些政党认为这一办法违反了民主精神，难以反映民意，故逐渐被遗弃。1831 年，"反共济党"率先在党的全国代表大会上选举产生自己的总统候选人，1832 年，民主党也采用了这一方式，随后，各政党都逐渐效法，成为一种惯例。然而，一些党魁把持党的代表大会，操纵总统提名，引起了普通选民的不满。1904 年，佛罗里达州首先尝试在本州实行直接预选。次年，威斯康星州议会通过《总统预选法》，正式确立了由选民直接选举参加全国代表大会代表的预选制度。

目前，美国大多数州实行直接预选的方式。在预选前，寻求政党提名的人必须公开宣布参加一个政党的总统候选人提名竞选，并履行必要的手续。而竞选党代表的人必须明确表示支持哪位总统竞选人。因此，投票结果就能清楚地知道各位总统竞选人的支持率。在新罕布什尔州举行的就是这种预选。

另一种预选形式叫"干部会议"（或称"基层会议"），由两党在一个州的各个选举点分别举行党的基层会议，由支持本党的选民当场表态支持谁当本党总统候选人，并选出出席县一级代表会议的代表。然后，县代表会议选出州代表会议的代表，州代表会议选出全国代表大会代表，最终由全国代表大会决定本党的总统候选人。在艾奥瓦州举行的就是这种预选。

艾奥瓦是全国第一个召开党的代表会议的州，新罕布什尔是第一个举行直接预选的州。两州的预选起着"风向标"和"晴雨表"的作用，选举结果将影响以后其他各州的预选，因此，对候选人的成败至关重要。

预选方式在不同的州和不同的政党都各不相同，但目的都在于选举党代表，或要求选民对党的总统候选人表态。

(2) 候选人提名

一般情况下，在总统选举年的 6 月，各政党由各州选派代表参加全国代表大会，会议提名总统候选人，还要通过党的各个委员会的报告和党的纲领。

总统候选人的提名一般是在大会的第三天或第四天进行。在全部州都提出候选人之后，就由大会代表通过个别投票方式选举本党的总统候选人，得到多数票的候选人将最终获得本党总统候选人的提名。必须提出的是,虽然总统候选人的正式提名要等到党的全国代表大会召开时才能进行,但由于本世纪越来越多州实行了总统预选制,所以通常的情况是,早在党的全国代表大会之前,有意问鼎总统宝座的政治家们往往已经在各州展开了竞选活动。

美国虽然大小党派约有15个,但在国内政治及社会生活中起重大作用的只有共和党与民主党,可以说是一个两党制的社会。

这两个主要政党的全国代表大会一般在7、8月间召开。但是,在5、6月间,全国代表大会的大部分代表已经产生,竞选人各自拥有多少代表的支持已经明朗。因此,谁将成为两党的总统候选人大体上已成定局,全国代表大会实际上只是认可总统候选人(包括副总统候选人)的提名而已。

(3) 竞选阶段

由获得政党提名的候选人在全国范围内进行竞选。这种全国性的竞选是总统选举过程中关键性的环节,一般在总统选举年的9~11月进行。

竞选活动的主要内容是向选民介绍本党的政治主张及候选人自己的施政纲领,向选民作出各种各样的承诺,尽可能争取最多的选民支持。

正式的总统竞选,是在9月第一个星期一以后才正式开始。竞选的形式包括在全国各地发表演说、接见选民,以及与竞选对手进行公开的辩论等等。

(4) 选举总统选举人

各州选举其总统选举人的日子也叫总统选举日(按规定是在选举年11月的第一个星期一以后的第一个星期二)。

选民去投票站投票时,选票上列的将是各个党派总统和副总统候选人的名字,例如戈尔/利伯曼(民主党)、布什/切尼(共和党)、纳德/拉杜克(绿党)和布坎南/福斯特(改革党)等等。

每个州的各个党派事先指定若干人为代表本党的选举人。由于在美国绝大多数州实行"赢者通吃"的规则,一旦某一党的总统候选人获得的选民选票多于竞争对手,该党总统候选人即获得该州的全部选举人票,该党指定的选举人即正式成为选举人。

总统选举人保证投票给在该州普选中获胜的总统候选人。但是,美国50个州中,26个州没有对选举人投票给谁作出规定,即选举人可以不顾自己作出的保证,自由投票给任何人。19个州及华盛顿特区规定,选举人必须投票给在该州、特区获胜的总统候选人,但是,对于违反规定他投的选举人,没有规定惩罚。其他5个州,对于违反保证他投的选举人规定了惩罚,但惩罚很轻,例如,俄克拉和马州规定的惩罚是1 000美元(美国历史上还没有因选举人他投总统候选人而受到司法指控)。

(5) 选举人投票选出总统

当各州选出其总统选举人之后,这些人便组成选举团,并且在选举年的12月的第二个星期三之后的第一个星期一,在各州首府所在地分别投票,选举总统和副总统。

当代总统和副总统的候选人总是配对参加竞选,所以这两个职位的选举也就是在各政党之间进行选举。加上以上所述的原因,正式选举的结果实际上在总统选举人被选举出来之后便已经确定,因此,选举人的投票基本上就只是一种形式,没有什么实际意义。

但在多党选举中,如果没有一位总统候选人得到半数以上的选举人票,则由众议院从获选举人票最多的三名候选人中选出总统。但众议员要以州为单位投票,即每州投一票(美国历史上只有两次:1800年托马斯·杰斐逊,1824年约翰·昆西·亚当斯)。

最后,各州总统选举的投票结果将在选举之后的第二年的1月6日下午1时,由参议院议长在参众两院联席会议上公布。当选总统和副总统的就职时间是同年1月20日中午。根据1951年通过的宪法第22条修正案,总统的任期是四年,只能连任一届。

2. 英国首相选举制度

英国首相的选举方式,是英国国会与国王之间几百年斗争的结果。

在14~15世纪的英法百年战争中,英国国会发展成为由非贵族组成的下议院和由贵族组成的上议院,以及一个小型的为国王决策提供咨询的常设委员会。下议院自己选出其议长,而上议院的领袖则为英国国王。上下议院以及国王的常设委员会都可以提出治理国家的法案,经由上下两院通过之后成为国法,国王可以通过常设委员会下达各种行政命令,但是这些命令不具有长期的法律效用,只有国会通过的国法才具有长期的法律效用,并且国王必须遵守这些国法。

1689年的"权力法案"使英国变成资产阶级和新贵族联合统治的君主立宪国家。国会拥有立法权、军权及财政权,但国王还有行政权,枢密院大臣由国王任命,并向国王负责。威廉三世开始,国王必须任命下院多数党领袖为枢密大臣,这是内阁的先声。1701年通过"王位继承法",使批准法律的部分责任由国王转到内阁。1707年国会开始享有绝对的立法权。乔治一世时英王不参加内阁,而由首相领导内阁,从此内阁完全摆脱国王控制,取代了原先由国王控制的常设委员会而行使国家的行政权力。国王只能指定下院多数党领袖组阁,内阁只对下院负责,首相和大臣定期向国会报告工作。

因为在下院取得多数席位的政党的领袖直接成为首相,所以英国没有首相选举,只有下院议员的选举。

下院有659名议员,是从全国659个选区选举产生的。每一位议员都代表一个选区,平均来说,每一个选区大约拥有5万居民。根据规定,最多5年必须举行一次议会大选,但经常是不到5年的时间就会举行大选。

英国实行"简单多数"的议员选举制度。其基本内容是:赢得某选区最多选票的候选人(尽管有可能达不到该选区过半数的选票),将成为代表该选区的议员,进入议会下院。而排在第二位的候选人,哪怕只少一张票,也不能当选。因此,虽然像绿党一样的较小的政党在全国的得票总数可以数以万计,但是却不足以赢得某一个特定选区的议席。

议员选举的基本方式是:选举时,须在选票上列出若干代表该选区选民的议员候选人的名单,每个选民只能在选票上标出他所支持的一名候选人。

"简单多数"选举制的弊端是,当选者得到的实际选票可能达不到该选区所有选票的半数,甚至远远不到半数,更谈不上大多数。实际上,至少半个世纪以来,英国没有一个执政党上台是赢得了半数以上选票的。但是,这种选举制度却在英国始终实施并有一批坚定的支持者。这些支持者认为,英国现行的选举制度可以让一个政党赢得绝对多数的席位,成为执政党,而不需要与其他政党组织联合政府,十分有利于政府和政治的稳定,具有其他选举制度不可比拟的优点。从这一角度看,英国的"简单多数"选举制度注重的是稳定性和延续性,而不是选举制度到底公平不公平。

3. 法国总统选举制度

(1) 1958 年修宪前后

法国二战后重新恢复民主,采取英国式的内阁制,称为"第四共和国"。然而在13年间换了26个内阁,其中任期最长的不过15个月,最短的不及10天,导致社会不安。1958年5月阿尔及利亚130万法国移民和四十余万法国驻军,不满法国政府妥协的北非政策,掀起暴动,公然对抗巴黎政府,要求二次大战的英雄戴高乐出来主政。军方随时有叛变的可能,内战一触即发。傅礼林内阁辞职。六月戴高乐组阁,随即进行修宪事宜。9月28日修宪草案提交全民公决,10月5日正式公布,即法国"第五共和国"宪法。法国由"内阁制"转变为"半总统制"。

当时,考虑到一方面由于直接民选的条件尚未成熟(选民对拿破仑三世采行总统直选而建立帝制的经验仍有戒心),另一方面由于殖民地的问题尚未解决(阿尔及利亚与非洲法属殖民地并不愿意继续归属法国),所以并没有将总统选举立刻修改为直接选举,而是做了折中的安排:

1) 扩大选举人团。在第五共和宪法第六条中规定总统由国会两院议员、全国的县议员、依人口比例所选出的市长及市议员代表,以及海外属地的代表等所组成的选举人团产生,共有八万多名,强化总统的民意基础。

2) 两轮多数的选举制度。此项制度源于拿破仑三世以行政命令在第二帝国时期将选举制度改为两轮多数,以强化当选人的民意基础与正当性,第三共和国仍沿用,第四共和国则采行比例代表制,而第五共和国则再次沿用。

(2) 1962 年修宪前后

随着阿尔及利亚问题的解决,戴高乐总统声望高涨,尤其在1962年4月就阿尔及利亚独立所举行的全民公决中,支持戴高乐的选民有九成之多。1962年10月28日戴高乐总统仍通过全民公决的方式(不过仅获得六成选民的支持,左派政党更持强烈反对的立场,然而最后左派政党仍参加了总统直接选举,间接表示接受的态度),将总统由选举团选举改为直接选举。

1962年修宪后第六条则改为"总统由全民直接投票选举之";第七条则修改为"总统须获绝对多数之有效选票始为当选。倘此绝对多数无法在第一轮投票中获得,则于之后的第二个星期日举行第二轮投票,在此情形,仅有在第一轮投票中获得最多的两位候选人(票数虽高而自动退出之候选人不予计算)始得参加第二轮投票。"从而大大加强了总统的民主正当性与权力的具体化。

自从1962年实行总统普选以来没有一个人在第一轮投票中就获得50%以上的选票当选总统(包括戴高乐总统在内),因此每次都进行过两轮选举。

在第二回合选举,第一回合得票前两名候选人势必要获得第一回合其他候选人的支持或其他政治势力的认同,所以在第二回合选举时,两位候选人自然会整合出属于自己的支持者,实施两回合的选举,有利于政党联合助选的情势,并造成法国多党而左右两极化(通常为两大联盟)的政党制度。

第五共和宪法原规定总统任期7年,可连选连任,但在2000年修宪已改为5年,自2002年始。

4. 美、英、法三国行政首长选举制度的简单比较

第一，美国和英国采用的都是间接选举制，其中美国是"选举团"制度，英国是通过选举下院议员来确定首相。而法国是直接选举制，即由法国公民直接投票选举产生。

虽然美国是由选举人选举总统，选民只是选择选举人，但由于选举人所要选举的总统候选人都是明确的，所以实际上，还是选民在直接选举总统。

在行政首长的"事前可辨识性"方面（即选民们知道自己把什么人选为行政首长），三国是各不相同的。有些学者对于"事前可辨识性"进行了定量指标研究，将"可辨识性"定于 0 和 1 之间，"1"意味着行政首长 100%可在选民投票时被事前辨识。美法两国的"事前可辨识性"接近于"1"，而议会制的英国的"事前可辨识性"只有 0.39，这意味着超过半数的情形下选民不知自己在选什么行政首脑（崔之元．总统制、议会制及其他．中国社会科学季刊．1995 秋季卷）。

第二，三国计算选票的方式不同。

美国：在州的范围内，除缅因州外，其他各州实行的都是"简单多数"原则，即所有选举人票属于普选中得票最多的总统候选人。而在选举人选举总统时，总统候选人必须获得半数以上的选票才能当选。由于各州的选举人票数不一样，获普选票数最多的候选人不一定能当选总统。

英国：在各个选区实行"简单多数"原则，得票最多的候选人当选为下院议员，在确定首相时，实行的也是"简单多数"原则，下院中席位最多的党的领导人当选为首相。因此，获普选票数最多的党的领导人不一定能当选首相。而且，选区划分的不同，可以在很大程度上改变选举的结果。

法国：在全国范围内实行"两轮多数表决"，在第二轮中获普选票数最多的候选人当选总统。从代表民意的角度来说，这种方法是最科学的。

第三，对候选人的资格限制不同。

美国宪法规定："无论何人，凡属非本土出生的公民或在本宪法采用时非为合众国公民者，概不得当选为总统；凡年龄不满 35 岁、在合众国境内居住不满 14 年者，也不得当选为总统。"即除上述人外，其他人一般都能参选。

在英国，一般来讲，年满 21 周岁的英国公民、爱尔兰共和国公民以及英联邦国家公民，都可以参加英国大选的竞选。参选提名文件由参选选区的 10 名注册选举人签署，其中两人必须作出领衔提名，其余的 8 名注册选举人仅表达支持的立场即附议提名便可。

法国对总统候选人的资格，作了较为严格的限制。总统候选人必须是年满 23 周岁，服过兵役，按照法律规定有被选举资格的法国公民。至少要有 500 名现任国民议会议员、参议员、经济与社会委员会成员，地方议员或市长的提名担保，而且这些担保至少应来自 30 个不同的省和海外领地。同一个省的签名者不得超过总数的十分之一。

可见，三国对候选人的资格限制是宽松不同的。美国的总统候选人需要层层筛选；英国竞选只是对议员进行选拔，所以限制较少；而法国之所以严格限制，主要是针对多党制，以排斥众多小党参加竞选，节约竞选成本。

5. 用"路径依赖"理论分析三国选举制度

根据新制度主义的主要代表诺斯的说法,在一个"交易成本为零"的世界上,"历史"并不重要,制度可以任意形成,亦即无"路径依赖性"。但现实世界显然是存在各种各样的"交易成本"的。"交易成本"是指"维持制度安排运转的费用":包括建立成本、谈判成本、信息流通成本,等等。由于"交易成本"的存在,制度形成和发展具有"路径依赖性"(path-dependency):某一制度一旦形成(其成因可能是偶然的),就对其今后发展轨道有很大制约性,甚至更有效率的制度也难以取代它。

美国的选举团制度是基于国会的设计和州宪法对州长选举的规定,虽然它有一定的不公平性、不准确性,国会也曾有700多项法案要取消选举团,但是一直没有废除这种制度。哈佛大学法律教授哈德维说选举团制是"共和体制的根本基础","要想取消选举团,就必需取消宪法,从头开始"。

显然,如果要取消选举团制度,必定有很高的成本,同时,还需要考虑与其他制度安排的配套,以及人们心理上对制度的适应。

同样,英国之所以实行议会制,是议会与国王之间长达几百年斗争的结果,法国采用的两轮多数表决,可以追溯到拿破仑三世以行政命令在第二帝国时期将选举制度改为两轮多数表决。

附录:美国宪法中关于总统选举的规定

行政权属于美利坚合众国总统。总统之任期为4年,副总统的任期与总统的任期相同。总统和副总统按以下程序选举:

每个州依照本州议会所定方式选派若干选举人,其数目同该州在国会应有的参议员和众议员总人数相等。但参议员和众议员,以及在合众国属下担任有责任或有报酬职务的人,不得被选派为选举人。

选举人在各自州内集合,投票选举2人,其中必须至少有1人不是选举人本州的居民。选举人须造具名单,写明所有被选人和每人所得票数,并在该名单上签名作证,然后将封印后的名单送合众国政府所在地,交参议院议长收。参议院议长在参议院和众议院全体议员面前开拆所有证明书,然后计算票数。得票最多的人,如所得票数超过所选派选举人总数的半数,即为总统。如获得此种过半数票的人不止1人,且得票相等,众议院应立即投票选举其中1人为总统。如无人获得过半数票,该院应以同样方式从名单上得票最多的5人中选举1人为总统。但选举总统时,以州为单位计票,每州全体代表有1票表决权;2/3的州各有1名或多名众议员出席,即构成选举总统的法定人数。当选总统需要所有州都计算在内的过半数票。在每种情况下,总统选出后,得选举人票最多者,即为副总统。但如果有两人或两人以上得票相等,由参议院投票选举其中一人为副总统。

国会确定选出选举人的时间和选举人投票日期,该日期须全国一致。

案例4　我国现有选举规则的法定人数

1. 国内现有选举规则的法定人数的规定

近些年,在我国党的代表大会和基层选举以及议事表决的程序性规定中,除对"有效总票数"的计算稍有不同外,一般在计票方法上都以"过半数"为规则,不过,在法定人数的确定上却时有变化。

1982年9月召开的党的十二大,其选举办法规定,"正式选举时当选的条件是,得到的赞成票,超过实到会议的正式代表的半数"。其后,这种选举办法普遍推及于地方和基层。中共中央组织部规定"党的各级代表大会或党员大会在进行选举或通过决议时,出席人数必须超过全体代表或支部党员的半数,会议方为有效……被选举人得票要超过到会有选举权的人数的半数才能当选……票数的多少,一律以到会人数计算";这是一种被广泛采用的法定人数和当选票数都要超过半数的"双过半制"选举办法。

党的十三大对上述规定作了重大修改。1987年10月召开的十三大选举办法规定"候选人得到赞成票超过应到会议代表的半数为当选"。后又规定"今后地方各级党代表大会、基层组织的党员大会、各级党委会选举和议事表决,应参照十三大的选举办法,以超过应到会人数的半数通过为有效"。新规定对法定人数并未修改,仍以传统的法定人数(超过1/2)为依据。

上述两种办法都属"双过半制",但一个是按实到会人数计票,另一个则按应到会人数计票,一字之差,区别甚大。

1990年6月27日,中共中央正式颁发了《中国共产党基层组织选举工作条例》(以下简称《条例》),对十三大及其以后的新规定又作了修改。就选举人数而言,主要有两个变化:其一是规定"五分之四以上"的法定人数,"进行选举时,有选举权的到会人数超过应到会人数的五分之四,会议有效"(《条例》第四章第十九条);其二是又重新肯定了按实到人数计票的规定:"被选举人获得的赞成票超过实到会有选举权人数的一半,始得当选。"(《条例》第四章第二十九条)。

2. 三种选举规则的利弊分析

从1987年10月到1990年6月期间,中国共产党的选举规程发生了两次重大变化,对于党内选举规程中的这种变化,施显生在《党内选举规程比较谈》中进行了详尽的比较分析。首先,三种选举规则有其共同一面,它们都属于选举制度中"绝对多数制"范畴。所谓绝对多数制是指候选人须获得有效选票的一半以上始得当选的一种选举制度,与之对应的是"相对多数制"(即候选人获得最多选票的即被认为当选,而无须问是否超过半数,也称"简单多数制")。"绝对多数"要求必须越过半数,故也称"过半数制"。一般说来,绝对多数制比相对多数制在某种意义上要合理,上述三种规则都属于前者。

虽同为"过半数制",但因与之相关的其他程序和规则的差异而有所不同。主要区别有二:一是有无法定人数规定和法定人数多寡的不同,有些选举制度中并无法定人数的规定,规定法定人数的,一般为过半数,也有规定为2/3、4/5的,还有低于50%的,如35%等;二是计算表决结果"过半数"的基数不同,一般按实到人数计票(也可表述为"有效选票的半数以上"等),特殊的则按应到人数计票,即以全体代表(全体党员、全体委员)作基数。上述三种规则正是由于这两方面不同而互相区别。

下面对三种规则作具体比较。

1982年的"双过半制"选举方法(简称第一方案),会产生一个很大的问题,即用它产生的代表或决议能否真正代表大多数人的意愿。例如,应有100名代表参加的大会,按"双过半制",有51名代表出席,则会议有效;表决时,获有26张赞成票即可当选或通过。但这26票相对于100名代表而言,终究只是少数,而并未获得多数代表的认同。所以有的时候,1982年的"双过半制"产生的代表或决议的合理性、民主性很难得到保证。

按应到人数计票的1987年的新"双过半制"选举办法(简称第二方案),有可能使更多的代表出席会议并投票,从而使当选者或所通过的决议更具有群众性和权威性,这种方法的最大优点是确保每位当选者或通过的决议,都能得到全体代表(而不仅仅是到会代表)半数以上的赞同。但同时也产生了一个新问题,因为按照这种办法,无论缺席多少(只要少于半数),一律要以应到人数计票,这就把那些应到而未到的缺席代表都计入了否定票数,从而对表决结果产生重大影响,形成一种特殊的"缺席效应"。

现行的选举办法(即1990年的规定,简称第三方案),一方面重新回到按实到人数计票的方法上来,从而消除了新"双过半制"所产生的"缺席效应"的影响;另一方面又提高了法定人数($4/5 - 1/2 = 3/10$,即30%),弥补了1982年的"双过半制"的不足,使当选者或通过的决议具有更广泛的基础,在某种意义上更好地体现了民主集中制原则。但是,这种"优点"的获得是通过提高选举规则的法定人数得到的,而法定人数定得过高将会使选举规则的稳定性(即防操纵性)降低。

[参考:罗云峰,肖人彬. 社会选择的理论与进展[M]. 北京:科学出版社,2003]

第 7 章 谈 判 决 策

7.1 谈判的科学与艺术

谈判广泛地存在于平常的社会生活中。菜市场里的讨价还价、企业间交易合同的洽谈、国际事务的商讨和国际纠纷的和平解决,这些都是谈判的具体形式。从宽泛的角度来看,个体之间或组织之间要相互交往、改善关系、协商问题,就要进行谈判。那么什么是谈判呢?可以说,谈判既是科学,也是艺术。本节的主要内容有谈判的概念、谈判的理论研究,还有谈判的艺术性。

7.1.1 什么是谈判

尼尔伦伯格在其《谈判的艺术》一书中提到两个儿子分苹果馅饼的故事。兄弟两个因为分苹果馅饼发生了争议,每个人都希望拿大的一块,不同意平均分。但是,谁也拿不出双方都能接受的方案。在父亲的协商下,决定由一个人切苹果(愿怎么切就怎么切),另一个人在切好的苹果中挑一块。尼尔伦伯格认为,两个主体在分一个苹果馅饼时,最公平的解决办法是一个人掌握规则(决定从哪里开切),而另一个人掌握选择权(决定选择哪一半)。

分苹果馅饼的故事用巧妙的方式描述了谈判的一种情况,它用顺序化程序的方法解决了分苹果中的冲突。实际情况下的谈判往往要求同时性的解决方案,并且往往会非常复杂。

那么,在实际情况下,谈判这个概念涵盖了哪些内容?下面是谈判学的著名学者们给出的解释。

- (杰勒德·I·尼尔伦伯格)谈判是人们为了改变相互关系而交换意见、为了取得一致而互相磋商的一种行为,是能够深刻影响各种关系和对参与各方产生持久利益的过程。
- (昂齐厄)谈判是为促使两个和若干个对手或伙伴建立起一种共同的交换基础而采取的全部接触与手段。
- (马斯坦布鲁克)谈判是一种在不同利益、甚至对立状态下应采取的战略,但各方在这一点上却互为依存,达成一项协议对任何一方都有好处。
- (卡罗斯)谈判是一个人人都在寻找答案的"字谜",在许多情况下,"谜底"几乎都是由实际情境和谈判角色本身所确定的;谈判是一门专门的技艺,特别在建立某种关系时更是如此,它在更大程度上标志着这种关系的开始,而非这种关系的终结;谈判是一场在划归资财时的"交易";谈判是一个发现和学习的序列过程。
- (图扎德)谈判是集团情境中的一种相当特殊的情境,它不是单纯的解决问题,不是说服对方的行动,也不是纯粹的冲突情境,而是三者皆而有之。
- (札特曼)谈判就是交流信息的过程,此外还包括"创造新现实"、改变固有价值观、运用实力等。
- (霍尔文)谈判是这样的一个过程,在这一过程中,谈判双方或多方,其每一方均被认为控制着其他方所需要的某些资源,通过互相协商,达成相互交换资源的协议。

上面各个概念从不同的角度描述了谈判的特性。总结其中的共性,可以得到如下几条:

1) 谈判的目的。谈判总有其目的,这个目的可能是多种多样的,例如"改变相互关系"、"建立一种共同的交换基础"、"互相交换资源"、"交流信息"、"达成一项协议"。总的来讲,谈判的目的是为了寻求合作,追求共同的利益。因此,谈判完成并不是结束,而是一个新的开始。

2) 合作与冲突。谈判的各方之间是既合作又冲突的关系。谈判各方都是为了寻求自身利益的最大化,因此谈判之前、谈判的过程中都可能存在各种各样的冲突和竞争。但是通过谈判的手段,最后谈判各方一般会"建立某种关系",走进利益均沾、协同合作的新格局。因此,有人称谈判是"合作的利己主义"的体现,这一点也不过分。

3) 复杂性。谈判是一个非常复杂的过程,是需要运用多种技能与方法的专项活动。另外,谈判成功与否,影响因素也非常多,如谈判地点、时间和时机的选择、谈判场所的布置与安排、谈判人员的选择、谈判策略、谈判语言、社交场合的礼仪、互相了解的程度。稍有不慎,这些都有可能成为谈判成功的绊脚石。

7.1.2 谈判理论的发展

就像任何一门其他学科一样,谈判学研究的也是其中的一般规律。经过四十多年的发展,谈判学的研究已经深入到了各个领域和学科。目前,谈判学的模型至少有数百种,分布的范围非常广泛,成为"理论丛林"。经过总结,可以得到谈判学大概的研究分支如图7.1所示。其中,博弈论、决策分析理论、社会学/社会心理学理论构成了谈判学理论研究的三大支柱。

(1) 博弈论

博弈论主要研究谈判主体的行为发生直接的相互作用时的决策以及这种决策的均衡问题。也就是说,一个谈判主体的选择受到其他人选择的影响,同时影响着其他人选择的决策问题和均衡问题。将复杂的、不确定的谈判行为通过简洁的对策分析,寻求某些规律性的东西,建立某种分析模式,构建谈判理论分析的基础框架,这就是博弈论在谈判学研究中的目的。

(2) 社会学/社会心理学理论

谈判的社会学模型的基础在于人们都在争取和维持一种公平条件。一些理论家认为这与博弈论中的纳什求解原则是一致的,例如谈判者讨价还价的重点就应该是他们努力争取的结局。社会心理学研究则从谈判中的影响模式、沟通理论、任务研究等问题入手,回答了谈判过程中适宜的人员选择与组织、领导的地位与影响、沟通的结构与方式、相互影响方式等方面的内容。这些研究成果后来成为谈判支持系统(NSS)设计的理论基础。

(3) 决策分析理论

决策分析理论研究的是在不相互作用和无竞争情况下不确定事件的决策问题。决策分析模型一般是指示性和描绘性模型，注重结果和过程，强调在对方策略给定时，采用合适的工具或手段准确评价己方的方案并预测其结果。

目前，谈判学研究倾向于决策分析、社会学/社会心理学与实用性方面。

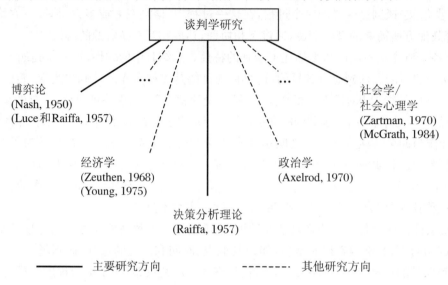

图 7.1　谈判学研究分支

7.1.3　谈判的科学与艺术

尽管谈判学经过四十多年的发展，内容已经发展得非常丰富，可是现实中的大量谈判问题仍然无法用谈判理论来解释或者解决。这主要的原因可能在于，谈判是个多种因素构成的错综复杂的现实过程，谈判理论只能揭示出谈判的科学性的一面，而不能完全涵盖谈判的诸多因素。也就是说，谈判理论缺乏的，是谈判的艺术性方面的内容。因此可以说，谈判不仅仅是一门科学，更是一门艺术。对于谈判的艺术性，可以从以下几个方面来认识。

(1) 权衡的艺术

谈判学的研究主要针对的是单一的收益或效用，而实际的谈判除了各种经济利益之外，还有合作关系、名誉、长远考虑等诸多影响因素，需要综合评判。谈判人员要取得谈判的成功，就必须在这些因素之间权衡，抓住对他们而言相对重要的因素。同时，影响谈判的各个因素之间的关系错综复杂，有时往往是彼此矛盾，这样一来，就不存在理论中所谓的"惟一性的最优"，谈判人员也就不得不在综合各对立面的基础上寻求一种整体的均衡。尼尔伦伯格说，"谈判就像走钢丝"，这句话形象地道出了谈判对均衡艺术的要求。

(2) 策略的艺术

谈判是一门操作性极强的科学，谈判活动是谈判者策略和智慧的角逐。从谈判时间、地点、人员的选择，到谈判桌上桌下的种种"锦囊妙计"，都是策略的体现。如何选择恰当的策略，这需要谈判者对局势的准确判断。在策略的实现过程中，如何掌控谈判过程，维护好自己的利益,这也需要谈判者大量的实战经验。

(3) 沟通的艺术

谈判是一个沟通的过程。谈判双方的信任和合作必须建立在良好沟通的基础之上。沟通的内容非常广泛,包括双方情况的交流、市场信息的反馈、语言技巧的运用、谈判气氛的调节、情绪的控制等等。通过良好的沟通,双方建立起友谊和信任,这是一切合作关系的基础。在沟通的过程中,语言作为信息的载体,起着不可替代的作用。怎样清晰、准确地表达自己的立场、观点,了解对方的需要、利益,巧妙地说服对方,这些都是高级的技巧和艺术。

(4) "文化"的艺术

另外,谈判离不开"人"的参与,也就是谈判者。由于谈判者不可能脱离其所在的环境,因此他或多或少地都是其所在文化环境的代表。从谈判者所在民族的民族文化,到谈判者所在组织的亚文化,再到谈判者自身的素质修养,这些文化方面的细节,有时能成为谈判成功的桥梁,有时则成为路障。如何在谈判中处理好这些文化方面的细节,尊重并重视谈判对手的文化习惯,在礼仪方面表现得体,甚至利用文化作为谈判的进攻手段,这也是一个极富艺术性的难题。

谈判的艺术性使得谈判模型的复杂化在实际谈判中已经没有太大的帮助。如前文所述,对利益和效用最大化的理性追求,只影响着谈判的一个方面。谈判者对目标的权衡、对谈判策略的选择、对沟通过程的驾驭、对文化环境的理解等等,这些方面的内容也很大程度上影响着谈判结局的好坏甚至成败。

由此看来,谈判是一门实践性的科学,而不是纯粹的理论研究。不游泳学不会游泳,同样,不谈判也就学不会谈判。谈判需要理论来指导,来揭示其中的一般规律,同时,谈判也需要经验的积累,不断实践、总结和提高。只有这样,谈判人员在谈判桌前才能更加灵活地应对,获得良好的谈判效果。

7.2 谈判过程分析

谈判是一个复杂的过程,涉及各方面的因素。可以说,从来没有两项谈判活动是用同一种方式进行的。但是,谈判也存在着一些普遍的规律。本节将介绍谈判的一般过程,并对单一收益谈判模型进行分析,同时讨论信息在谈判中的作用。

7.2.1 谈判的基本程序

谈判程序是指人们在谈判过程中如何有计划地安排、组织、实施谈判。尽管不同的谈判,因为其谈判内容、谈判方式、复杂程度的不同,谈判程序也有不同,但是,总可以大致地将谈判划分为3个基本的阶段:准备阶段、正式谈判阶段、结束阶段。

(1) 准备阶段

准备阶段是谈判过程的初始阶段,包括在对谈判内容进行可行性调查研究的基础上,确定谈判主题、明确谈判要点、挑选谈判人员、草拟谈判方案以及制订谈判措施等。

谈判主题应该简洁、明确、具体,它应该包括谈判的主要内容。随着谈判工作的进展,应该对谈判主题不断地进行提炼,使之精确。

谈判要点包括谈判内容、谈判议程等内容。明确谈判内容之后,就应该大致确定谈判的议事日程。议事日程的长短决定了谈判效率的高低、谈判的顺利与否。议事日程的安排要同谈判发展过程的5个阶段——探测、报价、还价、拍板、签订合同相吻合。

谈判小组成员应该包括谈判组负责人、主要成员、专业人员。如果需要,还可以选配一部分临时人员和后援人员。

(2) 正式谈判阶段

正式谈判阶段是指双方面对面地进行洽谈的过程。正式谈判阶段的过程,包括从谈判气氛的形成、谈判程序确立开始,到相互摸底、出价、讨价还价,直至最后达成协议。

1) 探测阶段。谈判双方在正式开始商讨合同条款之前,互相旁敲侧击,窥测对方意图,了解对方特点和风格。这一阶段费时不多,很快就会转入实质性的谈判阶段。

2) 报价与讨价还价阶段。谈判各方提出自己的要求,之后各方为了自己的利益进一步谈判。这其中,谈判各方可能用到各种手段。这一阶段非常关键,费时也比较长。

3) 拍板与签订合同。讨价还价之后,谈判各方就主要问题取得大体上的一致意见,同意签约。这时候,需要专家对条约文本进行最后的润色,这在法语中被称为"法律化妆"。因为合同一经签订,就具有法律效力,因此谈判各方在签约时都非常仔细慎重。这一阶段费时也较长。

(3) 谈判的结束阶段

谈判的结束阶段,需要详细审查协商的内容,检查合同条款的有效性,双方的责任、任务是否明确等。谈判成功并不意味着一切都结束了,而是意味着一切才刚刚开始。谈判各方需要组织一定的资源,开始执行合同,使谈判的成果能给谈判各方真正地带来效益。

在这3个环节中,正式谈判阶段无疑是最主要也是最关键的部分。本节后面的内容,将主要从理论的角度分析这一阶段的一些行为和策略。

7.2.2 谈判过程的分析

正如7.1节中提到的,谈判学的分析模型非常多,如对策论模型、经济学模型、社会学/社会心理学模型、决策分析模型等。我们这里使用最常用的两方参与的单指标模型对谈判过程进行分析。

1. 谈判模型与谈判过程

下面是两方谈判问题的一种数学表达方式:
$$G = \{I, (S_i)_{i \in I}, (H_i)_{i \in I}\}$$

其中,$I = \{A, B\}$ 表示参与谈判的主体 A 和 B;S_i 表示主体 i 所支配的一组策略;H_i 表示主体 i 在给定策略状态时的经济收益水平。

这样的模型通常可以分为两种类型:单一型(distributive)和整合型(integrative)。单一型谈判指仅针对一个问题谈判,例如围绕金钱展开讨论。在这样的问题上,双方几乎总有尖锐对立的利害关系:如果你得到的越多,另一方则损失得越多,而且除了某些例外和有限制的条款约束外谈判者往往希望尽可能多得。整合型的谈判往往涉及多个问题,谈判双方可以在不同的利益点上各取所需,互通有无,形成合作关系。我们将在 7.3 节中讨论整合型谈判,本节我们主要考虑单一型模型。

对于这样的单一型谈判问题,我们可以用图 7.2 中的模型来描述。

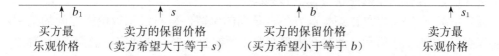

图 7.2　两方参与的经济收益模型

b 是买方的底线,买方不会支付比 b 还高的价格。而 b_1 则是买方最乐观的价格,他们认为卖方至少要卖 b_1 以上的价格。同理,s 是卖方的底线,而 s_1 则是卖方最乐观的价格。一般来讲,有 $b_1 < s < b < s_1$ 成立。但是也有可能 $s < b_1$,这时局势偏向于卖方;或者 $s_1 < b$,这时局势偏向于买方;或者 $s < b_1 < s_1 < b$,这时谈判比较容易达成。

买卖双方对市场价格的估计和对对手可能给出的价格范围的估计,是其一切策略和行动的基础。他们会认同一个价格范围,对手给出的价格应该在这一个范围之内,超出了这个范围,过高或者过低,都会引起他们的怀疑。从图 7.3 中,我们可以看出讨价还价过程中,买卖双方的思考和行为随价格变化产生的变化。

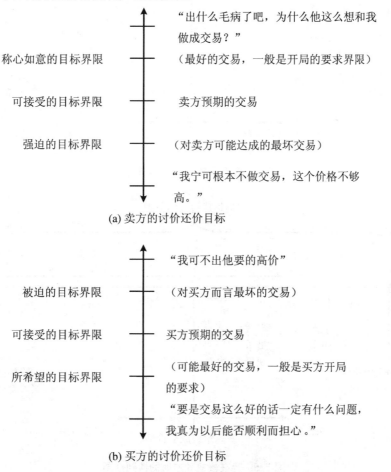

图 7.3　价格与买卖双方的心理变化

2. 谈判结局分析

经过反复讨价还价之后，买卖双方将试图达成最后的协议。这可能有 3 种情况：双方都有正常收益、一方存在投机性收益、谈判失败。

通常情况下，协议点总在买卖双方各自预期的保留价格与最乐观价格之间的范围内达成协议点的，如图 7.4 所示。此时双方都获取比预期盈余少一些的实际盈余，我们称之为正常收益。

图 7.5 中所示的是卖方存在投机性收益的情况。形成这种情况的直接原因可能有两条：对乐观出售价格 s_1 的估计过于保守，或对对方保留价格预测过低。归根结底，我们可以把原因归结到卖方获得信息的不完备或失真上，这有可能是由于卖方市场调查不足或买方漫天要价的夸张行为造成的。

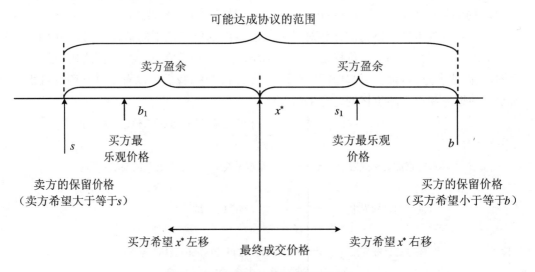

图 7.4　存在正常收益时的谈判结局

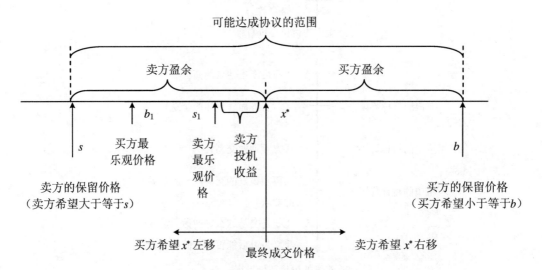

图 7.5　存在投机收益时的谈判结局

图 7.6 描述了不能达成协议的情形。不能成交的原因在于,双方不存在可商谈的共同利益,即 $s<b$,双方在尽力的情况下,仍然不能使卖方价格低于买方可以接受的价格水平。当然,也有可能是报价中的夸张性行为引起了不能成交。实际上双方是存在可能成交的协议区的,然而由于双方的虚假性报价,都加码太多,结果失去了成交的机会。

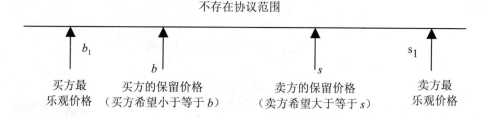

图 7.6　不能成交的谈判结局

由上面的分析可以看出,信息在谈判过程中起着非常重要的作用。谈判各方对市场的调研、对对手实力的估计、对对手策略的判断,都对自身目标和策略有着非常大的影响。下面我们将着重讨论一下信息在谈判过程中的作用。

7.2.3　信息在谈判过程中的价值

1. 夸张报价与信息的价值

在图 7.2 给出的模型中,如果我们假设信息完全公开,也就是说,买卖双方同时留出自己的保留价格,然后分享超额量。那么谈判最后的结果必将停在 s 和 b 的中点上,即 $x^* = (s + b)/2$。

由于谈判是单目标的,最后协议点的任何偏移都影响着买卖双方的收益,因此,现实情况下,买方和卖方虚假报价的情况在所难免。设买方报出的保留价格为 b',卖方报出的保留价格为 s',且有 $s' < b'$(如果 $s' > b'$,则谈判失败),如果按照买卖双方分享保留价格之间超额量的规则,最后的协议点为 $x^{*'} = (s' + b')/2$。其中,s 和 b 是卖方和买方的保留价格,s' 和 b' 是卖方和买方夸张报价报出的保留价格。如图 7.7 所示。

在情况(a)中,买方以小于 x^* 的价格 $x^{*'}$ 签订了协议,其额外获利为 $x^* - x^{*'}$。带来这一收益的原因有二,一方面买方隐藏了自己的保留价格信息,另一方面卖方未能洞察出买方报出的保留价格中的水分。因此,可以认为 $x^* - x^{*'}$ 为谈判中信息的价值。同理,在情况(b)中,卖方获得额外的收益 $x^{*'} - x^*$,这亦是信息的价值。当然,夸张报价也可能带来机会损失,在情况(c)中,由于买卖双方的过度夸张报价,导致了本来有可能签订的合约成为不可能。

2. 信息价值的来源

夸张报价存在的前提是谈判双方信息的不均匀分布,即买方和卖方掌握着对方不了解的一些信息,或者买方和卖方认为对方并不了解自身的一些信息。正是由于这些信息的不均匀分布,才使买卖双方敢于大胆地夸张报价,谋求额外收益。

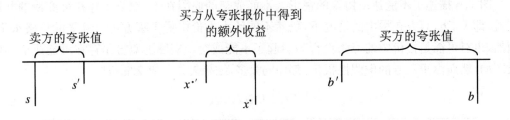

(a) 买方从夸张报价中获利

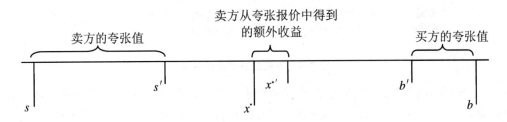

(b) 卖方从夸张报价中获利

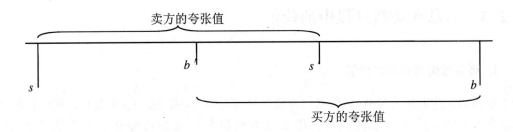

(c) 谈判失败

图 7.7　买卖双方夸张报价的结局

从信息论中信号传递的过程入手(图 7.8)，我们可以看出，产生信息不对称的原因有三。一是信息源通过一定的手段故意释放虚假信息(如虚假广告、谈判桌上有意或无意的"信息"的透露)；二是信号在传播过程中的失真(如媒体的炒作、小道消息等)；三是信号接收者理解上的失误，因为接收机构本身存在先入为主的认识，因此可能对接收到的信号有曲解。

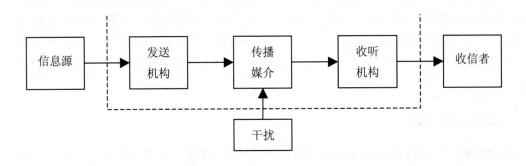

图 7.8　信号传播过程

信息的不完全和不对称是普遍存在的现象，正是因为这样，买卖双方才无法做到完全理性，而只能做到有限理性。他们如果试图掌握更多的信息，从而在谈判中占据上风，就得付出信息搜寻的成本。这就是谈判中信息的价值的来源。

由于信息不完全和不对称以及信息搜寻成本的存在，适当的夸张报价并非不道德行为。没有人应该为谈判对手夸张报价感到生气，因为谈判各方都在利用对手信息的不完全和不对称采取一定的策略，从而获得信息垄断带来的收益。

7.3 谈判中的合作与双赢

在前一节所讨论的单一目标模型中，谈判双方所得的利益是此消彼长的关系，因此他们不得不采取各种手段维护自己的利益，形成对立和竞争的格局。本节，我们将考虑多目标谈判模型，在谈判中寻求合作和共赢的可能。

对于多目标可以有如下两种理解方式：一种是在谈判中存在多个效益点，谈判双方追求的效益点侧重不同，7.3.1 小节讨论的便是这种情况；另一种是同时考虑短期目标和长期合作目标，7.3.2 小节将主要考虑这方面内容。

7.3.1 "分桔子"的策略与附加价值

我们先来看一个案例，这个案例能够说明谈判所需要的 5 种策略：争取、让步、延迟、妥协、合作。

房间里的一个篮子中有 10 个桔子。在另两个相邻的房间里有两组人分别指派了就 10 个桔子进行分配的谈判人员。两组谈判人员同时进入了放桔子的房间，发现他们谈判的目的是分配一堆桔子，但并没有足够的桔子可分给他们，他们面临着一场冲突。

(1) 争取

如果他们选择冲突，那么马上就能听见威胁和苛刻的话语，口头的冲突会很快转化成行为上的冲突。没有哪一组会有足够的把握认为他们肯定会赢，也没有哪一组喜欢利用冲突的方式取得胜利，所以双方放弃了搏斗。

(2) 让步

让步意味着逃避冲突，同时把所有的桔子都让给对方。如此面对面地失去尊严是一件非常不愉快的事，谈判者们是不会只为了获得一个好的谈判结果而放弃个人尊严的，所以双方都放弃了这种谈判方式。

(3) 延迟

延迟意味着他们将一同离开房间去喝喝咖啡什么的。也许换一种方式，问题就能自行消失了。也许同伴会给自己一个提示：也许对手会投降。延迟不会改变现状，冲突仍旧存在，如果使用延迟的方法他们也许能够获得更多的信息，曙光就在前面了。

(4) 妥协

妥协意味着寻找一种分桔子的方法。若能获得比 5 个更多的桔子，则向自己以及本小组妥协会变得容易些。现在需要的一个聪明的辩论方式，或许你会对对方说：昨天你们拿了所有的桔子,你们已经得到了应该得到的。不过我是一个很友好的人,今天我可以让你们拿2个。

后来,2个变成了3个,或者是4个。对手同样也知道该怎么辩论,他们会说:昨天我们拿了全部桔子,这没错,你们一个都没有要。但如果想要今天的桔子,你们昨天就应该说出来。很显然,今天的桔子仍然是我们的。

在这种情况下,谈判者通过妥协无法找到双方均可以接受的解决方案,谁也不想受到损失,双方都想得到5个以上的桔子。

(5) 合作

合作意味着双方试图一起解决问题,但是在这样做之前,他们需要更多的信息。什么时候用到桔子?用它做什么,双方都不清楚,他们决定询问自己的伙伴,然后他们又聚到了那个放桔子的房间里来。桔子马上就要用,一组人需要用桔子榨果汁,另一组人则想把桔子做成果酱。现在解决方案似乎清楚了:一组先榨出桔子汁,然后把剩下的东西交给另一组,这样另一组就可以准备他们的果酱了。

很明显,如果双方把目标放在桔子的个数上,这个问题就是一个简单的单目标谈判问题。谈判双方之间存在的就是完全竞争关系。这样的状况将导致谈判局面紧张、不正当谈判手段的运用,甚至导致谈判双方关系的日益恶化。这并不是绝大多数谈判者所希望的。

合作策略需要谈判双方之间良好的沟通与交流,他们需要了解彼此的需要和真实目标。这样谈判双方就会发现,双方之间的需求并不是完全对立的(前提是存在多个目标),甚至有时候是互补的,这样一来双方各取所需,都成为了赢家。

合作策略能够存在的前提,便是信息的良好沟通。非合作格局下,谈判的空间往往只是买方愿意付的最高价和卖方愿意卖的最低价之间的差额。而在合作格局下,谈判的空间还要大一些,它由传统的谈判空间加上我们能创造的附加价值组成。这些附加价值的源泉,便是信息;附加价值,也就是信息的价值。

合作的原因,除了谈判各方各取所需,互通有无之外,还有一个就是对短期收益和长期收益的权衡。长期收益是一种对未来收益可能性的考虑,是一种隐性收益。某贸易公司部门经理用通俗的话表达了这种道理:"一般地,我们把客户分为过路客和回头客。所谓过路客就是指一次性交易的客户,交易完成了就再也不会打交道;而所谓回头客就是指以后可能还会遇到,需要建立牢固关系的客户。在交易中,我们通常都要考虑让一部分利润给这些老客户。"这也是中国古谚"留得青山在,不怕没柴烧"的道理。这种未来的可能的隐性收益,也是谈判中需要考虑的附加价值。

7.3.2 合作的优势

由于附加价值的存在,使得合作关系在谈判过程中成为不可忽视的影响因素。精于谈判的专家不玩谈判的游戏,他们知道妥协和调解的艺术,知道找出共同利益的重要性,避免陷入"我要赢得这场游戏"的竞争态势中。谈判中合作关系的考虑具有很多的优势,具体来讲包括:

(1) 建立良好的友谊,作为深入谈判的基础

日本人认为,谈判就是通过相互理解、相互尊重、相互欣赏而建立的一种和谐的人际关

系。在建立牢固的关系之前,日本人一直都在收集着对方尽可能详细的信息,判断双方是否适宜,是否可以建立和谐的关系,应该怎样去建立。然而,这种和谐的人际关系只是为竞争性的商业谈判奠定了基础。

(2) 增进趋同情绪和信任,容易达成协议

"赢—赢"与"赢—输"是谈判中两种对立的观念。实践证明"赢—赢"观念有利于双方达成彼此接受的最终协议。在谈判中如果采用太富竞争性的策略,有可能遭到对方更猛烈的反击。谈判中应随时致意把不同利益转变为共同利益。谈判者不仅要懂得去争取什么,也应懂得该放弃什么。合同对双方都有利,在实施时双方也就都有积极性去履行各自应尽的职责。

(3) 为以后的业务的发展创造了良好的机会

为了长期地发展生意,就不仅应着眼于当前交易中的经济利益,更重要的是与对方达成的牢靠的合作关系。国外把这种有着良好的合作关系的谈判称为创造性谈判(creative negotiation)(Shea,1993)。创造性谈判需要具备两种先决条件:

1) 认为谈判不是斗争的起源,而是成长发展的机会;

2) 认为谈判中首先关心的不是双方应各得一半利益还是努力把蛋糕做得更大。

形象地讲,创造性谈判双方并非在分苹果,而是在共同培育着苹果树,以求收获更多的苹果。这种谈判中由于参与各方在全过程中都在付出着辛勤和努力,因而收益也就更大些;同时由于建立了牢靠的合作关系,为以后的深层交往奠定了基础。

(4) 合作过程能增多反馈,扩大信息流

谈判中双方的信息类型根据透明程度可以分为四类(图7.9),其中Ⅳ中的未知领域可以通过自己的搜索能力、处理能力、思辨能力而获取,而Ⅲ中的信息很大程度上取决于对方对己方是否愿意公开。

每个谈判者都关心两类收益:经济收益和谈判方之间的关系。每个谈判者都渴望取得一项满足了其经济收益需要的协议。同时,卖主又希望能使顾客成为他的老主顾。谈判者至少希望在各方之间保持一个良好的合作关系,以便在各方的

图7.9 谈判的信息分类

利益有可能得到满足时,达成一项双方均可接受的协议。在得失攸关之际往往如此。大多数谈判是在一个持续发展的关系中进行的,因此重要的是每次谈判的方式都应当有利于推动双方将来的合作关系和谈判。

7.4 文化与谈判

关于文化有非常多的定义。克罗伯(Kroeber)和克鲁克霍恩(Kluckhohn)等人类学家收集了160多种文化的定义。《新大英百科全书》中写到:文化是人类知识、信仰和行为的集中表现。据此,文化包括语言、思想、信仰、风俗、禁忌、准则、体制、工具、技巧、艺术品、仪式、

礼仪和其他有关内容；文化的发展有赖于人学习知识和把知识传授给后代的能力（1990，第三卷，第784页）。20世纪的法国作家和政治家埃利奥（Herriot）曾把文化定义为其他均已被遗忘而惟一尚存的东西。从这个定义来看，文化不是实在的物质，而是人们通常意识不到的一种思维或行为方式。赫斯科维奇（Herskovits）认为文化是"环境中的人为部分"，即人类在自然界留下的自身的印记。由此看来，文化是人类社会各种活动的综合产物。人们在参与社会活动时（如参与谈判）必须了解自己行为的意义。人创造了产生这种意义的各种标志和其他文化现象。

文化的概念是复杂而又多变的，解释这样一个概念如何影响国际谈判的方式与结果，非常困难。文化经常影响谈判，这毫无疑问，但是其他许多因素也对谈判产生影响。探讨文化在谈判中产生的意想不到的机会或给达成协议构成的障碍，这是研究文化和谈判关系的关键。本节将分析文化的普遍作用，接着讨论文化对谈判的影响，最后给出典型文化特征下的一些谈判风格。

7.4.1 文化的作用与谈判

构成文化的核心的各种信念、思想和价值观可以以许多方式影响人的行为。文化能影响，甚至决定人们的判断和意见。例如，文化常常包含好与坏的标准。价值观，作为文化的一部分，也就是"在对现有的各种行动方式、手段与目的进行选择时确定哪一种是最好的标准"。因此文化价值观可以通过指出或规定合适的交际目的与手段来指导人们的行动。文化因素也可以更直接地影响或决定社会活动。文化价值观能使人照着学来的方式行事，能在无形中影响到人的一举一动。

法国社会学家Akoun曾说过，"文化的作用就是在提出问题之前就作出答复"。文化可以取代本能，对外界的刺激作出现成的反应。例如，文化就是决定行为方式或在特定情况下引起特定反应的社会规范。当然，文化的作用远不止这一取代本能的作用，因为文化既是结果又是原因。文化能够帮助我们在面对每一种不同的情况时作出不同的解释。但文化同时又是在人与现实的接触中产生的和变化的。

在人际交往中，文化既可以是阻力又可以是动力。说它是阻力，是因为类型化的文化偏见和文化差异能曲解意思，产生误解。这样双方都不可能正确地看待对方。但在解决冲突的过程中，如果双方都能在文化上和主要的价值观上求大同存小异，那么交流和其他形式的交际都会顺利得多。

文化的另一个重要作用是帮助人们确立自我和认识自我。例如，当一个人发现自己与别人不同，从而意识到自己的文化特性时，文化就起到了自我认识这一作用。当然，这一认识对社会交往可能产生各种不同的影响，这种不同的影响例如不安、咄咄逼人、加强自尊自信等等。

民族文化可以以不同的方式影响谈判，如谈判的风格。一般来说，文化是一个社会或一个民族所特有的。通常说的民族谈判风格是一个民族各方面的影响的综合，包括文化、历史、政治制度、国际地位等等。除民族文化外，其他文化也能影响谈判，如组织文化和职业文化。组织文化是一种有自己的概念、行为规范和特点的亚文化，可以与民族文化相一致，但也可以矛盾，尤其是当这种亚文化的价值观与全国的或整个民族共同的规范相对立时。组织文化可以也可能是跨国的,为不同国家的人所共有。同样,职业文化也可以跟民族文化或组织文化相悖,可以提出不同的组织原则和结构关系,有时还会采取完全不同的策略。此外,家庭文化也会产生影响。

一般来说,要客观地和精确地说明一种文化或亚文化对个人行为的影响是很困难的。原因之一是文化从来也不是惟一的外部影响。大多数情况下,要有系统地把文化对人的行为和社会交往的影响跟其他各种因素产生的影响,不管是偶然的影响(如个人的性格)还是结构性的影响(如所在的机构)加以区别,是一件很复杂的事情。因此,我们将从另外一个角度——谈判的各个要素入手,去分析文化对谈判的影响。

7.4.2 文化对谈判的影响

文化从许多方面影响谈判,其中之一是影响谈判者的谈判方式。另一种情况是谈判双方的文化对立会使各自的立场更加强硬,会产生不必要的误会,从而妨碍谈判的顺利进行。第三种情况是正面的促进,有积极意义,例如当谈判双方发现他们由各自的文化决定的价值观和观点能够促进沟通或提出有助于达成共识的超越一己之私的目标时,就会出现这样的效果。

下面分别讨论一下谈判的各个要素——人物、环境、策略、过程、结果中文化的影响作用。

1. 人物

跟文化因素关系最密切的一个要素是人物,既可以是个人或集体,也可以是一个组织。它们直接代表一个民族,一种职业,一个组织的文化,或其他文化,但往往同时代表所有这些文化。谈判者的文化背景决定他们如何看待谈判的问题,看待别的谈判者和他们的意图。实际上,文化能决定人们对谈判的总的看法。如有些人把谈判看成是一种对抗和较量,另一些人则视其为一种合作;有些人只追求谈判的结果,只注重最后的目标和达到这一目标的手段;而另一些人则重视谈判的过程以及如何在谈判中维护基本的原则。但无论在什么情况中,谈判者之间如何打交道,从举手投足这样一些细节到玩弄辞藻这样的高深技巧,在很大程度上都取决于他们的文化背景。

伦理问题也是影响谈判的文化因素之一。因此不同文化背景的谈判者在是否把坐在桌子对面的谈判对手看成是敌人、是邪恶的代表这一点上会有很大的差别。如果只把对手看成是敌人、坏人,那么就有可能采用不正当的谈判手段,如贿赂、撒谎或欺骗等。

文化有时也能影响到谈判代表团的组成。如妇女是否允许参与谈判,代表团的职业外交官和专家之间如何分工、上下关系如何确定以及与其他代表团接触的规矩等等。

2. 环境

环境指的是谈判的外在因素,主要包括谈判各方的多少(两个、几个或许多),谈判问题的多少以及它们之间的关系,谈判各方之间的力量对比,谈判的组织形式和谈判的透明度,如是否向非政府组织和新闻媒体公开等等。环境对谈判其他要素的影响往往较散,难以说清楚,但相当之大。例如,文化可以允许某些特定的权力而不承认另一些特权。

文化也可以是谈判环境的一部分。例如，文化可以表现为一种行为准则，如谈判各方一致认为必须遵守秘密外交还是公开外交的规则。国际机构的组织文化也是一个例子，可以说明文化是谈判环境的一部分。联合国、国际货币基金组织和经合组织（OECD）等国际机构都各有一套组织文化，往往用不同的方法去处理同样的问题。

3. 策略

策略指的是为达到一定的目的而出谋划策的技巧，因此可以说策略是对不同手段可能产生的效果反复思考和权衡的结果。策略的选择是受价值观指导的，深受文化的影响。不同文化倾向的人对谈判往往抱不同的态度，例如有些人善于寻求妥协来打破僵局，另一些人认为努力达成共识是很自然的事，还有一些人则千方百计迫使对方让步来赢得胜利。

文化也能影响到谈判者对如何最妥善地解决问题的看法。有些文化似乎喜欢用演绎法，首先确定原则，然后用原则去解决具体问题。另一些文化则觉得归纳法更自然一些，首先处理具体问题，在这个过程中，逐步形成一些原则。

文化影响策略的最后一个例子是如何在谈判中与别人合作来为自己的利益服务。有些文化允许实用主义的态度，甚至认为这是个好办法，这样的人很容易跟有共同利益或相似利益的人联合，不管他们是谁。另一些人则只愿意跟思想一致的人合作，认为跟意识形态或文化上的敌人结成同盟是不道德的。

有的文化只强调一种谈判策略，有的则头脑比较复杂。例如，福尔（1998）指出中国人跟外国人打交道时有两种很不一样的策略：运动战和"坐下谈"。两者都深植于中国的传统文化。

4. 过程

谈判要靠谈判各方相互沟通才能进行，但沟通的效果在很大程度上受文化差异的影响。首先，交流方式的差别就很重要。有些文化认为尽快把自己的意思告诉对方是理所当然的事，而在另一些文化中，用什么样的形式来传达自己的意见是一件大事。另外，如何对待敏感的问题在不同文化之间也有很大的差别。有些文化喜欢开门见山。另一些则必须旁敲侧击。

谈判者之间在谈判策略和手法是否合法或是否合适的问题上如果有分歧，就会破坏谈判。例如：在有些文化中，幽默是在敏感问题上进行讨价还价的有效手段。可是本想用来促进谈判的幽默却可能适得其反，因为在一种文化中看来是很有趣的笑话在别的文化中也许是废话甚至是侮辱。讹诈、收买、威胁等也都一样，这些手段在有些国家的谈判者看来是很自然的谈判策略，可是如果谈判对方认为这些都是不合法的手段的话，那么谈判就会严重受挫。

不信守诺言，或者在限期问题上欺骗对方，如明知无法按期行事，却还要骗人家等，对这些问题都可以有不同的看法。在有些文化看来有礼貌比说真话更重要。在有些国家的人眼里分明是"说谎"的行为却可以被另一些人说成是"致敬"。

不同文化的时间观也会影响谈判。在西方人心目中，时间就像一件紧缺商品。跟任何东西一样，时间可以省下来，可以浪费掉，可以控制住，也可以安排好。相反，在有些地区，时间不是什么物以稀为贵的东西。这样，不同的时间观就可能在遵守谈判的时限这样重要的问题上产生麻烦。

5. 结果

前面谈到的几个谈判要素：人物、环境 策略和过程，目的都是为了取得谈判结果。因此，文化对这几个谈判要素的影响最终都会间接影响到谈判的结果。但是我们仍然能指出一些文化与谈判结果之间较为直接的联系。例如，不同的民族文化或职业文化对谈判结果的形式有不同的要求。有些文化不仅希望而且要求一份字斟句酌的协议，而另一些文化则更注意协议的实质而不太计较协议的文字。因此对措辞不甚严密的协议也可以接受。谈判的结果如果是一份书面合同的话，有些文化会把它看成是"金石铭文"必须不折不扣地执行，不得有丝毫更改。另一些则认为这不过是从签署当天起生效的一份文件，需要随客观情况的变化而变化。有些文化视签约为"大功告成，万事大吉"，而另一些则视其为"千里之行，始于足下"。

文化还能影响到不同的人对谈判结果的看法和评价。有些人认为达成的协议是对自己今后的行动的约束，因此千方百计钻空子；另一些人则认为谈判双方都有义务遵守和贯彻已达成的协议；还有一些人认为谈判的具体结果固然重要，但更是谈判双方关系良好的重要象征。

公平合理是任何谈判者在衡量谈判结果时都会用上的一个重要标准。可是在什么叫公平合理的问题上，我们会发现好多不同的观点，而且都与各自的社会价值观有关。有些人把平等作为公平合理的主要标准；另一些人认为得失应当跟各方贡献的大小成正比；还有一些人则希望按自方的要求来分配实惠。

7.4.3 典型文化背景下的谈判风格

在不同文化背景下的典型的谈判风格往往大不相同，如"英国人注意逻辑，而美国人在谈判方案上喜欢一揽子交易；法国商人对价格要求严格，条件苛刻；意大利商人在处理商务时不动感情，作出决策慢；华商善于在谈判中讨价还价；犹太人喜欢进行现金交易；日本商人注重在谈判中建立和谐的人际关系；韩国商人注意选择谈判地点"。尽管多数人意识到了这些差异，但从事谈判的管理者常常将这些差异更多地看做是有效解决问题的一个不利因素。结果，在管理跨文化谈判时，他们继续坚持统一性和普遍性原则，他们认为这是处理任何事情的惟一最好的方式。

然而，相同的谈判战略和策略在不同的国家会产生不同的效果。有鉴于此，有必要简单看一下在不同的文化下最有效的谈判战略和策略。这里列出了四种典型的文化氛围，给出各种文化背景下谈判时较为有效的战略和策略。

(1) 在成就取向型(achievement-oriented)文化中

1) 确保你或你的谈判小组里的其他人有足够的技术知识和经验，以使对方相信你的建议是可行的。

2) 注意对方需要显示他们的强大、有能力和有经验。挑战对方的专家气派可能会招来不满和报复。

3) 利用专家头衔和专业资格来表明你的能力和个人成就。

(2) 在地位取向型(status-oriented)文化中

1) 确保你的谈判小组里有足够的年长或老资格的成员,因为这些人在社会中有正式的地位。派一个年轻(尽管才华横溢)的代表去一个东方国家,很可能被看成是对他们的羞辱。正如特洛姆塔纳斯指出的那样,在一个地位取向型的文化里,同那些年轻、进攻型的对手谈判是很令人沮丧的。这些人滔滔不绝,似乎把讲话作为一种手段,在他们面前你好像只有一条路,这就是认输。

2) 尊重对方谈判小组的排位。不要损害资格最老的人(通常是主谈人)的威信,哪怕你对他的权威性表示怀疑。在世界上很多地方,当你同地位相等或比你高的人打交道时,公开场合要说对方爱听的话,而不是有啥说啥。

3) 利用头衔或象征物表明你在社会中的地位。日本人在谈话开始前总是要先交换名片,就是这个原因。

4) 穿戴要保守一些。称呼对方要用姓,不要用名,不要开玩笑和闲谈。不要通过电话或邮件谈判。面对面做生意更有礼貌,效果更好。

(3) 在未来取向型(future-oriented)文化中

1) 避免表现出不耐心。当谈判没有进展时,准备接受延长的决定。美国人属于短期取向型,他们常常期望谈判花费尽量少的时间。这种匆忙感使他们在面对未来取向型文化(如巴西、新加坡和台湾省)的谈判对手时,处于不利地位。例如,当一家巴西公司与美国人讨论合同延长问题时,他们会在合同期满前一周才发出邀请,因为他们知道在临近自己定的期限前,美国人会做出更大的让步。

2) 在谈判进行过程中,多花点时间用于人际关系。来自未来取向型社会的人常常依靠个人威望和友谊,而不是法律来达成协议。他们看重关系,不看重书面协议。因此,需要考虑你的要求和建议对双方保持长期关系的影响。

3) 在未来取向型的文化中,礼尚往来和个人恩惠是一种非常重要的社会习俗。关心代价、输赢和面子一般有助于维护人际关系。

(4) 在不确定性回避文化中

1) 在不确定性回避文化特征明显的国家(如德国、比利时和法国),人们在遇到模棱两可或不清楚的情况时,会感到威胁。他们购物时,希望商品能够井井有条,有详细的说明。因此,当与来自这种文化的人谈判时,聪明的办法是进行充分的准备。因为他们要求所有的细枝末节都必须能够随时提供。

2) 在一个不确定性回避特征强烈的文化中,对规章制度的需要十分迫切,守时非常重要。严格履约,事先筹划好将要进行的会谈,不要迟到。一次讨论一个问题。避免会谈中断和耽搁。

3) 不确定性回避倾向强的社会非常讲究形式。在德国、日本和其他一些国家,人们习惯于称呼正式头衔。人们从不在公开场合对时局和人物进行评论,因为这种随意行为会极大破坏他们的规矩和自尊。

4) 来自不确定性回避倾向强的文化的人,在谈判中立场强硬。他们习惯于一开始就提出极端化的要求,不肯做大的让步,因此讨价还价是谈判中经常出现的现象,也是谈判的一个重要组成部分。

7.5 谈判案例分析

7.5.1 洛兰怪图

1. 背景

某国的水泥公司(SC)与其他两家公司:水泥有限公司(CC)和泰尔水泥公司(TC)共同占有着国内的水泥市场,它们的收益分别为3 200万、2 300万和600万美元,现在三家打算进行正式合并。根据咨询专家的分析,如果三家合并成一家联合公司,它们能比现在三家的收益之和(6 100万美元)还要多赚1 600万美元,即总为7 700万美元。而且即使任何两家公司合并也一样会多赢利。例如SC和CC合并可赚5 900万美元,而不是5 500万美元——即原来的3 200万与2 300万之和,但是,在此种情况下,TC的收益将从600万美元减少到500万美元。同理,如果SC与TC合并,总利为4 500万美元,CC则减少为2 200万美元;如果CC和TC合并,总利为3 900万美元,SC则减少为3 000万美元。这一大堆枯燥的数字对于精明的商人却是诱人的符号。

2. 谈判过程

现在的问题是如何公平地分配那1 600万美元的协作效益。
SC谈判代表认为,应该按收益的多少分配,即:

SC:$\dfrac{32}{32+23+6} \times 16 = 8.39$(百万美元)

CC:$\dfrac{23}{32+23+6} \times 16 = 6.03$(百万美元)

CC:$\dfrac{6}{32+23+6} \times 16 = 1.57$(百万美元)

这个提议将导致如下收益结果:
SC: $32 + 8.39 = 40.39$(百万美元)
CC: $23 + 6.03 = 29.03$(百万美元)
TC: $6 + 1.57 = 7.57$(百万美元)

"这个不合理,"TC的代表争辩道,"我最终的收益应该大大高于757万美元。"

"我不明白为什么。"SC的代表反驳道,"由于联合,我们都能在我们以前的基础上提高大约26%。"

"我来告诉您为什么。根据专家算出的数据,如果我的公司TC与CC合并,我们两家就能赚3 900万美元——我们能够得到的比您在三方合并时给我们的要多。并且,当TC和CC合并时,SC只能得到3 000万美元,而不是您想要的4 039万美元。"TC的代表又对CC

的代表说:"如果您与我联合,我们能够赚到 3 900 万美元;您拿 3 000 万美元,我得 900 万美元。"

SC 的代表大声地抗议道:"你们这两个家伙想干什么。我们到这儿是搞联合,还是干什么呢?"

"我宁可单干也不愿意与你们俩合作而只得 757 万美元,"TC 的代表说,"是我的公司创造了这种协作效益。"

CC 的代表介入了这场辩论:"我认为 757 万美元对您,对 TC 公司来说是公平的,可是 2 900 万美元对我可有点儿低。请注意,如果您不同我们联合,您将只能得到 500 万美元。"

"是啊,可是你们俩总共也只能得 5 900 万美元,而且我忧虑您,CC 是否能从 SC 那争得 2 900 万美元,再说,如果你们俩合并成一个企业,你们可赚 5 900 万美元,而那时我赚 500 万美元,加在一起我们一共赚 6 400 万美元。所以,如果我们那时再联合,我们还能产生 1 300 万美元(7 700 万 - 6 400 万)的协作效益。然后我们合理地平均分配这个协作效益:你们的联合公司和我,一家一半。"

"您是说,您想要 1 150 万美元么?要是那样的话,您可是太不实际了。"

……

3. 洛兰怪图

在争论的最后,三个公司的代表同意去请教咨询专家洛兰·查特。洛兰·查特用数学的方法这样分析这个问题,找到三个量 X_{sc}、X_{cc} 和 X_{tc},使得它们满足如下约束(单位:百万美元):

$$X_{sc} + X_{cc} + X_{tc} = 77 \tag{7.1}$$
$$X_{sc} \geqslant 30 \tag{7.2}$$
$$X_{cc} \geqslant 22 \tag{7.3}$$
$$X_{tc} \geqslant 5 \tag{7.4}$$
$$X_{sc} + X_{cc} \geqslant 59 \tag{7.5}$$
$$X_{sc} + X_{tc} \geqslant 45 \tag{7.6}$$
$$X_{cc} + X_{tc} \geqslant 39 \tag{7.7}$$

等式(7.1)要求三个公司合并后的利润总和为 7 700 万美元。不等式(7.2)~(7.4)表示相对于其他两家联合,每个公司单独可得的收益。不等式(7.5)~(7.7)则表示每两家联合可得的收益。

以水平轴表示 X_{sc},垂直轴表示 X_{cc},则 $X_{sc} + X_{cc} = 77 - X_{tc}$ 可以用来表示 X_{tc}。由式(7.1)和(7.5)、(7.6)、(7.7)可以直接推导出下面的约束:

$$X_{sc} \leqslant 38 \tag{7.8}$$
$$X_{cc} \leqslant 32 \tag{7.9}$$
$$X_{tc} \leqslant 18 \tag{7.10}$$

利用 $X_{sc} + X_{cc} = 77 - X_{tc}$,式(7.4)和(7.8)分别可以表示为

$$X_{sc} + X_{cc} \leqslant 72 \tag{7.11}$$
$$X_{sc} + X_{cc} \geqslant 59 \tag{7.12}$$

在坐标平面上画出公式(7.2)、(7.3)、(7.8)、(7.9)、(7.11)、(7.12)所表示的直线,得到

图 7.10：

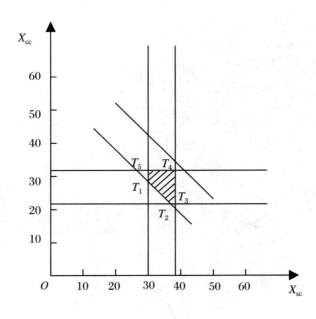

图 7.10 洛兰怪图

这张图表被称为洛兰怪图。图中阴影部分规划出了一个可以成立的分配区域,其中任意一个点都满足前面所要求的 7 个公式。分配方案仍有多种多样。

4. 谈判结果

根据洛兰的建议和三个公司的最终协商,同意如下分配方案:

SC:3 769 万美元

CC:2 902 万美元

TC:1 029 万美元

[刘阳. 商务误判手册[M]. 北京:企业管理出版社,1995. 有删改]

7.5.2 瑞士、法国、德国、荷兰:莱茵河

1. 谈判介绍

莱茵河(图 7.11)流经的各国开展谈判和磋商的原因除了运输等其他问题外,就是大面积污染的威胁日趋严重,其后果已经对河水的多种用途产生了影响,如饮用水、工农业用的净化水、养鱼和休闲等。莱茵河流域(从上游到下游)包括 4 个国家:瑞士、德国、法国和荷兰。1950 年,这几个国家成立了防止莱茵河污染国际委员会(ICPR),该委员会于 1963 年成为一个政府间组织。此后,这些国家进行过多次磋商,并签署和批准了一些公约(1976 年和 1983 年的波恩公约)、一些意向声明、一项行动计划(1987 年)和莱茵河盐问题公约(1991 年)。如今,经过莱茵河流域各国的合作和共同努力,莱茵河的生态环境步入了良性循环,莱茵河又恢复了往日的生机。

图 7.11 莱茵河

莱茵河谈判的简单情况及其内容如表 7.1 所示。

表 7.1 ICPR 有关莱茵河的谈判和 ICPR 大事记

日 期(年)	事 件
1950	ICPR 成立。
1963(4月4日)	ICPR 正式成为政府间组织。 签署伯尔尼公约。
1972	第一次部长会议。为解决(法国阿尔萨斯的钾碱矿的)氯化物污染问题作出决定。
1973	法国拒绝把盐残留物永远存放在法国领土上的建议,并提出其他解决办法供研究。 ICPR 成员国同意进一步研究。
1976	欧洲经济共同体(EEC)作为一个整体成为 ICPR 的成员。
1976(12月3日)	签署了有关莱茵河化学污染和氯化物问题的波恩公约。对氯化物问题,法国同意限期分两步走,并提供部分资金。

续表

日　期(年)	事　件
1977～1983	法国迟迟不批准公约,引起紧张局势(1979年荷兰临时召回驻法大使)。
1983	紧张局势缓和。法国批准(1983年4～5月)修订过的公约。
1983～1986	商讨减少化学污染和提出大家都能接受的解决氯化物问题的办法。
1986(11月1日)	Sandoz化工厂发生事故。谈判立即开始。
1986(12月11日)	法国提出有关氯化物问题的意向声明。
1987(1月1日)	法国方案(第一阶段)开始,减少20千克/秒的排放量。
1987(10月1日)	决定制订莱茵河行动计划,对付因各种原因造成的污染问题(有毒物质、意外事故、河水升温)和加强信息交流,希望在2000年前解决这一问题。
1988(10月11日)	召开部长级会议讨论行动计划和氯化物问题。
1989～1991	继续磋商,使行动计划更加具体,并开始实施这一计划和氯化物方案。

围绕莱茵河展开的谈判和协商引起了谈判理论界和实际工作者的极大兴趣,这可以从多个角度进行分析。在这里,我们的主要分析目的是,在多文元化背景下,文化与谈判之间的关系。

2. 分析:谈判中的主要因素

莱茵河谈判受许多因素的影响。在这里确定了10种因素(图7.12),5种被认为是有文化基础的因素,其余5种是变化不定的因素。后5种因素的不确定性在于,它们在一定的谈判模式下可能与文化相关,但却并不一定受文化的影响。

有文化基础的因素是:
- 一致性(H):谈判者("代表团")地理、历史和社会组织模式的相似或相同的程度。
- 情感(E):关键问题中的内在情感价值和"神秘性"。
- 环境和生态(EE):对环境和生态标准和价值的态度。
- 社会一致性(体制)结构(SP):包括各种规章条例和惯例,如决策机制和对立权局限性的态度。
- 谈判风格(NSL):包括语言。

其他因素是:
- 利益与利害关系(I):主要从广义的经济角度看待这一问题(即不仅仅是经济成本和收益,而且还有诸如社会效应这类因素)。
- 分配模式(DP):损害原因和后果。
- 技术方面(T):技术问题。
- 政治机会主义(Po):包括其他有关政策。
- 体制因素(IDN):谈判本身的安排和设计。

一致性(H)可被看做是主要的合作因素。谈判者在文化背景方面有许多共性。解决问题的政治意愿加强了这一点。因此,这一背景逐渐造成了一种建设性的气氛。但是,由于不同的利益(基本上与文化无关)和在与文化有关的因素方面,由于谈判者因对各种问题的情感反应(E)和对环境与生态(EE)的认识程度的不同而参与程度各异,使这种气氛有些减弱。

然而,随着谈判的进展,这一因素失去了作用。谈判风格和语言(NSL)及体制因素(IDN)似乎产生过中和的影响,虽然这方面的跨文化差异有时造成过困难和冲突。总之,一致性因素似乎一直是使谈判更具有合作性而不是分散性的主要影响。

各种因素的来源		合作/联合	冲突/非联合
各种因素的来源	与文化有关的因素	强: H 弱:	强: 弱: (**) E、EE、SP、NSL
各种因素的来源	其他(自主)具体因素	强: DP、T(a) 弱: Po(b) IDN	强: (*) I 弱: (**) T(a)

注:(*)在这一谈判中可能产生激烈的冲突。
(**)在这一谈判中可能产生不太激烈的冲突。
(a)技术因素可以有很强的联合力,也可以产生不太激烈的冲突(例如衡量标准),这取决于问题的性质。
(b)政治因素被列为很强的合作因素,因为大家都有解决问题的政治愿望。

图7.12 导致莱茵河谈判各种结果的因素

3. 总结

文化因素对莱茵河谈判具有某种影响,尽管与其他具体的、自主因素混杂在一起。它们或与环境因素交织在一起,或独立地发挥作用,决定和影响谈判者的行为。它们对谈判的形式、谈判者的态度或谈判的气氛所产生的或是合作性的或是竞争性的影响似乎非常明显。总的来说,可以这样认为:合作成分超过冲突成分,主要应归功于原有的关系、各国专家的素质、防止莱茵河污染国际委员会的作用、越来越重视共同关心的问题和有助于培养合作精神的责任心,以及共同负责任地采取行动的政治意愿。

在莱茵河谈判过程中,所有国家不但可以为莱茵河免受污染作出贡献,而且也可从中受益。经过多年的努力,莱茵河又变得生机勃勃。河中慢慢恢复了生物的多样性,消失数十年的大马哈鱼也重现其身影。莱茵河的水质用德国科学家的话说就是,"现在好得让人不敢相信"。因此,谈判并不是目的,更不是终结,而是解决问题的沟通手段和桥梁。经过谈判建立起来的良好的合作关系,可以促进谈判各方共同利益的发展。当然,如何建立这种合作关系,需要大量的经验和技巧,本案例中提到的文化因素便是其中重要的一环。

参考文献

[1] 杰勒德·I·尼尔伦伯格. 谈判的艺术[M]. 曹景行,陆延,译. 上海:上海翻译出版公司,1986.

[2] 居伊·奥立维·福尔,杰弗里·Z·鲁宾. 文化与谈判:解决水争端[M]. 联合国教科文组织翻译组,译. 北京:社会科学文献出版社,2001.

[3] Michael C. Donaldson, Mimi Donaldson. 谈判指南[M]. 郭庆春,韩江秦,郑坚印,等,译. 北京:电子工业出版社,1997.

[4] J·M·希尔特洛普,S·尤德尔. 如何谈判[M]. 刘文军,译. 北京:中信出版社,1999.

[5] 刘阳. 商务谈判手册[M]. 北京:企业管理出版社,1995.

[6] 井润田,席西民. 谈判机理[M]. 北京:机械工业出版社,2000.

[7] 克尔德·简森,艾沃·昂特. 共赢:合作谈判的艺术[M]. 李小鹏,杨明娴,等,译. 北京:人民邮电出版社,2004.

[8] 张蓝. MPA谈判手册[M]. 北京:中国商业出版社,2001.

[9] 李品媛. 现代商务谈判[M]. 4版. 大连:东北财经大学出版社,2003.

[10] 雪映. 谈判的策略与签约技巧[M]. 北京:中国人民公安大学出版社,2001.

案 例 分 析

案例1 "分苹果馅饼"的应用

在公海的海底蕴藏着丰富的锰结核团矿,这是全人类的共同财富。对于如何开发这种海底矿藏,从20世纪70年代便开始了国际海洋法公约的谈判。它涉及160个国家,而这些国家又分成许多利益集团。

1976年,参加谈判会议的代表就海洋法公约其中一个问题达成了协议:一方面允许各国的企业进行开发,另一方面成立"国际开矿企业部",为国际社会(大部分为开发中国家)的共同利益进行开采。在谈判过程中,开发中国家的代表担心,由于已开发国家的企业拥有先进的技术和设备,能快速勘探清楚哪里是优质矿区且抢先占去,而只留下劣质矿区给"国际开矿企业部"。

为了解决这个难题,当时便用了"分苹果馅饼"的方法。向"国际海底管理局"申请进行开发锰结核团矿的企业,必须提出两个可供开发的海底矿区位置。先由"国际开矿企业部"从中挑选一个储备起来,供企业部以后开发经营之用。剩下的另个位置,则交申请开发的企业使用。因为选择权掌握在"国际开矿企业部"的手中,已开发国家的企业在勘探矿区时,必会尽力令所找到两个矿区位置的开发条件大致相同,以免自己吃亏。开发中国家(国际开矿企业部代表他们的利益)的公平感也得到满足,觉得自己不但没有吃亏,还有可能挑了一块更好的矿区。

案例2　大庆油田信息泄露

在20世纪60年代建设大庆油田时,有关大庆的信息都是保密的。除了少数有关人员外,外界连大庆油田的地址都不知道。但日本人却掌握得非常准确。他们对大庆油田信息的收集,完全依靠对有关大庆油田公开资料的收集与分析。

1966年7月,《中国画报》上登出了大庆工人创业的照片。画面上工人们身穿棉袄,冒着大雪拼搏。日本人据照片分析,油田可能是在东三省北部。接着《人民日报》报道,王进喜到了马家窑,说:好大的油海啊!于是,日本人发现马家窑是位于黑龙江省海伦县东南的村子,在兆安铁路小车站以东。接着又有报道说,中国工人发扬了"一不怕苦,二不怕死"的精神,大庆石油设备靠肩扛人抬运到工地。日本人据此分析,大庆的钻井离马家窑远不了。当1964年王进喜出席第三届全国人民代表大会的消息见报时,日本人得出结论:大庆油田出油了。他们根据《人民日报》上大庆油田钻塔的照片从钻台上的手柄架等推算出油井直径,再根据油井直径和政府工作报告,估算出大庆油田的石油产量。在这个基础上,他们设计出了适合大庆油田的石油设备。这样,当大庆油田宣布向各国征求石油设备设计方案时,唯独有日本人胸有成竹,一举中标。

案例3　中韩橡胶贸易谈判

中方某公司向韩国某公司出口丁苯橡胶已一年。第二年,中方公司根据国际市场行情将价格从前一年的成交价每吨下调了120美元(前一年1 200美元/吨)。韩方感到可以接受,建议中方到韩国签约。

中方人员一行二人到了汉城该公司总部,双方谈了不到20分钟,韩方说:"贵方价格仍太高,请贵方看看韩国市场的价格,三天以后再谈。"

中方人员回到饭店感到被戏弄,很生气。但人已来汉城,谈判必须进行。中方人员通过有关协会收集到韩国海关丁苯橡胶进口统计,发现从哥伦比亚、比利时、南非等国进口量较大,从中国进口也不少,中方公司是占份额较大的一家。这些国家的价格水平南非最低,但高于中国产品价格。哥伦比亚、比利时价格均高出南非价格。在韩国市场的调查中发现,批发和零售价均高出中方公司的现报价30%~40%。市场价虽呈下降趋势,但中方公司的给价是目前世界市场最低的价。

为什么韩国人员还这么说?中方人员分析对手以为中方人员既然来了汉城,肯定急于拿合同回国,可以借此机会再压中方一手。那么韩方会不会不急于订货而找理由呢?

中方人员分析,若不急于订货,为什么邀请中方人员来汉城。再说韩方人员过去与中方人员打过交道,有过合同,且执行顺利,对中方工作很满意,这些人会突然变得不信任中方人员了吗?从态度看不像,他们来机场接中方人员且晚上一起喝酒,保持了良好气氛。

经过上述分析,中方人员共同认为:韩方意在利用中方人员出国心理,再压价。经过商量,中方人员决定在价格条件上做文章。首先,态度应强硬(因为来前对方已表示同意中方报价),不怕空手而归。其次,价格条件还要涨回市场水平(即1 200美元/吨左右)。再者,不必用三天给韩方通知,仅一天半就将新的价格条件通知韩方。

在一天半后的中午前,中方人员电话告诉韩方人员:"调查已结束,得到的结论是:我方来汉城前的报价低了,应涨回去年成交的价位,但为了老朋友的交情可以下调20美元,而不再是120美元。请贵方研究,有结果请通知我们,若我们不在饭店,则请留言。"

韩方人员接到电话后一个小时,即回电话约中方人员到其公司会谈。韩方认为中方不应把过去的价再往上调。中方认为,这是韩方给的权力。我们按韩方要求进行了市场调查,结果应该涨价。韩方希望中方多少降些价,中方认为原报价已降到底。经过几回合的讨论,双方同意按中方来汉城前的报价成交。这样,中方成功地使韩方放弃了压价的要求,按计划拿回合同。

案例4 "你想得到什么?"

一个下级承包人和建筑商在一个建筑项目里是一种伙伴关系,他们承担着各自的责任、工作,分享报酬。按照合同规定,在工程完工、通过专家的评估后,承包人可分得最后的100万美元。在专家的评审通过后,承包人拿着发票去换取属于他的100万美元时,结果钱没有到账,催款也没有结果。于是承包商资金周转出现了困难,因为一周之内他要支付员工的工资,还要纳税。他打电话给他的合作方询问发生了什么事,被告之如果想拿到钱,他只能得到一张80万美元的支票,否则将什么也拿不到。

建筑商试图重新协商他们的协议。他已经使承包商完成了工作,他得到了想要的一切,但承包商还在等他的钱。这显然是一次不公平的交易。

承包商发怒了,他找到了管理部门和建筑商,要求履行合同,否则他将向媒体揭露建筑公司的行为,以警告其他公司不要与该公司建立合作关系。很快,建筑商对发生的一切表示了歉意,并承诺立刻解决问题。他们将当面向承包商道歉,并支付给他100万美元支票。承包商松了一口气,威胁换来了结果。

承包商与建筑商见面了,然后他拿到了支票。当承包商拿着支票去兑现时,一个非常紧张的场面出现了,因为建筑商根本就没有想让这张支票兑现。几秒钟的沉默之后,建筑商问道:"你想得到什么,是兑现这张支票还是我向你保证更多的项目?"承包商对这个问题没有丝毫的准备,他选择了后者。建筑商撕了那张支票说道:"你也明白,100万只是一个小数。这个项目并不像我们所预料的那样,所以你承担一些损失是公平的,80万或许低了一点,我已经准备好了一张85万美元的支票给你。"他把支票交给了承包商,两人握手言和。之后,承包商又签了一份合同,事情被圆满地解决了。

案例5 房东和房客

有一家房东想和她的一位房客协商租约延期的问题。表7.2反映了双方心理感受上的一些不同:

表 7.2

房客的感觉	房东的感觉
房租已经太高了	房租已经很长时间没有增加了
别的东西都涨了,我负担不起更多的房租	别的东西都涨价了,我需要更多的房租收入
房间应该粉刷了	他把房间弄得破旧不堪
据我了解,人们对类似的房间付的房租要更低一些	据我了解,人们对类似的房间付的房租要高一些
像我这样的年轻人负担不起高房租	像他这样的年轻人总是吵吵闹闹,不会连房租都受不了
因为这条街破旧,房租应该低一点	为提高这条街的社会地位,房东们都应该提高房租
我是理想的房客,既不养狗,也不养猫	他的录音机把我都快吵疯了
我总是按时付房租	他总是到我催房租时才交
她为人冷漠,从不关心我生活如何	我是个体谅人的人,从不打扰房客的生活

第8章 战略决策与规划方法

8.1 战略决策的要素

8.1.1 什么是战略决策

"战略"一词起源于军事科学,它是与"战役"、"战术"相对而言的概念。"战略"的本义是指牵动战争全局性的决策方案和总计划。它是根据战争的性质,敌我双方的经济、政治、军事、历史、地理、科教、外交和国际环境诸因素而制定的。战略决策的正确与否直接关系着战争全局的胜负。随着时代的推移,"战略"一词逐渐应用于科技、教育、经济、政治、外交和社会等领域,其涵义也随着应用领域的扩展变得越来越广泛。一般而言,战略是泛指重大的、具有全局性、长期性、规律性、关键性或决定性的谋划。

"决策"这个词经常出现在人们的生活中。所谓决策,狭义上是要从若干可能的方案中,按照某种标准选择一个最优、满意或者合理的方案;而广义上的决策相当于决策分析,是为了达到某个目标,从一些可能的方案中进行选择的分析过程。

近代,战略决策一词的外延不断延伸,被广泛应用到军事以外的各个领域,出现了政治战略、经济战略、科技发展战略、地区发展战略,甚至出现了全球战略。不过,无论战略在哪里应用,它的基本含义都是指重大的、全局性的谋划,其核心在于确定一定时期基本发展目标以及实现这一目标的途径。

战略决策便是主要依靠科学的方法,根据影响组织发展的内外环境及其未来趋势,对组织全局性、综合性、长远性的重大方向任务作出的决定。战略决策所研究的问题都是长远性、全局性以及综合性的问题,研究一个组织如何在变化莫测的形势下,不断地发展成长。

8.1.2 战略决策的特点

与其他的决策不同的是,战略决策面对的是组织的未来,战略决策主要有以下3个特点:

1) 非常规性。战略决策不常有,一般也无先例可循。
2) 重要性。战略决策需要支配组织大量的资源,所以要求大量的投入,战略决策所产生的结果对组织的影响也很重要。

3) 指导性。战略决策指导组织中层和低层的决策以及未来的行动方向。

战略决策是具有一定规模的组织机构,为了自身与变化着的环境相适应或谋求发展而作出的决策。战略决策具有总体性、重大性和目标长远的特点,通常由组织中的最高管理层负责。战略决策同其他的决策相比,决策权较为集中,在决策过程中的所需信息不全,也无先例可循。决策的风险很大,决策对组织所产生的影响也很严重。战略决策所需的组织工作很复杂,决策程序也很复杂,一般都属于长期决策。

8.1.3　战略决策的要素

战略决策是决策的一种,因此战略决策构成的基本要素和决策基本相同,故战略决策也由决策者、决策目标、行动方案、自然状态以及条件结果值和决策准则所组成。

1. 决策者

受社会、政治、经济和心理等诸多因素影响的战略决策的主体,可以是个体或群体。一般来说,战略决策的决策者都由组织的高层管理人员组成。

2. 决策目标

战略决策所希望实现的目标,可以是单个目标,也可以是多个目标。战略决策的目标除了具有一般目标的特性之外,还具有以下特性:

1) 宏观性。战略决策目标是对组织全局的总体设想,提出组织发展的总任务和总要求,规定组织的根本方向。

2) 长期性。战略决策目标是组织在某一段时期的追求,不是短期内可以实现的。在战略决策目标的实施上,任何的短期行为都会使战略目标失去原有的内涵。

3) 稳定性。战略决策目标是一种长期的目标,规定组织发展的方向,因此,在所规定的时期内就应当相对稳定,不可朝令夕改,否则会让人们无所适从。只有具有一定的稳定性,人们的活动才能够有所遵循。

4) 全面性。战略决策目标表现为一种整体性的追求,是对组织的整体利益与局部利益、长期利益与短期利益的有效综合和均衡,以求得组织的协调与平衡发展。

3. 行动方案

即实现决策目标所采取的具体措施和手段。行动方案的个数可以是有限多个,也可以是无限多个。在某些情况下,行动方案也可以用连续变量表示。通常,有限个行动方案用 $a_i(i = 1, 2, \cdots, m)$ 表示,行动方案集用 $A = \{a_1, a_2, \cdots, a_m\}$ 表示。在进行战略决策时,通过对组织内外部环境的分析,找到影响组织战略的各种关键因素,制定战略方案集。

4. 自然状态

自然状态是指采取某种决策方案时,决策环境客观存在的各种状态。自然环境可以是确定的、不确定的或随机的,可以是离散的也可以是连续的。有限多个离散的自然状态,通

常表示为 $\theta_j(j=1,2,\cdots,n)$。

5. 条件结果值

条件结果值是指采取某种行动方案在不同自然状态下所出现的结果。条件结果值可以表示为受益值、损失值或效用值。条件结果值可以是离散的,也可以是连续的。在离散情况下,m 个行动方案、n 个自然状态的条件结果值表示为 $o_{ij}(i=1,2,\cdots,m;j=1,2,\cdots,n)$。

6. 决策准则

这是指为实现决策目标而选择行动方案所依据的价值和行为准则。一般来说,决策准则依赖于决策者的价值倾向和偏好态度。

8.1.4 战略决策的类型

按照明茨伯格的说法,战略决策分为 3 种类型:企业家模式、适应模式以及规划模式。但在实际的发展过程中,逐渐形成第 4 种战略决策的类型,即循序渐进模式。

1. 企业家模式

在这种战略决策模式中,战略是由一个铁腕人物制定的。他关注的是组织发展的机遇,战略由组织创始人自己把握对未来发展的判断,并在一系列大胆的重要决策中展示出来。微软公司的创始人比尔·盖茨就能充分地体现这种战略决策,公司的发展反映了他对个人计算机产业远景的看法。

2. 适应模式

这种战略决策的特点是对现有的问题进行响应,提出解决方案,但并不是主动寻求新的发展机会。大多数大学、很多大型医院以及政府机构都采用这种战略决策模式。很多企业也采用这种战略决策模式。

3. 规划模式

这种战略决策涉及系统收集用于情景分析的信息,总结出多种可行战略,以及选择最合适的战略。这种模式既主动寻求新的发展机会,也响应现存的问题。

4. 循序渐进模式

该模式由规划模式、适应模式以及企业家模式综合而成。在制定战略时,组织不断探索未来,不断地学习,逐步、反复交互地制定战略,而不是一下子确定整个战略。在环境迅速变化时,这种战略决策模式比较有效。

8.2 战略决策的形成

著名管理学家西蒙认为决策的制定包括 4 个阶段：第一个阶段是探查分析环境，找出制定决策的理由；第二个阶段是根据前阶段对环境的分析，找到可能采取的行动方案；第三个阶段是在诸多方案中进行选择，从可能利用的方案中选出一项特别的行动方案；第四个阶段是对已经预定的选择方案进行评价，并及时地反馈和控制。决策是一个反复循环的过程，战略决策也同样如此。在具体的实施过程中，可以分为以下 7 个步骤进行(图 8.1)：

第一步：评估组织当前的形势，提出决策问题。评估组织当前战略态势（使命、目标、战略与政策），提出决策问题。

所谓问题，就是期望的现象和实际的现象之间所存在的差距。决策过程的起点是发现需要作出决策的问题。有了现实提出的、需要解决的问题才能作出决策。在一个组织中，决策者的重要责任就是要分辨在什么情况下需要作出什么样的决策。这就要求决策者能及时发现问题，抓住机会，对下一步行动作出决策。这里所谓机会，就是客观环境和条件的变动，为本组织的进一步发展所提供的可能性。任何一个组织所处的环境总是在不断发展变化的，在新的情况下就会出现或存在新的问题。问题的存在和问题的发现往往并不是一致的。要做到及时发现问题并不容易。即使发现了问题，还要确认这一问题是一个需要着手解决的决策问题，这是一件要十分慎重的事情。作为个人往往只能在某一时期内集中注意某方面的问题，很难同时顾及所有情况。因此，在组织内设立情报部门，着重了解并预估组织外部环境变化发展的趋势、提供各种情报信息、协助组织的决策者及时发现问题是十分必要的。

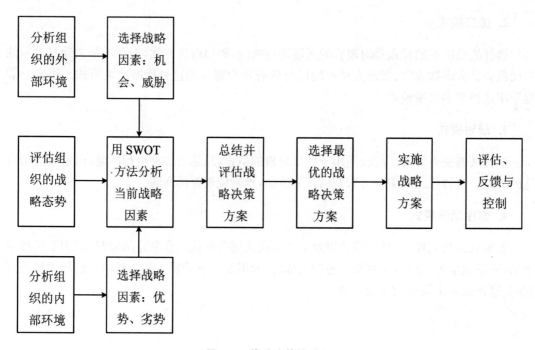

图 8.1 战略决策的过程

提出问题之所以这样重要,是由战略决策的特点决定的。战略决策与一般管理决策不同。一般的管理决策比较具体,可以根据工作中的反馈信息进行程序化决策,提出解决方案,有时虽然不属于程序化决策,但要解决什么问题也并不复杂。战略决策,是一种事关全局利益的谋划,它要解决的问题比较复杂,一是要抓住要害,把握根本,二是要谋大略于长远,察事变于未萌。能否洞察这些问题,事关决策的成败。一个领导者如果不善于正确地提出应该决策的问题,就等于不知道自己的战略谋划应该从哪里入手,谋划些什么,向什么方向努力。可以说,这样的领导者不明白战略决策的真正内涵。

第二步:分析组织的外部环境,找到显示出机会与威胁的战略因素。将组织看作是一个开放的系统,对组织外部环境中的会对组织的发展产生重要影响的诸多因素进行识别、分析和判断,从而找出外部环境中对组织的发展和形成竞争优势的有利因素(机会)和不利因素(威胁),使决策者能够在制定战略决策时考虑到这些因素,以便统筹全局。

在进行外部环境分析时,战略决策者首先要了解组织的社会环境与任务环境中的诸多变量。社会环境包括那些不直接影响组织短期行为,但对其长期决策有影响的一般力量,主要有经济力量、技术力量、政治法律力量以及社会文化力量。

任务环境包括直接影响组织或受组织直接影响的要素与团体。这些团体包括政府、当地社区、供应商、竞争者、顾客、债权人、员工、特殊利益团体等。组织的任务环境就是其运营的环境。只有对社会环境和任务环境同时监测,才能发现所有的对公司成败有深远影响的战略因素。

在分析完社会环境与任务环境后,识别出一些可能影响组织的外部因素,这是需要进一步提炼的因素。外部因素分析总结表(external factors analysis summary,EFAS,如表 8.1 所示)便是对外部因素进行组合的一种方法。该表将外部因素分为机会与威胁两类,并且按照这些因素对组织的重要性(权重)来分析组织管理层对这些因素的评分。要生成一张 EFAS 表,可以按照以下步骤进行分析:

表 8.1 外部因素分析总结表(EFAS)

外部因素	权 重	评 分	加权分	说 明
机 会				
威 胁				
总 计				

1) 在第一栏(外部因素)中列出组织面临的 8~10 个最重要的机会和威胁。

2) 在第二栏(权重)给每个因素进行赋权,权重在 1.0(最重要)和 0.0(最不重要)之间,确定权重的依据是该因素对组织当前战略的可能影响。权重越高说明该因素对组织当前和未来的发展就越重要。所有因素的权重之和应该等于 1。

3) 在第三栏(评分)给每个因素在 5 分(很好)和 1 分(很差)之间评分,评分的依据是组织当前对该因素的应对程度。每一次评分都是判断组织当前处理一个外部因素的优劣程度。(5——很好、4——高于平均水平、3——平均水平、2——低于平均水平、1——很差)

4) 在第四栏(加权分)把第二栏的权重与第三栏的评分相乘,得到每个因素的加权分。加权分的总和在5.0(很好)和1.0(很差)之间,一般水平为3.0。

5) 在第五栏(说明)中指出为什么选择这一因素,权重如何确定以及评分的依据。

6) 最后把第四栏所有的外部因素的加权分相加,得到该组织的总加权分。总加权分可以反映该组织相应外部环境中当前与未来因素的优劣。可以比较该组织于同一产业其他组织的总加权分。一个在产业处于平均水平的公司,其总加权分一般是3.0。

第三步:分析组织的内部环境,找到决定组织优势与劣势的战略因素。通过对外部环境的分析,我们可以发现组织正在和将要面对的环境中有些什么样的机会以及威胁,使组织意识到应当做些什么。在进行外部环境分析的同时,也需要对组织内部环境进行剖析,找到组织的优势和劣势。一些关键的优势和劣势,极有可能决定组织能否抓住机会,规避威胁。对组织的内部环境分析后,组织可以明白能够做什么,以及在哪些方面可以比竞争者做得更好,从而形成组织的长久竞争优势。

现在将视角从组织外部转向组织的内部,通过对组织的雇员所拥有的能力和技巧、组织的现金流状况、组织的新产品研发能力、组织的公共形象等问题的分析,可以让决策者意识到无论多么强大的组织,都会在资源或技术方面受到某些限制,存在某些劣势因素。

在分析完内部组织环境并针对组织识别出一些因素之后,可以使用内部因素分析总结表(internal factors analysis summary,IFAS,如表8.2所示)对组织的内部因素进行组合,它将内部因素分为优势和劣势两类,并且按照这些因素对组织的重要性来分析组织管理层如何响应这些因素。IFAS表和EFAS表的形成过程基本相同,在此便不赘述。

表8.2 内部因素分析总结表(IFAS)

内部因素	权重	评分	加权分	说明
优势				
劣势				
总计				

以上是战略决策制定的第一个阶段,对组织的内外环境进行探查分析,对各种因素进行合成,是制定战略决策的基础。

第四步:使用SWOT分析方法分析组织的战略因素,评价组织的战略使命与目标,并按照需要进行修订。使用SWOT方法进行分析时,可先将EFAS表和IFAS表合并成战略因素分析总结表(SFAS,如表8.3所示)。制作SFAS表的具体步骤如下:

1) 在第一栏(战略因素)中列出最重要的EFAS和IFAS因素。在每个因素之后指出它是优势(S)、劣势(W)、机会(O)还是威胁(T)。

2) 在第二栏(权重)列出所有这些外部和内部因素的权重,所有因素的权重之和应该等于1。

3) 在第三栏(评分)根据管理层如何应对这些因素评分。

4) 在第四栏(加权分),把第二栏的权重与第三栏的评分相乘,得到每个因素的加权分。

5) 在第五栏(耐久性)中标示出每个因素的影响时限:短期、中期或长期。
6) 在第六栏(说明)中指出为什么选择这一因素,权重如何确定以及评分的依据。

这样就把组织外部与内部的各个战略因素列在了一张表上,为战略决策打下了基础。

表 8.3　战略因素分析总结表(SFAS)

战略因素	权重	评分	加权分	耐久性			说明
				短期	中期	长期	
优势							
劣势							
机会							
威胁							
总计							

至此完成了战略决策制定的第二个阶段。

第五步:总结、评估并选择最佳战略方案,主要按照第四步的分析进行,分析组织的战略因素,制定各种战略方案,并评估出最佳的战略方案。有效的战略能够最大程度地利用组织的内部优势和外部环境机会,同时将组织的劣势和威胁降到最低程度。如果选定的战略方案不能利用环境中的机会以及组织的优势,避开环境威胁和组织劣势,那么这个战略方案的实施极有可能会失败。

战略方案的选择,是战略决策过程的关键阶段,是在分析、估计各备选方案执行后果的基础上进行的。所采用的方法主要是对各方案利弊进行分析,比较优劣,权衡得失,最后再进行决断。战略方案要选择好,一是要有合理的选择标准,二是要有科学的选择方法。

衡量战略方案价值的标准是什么?决策是为了满足特定的需求,实现一定的决策目标。是否符合战略决策目标就是战略方案的衡量标准。如果决策目标只有一个,那么方案选择的标准十分明确,选择方案不会遇到什么困难。如果决策的目标不止一个,那么衡量方案的价值时,价值标准中还应当包括各个目标的重要程度。因此,决策者必须根据决策的需要对各目标的相对重要性有一个明确的规定。

战略方案的科学选择方法主要是要对各个可行方案的利弊进行深入的分析、比较,并在此基础上进行综合的判断,使战略方案可以以最少的资源、最低的负作用达到既定目标。这里,方案的可行性分析是基础。这就是要预测各方案的实施后果。为此,要对影响方案后果的各个因素分别地加以考察,确定各种因素的性质,估计和计算各种利弊因素作用的大小、程度,从而对各种因素的作用和影响了解得既具体又精确。在选定方案时,最重要的是运用综合判断方法,也就是在分析的基础上,从全局出发,全面地评价、比较各个可行方案合理程度的高、低、劣,权衡利弊得失,最后作出决断。这里,管理决策者的知识、经验、素质、性格和能力起着决定性的作用。

至此完成了战略决策的第三个阶段。

第六步:战略方案的实施。通过制订行动计划、预算与有关规程,将战略和政策付诸行动。战略实施和战略决策的制定是同一个问题的两个方面,一个好的战略会因为糟糕的实施而给组织带来灾难。因此在实施过程开始前,战略决策者应该考虑三个问题:由谁来实施战略决策? 必做的事情有哪些? 战略实施人员应该怎样做必须做的事情?

第七步:评估及控制所执行的战略。通过反馈系统控制行为,以确保最小程度地偏离原战略。在战略决策实施过程中,及时、准确地把实施过程中出现的各种矛盾或新问题反馈给决策制定者及执行者,从而根据客观实际情况及时对原来的战略方案进行相应的调整与修改。

以上完成了战略决策形成的最后一个阶段。

8.3 SWOT分析方法及其应用

8.3.1 什么是SWOT分析方法

SWOT分析法,也称态势分析法,是哈佛商学院的K·J·安德鲁斯于1971年在其《公司战略概念》一书中首次提出的,另一说是由美国旧金山大学的管理学教授韦里克提出。这种方法在战略制定、竞争对手分析等场合中得到了广泛的应用。

SWOT分析法是把组织的优势(strengths)、劣势(weaknesses)、机会(opportunities)和威胁(threats)结合在一起进行分析,以便发现组织可能发掘的细分市场。这种分析法可以比较客观而准确地分析和研究一个组织的现实情况。利用这种方法可以从中找出对自己有利的、值得发扬的因素,以及对自己不利的、应该去避开的东西,发现存在的问题,找出解决办法,并明确以后的发展方向。根据这个分析,可以将问题按轻重缓急分类,明确哪些是目前急需解决的问题,哪些是可以稍微拖后一点儿的事情;哪些属于战略目标上的障碍,哪些属于战术上的问题。它很有针对性,有利于领导者和管理者在组织的发展上作出较正确的决策和规划。

需要特别说明的是,SWOT分析法中的所谓优势、劣势都是相对于竞争对手而言的,主要是着眼于组织自身的状况与其竞争对手的比较,而所谓机会和威胁是将注意力放在外部竞争性环境的变化及对组织的可能影响上。因此,SWOT分析法主要应用于组织需要进行比较分析和处于竞争性的外部环境中。另外,SWOT分析法有一个缺陷值得关注,就是它没有考虑到组织改变现状的主动性,实际上,组织可以通过寻找新的资源来创造所需要的优势和机会,从而达到过去无法达成的战略目标。

8.3.2 SWOT 分析方法的思路及战略构思

SWOT 分析方法的基本思路如图 8.2 所示。首先是对环境和组织能力进行分析,然后将组织的优势和劣势与环境中的机会和威胁进行配对分析,形成应对环境的战略设想,并检验是否具有持久的竞争优势,最终形成组织战略。

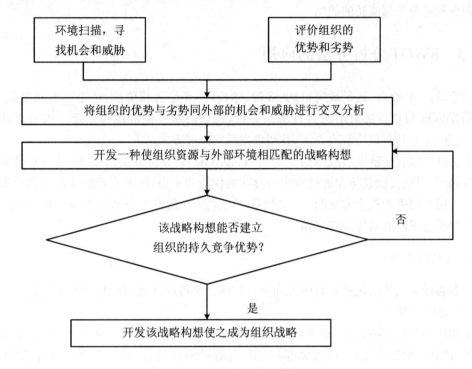

图 8.2 SWOT 分析方法基本思路

利用 SWOT 分析方法进行战略构思的最基本思路如图 8.3 所示。经过详尽的分析之

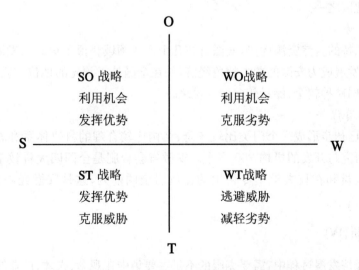

图 8.3 利用 SWOT 分析方法进行战略构思

后,把组织内外环境中存在的优势、劣势以及机会和威胁逐项排列出来,形成 SWOT 矩阵。然后对矩阵中的各项要素进行分析,从优势、劣势、机会和威胁的可能组合中,找出适合组织未来发展的战略方向。

SWOT 分析方法提供了 4 种战略,即 SO 战略、WO 战略、ST 战略和 WT 战略。SO 战略是依靠内部优势去抓住外部机会的战略。WO 战略是利用外部机会来改进内部弱点的战略。ST 战略是利用区域优势去避免或减轻外部威胁的打击的战略。WT 战略是直接克服内部弱点和避免外部威胁的战略。

8.3.3 SWOT分析方法的应用

无论是公司、企业,还是政府机构、医院、学校,不管是营利单位,还是非营利单位,都可以利用 SWOT 分析方法对组织进行战略分析,找到值得发扬的优势以及应该去避开的劣势,发现存在的问题,找出解决办法,并明确以后的发展方向。

下面以安徽省经济发展战略的制定为例,以 SWOT 分析方法为基础,结合安徽省的实际情况,分析目前安徽经济发展过程中所存在的优势和劣势,国家宏观经济形式和政策给安徽经济发展所带来的机会和威胁,并在此基础上总结安徽省充分利用自身优势,抓住机遇,以求取得长足发展的具体战略思路。

1. 优势分析(S)

安徽省经济发展的优势主要体现在其良好的经济地缘环境、资源、科教优势上。

(1) 地缘优势

安徽地处长江下游,据东海 300 公里,紧靠我国最发达的长江三角洲经济区,东有浦东开发区,西有三峡建设工程,周边紧邻苏、浙、鲁等沿海发达省份,是东中接合部的"阳光地带",具有内陆和沿海双重优势,在长江流域开发中具有承东启西的作用,辐射潜力很大。这种地缘经济优势,将使其成为全国新一轮对外开放的前沿地带和国家产业政策与生产力布局中重点倾斜地区之一。

(2) 资源优势

依托自身独特的自然资源优势,安徽省在几个产业领域获得了很好的发展,特别是旅游业和农业,已经发展成为安徽的两大特色经济,并在全国处于领先的地位。安徽矿产资源也非常丰富,是全国矿种较全、储量较多的省份之一。

(3) 科技教育优势

目前,安徽已初步形成一个门类比较齐全、结构比较合理的科研体系和教育体系,现有从事自然科学研究与开发的机构 200 多个。安徽省会合肥是全国四大科教基地之一,每万人拥有的科技人员和在校大学本专科生的比例居全国前列,这是安徽经济发展的最有利条件。

2. 劣势分析(W)

在安徽省经济发展过程中,需要克服的不足主要集中在观念、人才、产业结构等方面。

(1) 观念仍需要进一步更新

与一些经济发达的省份相比,安徽省的改革开放步伐相对缓慢,部分人的思想还停留在计划经济时代,相对保守,不能勇于开拓、创新,这势必会影响改革的进程。

(2) 人才外流的现象比较严重

尽管安徽省在科技教育方面具有优势,但是其在经济发展过程中同样面临着人才匮乏的问题,面临着自己培养的人才"孔雀东南飞"的窘境。20世纪80年代以来,安徽省人才流出量是流入量的两倍以上,特别是中青年骨干人才大量外流到东部沿海地区。

(3) 产业结构有待进一步升级

改革开放以来,安徽经济增长主要还是依托第一产业和第二产业的发展,第三产业增长对安徽省经济发展的贡献率还很小,这说明安徽产业结构正处于由农业型经济向工业化经济转轨的过程之中,结构变革对经济增长的促进作用还很有限。

3. 机会分析(O)

在改革开放的大潮中,区域经济发展存在着种种机遇,目前安徽省面临的最大机遇集中体现在以下方面:

(1) 西部开发给安徽省带来了多方面的机遇

一是承东启西的区位机遇。在国家实施西部开发战略的过程中,安徽处于东西部中间地带,承东启西,在产业梯度转移中可以起到跳板作用。二是西部开发的市场机遇。近年来,我国东部市场逐渐饱和,而西部市场仍有很大的潜力。西部开发后国内市场空间将进一步扩大,对安徽实施"东进西出"战略极为有利。三是发展中西部的政策机遇。国家决定开发西部,也包括中部,各种优惠政策对于安徽在招商引资和发挥资源优势等方面有很大的促进作用。四是基础设施建设的投资机遇。在安徽境内,承东启西的水路、公路、铁路、航空线路多达十几条,还有西气东输工程,仅宁西铁路在安徽境内的投资就达54亿元。

(2) 长三角经济的蓬勃发展也将为安徽省经济发展带来机遇

长三角的产业整合和转移为周边地区提供了机遇,而由于区域位置的优势,安徽省很有可能成为其中最大的受益者。在我国利用外资的新增部分中78%落户长三角。大量外资涌入长三角后,势必会带来大量的配套投资,这种扩张效应也会波及安徽。安徽每年吸引的外来资本中有近50%来源于长三角区域,表明安徽省已经开始承接长三角发展的梯度转移趋势。

4. 威胁分析(T)

在寻找机遇的同时,也应该看到安徽在发展自身经济的过程中有可能遇到的威胁。主要体现在与东部发达地区的差距在不断拉大,特别是与自己邻近的长三角地区距离明显拉大,这将影响安徽与长三角地区的融合。另外,各地区加大了对自身旅游资源的宣传攻势,在旅游市场上对客源的争夺日趋激烈,这将加大安徽发展旅游经济的难度。

利用SWOT分析方法构建安徽经济发展的具体战略,如图8.4所示。

按照SWOT分析的思路,在制定地区经济发展战略时,必须使其优势和劣势与外部环境的机会和威胁相适应,以使地区经济得到快速的发展。根据以上分析,在制定发展战略时可以重点考虑以下方面:

SO 战略：解放思想，主动融入长三角经济圈中

从安徽省经济发展的趋向看，融入长三角是一种必然的趋势，快速融入长江三角洲，是安徽省抢抓沿海资本、技术、产业等梯度转移机遇，将比较优势转化为经济优势的必然要求和重要途径。近年来安徽省加大了交通建设的力度，与长三角联系的交通瓶颈逐渐被打破。长三角都市群的整合与发展，势必也会形成城市群梯度链，这种梯度链自然会延伸到省外的一些城市。一般认为国际上大的都市圈半径在 800 公里左右，按照这一范围，合肥市以及马鞍山、芜湖、铜陵三地都能够被纳入长三角的城市群体系之中。正是基于这一判断，安徽省政府近年来已经提出了加速马芜铜区域发展，主动融入长三角城市群体系的战略构想。与此同时，诸如马鞍山、芜湖这样一些经济相对发达、邻近长三角的城市可以在双赢的基础上，选择与长三角的一些城市建立战略联盟关系，充分发挥自身的比较优势，实现错位发展。

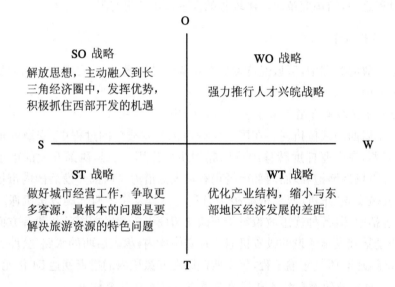

图 8.4　利用 SWOT 分析方法构建安徽经济发展战略

SO 战略：积极抓住西部开发的机遇

在东西部市场接轨中，安徽具有"得中独厚"的条件，将在中西部发展中取得主动地位。对于东部而言，安徽的生产加工、运输物流、人力资源的成本是比较低的；对西部而言，安徽以其较优越的条件，在上述方面也具有低成本优势，完全能够实现安徽与西部的双赢。安徽应发挥自身承东启西的优势，积极实施东引西联的"双向"开发战略。一方面以更加开放的方式，积极吸引东部的产业、资金、技术、人才，加快经济结构调整和产业升级；另一方面，主动西进联合，大力推动与西部地区多层次、多渠道、全方位的经济技术合作和交流，大力开拓西部市场。

WO 战略：强力推行人才兴皖战略

要留住人才，必须形成有利于人才汇集、人才创业、人才发展的用人机制、分配机制和激励机制，着力建设一支符合市场经济需要的高素质的人才队伍。同时，也应积极创造条件吸引人才。周边省份之所以经济发展很快，除自身条件外，就是想方设法创造宽松环境吸引人才，为本地区经济发展服务，这样既降低了自己的人才成本，也提高了人才使用效益。另外，也要广泛联系外省的安徽籍知名人士，利用他们的各种优势和影响为安徽经济建设服务。

ST战略:做好城市经营工作,争取更多客源,最根本的是要解决旅游资源的特色问题

诚然,安徽黄山以其独特的风光驰名天下,但是要吸引游客来安徽,光有一个黄山是远远不够的,必须要有一个以黄山为中心,覆盖周边地区的精品路线,才有可能吸引更多的人观光旅游,真正地增加旅游收入。因此,经营城市就非常重要。具体而言是要做好城市的特色定位,在此基础上进行城市规划,并通过城市形象宣传广告、会展等方式让这一定位深入人心,提高自身的知名度。做好城市经营工作,也可以带动本地区招商引资的进程,吸引更多的人才,同时促进本地区企业的发展,可谓是一举数得。

WT战略:优化产业结构,缩小与东部地区经济发展的差距

根据许多实证性研究证实,产业结构转变中最值得注意的特征是国民生产总值中制造业所占份额的上升,以及农业所占份额的相应下降,因为产业结构的这种变化会引起资本和劳动向城市转移,提高资源的利用效率,同时促进第三产业的增长。根据安徽省的现状,首先需要继续发展制造业,其中根据社会需求变化应重点发展装备工业,并且提高整个产业的技术结构水平,以此提高产业的感应度系数和影响力,增加产业的关联度。其次,发展农副产品深加工,缩小中间需求率,从而促进出口需求增加,缓和目前第一产业中过剩劳动力转移困难的矛盾。制造业、农副产品加工业发展,最终产品的增加必然使广告、运输、仓储、通讯等第三产业得到相应的发展基础,同时城市化率大幅度提高也将为第三产业发展提供更广阔的空间,最终实现产业结构的有序调整,促进经济增长。

[黄漫宇. 第三只眼睛看安徽[J]. 决策咨询,2004(6)]

8.4 政府战略规划案例:西部大开发

从规模上看,西部大开发是个特大型的战略决策;从时间上看,开发西部,既是自古以来开发的延续和深化,也是新时期解决新问题的新决策。这里讲述的是这项决策的出台、意义及开发战略的各种观点。

1. 西部大开发决策的出台

实施西部大开发战略,加快中西部地区发展,是党中央根据邓小平同志关于我国现代化建设"两个大局"的战略思想,高瞻远瞩,统揽全局,面向21世纪作出的重大决策。

20世纪80年代,当改革开放和现代化建设全面展开以后,邓小平同志对全国经济的协调发展就有过深刻的思考。他提出了"两个大局"的思想。一个大局,就是东部沿海地区加快对外开放,使之较快地先发展起来,中西部地区要顾全这个大局;另一个大局,就是当发展到一定时期,比如20世纪末全国达到小康水平时,就要拿出更多的力量帮助中西部地区加快发展,东部沿海地区也要服从这个大局。我国地域辽阔,人口众多,生产力不发达,要在一个时期实现同步富裕、同等富裕是不现实的,必然会有的先富起来,有的后富。在发展战略布局上,必须有全盘的构想。

邓小平同志的这个战略设想是,根据生产力发展水平和各方面的条件,东部地区先加快发展,然后带动和支持中西部地区发展,最终实现全国各地区共同繁荣和共同富裕。邓小平同志关于"两个大局"战略思想的集中论述,主要有两次,一次是1988年9月12日在听取关

于价格和工资改革初步方案的汇报时,另一次是1992年初在南方的谈话中。

从我国目前经济发展的总体情况来看,第一个大局已经基本实现,1978～1998年,东部沿海地区社会经济水平得到了很大提高;全国国内生产总值由3 624.1亿元增加到79 552.8亿元,按可比价格,年均增长9.7%,其中东部沿海地区所占比重由50%左右上升到60.7%。

1997年8月5日,江泽民总书记提出"再造一个山川秀美的西北地区"。

1999年6月,在中央扶贫开发工作会议上,江泽民总书记认为加快西部开发条件已经具备,时机已经成熟。

1999年6月17日至24日,江泽民总书记在考察黄河时强调,改善生态环境,是西部地区开发建设必须首先研究和解决的一个重大课题。

1999年10月,朱镕基总理在中央民族工作会议上提出西部开发要抓好五项工作:一是继续加大民族地区基础设施建设,特别要加快公路、铁路等交通运输建设,着力搞好水资源开发和综合利用,进一步加强能源和通信建设。二是充分发挥优势,扬长避短,大力发展各具特色的民族地区经济;坚持以市场为导向,积极调整和优化产业结构,努力培育新的经济增长点;要加快农业结构调整,特别要培育和发展能够发挥当地资源优势的支柱产业。三是高度重视和切实抓好天然林保护工程与生态环境建设,这是实施西部大开发战略、加快民族地区发展的一项重大步骤,也是全国实现可持续发展的重要举措。四是要进一步加大对少数民族地区的扶贫攻坚力度。五是要认真实施科教兴国战略。

2000年1月,国务院西部开发领导小组会议强调,要抓住时机,加快西部发展,集中力量抓好"五项重点工作"。

振兴西部经济,不仅是西部自身的局部发展问题,而且关系到整个国家经济发展和社会进步的全局。加快西部发展,可以加速全国的经济增长,实现全国产业结构的合理化和高级化,促进资源的优化配置,巩固民族团结,达到共同富裕。

实施西部大开发战略是一项长期而又艰巨的伟业,也是一个规模宏大的社会经济系统工程,既要有急迫感,又要从长计议,要吸取过去西部开发的经验教训,按客观规律办事。21世纪所实施的西部开发战略设想,要将市场机制和国家宏观调控相结合,突出重点,因地制宜,有所为有所不为,有计划、有步骤地推进,采取新的思路。

2. 西部大开发的重大意义

在祖国版图上,东西部地区像"雄鸡"的双翼。改革开放以来,东部沿海地区振翅先飞,经济发展速度之快为世人瞩目。相对而言,西部这一"翼"还没有展开翅膀。世纪之交,历史的机遇终于降临到西部。

(1) 东西互补:展开双翅才能腾飞

对多数人来说,西部给人留下的印象只是昔日的灿烂辉煌和今日的贫困落后。从人均国内生产总值看,全国倒数前10位的几乎都是西部省区,而且东西部地区的差距还在扩大,以上海和贵州为例,两地人均国内生产总值之比从1990年的7.3倍扩大到目前的12倍。试想,我国近56%的国土面积不能有效开发,23%的人口生活低于全国平均水平,国家的现代化建设如何能够实现?

与东部地区相比,西部虽在基础设施、科技教育、生态环境等方面存在着一定的劣势,但具有资源丰富、劳动力充裕、投资成本低廉等巨大优势。实施西部开发战略,就是要把西部地区的发展潜力转化为现实生产力,把资源优势转化为经济优势,为国民经济的发展提供更为广阔的空间和巨大的推动力。

加快西部开发,有利于发挥西部的资源优势,提高资源配置效率。我国东部与中西部地区在自然资源、资金、技术等方面具有较大的互补性。沿海地区加工工业比较集中,技术和经营管理水平较高,资金供给也相对充裕,但能源和矿产资源缺乏。中西部地区能源和矿产资源丰富,但资金供给不足,技术和经营管理水平不高。东部与中西部这种资源的互补特征,决定二者必须协调发展。

据专家预测,21世纪,东部地区60%的原材料需要西部供给,50%的能源靠西部输送。中国经济发展的后劲,在很大程度上取决于西部资源的合理开发利用。可以说,西部大开发,是促进地区经济协调发展、缩小地区差别、实现共同富裕的重大举措。

(2) 发挥优势:市场潜力巨大

西部地区除了丰富的资源优势,还拥有潜力巨大、商机无限的市场。西部开发有利于扩大国内市场的规模和容量,从而增强经济增长的需求拉动。当前如何启动消费需求,成为启动国内市场、促进经济增长的关键。中西部人口占全国的近60%,但社会消费品零售额仅占41%。1997年,中西部人均社会消费品零售额仅为1 535元,只相当于东部地区的48.4%,全国平均水平的69.5%。如果中西部人均消费能达到全国水平,将增加消费需求4 850亿元;如果达到东部地区水平,将增加消费需求11 770亿元。因此,西部大开发,又是扩大国内需求、促进国民经济持续快速健康发展的战略决策。

精明的温州人总结出开发西部蕴含的四大商机:有市场可以开拓;有项目可以承包;有实业可以兴办;有科技可以合作。西部地区的诱人前景不仅吸引着国内商家,而且赢得了独具眼光的外商的青睐。美国摩托罗拉公司已经在四川投资3亿多美元。公司高级总裁赖炳荣表示:"中国西部市场潜力巨大,跨国公司不会放弃这里的市场和诱人的投资回报。"外商经过20年在华投资的探索,对参与中国建设与开发既树立了信心,又积累了经验。我国加入世界贸易组织,为吸引外资开发西部带来新的契机。

目前,中国已经在一定程度上开放了西部金融、保险、电信等十多个外商投资领域。中国权威人士表示,只要投资者能充分利用西部的优势,就一定会取得很大的收益。希望海外投资者能像当年投资沿海地区一样,大胆地向西部地区投资。

除了摩托罗拉,美国宝洁、德国西门子、日本丰田等近40家跨国公司也已在四川省投资设厂,这个省外资企业已突破5 000家。截至1999年上半年,西部地区已成立15 000多家外资企业,总投资额约700亿美元。

除此之外,西部与多个国家接壤,有3 500公里陆地边境线,通过开发,它可以成为新的"丝绸之路";西部有的地方有一定的科研力量和发展高新技术条件,通过开发,可以建立高新技术开发区,形成西部的"硅谷";西部是全国多条重要江河的上游,通过开发,它可以创造风调雨顺的生态环境;西部有着灿烂辉煌的历史、雄伟瑰丽的山川,通过开发,它可以成为神秘诱人的旅游胜地……西部开发的经济前景展现给人的是一幅动人蓝图。

(3) 两个大局:经济重心战略转移

曾经有过辉煌历史的西部地区,在新中国两代领导人的战略决策中,都占据着重要的位置。早在20世纪50年代,毛泽东同志在著名的《论十大关系》中就强调,要处理好沿海工业与内地工业的关系。"一五"计划的许多重点项目都配置在西部。20世纪80年代,邓小平同志提出了"两个大局"的战略思想:"一个大局"是沿海地区加快对外开放,较快地先发展起来,内地要顾全这个大局;另外"一个大局"是沿海地区发展到一定时期,拿出更多的力量帮助内地发展,沿海地区也要顾全这个大局。江泽民同志高度重视这个具有全局意义的重大问题,明确提出实施西部大开发是全国发展的一个大战略,要作为党和国家一项重大的战略任务,摆在更加突出的位置。

目前,西部大开发的时机已经成熟。经济界人士分析,开发西部与当年发展东部相比,各方面条件都已不可同日而语。新中国成立六十多年来特别是改革开放以来,我国综合国力不断增强,国家有能力加大对西部开发的支持力度。仅是目前 2 500 多亿美元的外汇储备这一项,发展东部时就难以想像。特别是当前我国正在实施扩大内需的积极财政政策,可以用更多的资金直接支持西部开发。东部沿海地区经过多年的改革开放和发展,已经进入良性循环阶段,也有能力支持和帮助西部地区。近年来,国家对中西部地区投入逐年加大,使这里的投资环境得到显著改善,仅 1998 年,中央财政增加的基础设施投资中,用于中西部的就已达到 62%。同时,西部地区自身也已有了较大的发展,基础设施建设初具规模,和 20 年前甚至 10 年前相比发生了很大变化。

3. 西部大开发战略的各种倾向性观点

针对西部开发,专家和学者形成各种倾向性的观点,归纳起来主要有以下几种。

(1) 可持续发展战略

历史上美国西部开发曾经历了惨痛的教训。美国对西部土地毁灭性开发造成土地破坏、农作物减产、土地质量下降,诱发自然惩罚,1934 年著名的"黑风暴"灾难涉及美国 20 多个州就是由于在土地开发过程中不重视环境保护所致。西部处于我国长江和黄河的源头,环境保护尤为重要,如果受到破坏,不仅影响到西部地区,而且会殃及整个中国,因此环境保护不仅仅是西部自身的要求。由于西部本身水土流失与荒漠化严重、滑坡与泥石流等地质灾害频繁,故应该在资源开发过程中把生态环境建设放在首要地位,重视防灾和减灾。

关于西部可持续发展战略思想,不仅专家学者已经形成共识,国家也开始有大的动作,但如何实施尚在酝酿之中。中国财政部计划今后 5 年内向西部投资 1 100 多亿元用于改善西部生态环境,2000 年用于保护和改善环境的投资为 120 亿元,比以往高出 50 亿元。林业部今后 10 年将投资 2 000 多亿元人民币,用于林业和生态环境建设,重中之重是黄河的天然林保护。目前我国已经基本完成西部退耕还林还草规划,将用 10 年时间遏止西部生态环境恶化的趋势,力争到 2050 年再造一个山川秀美的西部,建立可持续发展良性循环。并且计划与全球基金会、世界银行、亚洲开发银行、联合国开发署等国际机构在生态环境保护领域进行合作。朱镕基总理 1999 年 8~10 月对西部 6 省区实地考察后,就黄土高原的水土流失问题、黄河中上游的水土保持问题、西部天然林保护和生态环境建设等一系列问题均作了重要部署。

(2) 资源优势转换战略

西部地区自然资源特别丰富。其水能蕴藏总量占全国的 82.5%,已开发水能资源占全国的 77%,但开发利用率尚不足 1%。其矿产资源的储量十分可观。依据已探明储量,西部地区的煤炭占全国的 36%、石油占 12%、天然气占 53%。全国已探明的 140 多种矿产资源中,西部地区就有 120 多种,一些稀有金属的储量名列全国乃至世界的前茅。该地区的旅游资源得天独厚,秦兵马俑、莫高窟、九寨沟等均位于西部地区。

优势转换战略的着眼点是通过开发利用西部丰富的资源来加快西部发展。在长期计划体制下,我国形成了西部地区提供原料、东部加工的资源开发导向模式。加工业产品增值量大、利税高、扩大再生产能力强,而单纯的原材料开发这种资源开发导向战略则形成"富饶的贫困"。今后如何合理开发利用资源,将资源优势转变为经济优势和产业优势是西部发展的重点和难点。新疆具有一白一黑(棉花与石油)优势,但多数纺织厂普遍不景气,而新疆特变电工股份有限公司、新疆轮胎厂与"黑白"并无联系,效益反而较好,它们靠的是市场竞争。由于资源是不可再生的,开发利用受到较大约束,因此资源优势转换战略也受到来自各个方面的挑战。要树立新的资源观,如海尔、小天鹅在中西部地区兼并了一些企业,并没有耗费多少资金,却给中西部带来了新的管理模式,扩大了品牌效应,注入了新的经营理念。

(3) 跳跃式赶超战略

西部与沿海地区之间的差距不仅表现为经济发展水平差距,还表现为知识和信息上的差距。知识和信息不仅正成为最重要的生产要素,而且是最重要的改革因素。如果按照常规发展战略,只能使西部与沿海差距进一步扩大,因此,缩小与沿海发达地区的发展差距最重要的是先要缩小知识差距、技术差距和信息差距,从而才有可能加速缩小与沿海发达地区的经济差距。这就是跳跃式发展战略,即充分利用知识、技术和信息等要素来弥补物质资本要素或人力资本要素不足的缺陷。实施跳跃式发展战略,并非超越发展阶段,而是高起点采用新技术,缩短发展进程。跳跃式发展战略要与西部地区具体实际相结合,要具有西部地区特色,而不是照抄、照搬、硬套。

西部如果实行了跳跃式的发展,就有可能在发展经济时减少或避免工业发展所带来的负面效应,与东部经济同步发展,甚至在某些领域可能会超过东部。一个典型的例子是广西,近几年发展速度明显快于全国,后来居上。

(4) 结构调整战略

部分学者认为,经济结构畸形是制约中西部经济发展的根本原因。主要表现在:农业的基础地位还相当薄弱,农业劳动生产率低下;基础工业与加工工业的增长很不协调;产业技术水平低,国际竞争力弱;产业结构转换压力大。因此,应该调整区域产业结构,促进产业结构的优化配置。西部产业结构的许多问题可以从西部开发中找到出路。目前,西部地区国有经济比重较高,并非是由于其国有经济发展水平较高,而是由于非国有经济没有发展起来。因此,今后要按照中央的精神,积极搞好"抓大放小",调整国有经济的比重。经过一段时期的战略调整和改造,逐步形成一个以混合经济为主体,以公有制经济为主导,各种经济成分共同发展的新格局。在积极抓好国有经济战略布局调整的同时,西部地区还应放手发展非国有经济,尤其是乡镇集体、个体私营和外商投资经济,加快发展民族特色经济。

(5) 科技和人才发展战略

其依据是"科学技术是第一生产力",科教兴国是我国社会主义建设、实现四个现代化的基本方针。据统计,陕西省现已有高等院校46所,各类科研机构2000多家,各类专业技术人员82万人,科技开发综合实力居全国第三。中国工业史上第一枚火箭、第一个显像管就是在陕西制造的。第四次人口普查资料表明,西北地区全民所有制单位自然科技人员占人口总数的11.9%,高于全国平均水平2.4%。可见西部某些地区的人力资源状况已经得到较大改善。西部几个大城市如兰州、西安、成都、重庆等拥有的科技人才密度仅次于北京、上海,但这几个城市工业竞争力却远远排在后面。21 世纪的竞争是科技的竞争和人才的竞争,积累人力资本、开发人力资源、制止人才外流是促进西部经济发展的重要举措。只要树立人才也是资源,而且是第一资源的观念,就可以千方百计寻找资金,首先解决吸引人才的问题。当年深圳是一个小渔村,就是靠从全国各地吸引大批的人才才发展成为现代大都市的。当然,如果仅仅靠向优秀技术人才提供报酬,亦不足以吸引大批的人才。西部开发必须建立一套机制,使得那些具有创业欲望的技术人才能够将西部作为他们的创业基地。譬如,可以提供免租或廉租土地,降低科技人才的创业成本。将闲置的人才资源充分利用的做法才是西部大开发的最佳选择。

中国科学院《2000 年发展报告》认为,东西部差距主要在知识、信息、教育、技术上,西部开发不应该见物不见人。国家人事部表示,要围绕西部开发,制定人才开发规划,具体措施包括:认真做好少数民族科技骨干培训工作;组织海外留学人员围绕西部开发进行考察,提出建议,洽谈项目;制定人才智力引进政策,引导东部地区科技人员以多种形式参与西部建设。

(6) 基础设施建设先行战略

国家发展计划委员会提出,实施西部大开发,要着力搞好基础设施建设。国民经济和社会发展计划实施以来,国家加大了对中西部地区的支持力度,优先安排了一些基础设施项目。特别是近两年在长期国债项目资金和借用国外优惠贷款的安排上,都向西部地区作了倾斜。三峡工程、李家峡电站、南疆铁路、宝成铁路复线、连云港至霍尔果斯干线西段、兰州机场、昆明机场、西部光缆干线、城乡电网改造等一批基础设施项目加快建设,为实施西部大开发战略创造了起步条件。西部基础设施建设要围绕公路、铁路、机场、天然气管道以及电网通信、广播电视、水利等进行。沿江发展战略随着三峡跨世纪工程的建设,实际上已经启动;沿黄轴线正在建设河北黄骅港到陕西神府煤气田的铁路以及其他骨干铁路。新疆将投资 1 300 亿元进行基础设施建设。目前"西电东送"、"西气东输"、"西油东送"战略正在付诸实施。四川忠县至武汉的天然气管道、青海涩北气田至兰州 900 多公里天然气管道将会很快兴建完成,"西气东输"工程将于 2007 年建成投产。"西能东送"战略可以充分利用西部丰富的能源,缓解沿海能源、电力紧张的状况,达到东西双赢的目标。

(7) 企业发展带动战略

部分经济学家指出,国家进行西部大开发的主体是企业,而不是其他,比如政府。因为开发西部的核心是推动西部地区的工业化、城市化、市场化,这"三化"的行为主体都是企业。企业进入西部的准入条件是企业必须具有比较优势,有足够的实力;西进的主要形式是重组西部企业,而不是新创企业,因为西部地区各类企业基本上都有,重组的成本要远远低于新建的成本。

在现代市场经济条件下,任何一个地区的经济发展都是由其具有优势的产业发展所决定的,而地区优势产业的形成则取决于地区比较优势和企业竞争优势的大小。宏观层次的地区比较优势仅仅是地区优势产业发展的必要和前提条件之一,而微观层次的企业竞争优势则是决定地区优势产业发展的充分条件。不管地区有无资源禀赋上的比较优势,如果缺乏微观层次的企业竞争优势,这种产业最终将会在激烈的市场竞争中被淘汰出局。在当前市场竞争日趋激烈的情况下,培育和创造企业竞争优势是增强西部地区工业竞争力的重要的前提条件。从云南红塔集团等西部企业走过的发展道路可以看出,企业优势加上资源优势就会产生市场竞争力。国家"一五"和三线建设时期建设的国防和军工企业也都是西部发展的基础。

(8) 因地制宜战略

西部地域广大,各地差异性较大,西北地区水资源问题突出,西南地区可利用土地短缺,各省区均各有特点,这就要求各地在开发中必须从当地实际出发,扬长避短,发挥优势,有针对性地制定开发战略和对策。

应针对几种主要类型区制定相应的对策。对于中心城市地区,要培育其辐射和扩散功能,使其成为西部大开发的依托和支撑点,成为扩大开放的窗口和示范区,成为发展高新技术产业和技术创新的基地、策源地。对于老工业基地,要加快工业调整、改组和改造步伐。对于资源富集区,要合理开发市场前景较好的资源,与先进适用技术相结合,提高开发效益。对于贫困地区和少数民族地区,要增大扶贫强度,继续采取以工代赈、以粮代赈等行之有效的形式,加强贫困地区的基本农田、小型水利设施、人畜饮水工程、乡村道路的建设,加强生态治理,退耕还林还草。

(9) 市场机制与政府宏观调控结合战略

西部开发应当最终由市场决定。但是,应当看到,西部在资源流动中,无论是物资流动、资金流动还是信息流动,都落后于东部地区。加快资源的流动是西部地区的当务之急。专家学者提出以信息技术为西部开发的重点和支点就是基于西部资源流动性不强这一前提,试图通过信息的流动带动物资和资金的流动。因为物资的流动与资金的流动都必须拥有庞大的基础设施,都必须拥有众多的高技术人员;而信息的流动则可以以较少的资金、相对少的人力实现资源的增值,同时信息流动可以带动物资的流动和资金的流动。当然,通讯传输是信息流动的表现,也是信息产业发展的基础,所以今后若干年内,应当在我国的通讯干线及其辐射的西部范围内建立结点,通过信息的流动,带动资金的流动和物资的流动。

除了市场机制问题外,要解决东西部发展差距问题还应有政府调控特别是中央政府区域政策的支持。政府应该为西部开发提供相对宽松的发展空间。这是因为西部地区的自然条件及区位(处于国内运输网的末梢、国内大市场的边缘等)、历史基础及历史包袱(如三线建设时,工厂靠山进沟社会负担沉重等)等外部环境因素,使西部的市场主体与东部市场主体并非处于同等起跑线。通过中央政府的政策倾斜和资金投入使西部和东部的市场主体处于大体相同的起跑线,是对市场(机制)局限与缺陷的弥补,非常重要。

党中央提出实施西部大开发战略,是我们党高瞻远瞩,总揽全局,审时度势作出的重大决策。实施这个战略决策,不仅对于振兴中西部地区经济,而且对于促进全国经济更大发展,实现我国现代化长远发展的宏伟目标,都将起到极大的推动作用。

可以这样认为,西部大开发已经不是一个区域性开发计划,而是 21 世纪振兴中华民族的大战略。有专家预言,这将成为中国经济发展史上的一个重要里程碑。

[改编自:张落成.西部大开发战略决策探析[J].科技导报,2000(8);郑必坚.关于实施西部大开发战略决策的初步思考[J].理论前沿,2000(3)]

参考文献

[1] J·戴维·亨格,托马斯·L·惠伦.战略管理精要[M].王毅,等,译.北京:电子工业出版

[2] 斯蒂芬·P·罗宾斯.管理学[M].黄卫伟,等,译.北京:中国人民大学出版社,1997..
[3] 董大海.战略管理[M].大连:大连理工大学出版社,2000..
[4] 李思一.战略决策与信息分析[M].北京:科学技术文献出版社,2001.
[5] 岳超源.决策理论与方法[M].北京:科学出版社,2003.
[6] 文莉,许跃辉,肖皖龙.企业战略管理[M].合肥:中国科学技术大学出版社,2001.
[7] 汤姆森·斯迪克兰德.战略管理概念与案例[M].段盛华,等,译.北京:北京大学出版社,2000.
[8] 刘东辉.战略决策论[M].哈尔滨:黑龙江教育出版社,1990.
[9] 孙书贤.战略决策学总论[M].北京:军事译文出版社,1992.
[10] 格里·约翰逊,凯万·斯科尔斯.战略管理案例[M].王军,等,译.北京:人民邮电出版社,2004.
[11] 洪向华.MPA最新案例全集[M].长沙:湖南人民出版社,2002.
[12] 李树林.中国企业管理科学案例库教程:战略管理[M].北京:光明日报出版社,2001.
[13] 祁军,喻世友,杜会杰.21世纪商学院MBA全球最新案例[M].广州:中山大学出版社,2002.

案例分析

案例1 三峡工程:千呼万唤始出来

1. 邓小平寄语三峡

1978年党的十一届三中全会以后,党和国家的工作重心转到了经济建设上面来。在新的契机面前,冷却10年的三峡论证又重新摆在党和国家的重大议案里。新一轮的三峡热开始升温了!

1979年,水利部向国务院提交报告,建议把三峡工程作为四个现代化建设中的重大战略性工程,争取在90年代建成。

同年,规划单位建议三峡坝址选在西陵峡的三斗坪。

同时,李锐与林一山的三峡论争又起。李锐再次上书认为"三峡水库防洪作用有限,而投资过大,……国家财力显然难以负担"。林一山初衷不改,要求组织"决策性的讨论,对一些不同意见作出分析判断……"。

1980年7月,时任中共中央副主席、国务院副总理的邓小平从重庆沿江而下,视察了三峡坝址和葛洲坝工程。同年8月,国务院召开常委会议专门研究三峡问题,会议决定由科委、建委负责组织对三峡工程的进一步论证。1982年11月24日,在谈到正在论证的三峡工程的几种方案时,邓小平指出:"我赞成摘低坝方案。看准了就下决心,不要动摇。"

稍后,1983年初,长江流域规划办公室提出了《三峡水利枢纽150米方案可行性研究报告》。同年5月,在北京京西宾馆,国家计委召集各方面有关专家350余人审查这一报告,最后认为:低坝方案基本可行,建议国务院原则批准。翌年2月,中央财经领导小组讨论研究国家计委审查通过的方案决定:三峡工程采用正常蓄水位150米,坝顶高度175米方案,立即开始施工准备,争取1986年正式开工。1984年4月,国务院原则批准这一方案。

即后,三峡工程准备工作全面展开:三峡工程筹备领导小组宣告成立;三峡工程开发总公司筹备组开始工作;与美国内政部垦务局关于三峡工程开展技术合作的协议签订……

1985年3月4日,中共中央、国务院发出《关于成立三峡省筹备组的通知》。《通知》说,正在筹备兴建的长江三峡,是新中国成立以来最大的工程。它的建成,将对长江中下游防洪、发电、航运产生巨大的综合效益,对我国在本世纪末实现工农业总产值翻两番和四个现代化建设,具有重大的意义。为了保证三峡工程顺利建成,妥善安排库区移民,加快三峡地区的经济开发,中共中央、国务院认为有建立三峡工程省的必要。三峡省的区划范围,原则上包括四川省的涪陵、万县两个地区以及湖北省宜昌地区的绝大部分、宜昌市和鄂西土家族苗族自治州的巴东县。在三峡省正式建立前,先成立三峡省筹备组,并建立党组。筹备组由李伯宁等8人组成,李伯宁任组长和党组书记。

随着三峡工程的全面铺开,关于三峡工程的不同意见和争论也全面展开。

1984年9月,重庆市人民政府建议将正常蓄水位提高,以便万吨级船队能直达重庆港。国家计委、国家科委受国务院委托对三峡工程的水位进一步组织了论证。

在此期间,国内有关部门和关心三峡工程的人士对三峡工程建与不建,早建或改建以及建设方案,提出了各种不同意见。李锐也再度上书中央领导,建议三峡工程"在重大问题尚未圆满解决以前,考虑暂缓兴建"。

中共中央、国务院对此非常重视。1986年,中共中央国务院发出《关于长江三峡工程论证有关问题的通知》,决定进一步扩大对三峡工程的论证,重新提出可行性研究报告。

与此同时,1986年5月8日,中共中央、国务院决定,撤销三峡省筹备组,改建为三峡地区经济开发办公室。

2. 艰难复杂的重新论证开始

中共中央、国务院为了体现决策科学化、民主化的精神,决定由原水利电力部组织成立"三峡工程论证领导小组",广泛组织各方面的专家,围绕各界提出的一些问题和新的建议,从技术上、经济上进一步深入研究论证,得出有科学依据的结论,在此基础上重新提出可行性研究报告,然后组建国务院三峡工程审查委员会负责审查可行性报告,提出审查意见并报请国务院审核。

原水利电力部在1986年成立三峡工程论证领导小组,对论证工作实行集体领导,在领导小组下设地质地震、枢纽建设物、水文、防洪、泥沙、航运、电力系统、机电设备、移民、生态与环境、综合规划与水位、施工、投资估算、综合经济评价共14个专家组,聘请国务院所属的12个院所、28所高等院校和8个省市专业部门共40个专业的412位专家,全面开展三峡工程的论证工作。其中,中科院学部委员15人,教授、副教授66人,研究员、副研究员38人,高级工程师251人,合计370人,占专家总数的89.8%。水利电力系统以外的专家213位,占51.7%。此外,还聘请特邀顾问21位。专家构成具有权威性和广泛性。

为了支持各专家组的工作,根据工作需要,在全国范围内委托有关高等学校、科研、勘测、设计等单位,承担试验、勘测、调查、计算、研究的任务。实际参加工作的达数千人。国家科委还组织了有关科技攻关项目,共有全国300多个单位、3 200多名科技人员对45个专题进行科技攻关,取得了400多项科研成果。

重新论证工作始自1986年11月。论证的内容,主要集中在兴建三峡工程的必要性、技术上的可行性、水库移民安置、生态环境问题、经济上的合理性、三峡工程的建设方案和兴建时机等方面。而在这些方面大多都存在着不同意见。

3. 各种不同意见促进了认识的深入

几十年来,三峡工程为国内外关注,围绕三峡工程,有各种各样的意见。论证之初,论证组收集研究各种不向意见后,将它们分为两大类:一类是三峡应如何修建,包括应一级开发或二级开发,以及各种不同设计蓄水位的方案。另一类是三峡该不该建,包括:防洪有无必要性;长江的治理是否应先上后下、先克后干;三峡工程在技术上是否可行;经济上能否为国力承受;移民能否安置;对生态环境是否将造成严重的不利影响等等。

根据以上两类性质不同的问题,必须将论证分为两个阶段:首先要选定一个三峡建设的代表性方案,然后,研究这个方案的全方位可行性,并制定一个和三峡代表性方案同等效益或效益接近的替代方案,比较三峡建或不建、早建或晚建的利弊得失。

三峡的论证工作,就是在广泛听取各种不同意见的基础上展开的,正是这些不同意见促进了认识的深入,推动了长江的治理工作。

水库的设计蓄水位,是水库建设的主要综合指标,它决定了工程的规模和效益。蓄水位越高,库容就越大,其防洪、发电、航运等效益也越高,而相应的技术问题随之增多,淹没损失随之加大。

在论证中,根据过去的研究成果,议定从海拔150米到180米之间选择水位。在论证前,原水电部主张选择较低水位即150米,理由是:移民较少;泥沙问题较简单,因为水库回水在重庆以下,泥沙淤积不会影响重庆。但低水位方案遭到两方面的反对。一是由于水位较低,防洪库容不足,如遇特大洪水,为保下游安全,需要水库临时超蓄,要求库区以上的群众临时转移,这些群众感到不安定,下游也感到防洪安全的保证不够。二是重庆市和航运方面,由于改善航运的利益不能惠及重庆,而影响航运的整体利益。直到论证开始,两种意见相持不下,不能达成共识。

论证中,对泥沙问题和移民问题分别组织了有权威并有代表性的专家组,进行反复深入的研究。两个专家组的结论是:将设计蓄水位提高到175米,相应的泥沙问题和移民问题都有把握解决。最后,各专家组共同通过了水位方案:初期蓄水位156米,这样有利于移民安置,并可检验泥沙淤积的影响;最终蓄水位定为175米而满足防洪和航运的需要,也相应提高发电的效率。

4. 审慎计算三峡的投资

三峡工程的投资是否会变成"无底洞"? 这是论证中提出的最尖锐的问题,它反映了广大群众的担忧。历经十多年的曲曲折折,刚刚进入稳定、繁荣、发展的新轨道,谁都害怕再来一次"瞎折腾"。过去有些工程,为争取工程上马,违反实际地压低投资,一旦上马,各项资金立即加码,人们痛恨地称之为"钓鱼工程"。三峡工程投资基数很大,如果将来打不住,如果成为国民经济的"无底洞",其后果不堪设想。

论证小组深感责任重大,态度变得格外审慎。他们分析有些工程大大突破概算,首要原因是前期工作不充分,特别是地质情况未搞清,挖开基础后发现地质有重大缺陷,因而大大增加了工程量。三峡工程坝址的地质情况较好,并经过长期勘探,这是它的有利条件。在论证中提出的库岸滑坡和诱发地震问题,都已由地质地震专家组作出了明确一致的结论。但三峡工程毕竟规模巨大,将来设计施工中总会有些未能预见的因素。因此,论证组认为,在可行性研究阶段,工程量和投资计算必须留有适当余地。除枢纽工程外,三峡工程的总投资还包括移民安置和输电工程两大部分,都请有关专家进行了详细的复核。最后,论证小组对三峡工程静态投资的概算为:按 1990 年价格计算,三峡工程的总投资为 570 亿元,其中枢纽工程 298 亿元,移民安置 185 亿元,输电工程 87 亿元。工程的工期分为 3 个阶段:施工预备期 3 年;从主体工程开工到第一批机组发电 9 年,以后陆续安装电机直到全部完工预计为 6 年。

论证中主要的分歧是在动态投资的计算上。以静态投资为基础,各个建设项目都要考虑建设期间的贷款利息和通货膨胀率,计算资金的总需求量,即动态投资。根据国家计委认可的计算方法和标准,三峡工程如在近期开始施工准备,其资金总需求量约为 1 500 亿元,其中在发电前需要的资金约为 600 多亿元,开始发电后的资金,可逐步由工程本身和葛洲坝的收入支付,在全部工程完成后的第二年即可偿还全部贷款的本息。由于假定的贷款利息特别是通货膨胀率的不同,也可算出差距几倍的动态投资。对此,论证组请权威部门的经济金融专家进行论证。专家们认为,三峡工程的贷款利息是在建设后期即开始发电后,用自己的收入来偿还,而不是用投资的钱来偿还,因此,不是实际的资金需求。由于三峡工程有投入,也有产出,投入的物价涨价,产出的电价也上涨,所以,作经济评价时,可以不计物价因素。

在论证中发现:由于长江三峡的年均水量达 4 500 亿立方米,建坝后可转化为高达 840 亿千瓦小时的年均电量,比其他江河上同样水头的水电站(一般年均水量几百亿立方米,年均电量几十亿千瓦小时),有很大的优越条件。因此,单位千瓦的造价相对不高。

论证组认为,三峡工程的建设是符合目前国民经济水平的。这可从三峡的主要产出指标——发电能力来考察。现在建议的三峡装机容量为 1 768 万千瓦。20 世纪 50 年代末期,我国全国的电力容量还不到 1 000 万千瓦;60 年代末期也仅 2 000 万千瓦;70 年代末期发展到 6 000 多万千瓦;到 80 年代末期已达 1.2 亿千瓦以上,预计到本世纪末将达到 2.4 亿千瓦以上。现在全国每年投产的发电能力超过 1 000 万千瓦,每年的电力投资超过 300 亿元。即使不建三峡工程,华中和华东也必须建设其他电站;即使将三峡工程的全部投资纳入电力投资,它占全国电力投资的比重将不超过当年的葛洲坝建设。

5. 防止移民安置对生态与环境可能产生的不利影响

三峡工程对生态环境的影响如何?这是论证中的又一重大问题。

在论证中,以中国生态学会的已故理事长马士骏为组长的生态与环境专家组,集合了各方面专家学者,经过详细调查和充分讨论,提出了综合评价和相应对策。1992 年,中科院环境评价部和长江水资源保护科学研究所,根据国家的有关规定,共同编制了三峡工程环境影响报告书,已经国家环保局终审通过。

专家组指出:三峡工程在建设过程中,需要安置的移民达 100 多万,其中一半是城镇居民,一半是农村居民。对城镇居民,迁移城镇一般不改变他们的原有生产条件。对农村居民,由于水库淹没耕地 36 万亩(其中水田 11 万亩)和柑橘地 7.5 万亩,必须重新安排生产条件。农村移民和被淹的土地,分散在库区周边 2 000 平方公里的 19 个县市的范围内,每个县市淹没土地的比重不大,没有一个乡全淹,这是有利的方面。但同时应看到,这个地区是我国最贫困的地区之一,过去的滥垦滥伐已使生态环境十分严峻。如果对移民安置缺乏统一的规划和领导,必然加重滥垦滥伐,使生态与环境更加恶化。从另一方面来看,如果利用移民安置的大量投入,进行合乎科学的统一规划并加强领导,这对本地区的环境改造和人民的由贫致富,也是一个机遇。当地的广大干部群众,翘首仰望三峡工程,是可以理解的。

基于上述理由,论证组完全接受了专家组的建议,明确要以建立和维护良好的生态环境为目标,对库区进行改造和重建,改变过去对移民安置的一次性补偿的办法,采取开发性移民的方针,即为移民全面安排生产和生活条件,并为库区的长远发展创造条件。要做好库区的国土规划,将城乡建设、移民工程、资源开发与环境整治等纳入总体规划,用系统工程的方法,把库区作为一个复合的自然-社会环境系统,制定出多目标、多功能的综合开发方案。制定和实施综合规划都要吸收生态与环境专家参加,并建议长江流域生态与环境的监测系统进行跟踪监测,以便及时作出科学预测和采取对策。

6. 推进长江上游的水土保持

1986年开始论证后不久,不少同志对长江的泥沙问题特别提心,认为长江上游的水土流失在加重,长江的泥沙在增加,有变成第二条黄河的危险。在此情况下修建三峡水库有无淤死的可能?

对此,论证组进行了认真的调查研究后认为,长江上游不少地方,由于滥垦滥伐水土流失确在加重。由于长江上游的地质和气候和黄河上游有所不同,水土流失的后果也有所不同。黄河流域主要为黄土高原,暴雨冲蚀的土壤颗粒很细,几乎全部随沟壑和支流洪水进入干流。因此,黄河在三门峡处虽然年均水量仅400多亿立方米,但年均输沙量却达16亿吨。长江上游主要为岩石山区,表层土壤被冲洗后,其余的冲洗物为岩石,颗粒较粗,大部分堆积在山沟和支流,只有小部分进入干流。因此,长江宜昌的年均水量为黄河三门峡的10倍(4 500亿立方米),而年均沙量仅为其1/3(5亿多吨)。对于三门峡的泥沙问题,由于积累了黄河三门峡改建和长江葛洲坝设计的经验,并经水利、交通、教育三个系统的泥沙研究单位制作多个模型互相验证,专家们一致认为可以长期维持水库的寿命并保证航运。但是,长江上游水土流失对当地人民的危害确需十分重视,在某种意义上,它比黄河的危害更大。因为长江岩石山区的表层土壤很薄,不像黄土高原有深厚的土层,岩石山区的表层土壤一旦流失,当地人民就失去农业生产条件,其后果十分严重。

根据以上认识,原水利电力部于1987年向国务院提出报告,认为不论建或不建三峡工程,长江上游的水土保持都应及早加强,建议与黄河上、中游的水土保持同等重视。国务院批准了这一报告,并于1988年成立了长江上游水土保持委员会,将金沙江、嘉陵江和乌江上游的水土流失严重区以及三峡两岸,列入国家重点扶持计划。此外,国务院还批准了在长江上游建设防护林体系。

在论证中,不少专家认为,鉴于三峡水库规模太大,建议先在长江各支流上兴建水库,以控制洪水,开发水利。

在长江流域规划和三峡工程的论证中,对长江各主要支流的水库都作了研究,认为干流水库和支流水库都是长江治理开发的组成部分,各有所用,应该相互补充,不能互相替代。各支流水库对控制当地洪水灾害和开发当地水利,有不可替代的作用。三峡水库的作用,首先是控制各支流水库所不能控制的 30 万平方公里面积的暴雨区,并开发干流的水能和航运资源。在研究三峡工程可行性时,一定要注意防止重干轻支的倾向。

基于这个认识,在论证过程中,对建设条件成熟的支流水库,都予以积极支持。从 1986 年至今,陆续开工建设的大型支流水库有:江西省赣江的万安,湖北省清江的隔河岩,湖南省沅水的五强溪,贵州省乌江的东风,甘肃省白龙江(嘉陵江支流)的宝珠寺,四川省大渡河的二滩等。正在编制和审批可行性报告的有四川省岷江的紫坪铺、嘉陵江的合川、湖南省澧水的江垭等。

各种不同意见的争论推动了对三峡认识的深入。

7. 重新编制可行性报告

1988 年 11 月,论证工作全部结束。14 个专家组提出各自论证报告。1989 年 9 月,在重新论证的基础上,编写了三峡工程的可行性研究报告。

重新提出的三峡工程可行性报告的结论是:三峡工程对四化建设是必要的,技术上是可行的,经济上是合理的,建比不建好,早建比晚建有利。

对三峡工程的建设方案,可行性报告推荐采用"一级开发,一级建成,分期蓄水,连续移民"的方案。大坝坝顶高为 185 米,一次建成,初期运行水位为 156 米,最终正常蓄水位为 175 米,水库总库容 393 亿立方米,防洪库容 221.5 亿立方米,水电站装机总容量 1 768 万千瓦,年发电量 840 亿千瓦时,移民不间断迁移,20 年移完。大坝坝址位于湖北省宜昌县三斗坪镇,施工总工期 18 年,第 12 年第一批机组发电。工程静态总投资共 571 亿元(按 1990 年价格计算)。

关于兴建三峡工程的必要性,推荐方案认为三峡工程效益巨大:

第一,可以控制长江上游洪水,减免长江中下游广大地区洪水灾害,保障经济建设和社会发展。

第二,为华中、华东及川东地区提供大量的电力,以缓解这些地区能源供应长期紧张的状况。

第三,使宜昌至重庆航运条件显著改善,为万吨级船队直达重庆创造条件。

关于工程的技术可行性,推荐方案认为三峡工程基本资料充分可靠,前期工作相当充分,工程建设中需要解决的技术难题已有明确结论,技术上没有不可逾越的障碍,在技术上是可行的。

关于移民和生态环境,是兴建三峡工程中最关键和最困难的问题。论证结论认为,移民安置任务艰巨,但有解决途径,工程越早建对移民工作越有利。三峡工程对生态与环境的影响是广泛而深远的,既有有利影响,也有不利影响,要充分重视,认真对待。

关于经济上的合理性和兴建时机,论证结论认为,投资计算的基础是可靠的,三峡工程的经济性是优越的,通过多渠道集资,我国现阶段国力是可以承担的。

8. 国务院的审查

1990 年 7 月,国务院在听取了重新论证的情况汇报和各方面的意见后,决定成立国务院三峡工程审查委员会,对可行性研究报告进行审查。

国务院三峡工程审查委员会,由当时的国务委员兼国家计委主任邹家华任主任,王丙乾、宋健、陈俊生三位国务委员任副主任,委员中包括三峡工程涉及的各部部长及科学院、社会科学院的负责人共21人。

国务院三峡工程审查委员会的审查工作,采取先分10个专题进行预审,然后再由审查委员会集中审查的办法,明确要认真地研究各方面提出的一些疑点、难点和不同意的意见,并作为这次审查工作中的一个重要方面,力求使审查得出客观、科学、公正的结论。10个预审组共聘请了163位专家,其中过去未参加过三峡工程论证工作的占62%,现任各有关部门行政、技术职务的占73%。

各预审组进行了实地考察,召开了预审会议,于1991年5月都提出了预审意见。1991年7月9日至12日,审查委员会召开第二次会议,听取了10个预审组的预审意见。委员们本着实事求是、尊重科学的精神,进行了认真的讨论和审议,一致认为三峡工程的前期工作规模之大,时间之长,研究和论证程度之深,在国内外是少见的,它是成千上万的专家和工程技术人员长期不辞辛苦、埋头苦干的结晶,也是发扬民主、听取不同意见、反复论证的结果。审查委员会认为,无论赞成的、怀疑的或者不同意的意见,都是为了更好地解决长江中下游的防洪和治理问题,都是从对国家和人民负责出发的。这些意见对增加论证深度、改进论证工作以及完善论证结果都起到了十分积极的作用。对待所有意见都应该采取博收其长、吸收合理部分的态度,而不应采取排斥对立的态度。因此,在论证、审查中,对有关部门、地方和社会各界提出的意见和建议进行了认真的研究,并采纳了许多有益的意见。

审查委员会一致认为,在重新论证基础上编制的可行性研究报告,其研究深度已经满足可行性研究阶段的要求,可以作为国家决策的依据。

1991年8月3日,审查委员会召开最后一次全体会议,一致通过了对长江三峡工程可行性报告的审查意见,认为三峡工程建设是必要的,技术是可行的,经济是合理的。建议国务院及早决策兴建三峡工程,提请全国人大审议。

1992年11月17日,国务院常务会议认真审议了审查委员会对三峡工程可行性研究报告的审查意见,同意兴建三峡工程,提请全国人民代表大会审议。

9. 最高权力机关的通过

1992年4月3日15时20分,全国七届人大五次会议最后一次全体会议。2 663名出席代表庄重地按动面前的表决器。人民大会堂主席台两侧巨大的蓝色荧屏上,跳出了白色的数字:赞成1 767;反对177;弃权664;未按表决器25。

万里委员长宣布三峡工程议案通过。掌声响起来。近一个世纪的风雨历程,三峡工程从这一瞬开始走出梦境。

翌日,《人民日报》等各大报刊登载了《第七届全国人民代表大会第五次会议关于兴建长江三峡工程的决议》,全文如下:

第七届全国人民代表大会第五次会议,审议了国务院关于提请审议兴建长江三峡工程议案,并根据全国人民代表大会财政经济委员会的审查报告,决定批准将兴建长江三峡工程列入国民经济和社会发展十年规划,由国务院根据国民经济发展的实际情况和国家财力、物力的可能,选择适当时机组织实施。对已发现的问题要继续研究,妥善解决。

以全国人大会议表决的方式来决定一项工程的命运,确实史无前例。这项工程在中国社会发展和民族心理上的重要性由此可见。几十年来,三峡工程被无数志士仁人、政界权威所关心,引发无数专家学者旷日持久的研究,也发生过颇为引人注目的争论。许多优秀的人物为它奉献了自己宝贵的青春、才能,甚至全部生命。道不尽的三峡情,做不完的三峡梦,还有难以理清的三峡风风雨雨,都随一江春水东流而去。世界上再没有第二个工程像它这样震撼这么多人的心灵了。三峡工程可以无愧地被称为世纪性的、全民的、举世瞩目的大工程。

[摘自:洪白华. MPA 最新案例全集[M]. 湖南人民出版社,2002. 有删减]

案例2　GE 公司重新定义公司战略

从 1981 年以来,在杰克·韦尔奇(Jack Welch)的领导下,GE 公司对公司战略进行了一系列的改变和重新定义。但公司的主要战略观点保持不变,并由韦尔奇在被任命为公司的首席执行官的几个星期内清楚地表述出来。这些观点要求公司成员在其从事的所有行业中成为最好的一个或两个之一;在公司内分享技术和专业秘密;通过文化改变以及打破官僚主义,释放出员工的能量。

"成为最好的一个或两个之一"是一个简单的原则。它要求 GE 公司的所有成员要么成为其所在领域的领先者,要么退出。自从 20 世纪 80 年代以来这条标准的执行导致了公司成员的很大变化。GE 公司在例如医疗设备、金融服务、照明和广播等领域内独自或建立合资公司而成为领先者,例如 1993 年,GE 公司的航空业务与 Martin Marietta 合并建立了世界第一的航空电子公司,和总部在爱尔兰的 GPA 的合作使 GE 公司成为世界航空租赁业的领导者;放弃的业务包括 Utah International,从事于自然资源开采业和消费电子行业。通过这些调整,GE 公司在几乎它从事的所有行业中成为领先者,并通过母公司的管理加强了各部门之间的联系。

GE 公司有时用一个令人费解的词"整体差异化"来描述自己,这个概念的实质是在不同成员之间交流思想和最好的实践经验。"'整体差异化'意味着我们不同的成员之间分享观点,发现先进技术的多种用途,通过人员在不同部门之间的调动来开阔视野,积累广泛的经验",韦尔奇说,"GE 公司的多样化创立了一个创新和思想的宝库,它属于每一个成员,开发它们既是我们的挑战也是我们一个巨大的机会。"在 1985 年,公司重组成为 13 个独立的事业领域,例如航空发动机、照明、主要设备。这些事业领域大多集中它们的战略,但韦尔奇同时也鼓励在不同领域间分享好的实践经验。在最高层,这些事业部的领导和职能部门的领导每个季度都在公司的经理会议上相处一天半,讨论一些有共同利益的问题,但重点放在如何增进低层次上的非正式工作网络。一位 GE 公司的经理说:"你能在书上看到这些东西,但是你在与 GE 公司的其他部门工作时能更深切地感受到这些,然后你知道从 GE 公司的企业文化中可以得到什么。"

打破官僚主义的决策结构和过程是 GE 公司的第三个观点。在 20 世纪 80 年代初,重点放在公司计划和控制系统上,这种系统不是非常正式。这种非正式的程序是为了更快更灵活地作出反应,从而减少官僚主义的会议和报告所浪费的时间和精力。这种程序现在提供了对战略目标和大致财务进行激烈争论的场所,它受到参与成员的较高评价。从 20 世纪 80 年代后期开始,工作重点转移到在全公司范围内推行一种被称为"Work-Out"的活动。

"Work-Out"使公司不同部门、级别、职位的员工坐在一起,共同讨论和决定如何改善公司的操作。一开始集中于区分和支掉官僚主义障碍,例如不必要的会议、报告和程序。"一场集中和持续的运动使员工从人为的约束中解放出来,这些约束是很早以前留下来的,如汇报、会议、例行程序、审批、控制等,它们直到支除前一直被认为是必要的。"

结果,这场运动使所有员工开阔了视野,并鼓励他们以各种方式提出自己的意见,使公司运转得更好。在第一次 Work-Out 会议上都要求高级经理们或者接受当场提出的建议或者明确表明他们将如何调查,以及何时作出决定。这样做的目的是为了使所有员工思考更好的工作方法,并表明他们的建议被认真地对待及执行,在这种行为方式下,GE 公司的所有员工都可以一同工作,而不管那些传统的职能分工、等级或业务范围。

推进 Work-Out 和无边界活动源于韦尔奇的个人信念,他认为在大公司中蕴藏着巨大的能量、创造性和热情,如果母公司的管理方式能解放它们,将在竞争中取得决定性的优势。韦尔奇称赞 Work-Out 提高了 GE 公司的生产率,同时也认为它改善了对顾客的反应。这场运动现在只是开始,GE 公司认识到要想达到全部效果还需要很多年。尽管这样,由于已经有了初步成果,早期对 Work-Out 的怀疑已经消失。这场活动抵挡了 20 世纪 90 年代早期的大衰退,从而在公司中扎稳了根。

在保持公司战略所依赖的核心价值创造观点的同时,从 1981 年开始,GE 公司也开始了对它的成员和管理方式的改变。这些改变已经修正了公司战略,使 GE 公司成为一个横跨多行业的集团。

多年来,GE 公司享有现代管理技术领导者的美誉。因此它能够吸引一批美国最好的职业经理,并通过实践和培训来提高他们的技能,韦尔奇向那些雄心勃勃的年轻经理们提供了激励和挑战,还有在职业管理中的深层次的动力,那就是和其他公司竞争。实际上,从某种意义来说,GE 公司已经成为许多其他美国公司的高级管理人员的培训基地,被 GE 公司聘请的人对任何领域来说都是有吸引力的。

GE 公司的高层管理人员,特别是韦尔奇的个人魅力是很重要的。韦尔奇在公司的经理中有巨大的影响并受到尊重。但一个人的能力不可能解决像 GE 公司这样大型和多样化的公司中所有的问题。韦尔奇要依靠管理团队中其他有经验和能力的重要管理人员,特别是他的"公司执行办公室"的同事们,这是一群有不同背景、能力和经验的人组成的团队。

GE 公司在从航空发动机、资本服务、广播和医疗设备到家用设备等许多不同的领域内都是有吸引力的。这些领域每一个本身还包括几个子领域。例如,资本服务包括 20 个独立的事业,如飞机租赁、抵押保险、再保险、发行信用卡和保险经纪。尽管如此多元化,但谁也不能怀疑它没有遵守那些核心原则。关键的成功因素、风险和投资的本质、成功经理的特点,在 GE 公司不同的事业领域中都不相同。实际上,对照明、航空发动机、Kidder Peabody(投资银行和经纪)和 NBC(广播)的成功因素进行的对比没有多大帮助。

尽管如此多样化,和其他公司相比,GE 公司在集团公司的管理中由于相互了解而犯的错误相对较少。GE 公司的经理们由于在重要的事情上意见一致并能对决策施加正面的影响而备受赞扬。应该承认,公司的执行官有经验是非常重要的,即使对那些不太熟悉的业务也有抱怨。

GE 的纪录并非毫无缺点,尤其在最近的一些多元化决策上。但并不能说这些问题是由于超出 GE 公司作为一个有效母公司的界限引起的。GE 可能对它在工厂自动化方面的成就过于乐观,但现在是市场和技术都快速变化的时代,没有哪一家公司能确信他将来的方向。1986年收购Kidder Peabody后，就碰到这样的问题。即使是NBC，可能是与GE的电力工程老本行远离最远的。作为RCA(美国无线电公司)的一部分，在收购后的几年绩效也不错，但是有迹象表明GE对20世纪90年代初的评级和盈利下降也不知如何应对。不过，总的来说，GE对它的多种行业的领导是成功的。

在寻找业务间的共同特征时，价值创造眼光的能力限制了GE组合的多元化程度，使它的业务都围绕着核心业务。例如，GE倾向于进入市场份额起重要作用并对竞争制胜起决定的行业。因为，在行业的第一或第二位能创造价值。相反地，GE很少或是避免进入那些领先者并无优势的行业，或是市场偏好、产品或技术变化很快却对已建立的优势有害的行业。而且，建立了市场领先的优势之后，GE的领导方式强调减少决策中的官僚作风，从而迅速获利。有证据显示，GE自从20世纪80年代中期就不再进行新的多元化，GE公司内部认为，要想管理更宽范围的业务，难度会更大。

在韦尔奇的领导下，GE的成绩是有目共睹的。它所经营的业务的财务绩效极好，在几乎所有他进入的行业，他都被认为是可怕的竞争者。目前还找不到另一个在如此多的行业能取得如此好的记录和声誉的公司。对GE的批评称，它在半导体和消费电子产品方面没有挡住日本竞争者的进攻，并且，除了金融服务以外，它的业务在20世纪80年代和90年代初没有很大增长。而且，GE过度多元化，缺乏清晰的核心业务标准就是业务增长的原因。不过，可以看到GE的公司级的决策都是集中于价值创造眼光的，这使它能够在非常广泛的行业范围内取得领导的优势。它能否在韦尔奇以后的日子里继续成功拭目以待。

[摘自：祁军，等.21世纪商学院MBA全新最新案例[M].广州：中山大学出版社，2002]

案例3　　SNAPPY SNAPS 胶卷冲洗连锁店

21年前，在多伦多的一个小商店里，邓·肯尼迪看到了一台机器——这一眼改变了他的生活。当时他在休假，正想找个地方冲洗胶卷，通常，他需要等好几天才能取回冲好的胶卷。但在这个商店里，用这台机器却只要一小时！

回到英国后，他就找到了他的老同学蒂姆·麦克安修。"肯尼迪认为这里面有巨大的商机，"开始，麦克安修对开展胶卷快速冲洗业务这个主意有些疑虑，他说，"我告诉他这不是个好主意，但当我看到那台机器时，我意识到他是对的。"

于是SNAPPY SNAPS诞生了。现在，这个总部在汉姆斯密斯的公司大约有400名员工、90家商店以及每年3 500万英镑的营业额。

"10年前，我们在社交场合遇到一个人，如果对他说我们是SNAPPY SNAPS公司的，他们会说：'谁？'"肯尼迪说，"但现在我们和'摄影'几乎是同义词。"——SNAPPY SNAPS已经连续5年被《摄影爱好者》杂志评为"年度最佳摄影工作室"。

但并不是一切都尽如人意。就在肯尼迪向麦克安修介绍那台新式冲洗机的同时，数字技术正以前所未有的速度快速发展。现在，在任何一个旅游点，你都可以看到成群的旅游者手持最新式的数码相机(有关数码相机技术及其用途方面的情况，请见附录)。

这是摄影技术上的一次革命，它对传统胶卷的生存构成了巨大的威胁。2001年4月，伊士曼柯达公司宣布大量裁员，原因是传统胶卷的销量下降导致利润下降了48%。那么，专门冲洗传统胶卷的业务会好到哪去呢？肯尼迪和麦克安修还能继续有好日子吗？几年以后，他们在社交场合还会遇到"SNAPPY SNAPS 是谁"这样的问题吗?

如果没有数码相机的兴起,SNAPPY SNAPS 可以被看做将赚钱的点子变成金钱的一个经典的成功案例——他们两人以一种纯商业化方式实现了他们的梦想。1980 年从加拿大回来以后,肯尼迪放弃了他的法律和会计学习,麦克安修也辞去了他的会计师工作。这两个人加盟了 Kall Kwik 冲洗连锁店,以此积累一些经营连锁店的经验。

1983 年 9 月,他们在伦敦西区皇后大道建立了 SNAPPY SNAPS 第一家摄影室,提供一小时冲洗服务。因为店址选得不错,第一年的营业额就达到了 30 万英镑。紧接着,他们又在 3 年里新开了 3 家店。自此,连锁经营蓬勃发展,他们的管理团队包括一名前银行经理、一名客户服务经理、一名教师、一名证券商和一名海员,这些人把 SNAPPY SNAPS 发展成一个全国性的大集团,他们的连锁企业几乎遍布英伦三岛,而伦敦仍然是他们业务最集中的地区。

相片冲洗业一直竞争激烈,近几年,这种竞争更是日趋白热化。肯尼迪说:"一年中全国的每个信箱里都有人几次塞进空信封,为的是让你把胶卷放进去,由冲洗店收走冲洗。加油站做冲洗业务,报亭做,超市也做,人人都想搭上这班车。"在由糕饼店改装的办公室里,肯尼迪与麦克安修共用一张办公桌。他说:"我们的业务越来越好。"

在过去十二三年里,SNAPPY SNAPS 以年均 10% 的速度增长,这在某种程度上因为它 1989 年收购了 Anglia Super colour 的 11 家店铺,1993 年收购了 Express Photo Labs 的 9 家店铺;但其成功在更大程度上归功于其对质量的追求。"我们意识到店与店之间的服务质量有差别,我们就花大力气避免这种差别。"麦克安修说。

一开始,SNAPPY SNAPS 定位于"休闲"照片的冲洗,但现在,它三分之一的客户是商业企业,于是,在传统的照片冲洗及加框等业务外,他们开始提供一系列新的服务,其中包括图像扫描、照片修复、海报印刷和光盘刻制。

SNAPPY SNAPS 成功的另一个诀窍是:根据需要及时调整商业模式。在开了几家店之后,肯尼迪和麦克安修发现调动员工的积极性很困难。肯尼迪说:"我们觉得特许经营是个好办法,因为每个特许经营店的经理实际上就是这家店的老板。"

大多数连锁企业在 20 世纪 80 年代迅速成长,又在 90 年代萧条期一蹶不振,而 SNAPPY SNAPS 却走上了一条稳定增长的繁荣之路。"我们从来没有想过在短期内开无数个店铺,"肯尼迪说,"我们的战略目标是有条不紊地追求增长。"

选择合适的特许经营商也是至关重要的。"在我们向 100 个潜在的特许经营商发出宣传材料后,如果没有合适的,我们宁肯一家不选,也不会勉强选择一个不合适的经营者。"麦克安修说。但是他们怎样选择经营商呢?"我们从来没有真正想过这个问题,"肯尼迪狡猾地说,"他们显然应该有热情、有成功的渴望,而且认同我们的经营方式。但是选择正确经营商的过程是我们的秘密,就像可口可乐的配方一样。"

建一家 SNAPPY SNAPS 店的成本是 14 万英镑,但经营商只需付出 3 万英镑。每年,经营商需要付 6% 的特许经营费和 2% 的广告费。作为回报,SNAPPY SNAPS 负责帮助经营商筹款购买设备(这是最大的开销)、与供应商谈判获取折扣、制定商业计划、提供培训以及授权使用 SNAPPY SNAPS 的品牌。经营商在从 SNAPPY SNAPS 的品牌中获益的同时,也可以得益于 SNAPPY SNAPS 每年费用为 75 万英镑的广告宣传。

根据麦克安修推算,特许经营商第一年的利润就可以达到 3.5 万英镑,但是他警告说:

"赚钱并不容易。你不是开便利店的,不能在下午5点就关门。你不能像大街上其他商店一样,在下午4点刚过就把客人赶走。业务最多的日子是星期六和星期一,这意味着你无法过一个像样的周末。"

失败也是可能的,特别是当经营商缺乏"灵活性"或没有走出去拓展新业务时。肯尼迪说:"不管你对经营商提出什么要求,在他们真正开始经营之前,你没有十足的把握相信他们能够经营得好。"

肯尼迪和麦克安修办公室的墙上挂满了经营商的照片,他们非常自豪于和经营商们有良好的关系。他们每年都召开经营商年会和地区性会议,开展员工培训,这些都是为了培养团队精神。"我们自己曾经做过特许经营商,所以我们知道特许经营商需要什么,"麦克安修说,"我们的特许经营商不仅留在我们的连锁网络里,而且有的还向我们承包更多的连锁店,这说明了我们之间的关系是多么稳固。"

他和肯尼迪一直坚信他们创业时的梦想,这也是他们成功的另一个秘诀:"我们创造了SNAPPY SNAPS,我们看它就像看我们自己的孩子。我们之间是股份各占50%的伙伴关系,如果有人征求我们的建议,我们会说这是最好的方式。"

尽管SNAPPY SNAPS为他们带来了巨大的财富(肯尼迪那辆停在公司总部门外的锃亮的美洲豹跑车就是有力的证明),但他们俩并没有卖掉SNAPPY SNAPS下半辈子在高尔夫球场和充满阳光的别墅里享清福的打算。

当被问及今后的计划时,肯尼迪这样说:"到明年,我们希望拥有100家连锁店。"他们正计划开拓海外市场。"不断有人询问我们何时发展海外业务,我们以前一直在回避这个问题,"肯尼迪说,"但是现在我们认为时机已经成熟。我们的机构已经初具规模,可以支持海外的培训和特许经营。"麦克安修补充说:"我们不会打'短平快',不会一夜之间在波兰开500家店。我们会慢慢来,一次进入一个国家,稳扎稳打。"

未来充满挑战。数码相机是一场革命,照相可以不用胶卷,把数码相机连到电脑上,就可以打印出多彩的图片。

但是,SNAPPY SNAPS现在提供了比以往更加广泛的数码服务。麦克安修说:"数码相机是有了,可是胶卷的销量并没有下降。事实上,并没有多少人在家里冲洗胶卷,因为这既费时又费力,质量还没有保证,每张照片的成本要比我们收取的价格高许多。数码相机实际上增加了我们的生意,因为人们花了大价钱购买数码相机,自然希望洗出来的相片更上档次、经久耐用,因此他们仍然到我们的店里来冲洗。"

但是从长远来看,数码技术革命终究构成了威胁。"我们不可能预言未来,"肯尼迪谨慎地说,"但我想大多数有数码相机的人只在特殊的场合才用它。比如说,他们不会把昂贵的数码相机拿到海滩上去。就像摄像机一样,几年前人们预言,更轻、更便宜的摄像机会让照相机退出历史舞台,但是这并没有发生。人们在日常还是用普通照相机,摄像机只是个补充罢了。"

SNAPPY SNAPS正是因为采用了先进的技术才得以成立和发展,这也正是他们俩保持这家公司不断发展的办法。麦克安修直言不讳地说:"一个企业如果不能与时俱进、适应环境的变化,就只有死路一条。"

附录:"缩小数字差别"

当 George Eastman 一百多年前成立柯达公司时,他的承诺很简单:"您只需要按一下快门,其他的事交给我们。"柯达迅速成长为胶卷和冲洗行业的巨人,但是该公司却忽视了数码摄影技术的早期发展——它认为柯达胶卷是大众消费品牌,而数码摄影针对的却是花费不菲的高端消费市场。

2001 年 3 月,柯达突然调整了它的战略,在奥斯卡颁奖典礼的广告时间推出了 MC3——一个集数码照相、摄像、音乐播放于一体的机器。MC3 在美国的零售价不过 230 美元(合 160 英镑),评论家们称之为将数码摄影技术带进大众消费市场的一次革命。

数码相机的价格一降再降,冲洗环节便成了发展的瓶颈。喷墨打印机被广泛用于打印数码相片,而且价格不贵,即使用普通的打印纸,远看的效果也与真正的相纸差不多;但是近看的效果却差强人意,不但颗粒较粗,而且图像几个月后就会褪色;同时,你还需要一台电脑来处理数码相片。

现在,这些问题都有了解决方案。惠普公司已经开发出新的技术,使消费者可以将数码相机与打印机直接连接;而且,他们还开发了热敏染色技术,使打印出来的相片效果与冲洗出来的相差无几。热敏染色打印机,如奥林巴斯(Olympus P-400),可以在 90 秒内打出 8~10 英寸的相片——惟一的问题是成本太高,现在一部 P-400 的价格是 650 英镑,这让不少消费者望而却步。

[摘自:格里·约翰逊,等.战略管理案例[M].北京:人民邮电出版社,2004.有删改]

案例4 巴西通用汽车

通用汽车在巴西格热瓦塔(Gravatai)的工厂是一个制造工艺的测试场,它改变了汽车制造商与供应商之间的关系。

热拉瓦塔汽车厂在巴西最南部的阿雷格里港(Porto Alegre)的郊区,是个总投资达 5.54 亿美元(3.9 亿英镑)的大厂区。格拉瓦塔的经理们相信,他们的工厂是世界上最"日本化"的工厂。初听起来,会觉得这种提法很怪。但是如果你听到他们告诉你,这是通用汽车最具创新力的组装厂,而这将掀起一场现代汽车制造业的革命时,你就会理解他们为什么会称之为"日本化"了。

通用汽车是全球为数不多的进入巴西的汽车制造商之一。当通用汽车在格拉瓦塔投资时,福特、菲亚特、PSA 标致雪铁龙,以及其他公司也在巴西展开了汽车组装业务。这些制造商认为这个南美最大的经济体是个低成本制造基地,这里有廉价的劳动力、国家的优惠政策和待开发的大片土地。在过去的 5 年里,这里每年都吸引了 18~24 亿美元的国外投资。

这个通用汽车工厂在正式开工之前,人们都称之为"蓝色鹦鹉",它是通用汽车制造工艺的测试基地。格拉瓦塔厂的生产总监罗伯特·提罗克(Roberto Tinoco)说:"我们在这里产生了许多设想,而通用汽车大多数新的项目都是在此基础上开发出来的。"

在通往厂区的路上,汽车和骡车抢道,路两旁是一片片的棚户区,很难想像这个曾经种植咖啡豆的地方现在已经变成了汽车制造厂,而且比美国和欧洲的大多数厂都要先进。格拉瓦塔有自己的银行、邮局、商店、旅行社和餐馆。它的 40 条街道都以通用汽车的型号来命名,如 Corsa、Vectra 和 Omega,这些街道则将厂区与所有这些设施联系起来。

更为重要的是"蓝色鹦鹉"打破了汽车制造商与其零配件供应商之间传统的关系。大多数的制造商都鼓励零部件生产企业在生产线的周边地区建立供应商的工业区,而格拉瓦塔的通用汽车则又向前迈了一大步,它邀请供应商一起参与厂区的设计和汽车的制造。

这个世界上最大的汽车制造商向 17 家主要供应商发出邀请,其中包括德尔菲(Delphi)、VDO、固特异和 Valeo,请它们在厂区内建立各自的生产线。通用汽车装配生产线的哪个环节需要某家供应商的零配件,这家供应商的生产线就建在离这个环节最近的地方。

这种"系统的原料供应理念"使格拉瓦塔成为全世界生产效率最高的制造厂之一,平均每2分钟就能组装一部整车。据提罗克介绍,格拉瓦塔生产的雪佛莱轿车中,85%的型号可以全部依靠厂区内的零配件配套生产。而大多数的组装厂,其配件的60%都要从外面运过来。

"我们打破了许多常规,"厂长这样说,"在大公司里,你需要不停地与来自内部的压力做斗争。"

提罗克承认,通用汽车的某些管理者将格拉瓦塔工厂看做是一种实验。在南部巴西合情合理的事情——在那儿,吸引外资被认为是信心的表现——在密歇根就根本行不通。建厂时放弃了美国模式,即使这也引起了美国汽车联合工会的反对。

工会领袖们担心,供应商的过度介入会影响汽车工会会员的就业。通用汽车的高级管理层也不愿给人留下通用汽车采纳了洛佩斯(Lopez)的建议的印象。洛佩斯曾是通用汽车的采购主管,后来跳槽去了大众公司,而且被指控带走了公司上千份机密文件。

洛佩斯认为,供应商应该在组装过程中承担较多的责任,这样汽车制造商就可以把精力集中在利润更高的设计、工艺和配送上。美国现在正要求引渡洛佩斯,因为美国联邦法院控告他涉嫌欺诈和销赃窝赃。

洛佩斯虽然离开了,提罗克还是对他所做的贡献表示感谢。"在通用汽车领导了一场革命,"他说,"洛佩斯为我们现在的成本节省了不少。"

洛佩斯所倡导的是让供应商在最后的装配环节承担更多的责任。尽管他现在也离开了大众,但大众汽车靠近里约热内卢的 Resende 卡车制造厂已经实行了这种做法。在这个厂,当卡车将零配件运到工厂后,将零配件卸车并摆放在指定位置的不是大众的工人,而是供应商。

其他汽车制造商也在学习大众的这种做法,特别是福特公司在巴伊亚(Bahia)被称做"亚马逊"的工厂。但是大多数的企业还是依然遵循传统的做法,把最后的装配程序牢牢地掌握在自己手里。"蓝色鹦鹉"采取与大众相似的做法,而且员工(平均年龄 28 岁)是被整个厂区雇佣,而不是厂区内的某个企业。

通用汽车和它的供应商共同成立了一个联合委员会,以进行人力资源的管理。众多的联合委员会组成一个网络,管理厂区内各项事务并向厂区的执行理事会汇报。

执行理事会的另外一大贡献是理顺了向供应商付款的程序。像德尔菲这样的公司,送完零配件后并不能得到货款,而是要等到整车送达经销商时,才能拿到零配件的钱。为了使这种付款方式能维持下去,通用汽车必须尽量简化它在格拉瓦塔的供应链,于是它在厂里就只生产一个型号——Ceha 小型车,在巴西本地市场上贴上雪佛莱的牌子来卖。

Ceha 是通用汽车 Corsa(可赛)型号的变种,工艺比中高档车要简单得多,生产程序也简单得多。"我们的作法是将 Corsa 拆分成许多小模块,然后从全世界邀请 60 家供应商对每一模块的零配件供应进行投标。"提罗克说。

通过这种简化,通用汽车可以快速、便利地设置不同的生产模块,这些生产模块只是整个生产线的一部分,而且是在配件到位后再设置。每个装有配件的橘色货箱都标明供应商的名字,在需要这种配件时,货箱就被传送到装配线上。当箱内配件用完时,警告灯就会亮,装配线也会自动停下,然后旧的货箱被传走,新的货箱补充进来。

在另外一个工作区,机器人将 Celta 的发动机、齿轮箱、油箱、后部车轴和前部的悬吊系统等在一个工作台上组装起来。工作台的头顶上有一个大屏幕,上面分别列出"目标"和"实际"两种指标来衡量生产率。

有些分析家认为这种作法不适用于较复杂的型号。"通用汽车经常是生产设施组织得很好,但产出来的车却不怎么样。"加雷勒·雷斯(Garel Rhys)教授这样评论,他是卡迪夫大学(Cardiff University)商学院汽车工业经济研究的学术带头人。

在刚刚访问过格拉瓦塔后,雷斯教授警告说:"如果这个厂希望将产品出口一些,它就不得不增加生产的型号。"

但是通用汽车表示,Ceha 非常适合巴西和周边的拉美南方共同市场协议国家,因为这些国家需要的是便宜、简单的车型。

"我们现在是生产多少就卖出去多少。我们还想建第二条生产线,这样就可以再提供 700 个工作岗位。"提罗克说。

他认为,Ceha 虽然简陋,但是质量却很好:"我们的经验是经过实践证明的,不但可以为巴西借鉴,也可以为整个通用汽车集团借鉴。"

[摘自:格里·约翰逊,等.战略管理案例[M].北京:人民邮电出版社,2004]

案例5　苏格兰电力培训公司

本案例分析了一个行业在过去十年里战略上的变革和经营方式上的改变。主要讨论了苏格兰电力公司(Scottish Power)在私有化后,如何搭建公司的组织结构,以及如何处理总部与下属子公司之间的关系。我们通过其中一个业务部门——苏格兰电力培训公司(Scottish Power Learning,以下称 SPL)的视角来进行观察与分析,而 SPL 则是苏格兰电力公司通过整合其英国所有下属单位的培训部门后组建的。本案例阐述了 SPL 与总部的关系,也描述了 SPL 与其他半独立经营的子公司之间的关系,这些半独立的子公司即是 SPL 的主要客户。

1. 改革后的公司

1990 年,南苏格兰电力局是英国国家电力系统的一部分,有 12 000 名员工,为苏格兰南部 200 万的用户发电和供电。

2001 年,苏格兰电力公司——也就是私有化了的南苏格兰电力局——已成为世界 15 大公用事业公司之一,并被《泰晤士报》评为"金融时报 100 指数成分股公司中业绩最好的公司"。这个集团每年的营业额为 40 亿英镑,业务遍及英国和美国,用户人数超过 700 万,员工有 2 万多人。除了电力,该公司还进入了煤气、供水、污水处理、电器零售、电信和互联网服务等领域。

对于这样一个巨人,成功和战略的变化都不是偶然发生的。首先是要明确战略目标和战略重点,并且还要有详细的实施计划,这样才能在战略和操作两个层面上将理想变为现实。同样,战略变革的实施也不能是简单的"自上而下",由总部包打天下,每一个业务部门都要为成功贡献一份力量。

SPL公司的私有化是围绕着内部的几个半独立运营的子公司来进行的,例如发电公司和电力输送公司等。SPL是2000年初新建的公司。该子公司的成立是基于多种考虑:公司的各个子公司都要有自己的战略重点和主营业务;各个子公司都要具备对多变的、竞争日趋激烈的商业环境的应变能力。以往,培训是由6家主要的独立经营的子公司自己负责的,各子公司都有专人负责这项工作。SPL是苏格兰电力公司将其在全英国所有下属单位的培训部门进行合并后组建的。此外,SPL收编了苏格兰电力培训小组。该小组成立于1996年,其主要任务是在全公司促进员工的终生学习,并通过开放的培训中心为更广泛的人群提供培训服务,同时还与英国政府合作,开展英国政府的"新政"项目,为当地社区的失业者提供就业培训和职业发展培训。

SPL的建立为公司带来了机遇,但也使SPL面临了新的挑战。这些挑战主要体现在SPL将如何确立它在整个公司中的角色,以及如何处理与各独立经营的子公司的关系,因为这些子公司现在已经成为SPL的客户。SPL需要谨慎处理好以下的问题:与总部的关系;与其他子公司的关系;SPL自己的业务范围;以及对SPL的成功关系重大的组织机制。

公司在1999年对其培训业务进行了审查,确认这个业务领域的投资很大(在1999/2000年度的投资将超过1 200万英镑),直接雇用的人员就超过100人,并且还要从别的公司花钱购买相关的培训项目。因此,公司希望SPL的建立能够帮助公司减少开支。但是,这次审查也提出,整个集团内部的培训环境将产生变化。苏格兰电力公司的部分业务已经被剥离;公司核心业务的改革还在进行;新技术在培训中的应用还需要进一步开发;如果SPL能为外部的其他公司也提供培训服务,则可以为集团创收等。建立一家半独立经营的SPL子公司被认为是最佳的解决办法,既可以抓住机会,也可以应对挑战。自私有化以来,培训已经为集团作出了巨大的贡献,正如首席执行官伊恩·鲁滨逊爵士所说,"在苏格兰电力的发展和变革中,我们员工的热情和积极性是我们超出别人的重要因素"。当然,SPL不能因为拥有优秀的员工就掉以轻心。为了更好地理解SPL所处的环境,需要对整个公司10年来的战略发展进行一下回顾。

2. 苏格兰电力公司的战略

根据公司自己的描述,南苏格兰电力局在1991年私有化时,是被这样的组织文化所主导的:技术保障第一,成本、利润和商业表现其次;公司的最大目标是无论花多大代价都要保证电力供应,而客户服务几乎没有人重视;作为大机构,中央集权、国家控制的行业责任分散;不管是战略问题还是具体操作问题,都没有人做主,因此也没有人真正负责任;不愿冒险,不肯创新,也没有什么企业家精神。不要说公司想成功,就仅仅是生存下去,这种文化也一定要改变。

在私有化时,每个在英国的新公司(RECs,即地区性电力公司)对其经营区域内的用户群仍然是垄断经营的。此时,英格兰-威尔士的发电公司也在进行私有化,并分立成两个公司:Powergen和国家电力公司(National Power)。苏格兰电力是一个垂直整合比较完全的公司,既有发电能力,又有地区性的电力经营。英国政府也表示,要将电力和煤气市场逐步放开,实行自由竞争,使消费者最终可以选择他们的水电和煤气的供应公司。政府还指定了一个行业监督委员会,以保证地区性电力公司每年在提高业绩的同时,也提高客户服务的质量。监管规定还要求各地区性电力公司降低运营成本、降低价格,并且达到一定的服务质量标准。此外,政府通过其在这些新公司中所拥有的"金股"(golden share),保证这些新公司在1995年以前不会被任何公司收购。

不过,苏格兰电力公司经营环境的其他方面还是充满了不确定性。监管体制将怎样变化还不明朗,1995年以后行业将向何处发展也不清楚。因为在那时,各地区性电力公司都将有被收购的危险。苏格兰电力公司经过战略分析,提出了明确的战略目标:"成为世界级的、经营多种公用事业的公司"。战略的第一步是:重塑现有的核心业务,充分利用现有的资源。这个步骤包含两个方面:提高经营效率、降低成本;将公司现有的资产和技能最大限度地加以利用。到1995年,公司的雇员人数从12 000精减至8 000,但是战略重点并不是通过裁员来降低成本。公司通过各种各样的会议与员工进行沟通,让员工了解现在经营环境的严酷性。公司在员工培训上大笔投入,使员工的能力得到提高,更有效地为战略实施作出贡献。集团的人力资源总监保罗·帕格拉里(Paul Pagliari)说,"我们要让每个人都进步。每个人都应该在他们自己的业绩曲线上越走越高,这对公司十分重要"。培训集中在两方面:技术培训,使员工提高工作效率和劳动生产率,从而降低成本;管理培训,使员工增加对企业经营的认识,具备基本的商业技能。

战略的第二步是:实现经营多元化,进入其他公用事业领域。多元化主要瞄准了两个市场——煤气和电信,公司认为原有业务与这两种新的业务可以形成合力。第三步是:将公司扩展成一个有更宽的公用事业业务的公司,主要是通过收购两家公司来完成。第一家公司是Manweb,经营地域主要是Merseyside和威尔士的中部和北部,这是一家地区性电力公司,被苏格兰电力在1995年收购,带来了150万用户。另一家是南方水公司,主要为英格兰南部的100万用户提供供水服务,并为当地的170万用户提供废水处理服务。第四步是:从英国的公用事业公司向国际化转移,成为国际性多种公用事业公司。在1999年,经过多次与美国公司合作的尝试失败后,苏格兰电力终于与PacifiCorp合并,这家公司总部位于俄勒冈州,但却为美国西部的6个州提供服务。

20世纪的最后10年是苏格兰电力最成功的10年。但是,公司也认识到,自满会给公司带来苦果。公司感到未来充满了挑战,主要表现在以下方面:核心业务的市场竞争更加激烈、监管更加严格、客户的要求越来越高、公用事业领域逐渐形成了自由竞争的市场、全球的公用事业都在进行行业性的重组。因此,培训变得越来越重要。如伊恩·罗宾逊爵士所说:"随着公司的发展,员工的培训变得比以往任何时候都重要,而且培训要与员工自己的愿望和需要联系起来。"

3. SPL 的战略

SPL 就是在这样的大环境和大背景下于2000年建立的。在对培训工作进行全面的了解之后,总公司为新建的SPL设立了目标:

- 提高所有培训的质量;
- 最有效地使用新技术以支持培训;
- 降低培训的成本;
- 为其他子公司的培训提供支持与服务;

- 为总公司和各子公司所进行的企业文化变革提供支持。

如何将这些任务落实,主动权在 SPL 自己。总部只是提出要求,但没有自上而下地下达战略部署。在总公司宣布成立 SPL 后,SPL 的各部门负责人就开会研究这个新公司的战略。SPL 所面临的最紧要的任务是交给高级管理层一个整合业务的计划。普遍的共识是,SPL 要想成功,就应该做长远的思考、长远的计划。这种思考和计划并不是简简单单地推着各部门的工作往前走。SPL 也意识到,随着集团内子公司规模的扩大,SPL 的活动空间也产生了变化。短期内,总公司要求各子公司使用 SPL 的培训服务,因为这是公司的决定,使用 SPL 来培训它的员工。但在中远期,总公司自己都认为,各子公司会最终在 SPL 和外部企业之间自由选择培训服务。也就是说,SPL 必须尽快在内部客户的眼里树立自己的竞争优势。SPL 觉得,应该在为各子公司的核心业务增加价值上下工夫,这也与总部的要求相吻合。正如总部的人力资源总监保罗·帕格拉里所说:"对于每一项人力资源方面的活动或建议,我都要问:它能为我们的经营业绩、经营效率和经营效果带来什么好处?我想,如果你问基层管理人员这个问题,他们会开诚布公地告诉你我们到底为业务增加了什么价值。"SPL 业务活动的界限也是一个重要的战略问题。SPL 的部分活动是从外部创收。这些收入部分来自为其他的公用事业公司提供技术上的培训,部分来自政府拨款,而这些款项是用于在当地社区内开展培训项目的。SPL 认识到,外部的创收活动会引起一些冲突,产生一些压力。一方面,SPL 需要保证向苏格兰电力的其他子公司提供增值服务;另一方面,外部创收给集团创造了更多的价值。SPL 需要在运营计划和资源使用方面建立有效的机制和管理制度,以有效地处理这种冲突和压力。

同时,SPL 认为,商业计划是向其他子公司推销 SPL 服务的好机会,可以让子公司们了解 SPL 的战略方向以及 SPL 如何为子公司们创造价值。SPL 决定通过商业计划向各利益相关方传达这样的信息:

- SPL 的综合实力得到了加强,从而可以向各子公司提供更加广泛的服务。SPL 将改变与各子公司之间的关系——从一个单纯的培训服务的提供者转变到为子公司的业务提供咨询和建议,并使各子公司了解培训如何为它们的战略、目标和计划服务。
- SPL 也下决心完成自己的业绩目标,降低成本和提高服务质量。这就意味着各子公司可以降低培训成本。
- 表明 SPL 的长期战略目标。这包括在公司内部和外部致力于"发展和扩大培训业务",外部创收将用于降低内部培训服务的价格,或者是对培训中的技术应用进行再投资。SPL 保证通过服务为各子公司的业务增加价值,采取更先进的手段进行培训(如网上培训)。

商业计划有两大部分。第一部分侧重战略问题,第二部分则是阐述具体操作,对 SPL 为各子公司在 1999/2000 年度所作的培训安排进行了详细的介绍。该计划还对下一年的目标和行动作了简要的概括,主要包括:

- 通过一个详细的环境分析和调查,明确 SPL 在长期发展中的机会和挑战。
- 建立一个产品/服务定价模型,使 SPL 可以为其提供的服务(内部的和外部的)作出正确的估算成本和定价。这是为了保证,当各子公司可以从外部购买培训服务时,SPL 仍然有竞争力。这也是为了保证再投入是透明的,是经得起检查的,这对管理和审计十分重要。
- 以定价模型来审查 SPL 的所有经营活动,使 SPL 能有效地估算所有经营活动的成本和价值。

- 与各子公司的执行总监举行高层会谈,"推销"SPL 的服务,并与各子公司签订服务标准协议。这些协议对于确定服务的内容和服务的价格十分重要。
- 制定开发网上教学和其他应用新技术教学的战略。
- 设计一套业绩衡量系统,用于显示 SPL 究竟为公司的运营带来多少价值。

人们通常以为战略思考和战略管理是公司总部的事情,其实战略思考在公司的各个层面都很重要,SPL 就是个很好的例子。SPL 的吉姆·麦克劳林这样评论:

"子公司层面的战略比总部的战略要难得多,因为子公司要在整个集团的框架内行动,会受到不少战略上的限制。在我们为未来的成功而努力时,进行战略性的思考既很有必要,也很有益处。"

[摘自:格里·约翰逊,等.战略管理案例[M].北京:人民邮电出版社,2004]

案例6　变名牌优势为市场优势战略

商品必须有品牌,品牌反映了商品的内在本质。通俗地说,叫得响的品牌就是名牌。这体现在过硬的产品质量和优秀的服务。在现代社会的消费者心目中,名牌就等于高质量和上乘的服务。有了名牌,就有了市场,也就有了效益。品牌策略在营销中发挥重要作用。

得利斯公司对此十分清楚。他们生产抓质量,同时辅以积极的营销策略,开展各种促销活动,进行人员推销和非人员推销,大肆宣传,做广告,利用营业推广和公共关系为自己的低温肉制品创名牌。他们的付出达到了预期的效果——创出了自己的名牌。随之而来的就是销售额大增,利润快速上升,名牌优势充分显示出来了。

市场对得利斯的需求在上升,要满足市场需求,得利斯就得增加对市场的供给,要扩大生产规模,拓宽销售渠道,获得更大的市场份额,形成市场优势。然而,得利斯自身的企业资源是有限的,无论是原料设备、人员还是销售渠道等有限的资源都制约着得利斯的名牌优势去创造更大的利润。得利斯的优势在"名牌",用"名牌优势"去创造更高的利润就必须有市场的优势,因此,得利斯眼下的任务就是将已有的"名牌优势"转化为"市场优势"。

如何扩建,增加投资,就是生产出更多的产品也还需要更多的营销人员和费用去拓宽销售渠道,这些对得利斯而言,不是一蹴而就的。

"前些时候,同行其他企业见我们效益好,牌子也打出来了,他们有与我们公司合作的意向。"在董事台上有人提到。

"我认为他们的想法也是有道理的。社会资源是有限的,从实现资源有效配置的角度出发,人们总希望能避免或减少浪费,而将资源向投资回报率高、经济效益好的品牌项目流动。利用名牌产品来扩大影响,就能够收到投资少、回报时间短、收益见效快的良好效果,所以他们想与我们合作。"

联营,得利斯公司最高决策层基本达成共识:在创名牌的同时,要变"名牌优势"为"市场优势"。通过与有关企业的联营渗透到各地市场来实现这一发展战略。于是,得利斯在对各地的有意者进行包括资产、技术、管理水平、营销能力等多方面考察论证后,决定以名牌技术转让的方式,与内蒙古临河市、黑龙江牡丹江市联营建立起得利斯食品有限公司。1996 年,这两家公司分别完成产值达 4 200 万元和 5 400 万元。随着得利斯名牌战略的实施,公司计划下一步在上海、郑州、沈阳、哈尔滨等 4 个城市建立得利斯分公司。这些分公司全部建成后,年产肉制品可达 8 万吨,产值过 12 亿元。

[摘自:李树林. 中国企业管理科学案例库教程:战略管理[M]. 北京:人民邮电出版社,2004]

案例7 运动防御战略

俗话说:"市场就是战场。"古井酒厂面对竞争对手大举进攻,把军事理论用到具体商战中,果断实施运动防御战略,不仅保住了原有的传统市场,还成功占领了竞争对手的周围部分市场,扩大了自己的"根据地"。

天津是古井贡酒的传统销售市场,保持着可观的销售量。天津人对酒有着特殊的敏感性,由于当地水质咸苦,因而能更准确地评出酒的味道。白酒是个竞争十分激烈的行业,天津市场是众多白酒生产厂家必争之地。经过多年努力,古井贡酒已在天津市场赢得了很多消费者的青睐,在市场上有较高的份额,因而自然成为一些厂家的主要攻击对象。

古井贡酒从品味、质量和价格的综合吸引力来讲,在天津市场有一定的优势。不过酒终究是一种特殊消费品,消费者购买特点从总体上讲属于非专家购买,再加上购买动机十分复杂,这就给广告宣传在促销方面的诱导作用提供了发挥机会。某些企业凭借酒业这种特殊的生产方式和商业传播特点,从大量小酒厂购买原酒,进行勾兑,所生产的白酒成本极低,因而可以拿出大量资金做广告。于是,这些竞争者针对古井贡酒在天津发动了一场大规模的广告攻势,其意图在于争夺古井贡酒的天津市场份额。

针对这些企业的挑战,古井酒厂的领导班子进行了认真的讨论。当时有两种观点,一是针锋相对,增加古井贡酒的广告投入,与竞争者进行正面交锋,力保天津市场;二是采取"围魏救赵"策略,实行运动防御战,组织力量打到竞争者企业周围县市去,不让别人牵着鼻子走。

实施第一套方案,肯定要大量增加广告费的开支。硬打广告对抗战,死守城池,这是一种被动应战策略。在激烈而无序的酒市场,采取这种拼搏战术,尽管可以收到一定的成效,但显然不是最好的方案。中国古代兵法云:"知己知彼,百战不殆。"古井贡酒有着深厚的文化底蕴,市场形象好,有很高的知名度和美誉度,与那些竞争酒厂的产品相比,具有明显的优势。再加上如果组织一支强有力的促销队伍,深入到竞争者的传统市场,实施这种运动防御战略,有可能调动竞争者回援,从而削弱竞争者在天津市场的广告宣传力度。如果策略实施成功,还有可能占领竞争对手周围的部分市场,为古井贡酒开辟一片新天地。

经过热烈讨论,古井酒厂领导班子达成共识,决定实施第二套方案,打一场有深远意义的运动防御战。为此,古井酒厂立即行动起来,从销售队伍中抽调一批促销高手,调拨一批资金,深入竞争对手的传统市场,展开了大规模的反击战。企业通过市场分析,根据目标市场的特点,精心策划了一系列有影响的公关活动,运用新闻媒体的力量,大张旗鼓地宣传古井酒厂的经营理念和有着独特文化内涵的古井贡酒,很快吸引了竞争对手市场顾客的注意,古井贡酒开始进入千家万户。那些与古井酒厂展开大规模商战的竞争酒厂一下子乱了阵脚,他们万万没想到古井酒厂使用了这一招术,眼看自己的传统市场受到严重威胁,于是赶紧回过头来稳定自己的根据地,结果他们在天津市场发动的"围剿"古井贡酒的大规模广告攻势一下子得到了遏制。

经过这一回合的较量,古井酒厂确保天津市场的目的也就达到了。同时,战果辉煌,古井贡酒成功地打入了竞争对手的传统市场,为古井贡酒进一步拓展市场、建立新根据地奠定了基础。

［摘自:李树林.中国企业管理科学案例库教程:战略管理［M］.北京:人民邮电出版社,2004］

案例8 美国政府加强水资源管理战略决策

早在1965年,美国国会就通过了"水资源规划法",并以此组建了由城建、能源、农业、商业、住房、国防、内务和运输部部长以及环保局局长参加的国家水资源委员会。该委员会的职能是分析研究全国水资源及其变化趋势,拟定水资源合理管理的原则与实施方法。

1968年,美国进行了第一次全国水资源评价。当时是按照传统的水需求进行的,事实证明预测的结果与后来的实际出现了很大的差距。到20世纪70年代,美国又进行了第二次水资源评价。第二次的指导思想和需水量预测发生了重大战略转变,突出了环境问题,强调了节水和水的循环利用,其中特别突出了制造工业的循环用水政策,以减少污染废水的排放。

美国全国性强化节水行动基本上是1980年之后开始实施的,并取得了较好的效果。美国官方公布的调查显示:1980~1995年,节水趋势良好,全国总取水量下降9%以上,达到了预期的2000年的节水目标;制造工业的取水量下降了约35%,但城市污水回用的发展速度比较缓慢。据统计,1995年全国城市污水处理厂共16 400座,年处理污水量为566亿m^3,再生回用水约14亿m^3。这期间美国城市污水回用发展缓慢的主要原因是集中贯彻"源头削减污染量,远胜于污水末端处理利用"的方针的结果。

由于美国是高度发达的国家,美国城市用水中家庭用水和商业用水的比例较大,约占城镇总用水的70%以上。在家庭用水中,全国家庭平均花园用水占其总用水的1/3,城镇公共绿地用水比例也很大,干旱地区城市绿地用水甚至占50%。根据具体的国情,美国城镇节水也以家庭和公共绿地用水以及室内卫生用水为重点。经过研究,美国有关部门将精力集中到了节水器具的研制和开发上。因为节水器具虽"不惊人",但作用不小,既可减少用水量,也可同时减少污水处理量,起到了"节水减污"的作用。为此,安装和更换室内节水器具是美国节水采取的主要措施。1988年马萨诸塞州率先对新安装的抽水马桶一次冲水量作了限制,随后14个州也跟着仿行。其中,许多州还要求更换节水型的淋浴头和水龙头。另外,20世纪80年代中期,美国一些缺水地区已开始了城镇节水运动,不但对节水方案进行综合分析,制定长期节水规划、调整水价等,而且采取严厉的法规措施。

为了推动和规范城镇供水企业采取节水措施降低需水量,1996年"美国安全饮用水法修正案"要求为公共供水系统制定节水规划指南,凡供水系统申请州饮用水周转贷款基金者,必须报送符合该指南的设施规划。1998年,美国又颁布了城镇公共用水的"节水规划指南",对不同规模公共供水系统提出了不同的最低限度的节水措施和规划,并对供水企业制定了一系列的节水措施要求。

［刘载.中国建设报,2003-2-14］

案例9 美国国家安全战略决策中的军工"铁三角"

依据美国学者的观点,联邦政府部门、国会主要委员会和议员、企业集团等三者在决策过程中的关系被称为"铁三角"。在国防领域,这一"铁三角"的三个组成部分则分别是以国防部为代表的联邦政府部门(包括国家航空航天局以及与核武器相关的能源部)、以参众两院军事委员会和拨款委员会中的国防事务分委会为主的国会部门(包括与国防工业相关地区产生的议员)以及国防工业实体(包括公司、实验室、研究部门、工会、商会等)。

军工"铁三角"的构成与运作方式与其他领域的"铁三角"基本相同,是垄断资本在美国政治中的一种利益体现形式。但作为传统国家安全即军事安全最直接的参与者,军工"铁三角"的内部运营机制及其在国家安全决策中的地位与作用又有其与众不同之处,而且在不同的历史时期,这一三角关系本身也在不断调整变化。"铁三角"关系影响着美国国家安全战略的决策,同样也受到国内政治与对外战略的制约。

1. 独特的三角关系

"铁三角"在美国政治中的存在主要取决于两个因素:一是高度发达的垄断资本发展的必然结果,二是三权分立的政治制度为"铁三角"的存在提供了政治保障。当资本主义发展为国家垄断资本主义后,其最突出的特征就是垄断资本同国家政权的结合。自美国建国之日起,私营企业,特别是所谓的"大公司"(Big Business)便开始寻找在政治中的特殊权力与地位。但直到第一次世界大战前后,美国"大公司"才开始真正进入国家政治决策层。20世纪20年代,当时的美国商业部长胡佛组建了为政府提供咨询的常设顾问委员会,并将不同行业的工商企业界代表招募其中。不过,当时的大企业与国家政权的结合仍停留于表面。直到大萧条时期的胡佛政府和罗斯福政府第一任期,美国政府仍基本主张自由主义经济模式,反对赤字财政,不主张政府对宏观经济进行更多的调控。但日趋严峻的萧条迫使罗斯福将凯恩斯主义美国化,实施赤字财政,加大政府对宏观经济的调控能力,美国垄断资本与政府的关系进入新的发展时期。洛克菲勒财团等垄断资本对罗斯福的政策鼎力相助,罗斯福总统则首次将一些企业家安排到政府岗位,与其共商应对经济危机和战时生产的政策措施。政府与垄断资本的相互影响进一步加深。而其后爆发的战争又为美国军火工业的发展提供了新的契机。二战前后的紧张局势强化了美国扩军备战的思想。从美英租借法案开始,美国正如罗斯福所言开始"成为民主国家的大兵工厂"。受战争经济影响,联邦政府的财政支出急剧扩大。1929年联邦政府的财政支出只占国民生产总值的2.5%,战争期间的1943年和1944年则高达48%以上。政府部门,尤其是国防部成为全国最大的雇主和买主,军事订货是许多大垄断公司的最大财源。军工企业和政府部门的关系不断加深,"铁三角"开始浮出台面。

第二次世界大战结束后,美国工商界与国会和行政部门的关系更趋密切。特别是到20世纪六七十年代,随着《联邦选举改革法》等一系列的法律法规出台,工商企业界透过游说、政治捐款等渠道加大了对政府和国会的工作与影响力度。《财富》500强中的绝大多数公司开始在华盛顿特区设立办事处,处理"政府公关事务"。《财富》杂志对此评论道:"工商团体已经成为这个城市(华盛顿特区)最有效率的利益游说集团。一夜之间,企业似乎拥有了所有权力工具——领导人、战略、支持者、竞选资金——以及利用这些工具的愿望。"严格意义上的"铁三角"终于形成了。

"铁三角"形成后，垄断资本全面进入国家政治的权力中心。企业、国会和联邦政府在国家战略决策中分别承担不同的角色，发挥不同的作用，相互影响，相互制衡。游说、选举资金筹集、信息交流与人员互动等成为各种类型"铁三角"运营的主要体现方式。然而，大多数"铁三角"关系的运作程序比较简单，目标比较具体单一，对国家安全战略决策的影响也相对有限。相形之下，军工"铁三角"在美国国家安全战略决策中的地位与作用则较为突出。这一政治利益共同体的运营方式与结构也独具特色。这主要体现在以下三个方面：一是行政、立法和国防工业集团三者构成"政经共存"的利益共同体；二是三者间特殊的相互沟通流程与方式；三是国防工业实体的实力与影响。

首先，就共同利益而言，任何"铁三角"的组成基础都具备利益共识。不过，一般意义上的"铁三角"的三个组成部分则有较大的独立性，共同利益存在的时间也长短不一。特别是在政府与企业的关系上，联邦政府部门与国会对企业的联系更多体现在立法和行政上的服务、控制与引导上。而军工"铁三角"的最大不同则在于联邦政府是国防工业实体的最大客户与消费者，国会则是联邦政府军事项目消费的拨款人和监督者。于是，军工"铁三角"的架构中便出现了一个奇特的"政经共存"现象。

从国防产品的商业流程看，国防工业实体是商品的研制开发与制造者；联邦政府与国会同时是客户，只不过国防部、国家航空航天局和能源部是直接消费者，而国会则是拨款人。这三个角色实际上都是军火市场中商业活动的直接参与者。一般意义上的"铁三角"多是政治上的合作，企业集团自身经济利益对另外两者来说并不至关重要，而军工"铁三角"的三个组成部分则是在政治利益的基础上又融贯了更为紧密的经济利益。所以，美国经济学家穆瑞·魏登鲍姆曾尖锐地指出，国防部与军火供应商的紧密关系混淆了美国经济公私行为的界限。

从国家安全战略决策流程看，鉴于军事安全问题的特殊性与敏感性，军工"铁三角"实际上是一个自我封闭的决策核心。传统意义上的决策模型很难真实反映军工"铁三角"在国家安全战略决策中的地位与作用。在立法领域，参众两院的军事委员会和拨款委员会中的国防分委会基本垄断了有关军事安全的立法事务。尽管美国也曾在国会成立过所谓的"联合军品生产委员会"，但这种联合委员会很难真正进入军事安全立法程序并施加影响，因此在1978年宣告终结。在行政部门，国防部大权在握，其他机构很难涉足。在并入国务院之前的美国军控与裁军署在决策过程中更是无足轻重。一些美国学者甚至认为，军工"铁三角"的出现宣告了美国政治分权制衡理论的破产。

从军事预算开支项目看，以军备采购为主体的军事预算长期以来一直是美国政府财政支出的首要项目。根据美国总统行政办公室1997财政年度预算报告中提供的历史数据，自1940年以来，国防预算不仅一直位居美国政府财政支出的榜首，而且远远高出其他项目支出的总和（表8.4）。而根据美国国防部制定的《2002财政年度预算规划》（图8.5），2001财年的国防部预算规划额为2 849亿美元，能源部与军事相关项目预算规划额为134亿美元，其他与军事相关的部门为8亿美元。其中购买武器装备的款项为527亿美元，武器研发费用380亿美元，军事设施建设费用89亿美元，三项合计996亿美元。这其中还不包括武器的维护与保养费用。

表 8.4　美国政府预算与国防预算占 GDP 的百分比

年　份	1940	1950	1960	1970	1980	1990
总预算	9.9	16	18.3	19.9	22.3	22.1
国防预算	1.7	5.2	9.5	8.3	5.1	5.9

资料来源:Executive Office of the President,"Historical Tables", Budget of the United States Govern, Fiscal Year 1997。

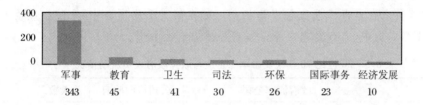

图 8.5　2002 年美政府预算分配(单位:10 亿美元)

资料来源:Center for Defense Information, World Military Almanac, 2001~2002。
注:这些数字是美政府的预算规则,不含国会批准后的追加或削减项目。

其次,就三者的相互沟通流程与方式而言,军工"铁三角"与其他"铁三角"最大的不同在于:

1) 内部沟通更多暗箱操作。在美国政治中,利益集团的活动绝大多数不仅是公开的,而且这些利益集团也想尽量将自己的主张诉诸公众,以换取社会的更广泛支持。但军工利益集团的运作手法则是力求保密。这一方面固然与军事装备与技术本身的敏感性有关,另一方面则在于军工集团的战争色彩较为浓厚,许多政策主张不便对公众大肆宣扬。军工"铁三角"的关系对这三个部门来说都讳莫如深。这其中一个典型案例便是《铁三角》一书作者的参访遭遇。20 世纪 80 年代初,当该书作者,美国学者高登·亚当斯准备就军工企业与政府关系进行采访时,包括波音、通用动力和格鲁曼等八家公司在内的大型军工企业均拒绝向亚当斯提供相关信息,而联邦政府也以保密为由拒绝解密更多的相关文件。所以,作者十分无奈,研究受阻,这本 400 多页的军工"铁三角"问题经典作品中也只好用一半篇幅附录美国军工企业和有关法律的最基本情况。

2) 人事关系互动性极强。所谓人事互动主要指企业与政府部门的人才流动(表 8.5),以及国会议员在代表政党利益的同时更多从其所代表地区或企业利益考虑立法问题。一般的"铁三角"都存在这种"人事关系的互动"。但由于特殊的角色定位,军工"铁三角"间人事互动更具政治意义。因为企业与政府有军火产品买卖关系,所以对国防工业实体来说,军工企业与联邦政府部门高层管理人才流动实际上是换取新军品订单的一种手段。而对政府雇员来说,向企业的流动绝对具有很大的职业前景和利益的诱惑。各个军工企业都将网罗联邦政府高官和向政府部门进行人才渗透作为重要的企业发展战略加以实施。据 20 世纪 80 年代的一项调查结果,美国主要军工企业中 23%的董事会成员曾在与联邦政府有关的机构中担任兼职顾问或其他职务。这些职务大多与国防工业有关。具备政府工作背景的董事会成员利用这一优势向公司提供重要的信息和政策分析。另外一些成员则与政府高官有密切的联系。

进入 21 世纪后,这种高层人员的互动趋势更明显。尤其是一些大型军工企业的董事会中,不少成员都具有政府工作经验或背景。如波音公司董事长兼首席执行官菲利普·康迪特(Philip M. Condit)曾主持国家航空航天局航空顾问委员会的工作。诺斯洛普-格鲁曼公司董事长肯特·克雷萨(Kent Kresa)是国家工程院成员,副董事长赫伯特·安德森(Herbert W. Anderson)2001年被布什总统任命为总统国家安全通讯顾问委员会成员,同时兼任空军部长顾问组成员。通用动力公司董事会成员中乔治·朱尔文(George A. Joulwan)曾任欧洲盟军司令,保罗·卡明斯基(Paul G. Kaminski)曾任负责采购与技术的国防部副部长,小卡尔·穆迪(Carl E. Mundy,Jr.)曾任美国海军陆战队司令。在国会,不少进入军工"铁三角"的议员来自军事工业比较发达的州。如在第107届国会中,众院拨款委员会国防分委会的14名成员中,有6名来自全国军费分摊的前十个州。

表8.5 20世纪70年代美国军工企业与联邦政府人员流动情况

公司	政府流向公司			公司流向政府		总人数
	国防部军人	国防部文职	NASA	国防部	NASA	
波音	316	35	3	37	7	398
通用动力	189	17	1	32	0	293
格鲁曼	67	5	1	16	7	96
洛克希德	240	30	6	34	11	321
麦道	159	12	2	29	9	211
诺斯洛普	284	50	9	16	1	360
通用技术	50	11	3	12	7	83
总计	1455	186	31	223	47	1942

资料来源:Gordon Adams. The Politics of Defense Contracting:The Iron Triangle[M]. Transaction Books,1982.
注:国防部的数字为1970～1979年,国家航空航天局(NASA)数据为1974～1979年。

最后,就实力与影响来说,军工集团在美国政治、经济与社会生活中扮演着极为重要角色。国防工业是美国经济中的重要部门,即使在冷战结束后,在收缩的情况下,美国国防工业的产值仍占国民生产总值的3%～4%,它所带动的就业数字更不可低估。"它养活了全美大约25%的工程师,支持了全美制造业的大约20%和全美大学计算机科学研究工作的50%。""从安全观点和经济观点来看,国防工业都是一个'战略性'产业部门。"正是因为这一产业的重要性才奠定了军工"铁三角"在美国国家安全战略决策中的坚实政治基础。在联邦政府所属的实验室中,有一类称为"联邦资助研究发展中心"的机构,这类机构的经费全部来自联邦政府的有关部门,如能源部(它有53家此类机构)、国防部、国家航空航天局以及国家科学基金会等。这些研究机构的人员均为政府雇员。这些受国家管理或资助的国防研究体不仅与政府部门有天然的从属关系,而且也同各大军工企业保持着技术和政治上的联系。尽管随着冷战的结束,国防研究开发经费在美国政府科研经费中所占比重不断下降,但加强军事实力、研究和开发先进的武器装备始终是美国政府在研究和开发领域的首要任务。在1994财年,美国政府提供的研究与开发费用共755亿美元,其中56%为军事研究与开发费用。美国的国防研究与开发体制也在进行改革,越来越多的民间研究团体通过与政府签订合同进行国防技术开发,这无形之中更强化了民营集团在"铁三角"中的作用,军工"铁三角"的功能与结构也更加明确。

2. 军事安全战略调整的动力源

军事安全历来是美国国家安全战略的主要支柱之一,而军事实力既是军事安全的基础,又是军事安全的一项追求目标,所以作为直接创造军事装备实力的国防工业实体及由此而生的军工"铁三角"与美国军事战略调整息息相关。从某种意义上讲,军工"铁三角"是推动美国军事战略调整的主要动力源。军工"铁三角"对军事安全战略调整的推动主要体现在美国国家安全战略决策流程(如图8.6所示)的几个关键环节上,即对安全环境的评估、对政府决策过程的影响及对社会的舆论影响。

安全环境的评估:处于自身的特殊利益考虑,军工"铁三角"对安全环境的诠解多强调挑战与威胁。这种挑战与威胁程度的高低直接关系到国防工业的发展方向。一般而言,在形势紧张时,国防工业会相应膨胀,联邦政府与国会在军事力量运用上的行政与立法权力也会加强。当安全形势趋于缓和时,国防工业首当其冲受到削减的压力。从历史上看,二战结束后的冷战时期,美国国防开支一直维持在比较高的水平上,但在朝鲜战争及越南战争之后,也曾有几度明显的下调。冷战结束后,美国的军费开支再度削减。军费下调的最直接后果就是军工企业的萎缩。例如,1993年,当美国国防开支比里根政府时期削减30%时,同期的武器采购预算削减了50%以上,国防工业开工率下降到35%,国防工业企业普遍亏损,并大幅裁员。安全形势缓和和国防工业的萎缩也直接影响到联邦政府和国会内的"铁三角"部门或成员。在国会,来自军工企业集中地区的议员必须为本地区拼命争得日趋减少的国防订单才能保障自己的政治生命。国防部和能源部为维持某些特殊军工企业的正常运转,不得不在有限的国防预算中拆东墙补西墙。

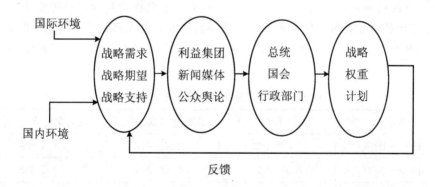

图8.6 美国国家安全战略的决策过程

资料来源:Peter L. Hays. American Defense Policy. Johns Hopkins University Press,1997。

因此,军工"铁三角"对安全环境评估得往往比较严峻。这不仅反映在历届政府的年度国防报告、防务评估报告和核态势评估报告中,而且在一些军工集团组织或有军工背景的研究机构的报告中也能听到几乎同样的声音。例如,美国国防工业联合会(National Defense Industry Association)在其推出的《2001年政府政策日程》报告中,所提及的美国国家面临的挑战概念与布什上台后推出的《防务评估报告》有不少相近之处。而另一个名为"安全政策中心"的机构在导弹威胁问题上的看法则过于悲观。该机构于1988年成立,董事会成员基本上由包括洛克希德－马丁公司副董事长在内的大型军工企业高层人士组成。

其实,对安全形势判断严峻的一个主要目的就是要增加或改进军事装备,进一步推动国防工业的深层扩张。因此布什政府上台后推出的新《四年防务评估》提出"以能力为基础"的威胁判断方法和军事战略,其中的一项重要内容就是加强美国应对未来新型威胁的"军事能力",军工集团也借对形势的判断,不断提出所谓的"军备危机论"。

对政府决策过程的影响:由于国会和联邦政府有关部门均在政府决策层内,本身就是决策者,所以军工"铁三角"对政府决策过程发挥外部影响的主要是国防工业实体。国防工业实体采取多种手法,尽量推动军事战略调整朝有利于自身利益的方向发展。尽管这些国防工业实体的利益更多的是商业利益,但其对美国政府的军事战略调整的影响却不容低估。当然这些手法也多是游说、政治捐款等传统项目。不过,如前所述,军工"铁三角"的运作多为暗箱操作,而且三个组成部分中的人员互动性极强,所以国防工业实体的游说活动常常是在最高决策层中秘密进行。这种秘密游说针对性强、目标明确、中间环节少、信息传递很少受到干扰或误导,一旦成功则往往对最高层的战略决策产生比较直接的影响。例如,20世纪80年代,当时的里根政府在生产B-1远程战略轰炸机还是新型隐身战斗轰炸机问题上犹豫观望,因为如果决定生产B-1,就意味着放弃对里根之前美国几任政府不生产远程战略炸机的战略承诺。于是,代表两种机型的生产厂商充分动用其各自的政治资源,直接调用包括国防部高官、国会议员在内的高层游说人士,与里根总统做私下政治交易。最后,里根决定同时生产两种机型,并将这两种机型的生产同弹道导弹计划一并提出,构成所谓战略力量现代化的一揽子计划。在这一游说过程中,两个相互渗透的军工实体并没有做更多的表面文章。

与游说活动相比,国防工业企业的政治捐款则更具战略性考虑。根据美国法律,各种类型的利益集团可以通过建立政治行动委员会(PACs)为某一党派或候选人合法筹措和使用竞选资金。冷战结束后,同共和党相比,民主党政府似乎更注重包括经济安全在内的大国家安全,而且克林顿政府在第一任期内曾有削减美国防开支的战略考虑。所以,美国各大军工企业从维护自身的经济利益出发,在透过政治行动委员会的捐款中一直明显偏向主张扩军备战的共和党(表8.6)。

表8.6 国防工业集团竞选资金捐助情况

年份	捐款总额(美元)	共和党捐款(美元)	民主党捐款(美元)
1997~1998	5 898 162	3 959 747	1 937 930
1999~2000	6 377 538	4 222 690	2 147 848
2001	4 227 645	2 764 024	1 513 121

对社会舆论的影响:尽管军工"铁三角"基本上是黑箱作业,但这决不意味着它可以放弃社会舆论的支持。为了赢得更多的舆论,军工"铁三角"从20世纪50年代起就通过广告宣传开始了一场"草根运动"。如今,绝大多数军工企业又在专业媒体上大做产品广告,以求对决策者和公众产生心理震撼效果。而国防部、国会也透过一些公开的听证会或研讨会,向公众宣讲各自的主张。特别是在某些重大战略决策问题上,"铁三角"的舆论宣传更为主动。例如在建立弹道导弹防御体系问题上,国会特地成立由拉姆斯菲尔德牵头的独立评估委员会,并发表研究报告,称美国面临的导弹威胁比预想的还要紧迫。国防工业协会和安全政策中心等机构则紧密配合,透过网络、报刊等呼吁全社会重视《拉姆斯菲尔德报告》,争取政府尽快作出部署反导系统的决定。

3. 制衡中的"铁三角"

军工"铁三角"在美国国家安全战略决策中的地位与作用固然特殊而且重要,但它的权势并不是无限的,更不是不受内外部因素制衡的。从某种意义上讲,正是这种内外制衡才保证了军工"铁三角"的地位不受削弱。

对军工"铁三角"的制衡思想应该说是源于美国公众对这一利益集团的独特权力与运营方式的忧虑。正如美国学者所言:"军费预算中几乎一半的经费用于采购军事硬件……结果是军方在工业界权力最大的部门和代表这些工业所在地的各州国会议员中就拥有支持他们的朋友和天然盟友。由于军方控制着一个社会所能拥有的终极暴力手段,所以从理论上说,其潜在的权力是无限的。"对此,连艾森豪威尔总统都有清醒的认识,他在告别演说中提醒美国人要警惕"军方和工业联合体"。

外部对军工"铁三角"的制衡主要通过国会立法及政府制定战略或政策。在立法方面典型的案例是对其内部人事流动进行制约的法案。早在1959年,新闻媒体就透露有700多名五角大楼退役官员受聘于国防工业集团。消息传出后,引起社会关注。纽约州民主党众议员阿尔夫雷德·桑坦基洛提议修订《国防拨款法》,规定任何公司不得录用退役期不满五年的将级军官。但这一提案没有被通过。十年后,参议员威廉姆·普洛克斯米尔(William Proxmire)再提此事,宣称与国防部签约的前100家军火公司共雇用2 000多名退役军人,其中一半人受雇于包括波音、洛克希德、通用动力等在内的十强军火公司。于是在公众压力之下,国会通过法案,要求从国防部退役或退休的军人及文官在受聘于军工企业后,三年内应每年向国防部提交工作报告。

在战略与政策制定中的案例当数克林顿政府提出新的国家安全战略。1994年,在起草《国家安全战略报告》时,白宫准备将"经济安全"列为新国家安全战略的一项重要内容。美国防部与国务院围绕"冷战结束后国家安全的重点应置于何处"这一问题展开激烈辩论。当时的美国国务卿克里斯托弗认为,在冷战后的世界,经济问题必须成为美国内外政策的中心。五角大楼的官员们则认为,国务院主张将经济的"软实力"纳入国家安全因素的考虑是"幼稚而天真的";国家安全还应该集中在传统的军事安全领域,而不应过分扩展。争论的结果是克林顿将军事安全、经济安全和"全球民主化"一起列为美国新国家安全战略的三大支柱。一些舆论将克林顿的最后决策视为一种在国务院和国防部两派观点之间的平衡与妥协。但是,不论如何,经过这场辩论,美国的《国家安全战略》首次将"经济安全"纳入大制约。

[杨明杰. 现代国际关系,2002(7)]

第 9 章 决策支持系统

9.1 计算机决策支持系统

9.1.1 决策支持系统的产生与发展

1. 决策支持系统(DSS)的产生背景

电子计算机问世不久就被应用于管理领域,开始人们主要用它进行数据处理和编制报表,其目的是实现办公自动化,通常把这一类系统所涉及的技术称为电子数据处理(electronic data processing,EDP)。EDP 把人们从繁琐的事务处理中解脱出来,大大提高了工作效率。但是,任何一项数据处理都不是孤立的,它必须与其他工作进行信息交换和资源共享,因此有必要对一个企业或一个机关的信息进行整体分析和系统设计,从而使整个工作协调一致,在这种情况下,管理信息系统(management information systems,MIS)应运而生,使信息处理技术进入了一个新的阶段,并迅速获得发展。

管理信息系统是一个由人、计算机等组成的,能进行管理信息的收集、传递、储存、加工、维护和使用的系统。MIS 能实测企业的各种运行情况,利用过去的数据预测未来,利用信息控制企业行为,帮助企业实现其规划目标。因此,MIS 能把孤立的、零碎的信息变成一个比较完整的、有组织的信息系统,不仅解决了信息存放的"冗余"问题,而且大大提高了信息的效能。但是,MIS 只能帮助管理者对信息作表面上的组织和管理,而不能把信息的内在规律更深刻地挖掘出来为决策服务。

20 世纪 70 年代末,学术界对应用系统分析、传统运筹学、管理信息系统进行了认真的反思。人们发现,应用系统分析、传统运筹学在解决现实世界(特别是比较复杂的社会、经济、环境等问题)时,遇到了不少障碍。另一方面,在电子数据处理(EDP)之后发展起来的 MIS 也没有达到预期的社会、经济效果,这是由 MIS 技术及方法论上固有的缺陷造成的,特别是刻板的结构化系统分析方法、漫长的生命周期及信息导向的开发模式使传统的 MIS 难以适应多变的外部及内部环境,对管理人员的帮助十分有限。

这种始于 20 世纪 70 年代末的反思还产生了另一个重要的结论:系统分析人员和信息系统本身都不要企图取代决策者去作出决策,支持决策者才是他们正确的地位。于是人们自然期望一种新的用于管理的信息系统,它在某种程度上可克服上述缺点,为决策者提供一些切实可行的帮助。

之后,与完成这一任务相关的学科都有了长足的进步:运筹学模型已发展到完善的地步;数理统计方法及其软件的发展;多目标决策分析突破了单一效用理论的框架;人工智能方面的知识表达技术、专家系统语言及智能用户界面的发展;小型、高效率、廉价的微机及工作站的出现;数据库及其管理系统;图形专用软件;各类软件开发工具等均为广泛的研制和应用 DSS 提供了良好的技术准备和物质准备。

自 20 世纪 70 年代中期,Keen 和 Scott Morton 创造的"决策支持系统(DSS)"一词至今作为应用于管理的一种新型的计算机信息系统已经得到了迅速的发展,它已经成为系统工程、管理科学、人工智能等领域十分活跃的研究课题。

2. DSS 的发展

截至 20 世纪 70 年代末,所开发较有代表性的 DSS 有:

(1) Portfolio Management System

这个系统的作用是支持投资者对顾客证券管理和日常决策,它具有股票分析、证券处理和分类等功能。其中一些工作纯属事务性的,如财会记录、历史活动总汇等,另一些工作有较强的技术性。美国几家主要的银行都配备了这套系统。

(2) Brandaid

这个系统主要用于产品推销、定价和广告决策的混合市场模型。它规定了一种模型的准则,用户根据这种准则来优选模型或者把模型与其他信息资源连接起来。这个系统提供了一种结构,把商品销售和利润与经理的行动联系在一起,使经理和管理人员能迅速而方便地分析战略。

(3) Projector

该系统是一种交互式的 DSS,用于支持企业短期规划。它主要是帮助经理构造问题和探究可能的解决分析方法。Projector 认为,决策支持系统的主要特征是它注重探索,系统决不能提供任何"答案",而只是帮助决策者作出他们自己的分析。

(4) Geodata Analysis and Display System (GADS)

这是由 IBM 研究部开发的一个测试系统,其作用是用计算机来构造和演示地图,它被用于辅助设计警察的巡逻路线、规划城市发展、安排学校的辖区范围等,特别适用于非技术用户。

(5) Capacity Information System (CIS)

本系统适用于大型卡车生产厂家的规划部。它可以迅速建立或修改产品计划,包括安排计划进度、协调部件和最终产品。它并不能提出解决问题的每个细节,只能作为辅助规划决策。

(6) Generalized Management Information System (GMIS)

该系统的目标在于集成现有的工具,决策者可以利用他们自己熟悉的语言和数据管理系统,即使其中某些工具相互之间不兼容也没有关系。由硬件和软件结合组成一种"虚拟机(virtual machine)",它可以完成必要的转换。这个系统主要为能源规划问题提供一种特殊的 DSS。

经过几年的努力和发展，DSS 研究基本走上了正轨，1978～1988 年，DSS 得到了迅速的发展，它已经成为一个非常流行的名词术语，只要是为管理服务的软件，都被冠以 DSS。

近年来，专家系统的研究发展很快，它给 DSS 注入了新的活力，增强了 DSS 系统的主动功能，例如知识库的组织和推理。目前，如何让机器和人一起完成一系列信息处理活动，仍然是 DSS 研究的重要目标。DSS 还将进一步涉及智能技术，例如在人机界面上的自然语言理解和处理。

在科学技术迅猛发展的今天，各种新技术都可能为 DSS 的发展开辟新天地，只要善于把这些技术同 DSS 的应用、开发、使用原则结合在一起，就能开发出更加先进的 DSS。

9.1.2　DSS 发展的理论基础

研究 DSS，需要明确它的理论基础，作为开发和研究它的指南。众所周知，DSS 的理论发展及其开发与很多学科有关，它涉及计算机软件和硬件、信息论、人工智能、信息经济学、管理科学、行为科学等，显然，这些学科构成了它发展的理论框架，亦称为它的理论基础。尽管有些学科在它产生和形成的过程中起的作用不是很明显，但是它们对 DSS 未来发展将给予极其重要的启迪。DSS 是一种开放的技术，它总是不断吸收其他学科的营养。一般来说，只要能面向计算机并且给决策人员提供帮助，DSS 都可以并且能够把它转化为自己的技术。

1. 信息论

随着科学技术的发展，人们对信息的获取、加工、处理的要求越来越高，尤其是 20 世纪 40 年代，由于通信技术和电子计算机的异军突起，对于信息论的形成和发展起了极大的作用，信息论真正形成了独立的学科。信息论是运用信息的观点，把系统看做是借助于信息的获取、传递、加工、处理而实现其有目的的行动的研究方法。

信息论的奠基人 R·E·香农第一次把信息定义为一个可量化的名词，此后，在工程、通信以及控制理论中发展成一个新的领域。DSS 实质上是一类信息处理系统，DSS 的主要概念和基本理论只有靠信息论提供的分析方法才能作出结论，例如 DSS 在运行中的通信、控制、反馈等概念，离开信息论就很难实现了。

2. 计算机技术

DSS 作为一个很重要的计算机应用领域，需要计算机技术作为它的技术支持，计算机软、硬件是 DSS 开发的制约因素。目前，计算机的硬件方面还在以很高的速度向前发展，更新换代的周期不断地在缩短，这给 DSS 的发展提供了很好的平台。随着硬件的不断改进和发展，软件也发生了巨大的变化。编程语言不断向功能强、适用范围广、兼容性好的方面发展。软件发展的基本方向不仅面向专业的程序员，而且面向非技术用户，这就给 DSS 的设想带来客观上的可能性。此外，由于人们不断开发计算机软件，新的操作系统、数据库管理技术、各种模型和统计分析的软件包、数据抽取系统以及数据和模型的描述语言纷纷面世，很多软件都成为了 DSS 开发的基本工具。

但是要说明的是，虽然软件技术不断更新，应用也越来越深入，但是万能的决策支持软件几乎是无法实现的，任何决策支持系统都有其特定的范围、特定的目标。

3. 管理科学和运筹学

管理科学比较强调应用，它通常用计算机来解决一类特殊问题。一些管理科学家对模型很感兴趣，特别对于运筹学提供的一系列优化、仿真、决策等模型尤为重视。但是系统工程工作者注意的则是解决某领域的管理问题的模型体系，这就是 DSS 中的模型库所要容纳的模型群，因此说，DSS 是系统工程所要研究和开发的重要领域。

4. 信息经济学

信息经济学是研究信息的产生、获得、传递、加工处理、输出等方面的价值问题。信息价值是很关键的问题，虽然目前在计算信息系统的价值方面还不是很成熟，但是信息经济学对 DSS 的发展的影响还是很明显的。有两方面原因：首先，信息经济学对信息价值的研究是信息科学在实际发展中所面临的最重要的问题之一；其次，信息经济学的许多研究工作在原则上与 DSS 有牵连，例如不确定决策问题涉及的贝叶斯方法就把一种"值"加到产生不确定性的信息上。另外，对 DSS 进行评价和比较的问题现在也已经摆在我们面前。

5. 行为科学

信息系统不是一个抽象的研究课题，而是由人来建立和运转的社会系统。我们可以把 DSS 认为是完成一种过程，所以 DSS 又被一些学者和开发人员把它描述为对社会变化的管理，强调过程的动态性、变化中遇到的阻力和构造变化程序的需求。心理学是行为科学研究的一个主要分支，它研究了管理人员和系统建设者不同的识别"风格"和认知结构后指出，信息并不是一种客观存在，而是人们对于周围环境的反应。这种认知观为决策过程作出了概念上的说明，它强调应该使系统设计符合用户的个人要求、心理状态和能力。我们运用行为科学来研究管理人员的共性，用它来指导 DSS 的研究和设计。

6. 人工智能

人工智能技术作为计算机应用研究的前沿，取得了丰硕的成果，其中最诱人的是专家系统（ES）的实用化。专家系统是一组智能的计算机程序，它具有人类领域的权威性知识，用于解决现实中的困难问题。ES 已经被运用在医学、诊断、探矿、军事调度、质谱分析、计算机配置、辅助教育等各种领域。DSS 和 ES 虽然处于不同的学科范畴，有着不同的解决问题方法，前者运用的是数据和模型，后者运用的是知识和推理，但是当它们如能很好地结合，相互渗透，将会把计算机用于决策支持的技术推向一个新的高度。

决策的正确性关系到经营效果和事业成败，决策理论、决策方法和决策工具的科学化和现代化是正确性的重要保障。人工智能将为 DSS 提供有效的理论和方法。例如，知识的表示和建模，推理、演绎和问题求解以及各种搜索技术，再加上功能很强的人工智能语言等，都为 DSS 发展走向更加实用的阶段提供强有力的理论与方法的支持。

9.1.3　DSS 与相关技术的关系

1. 决策和预测之间的关系

凡是决策必须进行预测,而预测的目的绝大多数是为了作好决策,因此,决策与预测有不可分割的联系。

决策是为了在将来(制定决策之后)达到一定目的。制定决策是在现在,而决策的付诸实施,达到决策的目的,是在将来;预测则是在现在预言将来。前者是为了"创造"将来,后者则是预言将来。预测是一个认识过程,而决策则是根据认识到的将来的事物变化,按决策人的价值观和偏好作出选择,以达到某种利益和目标。

预测按被预测对象的性质可分成两大类:第一类预测的对象是自然界各种系统,如天体星球系统的变动规律、地震的发生、火山的爆发、气象的变化、洪水的泛滥、地区旱涝虫害的出现,以及那些在近期内人力还无法控制的一切自然现象;第二类则为可受人控制的社会经济系统,包括经济发展、社会进步、科学发现、技术创新等。第一类预测中有一部分与决策有关,它可为人们防止或减低自然灾害作决策之用;第二类预测与决策有非常密切的关系,这类预测是作出决策的依据。

2. DSS 与管理科学、运筹学的关系

管理科学(MS)在处理结构化问题时提出了分析的观点,它所涉及的一系列方法在信息系统中已广泛应用。运筹学(OR)的研究对象主要集中在数学规划、排队论、决策论、对策论等理论的应用与方法论的有关问题上。在处理结构性很强的局部问题时,MS/OR 是相当成功的方法。但是,用它们来解决诸如战略、规划等半结构化或非结构化一类的决策问题时,往往很难达到预期的效果。

MS/OR 过于注意结构上的规范、形式上的构造模式,而 DSS 却把管理者所要处理问题的过程分为 4 个步骤:调研、建模、优化和解释,并用这种分类方法对 DSS 与 MS/OR 加以比较,发现 MS/OR 只完成第二步工作,而相对于其余三步工作,它们是无能为力的,DSS 在这三步工作中却大有作为。

计算机领域的专家一直认为,正是由于分时系统、交互式终端、微处理器、先进的软件、第四代计算机语言等的出现,DSS 才逐渐变成了现实可行的方法。至于再作深入的研究开发,使 DSS 帮助和支持管理者决策,他们就不感兴趣了。DSS 的开发和研制离不开传统的 MS/OR 所提供的模型,但是 DSS 倾向于模型尽量简单,宁可牺牲方法上的精巧,努力使用户在概念上和决策效能上能够接受,而不拘泥于形式上的构造和模型的规范,这是 DSS 的显著特点。

MS/OR 需要快速地发展以充分发挥它们的潜力。一般影响 MS/OR 发展的主要因素有 3 个:商业环境,技术变革和能弥补 MS/OR 不足的其他方法的发展。这些因素不仅是对 MS/OR 的严重挑战,也为它们的发展提供了广阔的前景。这就是说,DSS 给 MS/OR 的发展带来了生机,DSS 既与 MS/OR 构成了一个相互支持、相互合作的整体,又与 MS/OR 之间有剧烈的竞争。在很多应用领域,DSS 实际上取代了 MS/OR 的地位。所以,MS/OR 必须向其他方法学习，把更多的注意力放在解决实际问题上。

现在，管理者已经感到 DSS 是支持决策的好帮手。站在管理者的立场上看问题，DSS 具有以下吸引人的特点：

- DSS 往往采用多种方法、多种形式开发系统，而不采用提要求、定规范、作详细设计、编程序、试验、实现的一条龙的传统研究方法。
- DSS 的研究者特别重视系统在使用上的灵活性和用户变换要求的适应性。
- DSS 把数据库和模型以及实用的人机接口组成一个真正的整体，这是任何一个计算机系统不可比拟的。
- DSS 把用户放在第一位，技术放在第二位，特别注意用户接口的质量和友好性。

3. DSS 与 MIS 的关系

管理信息系统（MIS）是一个由人、计算机等组成的能进行管理信息的收集、传递、储存、加工、维护和使用的系统。MIS 能实测企业的各种运行情况，利用历史数据预测未来，从全局出发，在一定程度上可以辅助企业进行决策，利用信息控制企业行为，帮助企业实现其规划目标。管理信息系统也是一门新学科，但这门学科还需完善。它引用了其他学科的概念，形成一个综合的多元的学科，这些基本学科包括运筹学、计算机科学和管理科学（如人事、会计、市场学等）。它在这些学科的基础上形成了信息收集和加工的方法，从而形成一个纵横交错的系统。MIS 的功能主要有以下几方面：

- 尽可能及时全面地提供信息和数据，以支持达到系统目标的决策。
- 准备和提供统一格式的信息，使各种统计工作简化。
- 利用指定的数学方法分析数据，可以根据过去的数据预测未来的情况。
- 对不同的管理层次给出不同的要求和不同程度的报告，以期最快分析解释报告和及时作出决策。

DSS 是以计算机为工具的人机交互系统，它利用计算机运算速度快、存储容量大等特点，应用决策理论与方法、心理学、行为科学、人工智能、计算机网络、数据库等技术，根据决策者的决策思维方式，从系统分析角度为决策者或决策分析人员创造一种决策环境。在此环境下，决策者和决策分析人员可以充分利用和应用自己的经验、知识，或者在系统的引导下详细了解和分析其决策过程中的各主要因素及其影响，激发其思维创造力，从而在 DSS 系统的帮助和引导下逐步深入地透视问题，最终有效地作出决策，即通过人机互助完成最终决策。

4. DSS 与 ES 的关系

许多文献都论述将专家系统（ES）的基本原理与方法用于 DSS，构成所谓的智能型 DSS。目前的 DSS 常常尝试把分析技术与常规的数据存取和对半结构或非结构化问题的检索功能结合起来。大多数 DSS 生成程序倾向有友好用户接口、解释子系统的会话和交互式计算机系统。大多数 DSS 的问题非结构化问题，需要通过作出有限的假定，化成一个具有结构化的模块。

所谓战略专家系统（SES）就是 DSS 与 ES 相结合的典型案例。它的特性一方面取自 ES 的推理机制、知识库、知识获取子系统等功能；另一方面来自 DSS 的交互式人机接口、对用户友好的对话系统、基于启发式知识的模型库及数据库等部件。

9.1.4 DSS 的基本概念

计算机决策支持系统是一种帮助决策者进行分析问题与辅助决策的工具。它帮助人们收集与处理信息、构思与设计方案、分析与比较方案、降低或消除面临的风险,最后作出正确的选择把握机遇赢得成功。

决策者面临的主要问题是:对决策问题中的风险进行科学的分析并采取有效的方法来降低或消除这些风险;对相互冲突的多种目标进行科学全面的权衡,从可行的方案中选出满意的。信息是人们用来克服风险的一种资源,而相关资源是实现决策的物质保证。因此,信息、机遇与资源是决策过程的三大要素。决策支持系统的中心任务就是协助决策者统筹与协调好这三要素间的关系。因此,决策分析的科学性与决策模式的正确性是决策成功的关键。

计算机决策支持系统包括问题输入、问题分析、问题求解和结果输出四大部分。

问题输入是决策者以人-机交互的方式向系统提出问题。问题分析主要是风险分析与多目标冲突分析。问题求解是形成备选方案与优化选择。结果输出是以决策者易于理解的方式(如图表等)给出满意的决策结果。如果结果不合适,则决策者可以反馈给系统重新进行交互,直至获得满意的结果。上述过程是在相关的数据、模型和知识支持下进行的,它们存放在相应的数据库、模型库与知识库中。决策者可以是多人的群决策过程,这些不同的决策者可以分布在不同的地方,数据、模型与知识也可以分布在不同的地方,可以通过计算机网络与通信技术,在空间与时间上把他(它)们集成为有机的整体,有效地支持决策群体协同地工作。

决策过程包括客观与主观两种因素。客观因素指的是同决策问题相关的自然规律,主观因素指的是决策者的价值观。决策过程中包括结构化、半结构化与非结构化3种问题。结构化问题指的是人们已经完全掌握其规律的那些问题,因此可以建立模型交给计算机去处理。非结构化问题指的是人们尚未掌握其规律的那些问题,只能由决策者处理。半结构化问题是两者的混合。因此,决策的成败是同决策者的素质紧密相关的。以计算机为基础的信息技术在这过程中只能起着辅助决策者的作用。决策科学与信息技术的进步与发展为群体决策提供了强有力的理论依据与技术手段,但是复杂决策过程的全自动化是完全不可能的,必须注意提高决策者的科学素质与精神素质,建立正确的价值观,才能在计算机决策支持系统的帮助下作出正确的决策。

DSS 的基本原型看起来很简单,其结构如图 9.1 所示。其中,数据库主要存放业务信息,也可存放一些管理信息,是 DSS 系统的基础。模型库主要存放相关的数学模型,如运筹学模型、控制论模型、决策论模型、统计学模型、系统论模型及系统动力学模型等。方法库则是与决策相关的分析问题的方法的总汇。方法库中的方法既可以很简单,如在制订销售计划前,打印出一份历年来分地区、分行业的销售情况报表,无疑对决策有很大的帮助;方法亦可能很复杂,如组合模型库的统计分析模型、优化模型等。方法库可以认为是本单位在决策过程中所采用的认识、分析问题的方法的积累,是组织的宝贵财富。

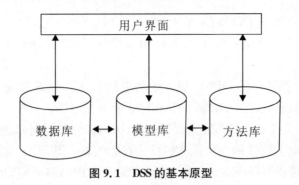

图 9.1 DSS 的基本原型

9.1.5 新一代 DSS 的发展

1. 分布式决策支持系统(DDSS)

随着 DSS 的迅速发展，人们很自然地希望在更高的决策层次和更复杂的决策环境下得到计算机的支持。这种支持面向的对象已不仅仅限于单个的决策人，或代表同一机构的决策群，而是若干具有一定独立性又存在某种联系的决策组织。许多大规模管理决策活动已不可能或不便于用集中方式进行。这些活动涉及许多承担不同责任的决策人，决策过程必需的信息资源或某些重要的决策因素分散在较大的活动范围，是一类组织决策或分布决策。分布式决策支持系统是为适应这类决策问题而建立的信息系统。DDSS 一词虽在 20 世纪 80 年代初已提出，但国内研究还刚刚开始。

DDSS 是由多个物理上分离的信息处理特点构成的计算机网络，网络的每个结点至少含有一个决策支持系统或具有若干辅助决策的功能。DDSS 不只是一套软件，任一实用的 DDSS 都包括有机结合起来的软、硬件两部分。

分布式决策支持系统具有区别于一般 DSS 的若干特征：

- DDSS 是一类专门设计的系统，能支持处于不同结点的多层次的决策，提供个人支持、群体支持和组织支持。
- 不仅支持问题结构不良的决策过程，还能支持信息结构不良的决策过程。
- 能为结点间提供交流机制和手段，支持人机交互、机机交互和人与人交互。
- 不仅仅从一结点向其他结点提供决策结果，还能提供对结果的说朋和解释，有良好的资源共享。
- 具有处理结点间可能发生的冲突的能力，能协调各结点的操作。
- 既有严格的内部协议，又是开放性的，允许系统或结点方便地扩展。
- 系统内的结点作为平等成员而不形成递阶结构，每个结点享有自治权。

DDSS 的研究涉及若干学科领域，范围相当广泛，它的研究与应用的内容相当丰富，可归纳成如下几项：

- 从理论上研究分布特征的决策过程的原理和结构，分布决策的策略和方法。
- 研究分布信息的表达、适于分布决策的信息结构以及不完全信息条件下的决策方法。
- 研究高效率、智能化的通信管理系统，设计适用于不同场合的多种通信方式。

- 研究、开发适合构成 DDSS 的结构模型和实用软件；研究适合于分布决策的分布式数据库、分布式模型库及分布式知识库的结构和管理；研究设计和分析网络拓扑结构的方法。
- 研究能接纳异质结点的 DDSS，研究能利用现有分散 DSS 装配 DDSS 的方法；进一步完善 DDSS 的概念，研究评价 DDSS 的指标体系和分析方法。

分布系统是近年来许多学科研究发展的趋势，国内在分布数据库、分布知识库等方面也有不少研究文献，但对 DDSS 的全面深入的研究还很欠缺。其原因一是 DDSS 的研究开发在我国起步很晚；二是我国经济基础薄弱，形成大面积实用网络尚需时日。尽管如此，开展 DDSS 研究不仅有学术价值，也有现实意义。

2. 智能决策支持系统(IDSS)

人工智能技术引入 DSS 中可以有几种途径。首先，Simon 提出有限理性模型是和人工智能技术紧密结合的，有限理性要求建立一个紧密跟踪人的行为的系统，而专家系统正是这样一种系统。有的 DSS 已融进了启发式搜索技术，这就是人工智能方法在 DSS 中的初步实现。其次，人工智能因可以处理定性的、近似的或不精确的知识而引入 DSS 中，这方面正是专家系统的优势所在。最后，DSS 的一个共同特征是交互性强，这就要求使用更方便，并在接口水平和在进行的推理上更为"透明"。人工智能在接口水平，尤其是对话功能上对此可以作出有益的贡献。自然语言的研究使得用更接近于用户的语言来实现接口成为可能。

知识表示和它采用的方法，如分类法、递阶法、框架等也给 DSS 提供了新的思想，特别是可以把一个复杂的问题分解为递阶的子问题，使以前难以处理的问题得以解决。

对于一个给定问题构造一个状态空间，用试验和检验错误的办法来逼近满意解，这是人工智能技术的另一贡献，有的 DSS 已采用了这种解决问题的过程，取得了较好的效果。

IDSS 是 DSS 和 AI（人工智能）相结合的产物，其设计思想应着重研究把 AI 的知识推理技术和 DSS 的基本功能模块有机地结合起来。因此，IDSS 的总体结构设计思想应考虑以下两点：

1) 从传统 DSS 的设计思想和 ES 的开发要求来看是有矛盾的。设计系统的三库及其管理系统旨在加强系统的通用性。然而，按决策者的应用要求，却希望 DDS 能起到 ES 的作用；若把这两者的功能简单地组合起来，势必增加系统结构的复杂性，此外，DSS 已有可资借鉴的基本理论和设计方法。因此，二者应有机地结合在一起，形成 IDSS 系统结构。

2) 在决策问题的求解过程中，知识推理机和库管理模块既相互独立又相互依赖。为此借鉴数据字典的定义提出了库字典的概念，建立了若干库字典并以模型库作为库信息的控制中心。库字典为上述功能模块的交互联系和各库间的协调管理起了信息桥梁作用。

IDSS 各组成模块的结构及实现如下：

1) 用户接口模块。它是 IDSS 与用户交互的窗口，向用户提供各种命令语言和 I/O 软件，使用户能按系统可以接受的方式提出要求，同时也使系统能按用户要求的形式输出结果。例如，可以采用菜单驱动方式，用户只需根据菜单中对任务的指示，便可直接调用所需的功能模块。

2) 问题求解模块。问题求解过程包括：首先，根据决策者提出的问题及其提供的信息构造面向此问题的模块序列；然后，根据模块序列获取问题的最优解或满意解。

问题求解模块由问题分析和问题求解两部分组成。首先,它对决策问题进行分析,建立面向用户提出的特定问题的模块序列,其次,完成每一模块内部结构的组建,即匹配相应的数据模块和文法文件,完成模块序列的连接和运行;最后,对决策结果进行评价和优化。为此,系统必须具备应用领域的知识和模型内部结构的知识。

3) 库管理模块。它的功能包括:①在外部环境部系统内部间起信息传输作用;②对库进行管理、协调和维护;③满足问题求解模块对数据、模型、方法和知识的需求,提供交互式的内部通道,使 AI 的知识推理和 OR 的数值计算相结合成为可能。

4) 数据库系统。在 IDSS 中,模型库也以数据化形式实现,因此,数据库不仅包含模型所要求的数据文件,也包含模型运行的结果文件。

5) 模型库系统。它是 IDSS 的核心部分,其功能是向决策者提供能方便地构造、修改和应用库内各种模型以支持决策。

6) 方法库系统。它的功能是把关于支持决策的方法有机地结合起来,提供与建立和求解模型有关的方法。

3. 决策支持中心(DSC)

1985 年由 Owen 等人提出一个决策支持中心(DSC)的概念,即:一个由了解决策环境的信息系统组成的决策支持小组作为决策支持中心的核心,该中心采用先进的信息技术。通常决策支持中心在位置上和高层领导十分接近,以便能及时地提供决策支持,决策支持小组随时准备开发或修改 DSS 以支持高层领导作出紧急的和重要的决策。

DSC 概念的出现,被认为是今后 DSS 研究领域发展的一个重要前沿。DSC 的特点是决策支持中心处在高层次重要决策部位,有一批参与政策制定、决策分析和系统开发的专家,装备有计算机等先进设备,通过人机结合等多种方式支持高层决策者作出应急和重要决策。这里应特别指出,DSC 与 DSS 的本质区别是:DSS 是以基于计算机的信息系统为核心支持决策者解决决策问题;而 DSC 是以决策支持小组为核心,采取人机结合方式支持决策者解决决策问题。大家知道,DSS 与决策者只有一种人机交互方式,而 DSC 与决策者的交互方式有两种形式:一种是决策者与决策支持小组的交互方式,这是 DSC 非常重要的交互方式,它充分注意决策支持小组的决策支持地位和作用,当然,决策支持小组在支持决策者时,需要使用 DSS;另一种是决策者与 DSS 人机交互方式。

DSC 不但具有 DSS 的基本决策支持功能,还具有其他功能,这主要体现在人的决策支持上。决策支持小组支持决策者的功能具有深度、广度和灵活性等特点,主要表现在两方面:

1) 办公决策支持功能。着重提高办公效率和办公质量,对短期决策、预测和现状分析等日常工作提供支持,为决策者创造良好的办公环境。

2) 定性与定量相结合的综合集成功能。就其实质而言,是将各种有关专家结合起来,数据和各种信息与计算机技术有机结合起来,把各种学科的科学理论与人的经验和知识结合起来,构成一个整体,发挥 DDS 的整体优势和综合优势,更好地支持决策者。

DSC 的决策支持是针对决策全过程的。由于 DSC 在 DSS 基础上增加了决策支持小组,所以在决策过程的每个阶段上都有人的支持活动。一般情况下,DSC 的决策支持成功率要高于一般的 DSS,DSC 的重要特点是改变纯粹采用计算机信息系统支持决策的做法,有的决策问题可以由决策支持小组与DSS进行人机交互求得支持；有的决策问题可以由决策支持小组采取传统办公程序得到支持。无论采取什么方式支持决策，决策支持小组的分析综合占据一定重要地位。图9.2表示DSC支持决策的整个过程，通常由决策者提出意向决策问题，然后通过决策支持小组作出预决策，它包括意向问题定义、决策方案生成和评价等活动；DSS与DSC进行人机交互，提供计算机信息环境，支持决策支持小组的决策分析活动。DSC作为决策者的有效工具，并为其提供良好的决策环境，具有明显的实用性和有效性，而且比较容易建立和应用。

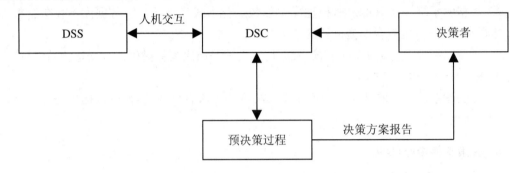

图 9.2　DSC 运动决策的过程

4. 战略决策支持系统(SDSS)

用DSS支持战略管理是重要而有意义的领域，DSS可望对组织的高层管理产生实质性的影响，实用的战略决策支持系统的研究是今后的重要课题。目前有关文献提出的系统构成如下：

1) 数据库系统，它包括数据库、查询语言和数据输入与修改。

2) 模型与方法库系统，它包括模型和方法库，该库存储和管理不同类型的模型和求解方法，还有模型与功能组合，可以将若干不同类型的模型和方法组合在一起解决实际问题；也包括模型建立与更新。

3) 知识库系统，它有知识库、推理策略、知识获取等功能。可以存储和管理定性模型和启发式或关联式领域专家知识，应用和加工知识库中的知识，允许开发人员输入和调整知识库的启发性或相关性知识。

4) 案例分析系统，它包括：案例资料库，动态存储已解决的问题与案例；类比判断分析，运用一组度量指标和关联性记忆搜索（神经网络模型），寻找已往案例中与当前问题类似的案例，以选择有效的元级问题解决方法；案例获取，将案例输入资料库，并可维护案例知识规则。

5) 输入输出系统，具有标准的图形生成器和问题求解报告生成系统，增加问题求解过程的透明度和用户对结果的认识。

6) 控制与通信系统，存储元知识和控制启发式策略，对整个问题求解过程实施控制，负责子系统之间的交互和通信；可以针对具体问题确定求解程序。同时，为开发人员提供一种开发元过程的友好的命令语言。

5. 财务决策支持系统(FDSS)

在 DSS 技术中,有一些专门面向一类特定目的的专用 DSS。FDSS 就是一种面向财务的专用 DSS。它是现今 DSS 的一个重要应用领域。FDSS 是以计算机技术、信息技术为手段,并运用管理科学和运筹学,用系统论等方法,对财务方面的某一类半结构或非结构化问题,通过计量决策和主观决策的密切配合,通过人机交互、反复对比、分析,运用决策者的智慧,进行判断、帮助和支持决策活动,辅助正确决策。FDSS 具有核算、管理和决策三项功能。

6. 技术决策支持系统(TDSS)

TDSS 是一种面向技术的专用决策支持系统,也是 DSS 的一个重要应用领域。它主要是供工业生产系统使用,帮助解决工业生产中产品品种和工艺过程的管理、监督和控制。TDSS 也是一种具有人工智能的决策支持系统。

9.2 群决策支持系统

9.2.1 概述

由于群体决策的机理与个体决策的机理之间存在着本质的区别。因此,对群决策支持系统(GDSS)的功能需求也较 DSS 具有相当的复杂性。对 GDSS 来说,不仅要求其对群体内个体的决策行为给予支持,而且要求对群体内任务的分解、合作、综合等行为给予支持,并形成一个面向群体决策行为的人机环境。自从 1970 年群决策支持系统的概念提出以来,人们不断地开发拓展 GDSS 的支持范围。近年来,GDSS 已进入到了实用化阶段,并积累了开发过程中的丰富的经验。

所谓群体决策是相对个人而言的,两人或多人召集在一起,讨论实质性问题,提出解决某一问题的若干方案(或称设计解决问题的策略),评价这些策略各自的优劣,最后作出决策,这样的决策过程可称为群决策。

许多重大问题都需要群体决策,大至人民代表大会及其常务委员会为重大国家事务作出决策,小至企事业单位或团体发展战略的制定,都无一例外,这些群体的决策过程往往是:根据已有的材料,根据群体成员各自的经验和智慧,通过一定的议程(如会议等),集中多数人的正确意见,然后作出决策。但是,如何设计开发 GDSS 来支持群决策是一个复杂的任务,因为它是一个涉及不同的个人、时间、地点、通信网络及个人偏好和其他技术的复杂的组合,它的运行方式与制度及文化有着十分密切的关系。群体决策的多数问题是非结构问题,因此很难直接用结构化方法提供支持。群决策支持系统的目的就在于克服上述这些障碍,力图提供一种系统方法,有组织地指导信息交流方式、议事日程、讨论形式、决议内容。当今社会已出现了以知识繁多、内部和外部情况复杂、形势变化急剧为特征的决策环境,这种环境使群决策变得更复杂、更重要了。因此,GDSS 技术是管理人员和组织人员一个时期以来所期望的,有很强的实际背景、因而引起人们的极大兴趣。

事实上，GDSS将通信、计算机和决策技术结合起来，使问题的求解条理化、系统化。而各种技术的进步，如电子会议、局域网、远距离电话会议以及决策支持软件的研究成果，推动了这一领域的发展。GDSS技术发展得越成熟，它对自然决策（即非支持决策）介入也就越多。GDSS中用到通信技术（包括电子信息、局域网或广域网、电话会议、储存和交换设备）；用到计算机技术（包括多用户系统，第四代语言，数据库，数据分析，数据存储和修改能力等）；用到决策支持技术（包括议程设置，人工智能和自动推理技术，决策模型方法（决策树、风险分析、预测方法），结构化的群决策方法如德尔菲法等）。

GDSS可提供三个级别的决策支持：

第一层次的GDSS旨在减少群决策中决策者之间的通信、沟通信息，消除交流的障碍，如及时显示各种意见的大屏幕，投票表决和汇总设备，无记名的意见和偏好的输入，成员间电子信息交流。第一层次系统通过改进成员间的信息交流来改进决策进程，通常所说的"计算机支持的会议室"（或称为"电子会议室"）就属于这一类。

第二层次的GDSS提供善于认识过程和系统的动态结构的技术，决策分析建模和分析判断方法的选择技术。这类系统常常使用便携式单用户计算机来支持一群决策者。决策者面对面地工作，在GDSS的支持下（有时还包括必要的工作人员）共享面临问题的知识和信息资源，制定出行动计划。

第三层次的GDSS其主要特征是将上述第一层次和第二层次的技术结合起来，用计算机来启发、指导群体的通信方式，包括专家咨询和会议规则的智能安排，这样高水平的系统目前还处在预研制阶段。

GDSS应能发现并向决策群体提供新的方法，使决策群体通过有规则的信息交流逐步达到决策目标。首先，要克服信息交流的障碍，加速其进程，如第一层次的GDSS；其次，可用一些较成熟的系统技术使决策过程结构化或准结构化，如第二层次的GDSS；最后，应对群体决策的信息交流的内容和方式、议事的时间进程提供智能型指导；从根本上解决非结构化决策的支持问题，这是第三层次的GDSS的发展方向，也是GDSS的发展方向。

9.2.2 群体决策的行为机理

有关行为科学的研究以及决策支持系统的开发研究提出了很多有关群体决策的行为模型。可以将一般决策机构的行为机理描述成一单元集功能（set of roles）的网络结构。这些单元功能可以是信息的采集、管理、分析及决策的相应功能。在实际的组织机构中，每个功能可以对应一个或多个人的职责。在这些单元功能之间，通过信息和控制流将它们联系在一起。

在这些单元功能之间，除存在着信息的流动以外，还存在着相互协作和依存的关系，这种关系分为两类，其一为所谓的限定关系（definitional relationship），表示功能之间的层次关系；其二为所谓的联合关系（associative relationship），表示功能之间的联合协作关系。可以进一步将这类关系划分为联合依赖（pooled interdependence）、顺序依赖（sequential interdependence）以及相互依赖（reciprocal interdependence）关系，它们的含义如下：

联合依赖：

- 每个单元可独立地完成其操作，但需面向组织的目标。

- 这些单元之间的协作关系表现为各单元受到决策规则和程序的制约。而这些规则和程序应使各单元协调一致并对于稳定和重复的任务来说是行之有效的。

顺序依赖：
- 每个单元,除保持联合依赖性以外,其操作和功能的完成可能依赖于其他单元的工作,而这种依赖性的程度在这些单元之间可能存在着显著的变化。
- 这些单元之间的协作关系表现为计划或调度表的制订,以控制各单元的行为进而达到信息的共享。这种计划可能是动态的,即根据任务的不同而变化。

相互依赖：
- 这些单元,除保持以上两种依赖关系以外,可能存在着递归的依赖关系。例如,单元 X 的输出可能为单元 Y 的输入,Y 的输出可能为 Z 的输入,而 Z 的输出可能又为 X 的输入。在这种情况下,每个单元的行为可能会对其他单元的行为起调节作用,从而使这种关系非常复杂并具有动态性。
- 在这种情况下,协作关系通过相互调节来实现。情况的变化和不可预测性的程度越大,这种相互调节也就越大。

GDSS 以及 DSS 都是以决策者为主体的人机系统,深入了解决策过程的行为机理,进而划清 GDSS 的支持范围和功能结构,是 DSS 乃至 GDSS 成功开发和推广应用的关键。

9.2.3 GDSS 的功能结构

GDSS 是面向多人合作的决策过程。早期的 GDSS 只简单地在一个或多个个体级的 DSS 之上增加了一个群体综合层次模块。其中,个体级部分支持群体内个体的功能需求和有关操作,而群体级的综合管理模块为这些个体提供了一个信息的交流、讨论、综合、表决并最终取得一致决策的机制的环境。

显然,这种 GDSS 的功能结构不能对群体内个体之间的协作过程予以支持。在群体单元之间存在着相互依赖关系时,GDSS 应在通讯即数据流方面提供对协作关系的支持,如下所示：

1) 保证群体能共享组织的规则和程序：
- 各单元对信息语义理解的正确性,如变量涵义理解的正确性。
- 各单元所应用信息的逻辑上的正确性,即应用的信息是否有助于决策的制订。
- 所引出的关系应对应于现实世界事物之间的联系,并与群体的业务保持一致。
- 信息的处理和应用应与组织已作出的决策或政策保持一致。

2) 根据群体内个体之间的相互依赖性,动态地计划、监测和控制各单元之间的信息流动：
- 在各组织单元之间是否存在着顺序的依赖性？如有,系统应具有适当的计划以协调信息在各单元之间一致地流动。
- 当各单元之间存在着非直接的依赖性时,系统应能调整有关计划,动态地监控相关信息的流动。

3) 动态地计划和调整具有相互依赖关系的各单元的有关操作和行为：
- 当单元之间存在相互依赖的关系时,系统应把握相应的机制动态地调整各单元的输入和输出的流动与共享。因此系统应提供相应的控制机制按一定的时序控制各单元的操作。

根据 GDSS 各单元之间在相互依赖关系的特点及其协作的要求，对整个 GDSS 的模型库管理系统提出较一般 DSS 更高的要求：

1) 有关模型的运行环境和功能在组织内各单元之间理解的一致性。

2) 各单元的模型库与公共模型库的一致性与连贯性，即对公共模型库模型的调用或修改需经单元模型库的缓冲，对公共模型库的扩充需经单元模型库的预热。

3) 较强的构模语言。

4) 能够生成模型的链接以求解问题。保存其运行环境（模型的形式及功能表达、输入输出的关系的描述等），并生成有关求解路径合理化的解释，以便与其他单元交互。

5) 当各单元之间存在相互依赖的关系时，根据模型的运行环境和功能描述，在 GDSS 通信支持的条件下，检测并保证各单元之间运行模型序列在逻辑关系上的正确性。

基于此，人们提出一种 GDSS 的系统结构如图 9.3 所示。其中的控制模块提供了在各单元之间存在相互依赖情况下动态调度系统运行的控制机制和进行通信的数据通道。由于根据不同决策任务，各单元间的依赖关系可能会发生动态的变化，有关系统运行的知识库系统就显得越来越重要，被认为是实现系统的灵活性，支持个人决策风格和增加系统对复杂多变问题适应性的有力手段。

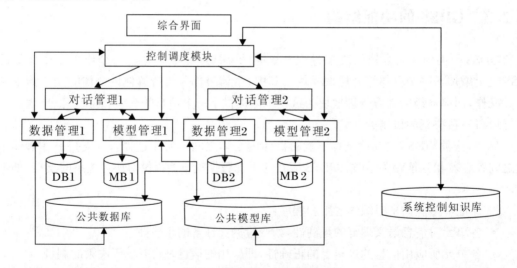

图 9.3 GDSS 的一种系统结构

9.2.4 GDSS 的运行环境

GDSS 的运行环境如图 9.4 所示，包括以下几个方面：

1) 决策室（decision room）是使用 GDSS 的决策者们进行集体合作的最高形式和最直接的场所。这个工作室装备了支撑 GDSS 系统的特殊设备。每个参加会议的人员坐在摆有个人计算机终端的 U 形桌的后面。其个人的有关信息在这个终端的监视器上进行显示。全体人员都面对一个大屏幕。群体的意见和个体的结果可被显示或投影到大屏幕上，以便进行讨论和分析。参加会议的人员即可以通过自己的终端设备进行工作，又可面对面地进行讨论，还可以通过自己的终端与他人进行通讯，也可以通过大屏幕提供或获取有关信息。这种多通道的通信方式和电子参谋的综合运用，可以极大地提高决策的效率和效果。

2）局部决策网络支持决策者进行独立而深入的研究。每个决策者通过设在自己办公室的微机或终端进行工作。局域网可以使每个决策者获得主要设在中央处理器上的 DSS 软件功能的支持，并可以通过网络经中央处理器进行相互通信。这种局部决策网络增强了 GDSS 运行的灵活性，使得每个决策人员具有了支配自己时间的自由度。

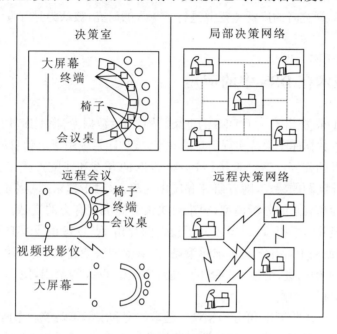

图 9.4　GDSS 的运行环境

3）远程会议是决策室的一种延伸。通过远程网络，利用声像技术将地理上分布较远的两个或多个决策者联系起来。

4）远程决策网络是局部决策网络的一种延伸和加强。

9.2.5　结束语

目前，GDSS 的理论和方法已进入到了实用化阶段。已有很多的民用系统投入运行。在军事上，GDSS 的理论和方法已引起了普遍的重视和深入的研究。如美国兰德公司研制的 RSAC，美军参谋长联席会议研制的 J-8 系统等均采用了 GDSS 的思想。虽然 GDSS 尚没有得到十分普及的应用，但是，对于一些技术先进的国家，由于其技术和物质力量上的雄厚实力，可以预见，GDSS 的普及应用将是不远的事情。研究和实践表明，GDSS 的成功应用，将使人机工程达到一个崭新的层次，进而带来巨大的政治、经济和军事效益。

9.3 智能型决策支持系统

自从 20 世纪 70 年代初，Gorry 和 Morton 提出决策支持系统的概念以来，为信息处理和信息决策带来了广阔的前景，DSS 的应用开发和 DSS 的理论研究取得了很大进展。其中，AI 技术引起了 DSS 研究者的广泛重视并进行了深入的研究，被认为是开发 DSS 潜力的有力手段。

9.3.1 ES 技术在 DSS 中的应用

1980 年，Sprague 提出了一个 DSS 的框架结构，即由数据库、模型库、用户接口组成一个 DSS 的结构。其中数据库子系统实现信息的共享，模型库系统用于对信息的加工分析，用户接口完成与决策者的交互。这种系统结构，对 DSS 的开发和研究产生了深远影响。由于 DSS 面向非结构化问题的特点，随着研究和应用的深入，对于越来越复杂的决策问题，单靠决策者自身的经验和有限的分析模型，很难对决策者提供强有力的支持。关于领域问题求解的专家知识和经验的采用，可以覆盖分析模型的死角，使 DSS 的支持环境提高到一个新的层次，也可以辅助决策者确定问题求解策略，提供辅助决策建议，及对决策者的决策方案予以评估。ES 技术的引进，增强了 DSS 的功能，方便了 DSS 的使用，使 DSS 求解复杂的半结构化问题的能力得以提高。

ES 技术在 DSS 中的应用，可分为领域问题求解型和求解策略控制型两种。所谓问题求解型，即 ES 部分直接针对 DSS 的某一类问题的求解任务，主要采用 ES 的专家知识和推理机制求解部分问题，这种类型的智能决策支持系统的典型框架结构如图 9.5 所示。

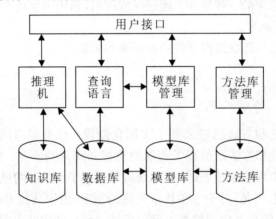

图 9.5 ES 在 DSS 中作为问题求解型的应用

所谓求解策略型 DSS，即由 ES 技术根据决策者面临决策问题的特点和性质，参照模型库的各种分析模型的功能和数据库的逻辑视图，完成对问题的判定和识别，帮助用户了解模型或系统功能及其关系，确定或辅助决策者确定问题求解步骤和有关控制策略，使决策者能够在对问题本身的分析、有关分析模型的采用与操作、分析模型的输出结果的解释等问题上得以支持，这种类型的 DSS 的基本结构如图 9.6 所示。

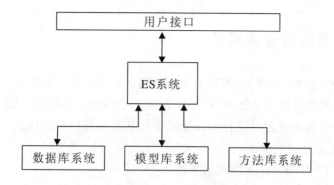

图 9.6 ES 在 DSS 中作为求解策略的控制

在图 9.6 所示的 ES 的知识库中,可以存储有关模型功能或关系的事实性方法,也可存储关于领域问题求解方法的操作性知识,以及三库的接口知识。ES 的推理机根据任务的性质特点及知识库中的有关知识,经过推理判断,确定或辅助确定对数据库和模型库的有关操作以完成领域任务的求解。

9.3.2 模型及模型操作的逻辑表示与实现

逻辑,特别是一阶谓词逻辑,在人工智能的发展中起到了很大的作用。近年来,人们发现它在 DSS 的模型表示和模型库管理上有着很大的优越性。一阶谓词逻辑作为逻辑思维的符号表示与模拟,与人类的自然语言有着自然相近的语义结构,具有表达定量和定性信息的较强的表现能力,是模型表示的较自然和理想的形式。一阶谓词演算的推理机制,能充分表现模型的查询、连接等操作,自动定理证明算法的研究与完善,特别是近年来开发成功的逻辑程序设计语言 PROLOG 或 PROLOG 型语言,使模型的表示和操作能方便地在计算机上实现,非单调逻辑、模态逻辑等逻辑体系的研究与发展,增强了形式逻辑的表现力。

由于逻辑程序设计语言,如 PROLOG 的特点,其结构体系可有四种解释,它可以被看成是说明性的,是一组命题的集合;也可被认为是过程性的,它确定了求解问题的实际过程;它又可作为数据库的解释,每个子句可看作项之间的关系;亦可被看做问题处理语言,其将复杂目标中的元素用递归的或并行的方式予以处理。Steven 提出了用一阶逻辑作为整个 DSS 体系的建模工具,使用符号逻辑语言,特别是逻辑程序设计语言作为 DSS 系统的建模和描述语言,数据库的内容对应于一组子句,消除了数据库的结构与内容的差别,数据库的管理通过推理而代替通过约束条件和关系代数来实现。逻辑语言通过谓词表达模型的输入、输出及模型的有关属性,能充分表达各种数学模型。

由于逻辑程序语言是一种通用的问题求解描述语言,不便于利用问题领域的固有特点,因此可以使用混合语言体系来实现 DSS:用逻辑程序设计语言实现模型的表示和模型库的管理以及有关的控制和交互功能,用现有的数据库管理系统来构造数据库和实现其管理,用各种面向问题的算法程序语言实现方法库的构造,这样,不但可以使 AI 技术在 DSS 中得以应用,而且可以提高 DSS 整体效果和效率,同时,可以继承现有的程序库和软件包,提高 DSS 的开发效率。

9.3.3 主动型决策支持系统

以往研究开发的 DSS 系统,从本质上来讲是属于被动型的。虽然 DSS 提供了与用户友好的界面,支持决策者的决策风格,但系统总是响应用户的询问或各种功能要求而进行相应的操作,不能能动地向决策者提供有关目标系统的状态和提供合理化的建议。主动型的方法,是提高 DSS 智能度的关键。

Jelassi 提出的主动型 ADSS 的逻辑结构如图 9.7 所示:

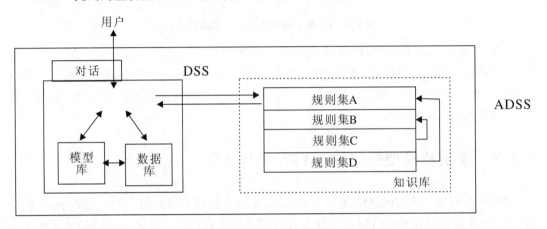

图 9.7 主动型 DSS 的体系结构

其中,数据库部分是历史的、现实的、环境的数据的存储部件,由它反映所谓的"系统状态",通过对数据库的检测,可望发现系统的两种环境:首先是妨碍系统维持现状的环境;其二是使组织将来的地位得以发展和加强的环境,或称之为机会。在图 9.7 的虚线部分的知识库中,设有两种触发器规则以进行相应的检测。所谓触发器(trigger),在数据库和 AI 中已获得普遍应用,这里解释为这样一组规则,当其条件部分得以满足时,调用其他规则进行推理。触发器条件部分的事实可由对数据库的检测、模型的操作以及运算或人机交互过程进行验证。一旦条件成立,则触发知识库中的规则进行推理以得出恢复系统状态的措施或应用可能机会的建议。知识库中的 C、D 两组规则集即触发器部分,C 部分对应于第一种环境的检测,称为恢复型(redemial)触发器,D 部分对应于第二种环境的检测,称为促进型(promotable)触发器。

A 规则集为建议怎样利用机会及有关评估方法的规则,B 规则集为建议可能的补救措施及有关评估方法的规则。当 C 部分被触发,其调用 B 中规则进行推理,以向用户/决策者提供补救措施的建议;当 D 部分被触发,其调用 A 规则集,以说明可能的机会和为此而应采取的措施。为支持决策者的决策风格,ADSS 应具有通过人机接口设置触发器及相应的推理规则的功能。

关于对数据库进行检测的频率是一关键性的问题。如果过于频繁,可能会增加系统的无用功,降低系统的效率。如果频率太慢,可能不能及时发现系统的状态及有关机会,减弱主动性的效果。ADSS 可以采用定期检测的方法,也可通过识别和设置数据库中的"显著数据",只有当"显著数据"发生一定程度的变化时,才进行相应的检测。

9.3.4 右脑型 DSS 系统

DSS 系统应能使管理者更紧密地遵循自己的决策过程。目前研究和开发的 DSS 系统大多以结构化问题的定量分析和灵活的人机接口支持决策问题中创造性的劳动和直觉性的启发过程。DSS 所面对的领域中的大部分问题是半结构和非结构化问题,对于这样的问题的分析和处理,在 DSS 中只能靠人的判断和创造力。

在右脑型 DSS 中,用户/决策者可望在将来得到四个级别上的支持。1 级模块即对定性信息的存储与检索功能机制的要求,要求能对四种定性信息,即参考资料、历史事件、有关知识和行为知识进行存储和检索。2 级模块即问题定义模块,通过与 1 级模块有关检索功能的相互作用,2 级模块经过确定问题维数、对问题的模式分类、AI 中所采用的类比推理等过程,确定对问题的识别与定义。3 级模块即问题重构模块,它通过方案的组合合成、方案比较、问题求解方法的一般化来确定同类问题。4 级模块为最高级,用户在此模块的支持下确定可行方案,制定有关决策,从而形成对整个由定性信息的操作与处理来支持用户/决策者分析与解决问题的全过程。

在针对半结构、非结构化问题的决策过程中,定性信息的应用是不容忽视的,有时甚至比定量信息具有更重要的意义,但除了在 ES 的知识处理的一小部分外,定性信息并没有充分得以应用,以上所述的模块和功能,每一种都有很大的难度和工作量,仍处于研究阶段,但是经过不断努力,拓展定性信息的应用范围,使 DSS 具有"出主意"、"协作"等与用户更加友好的功能,将为 DSS 的有效性带来光明的前景。

9.3.5 机器学习技术在 DSS 模型库管理中的应用

DSS 模型库管理系统是 DSS 系统关键的功能部件,用来实现模型库的维护和有关操作。以往开发和研究的模型库管理系统具有其内在的缺点:

- 采用通用问题求解策略,如仅靠模型与数据的输入/输出来决定问题的求解路径,不能体现问题的特有属性,因此其精度和有效性受到限制。
- 应用较少而特殊的问题求解策略,这种求解策略不具有较强的通用性,不能覆盖一定的问题范围。
- 求解策略较为刻板和固定,由于设定的求解策略可能存在一定的不精确性,而系统又不能随着问题求解实践修正相应的策略,对 DSS 的效果和效能不能起积极的作用。

为了解决以上问题,可以采用问题求解的方法和技术来设计 DSS 模型库管理系统的方法,即在 DSS 模型库管理系统中增加一个问题求解模块以增强 DSS 的功能。这个问题求解模块主要是由模型操作知识的获取和应用构成。模型操作知识可由模型操作方案(modal manipulation schemata)表示,其在功能和结构上等价于一棵与/或树。"与"结点及"与"子树表示问题描述的输入部分,或可分解问题的子问题;"或"结点为备选的求解方案。这样,不但可应用 AI 中的搜索技术于这种模型操作方案以指导模型的有关操作,而且可应用机器学习理论中的"从事例中学习"的技术积累和修正模型的操作方案。应用机器学习方法,可以：
- 获取模型操作知识；
- 修正模型操作知识；
- 修正模型表示；
- 生成模型选择的启发式知识，以使系统能自动积累知识，增强系统的进化性及适用性。

为实现上述目标，可以得到如下的 DSS 的系统结构模式（图 9.8）：

其中，事例选择器（instance selector）从外部训练者接收事例并传送给问题求解器。问题求解器利用反向链推理过程生成其解树，评价部分对此解树予以评述，当至少一条解路径的叶结点均可解时，接收的事例为正例，否则为反例。学习模块据此生成一个问题求解方案或修正已存在的问题求解方案。

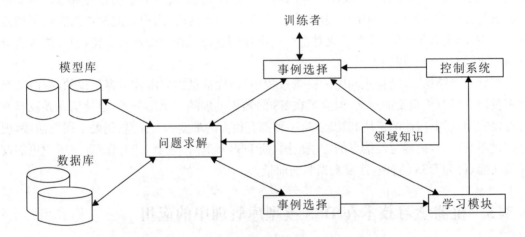

图 9.8 具有学习机制的 DSS 系统结构

在图 9.8 的系统结构中应用了从事例中学习的技术，关于问题求解知识的获取和修正、强化-弱化方法、极大极小匹配方法是自然的方法。关于模型选择知识，采用信任度指派（credit-assign）的方法较为有力。模型表示的优化对于提高模型的适用性有很重要的作用，亦可采用上述的学习方法。

9.3.6 结束语

AI 技术的引用，弥补了传统 DSS 的不足，增强了 DSS 的功能，提高了 DSS 的支持能力，拓广了 DSS 的功能范围。这里所介绍的几种智能型 DSS 系统，充分展示了其对提高 DSS 功能所起的重要作用。随着 AI 理论和技术的进步，AI 的多个学科的成果必将在 DSS 的结构中得到更深入的应用。其中，自然语言理解的研究进展，可望为 DSS 提供自然语言环境下的人机界面；演绎数据库技术可以完成对数据库的智能检索；模式识别技术可以扩展 DSS 所能接受和处理的信息源。未来决策支持系统的进展，除深入探讨决策者的行为机理，支持多人决策的有关理论工作外，AI 技术必将起到很大的促进作用。

9.4 政府决策支持系统建设案例：税务稽查决策支持系统

9.4.1 税务稽查选案步骤

计算机选案是依据计算机占有的征管资料，进行分析、对比、排列和组合，从中发现异常，列出稽查重点的方法。使用计算机选案能克服工作中的盲目性和无效性，提高稽查效率。

许多发达国家都采用计算机选案，而且90%以上的税务稽查对象是通过计算机筛选出来的。我国部分地区，对部分税种采用了计算机分析选案，如增值税专用发票进项抵扣联和销项存根联配对分析等。个别地区甚至开始尝试全面采用已有信息，建立起一个相对完整的计算机选案系统。国家税务总局目前也正在研制开发一个覆盖各个税种和各类纳税人的大型计算机选案系统。计算机选案是现代稽查发展的一个方向。其具体方法是：

1. 广泛采集信息资料

广泛采集纳税信息资料是计算机选案的前提和基础。采集信息资料可以从税务系统内部和外部进行。对内可以从管理服务系列、征收监控系列、法制管理系列采集税务登记、发票领用、纳税申报、税款缴纳、财务报表、税收政策法规等资料，建立纳税人分户档案和相关资料库，以保证计算机选案所需的最基本的资料。对外可以从财政、金融、工商、海关等部门采集相关的资料进行储存备用。

2. 确定计算机选案指标

计算机选案指标是税务机关对已储存的有关信息资料进行加工、处理后取得的可供分析纳税人纳税情况的指标。科学设置计算机选案指标是决定计算机选案的深度和广度的关键。从目前情况来看，计算机选案指标（主要是增值税、消费税、营业税、企业所得税选案指标）如下：

1) 进项、销项税额比较

分析方法：进项税额－销项税额＞0

分析结果：产出连续3个月之差大于零的户名

2) 免税货物、非应税项目进项税额分析

分析方法：(免税货物＋非应税项目用的进项税额)÷全部进项税额＝0或过小

分析结果：产生等于零或过小户名

3) 销售税金负担率

分析方法：应纳税额/应税销售额＜同行业应纳税总额/应税销售总额

分析结果：产生税负率＜同行业平均税负率户名

3. 生成计算机选案参数

要分析计算机选案指标就必须有参数。没有参数值比较，选案指标就不能使用。计算机选案参数的生成有三条途径：一是计算机自动生成。因为只要把纳税人的申报资料输入计算机，通过一定的方法，如加权平均，就可以计算出同行业或同规模纳税的有关参数。二是从有关法规库中提取。因为有的参数是法定的，例如企业所得税税前列支标准、固定资产的综合折旧率、人均工资额等。三是根据实际情况确定。因为有些选案参数需要根据一个地区经济发展程度、企业经营管理及财务管理水平等相关因素来确定。

4. 确定稽查对象的所属时间

计算机选案的资料、指标、参数准备好后，还要选择一定的约束条件，选择选案的范围、选案对象的所属期间等。如从某市国税局1998年全行业纳税人中选案，那么计算机就可以根据选案资料预置指标、参数，对某市国税局1998年度的所有纳税人进行选案。

5. 确定稽查对象

计算机选案初步结果必须通过整理才能确定稽查对象。因为任何单项指标经过分析对比，都可产生出与参数值不一致的异常户。对各单项指标选出的待查对象进行综合打分，按分数高低排列，分数越高，越排在前面，越是可以优先考虑予以稽查。

9.4.2 关键技术

面向税收业务的智能决策专题是根据我国国情，按照税法和税收征管改革的需要，在税收管理信息系统的基础上，运用现代管理学的理论和方法以及先进的计算机技术，使用传统的数学统计方法、基于范例推理、专家系统、数据挖掘和人工神经网络等智能技术相结合进行税收数据分析、税款征收预测、计算机自动稽查选案等税收领域的任务。

分类规则发现是最常用的数据挖掘操作，其目的是利用历史数据纪录，从中自动推导生成能总结出对给定历史数据的推广描述，从而能预测未来数据的行为。例如，通过对给定的纳税数据推导出偷漏税情况的泛化规则，可以发现偷漏税这种异常规则。当前，这方面已有大量的成熟技术，如CART、C4.5等符号归纳技术以及反向传播等神经网络技术。后面将要介绍的多项技术都可以进行分类规则发现。

计算机选案指标是税务机关对已储存的有关信息资料进行加工、处理后取得的可供分析纳税人纳税情况的指标。科学设置计算机选案指标是决定计算机选案的深度和广度的关键。从目前情况来看，计算机选案（主要是增值税、消费税、营业税、企业所得税选案指标）使用的主要变量有：进项税额、销项税额、应纳税额、应税销售额、销售成本、期初存货、期末存货、销售收入、销售税金、销售利润、销售毛利、应收账款、负债总额、资产总额、本期折旧额、固定资产原值、投资收益额、长期投资、短期投资、工资总额、平均职工人数、产值，共计22项。而选案指标更多，有：进项、销项税额比较，销售税金负担率，加成率分析，销售利润率变化幅度（横向比较、纵向比较）等等。

选案指标会随着经济形势的发展和税制结构、税收政策的变化、税收违法手段以及对计算机开发应用程度的变化而相应变化,各级稽查机关应当根据不同阶段的经济发展情况以及税收政策的调整等经常调整和修改这些指标,以适应选案的实际需要。

1. 主成分分析

在众多的指标中,每个指标对选案的影响是不一样的;而且指标对选案的影响也会随着经济形势的变化而变化。如何从众多的指标中选择对选案影响最大的指标呢?这可以采用主成分分析方法来确定。

2. 神经网络

人工神经网络是一种并行的非线性动力学系统模型,设计合理的神经网络结构和选择合适的学习算法,是人工神经网络数据分析预测的关键步骤。可以根据税收数据分析预测的具体需要,设计一个多种神经网络模型集成的人工神经网络系统,对税收数据进行分析和处理。具体说来,基于人工神经网络的税收数据分析预测包括以下过程:

1) 原始数据统计预处理分析。由统计模型实现,主要采用平均移动,波动分析,偏差分析和相对差异率分析来实现经济环境特征指标的抽取。

2) 前馈神经网络模型经济环境特征指标预测。由前馈神经网络模型实现经济环境特征指标的时间序列预处理分析,给出未来经济环境特征指标的时间序列预测,通过它实现对未来经济环境特征指标的预测、分析处理。

3) 自组织神经网络模型的对于经济环境特征指标的可视化表示。由自组织特征映射(SOM)神经网络实现经济环境特征指标进行可视化表示,实现对于政策因素和人为因素离散指标的分类可视化表示。

4) 混合神经网络模型作为经济环境特征指标与税收数据关系的决策模型。由混合结构专家神经网络模型实现,它实际上是经济环境特征指标与税收数据关系的决策系统,由它实现对于经济环境特征指标与税收数据间关系的分析。

5) 适应性智能处理模型。用作为对预测分析处理的数据进行决策分析,综合集成与匹配,产生最终的预测、决策的结果,统计图表和图表的比较。

人工神经网络数据分析和预测和基于传统统计方法的数学模型的分析预测并不矛盾,两者之间互为有益的补充。人工神经网络数据分析预测特别适用于下列情况:

- 数据的时间段很短,难以建立数学模型的数据集;
- 难以用传统统计方法描述的非结构化数据;
- 传统统计模型难以描述的数据分析预测。

神经网络除了可以用来进行税收数据分析预测外,还可以进行稽查选案,具体步骤如下:

1) 对计算机选案的结果进行评估,然后作为训练样本,送入神经网络进行训练。

2) 加入新的样本后,即可使用该神经网络进行选择。然后对新的选案结果进行评估,加入样本库,用来进行下次训练。

3. 决策树

决策树(decision tree)学习是以实例为基础的归纳学习算法。它着眼于从一组无次序、无规则的事例中推理出决策树表示形式的分类规则。它采用自顶向下的递归方式，在决策树的内部结点进行属性值的比较并根据不同的属性值判断从该结点向下的分支，在决策树的叶结点得到结论。所以从根到叶结点的一条路径就对应着一条析取规则，整棵决策树就对应着一组析取表达式规则。基于决策树的学习算法的一个最大的优点就是它在学习过程中不需要使用者了解很多背景知识（这也同时是它最大的缺点），只要训练实例能够用属性－结论式的方式表达出来，就能使用该算法来学习。

一棵决策树的内部结点是属性或属性的集合，叶结点是所要学习划分的类，下面将内结点的属性称为测试属性。当经过一批训练实例集的训练产生一棵决策树，决策树可以根据属性的取值对一个未知实例集进行分类。使用决策树对实例进行分类的时候，由树根开始对该对象的属性逐渐测试其值，并且顺着分支向下走，直至到达某个叶结点，此叶结点代表的类即为该对象所处的类。

4. 贝叶斯网络

贝叶斯网络是用来表示变量间连接概率的图形模式，它提供了一种自然的表示因果信息的方法，用来发现数据间的潜在关系。在这个网络中，用节点表示变量，有向边表示变量间的依赖关系。贝叶斯理论给出了信任函数在数学上的计算方法，具有稳固的数学基础，同时它刻画了信任度与证据的一致性及其信任度随证据而变化的增量学习特性；在数据挖掘中，贝叶斯网络可以处理不完整和带有噪声的数据集，它用概率测度的权重来描述数据间的相关性，从而解决了数据间的不一致性，甚至是相互独立的问题；用图形的方法描述数据间的相互关系，语义清晰、可理解性强，这有助于利用数据间的因果关系进行预测分析。贝叶斯方法正在以其独特的不确定性知识表达形式、丰富的概率表达能力、综合先验知识的增量学习特性等成为当前数据挖掘众多方法中最为引人注目的焦点之一。

5. 支持向量机

支持向量机（support vector machine，SVM）建立在计算学习理论的结构风险最小化原则之上。其主要思想是针对两类分类问题，在高维空间中寻找一个超平面作为两类的分割，以保证最小的分类错误率。而且 SVM 一个重要的优点是可以处理线性不可分的情况。

6. 粗糙集

- 知识约简——在保持知识库的分类或决策能力不变的条件下，删除其中不相关或不重要知识。
- 冗余知识——资源的浪费，干扰人们作出正确而简洁的决策。
- 粗糙集（rough set）——把那些无法确认的个体都归属于边界线区域，而这种边界线区域被定义为上近似集和下近似集之差集。
- 知识约简是粗糙集的核心内容之一。

7. 统计分析

包括统计学中各种最基本的统计分析方法，主要有：对比分析法、平均和变异分析、综合评价分析法、结构分析法、平衡分析法、动态分析法、因素分析法、相关分析法。通过这些方法可以得到某些现象的规模、水平、速度、结构比例以及事物之间的联系等信息。

8. 关联规则

关联规则发掘的研究是近几年研究较多的数据挖掘方法,在数据挖掘的各种方法中应用也最为广泛。在数据挖掘的知识模式中,关联规则模式是比较重要的一种。关联规则的概念由 Agrawal、Imielinski、Swami 提出,是数据中一种简单但很实用的规则。关联规则模式属于描述型模式,发现关联规则的算法属于无监督学习的方法。

在稽查选案中,可以使用关联规则判断各个指标间的关联程度,然后可以进行指标合并,从而简化选案的复杂度。

9. 隐马尔科夫模型

俄国有机化学家 Vladimir Vasilyevich Markovnikov 于 1870 年提出了马尔科夫(Markov)模型,其本质上是一种随机过程。隐马尔科夫模型(hidden Markov model,HMM)是一个二重马尔科夫随机过程,它包括具有状态转移概率的 Markov 链和输出观测值的随机过程。其状态是不确定或不可见的,只有通过观测序列的随机过程才能表现出来。按状态的观测概率密度的连续性,隐马尔科夫模型可分为连续隐马尔科夫模型(continuous hidden Markov model,CHMM)、半连续隐马尔科夫模型(semi-continuous hidden Markov model,SCHMM)、离散隐马尔科夫模型(discrete hidden Markov model,DHMM)。

10. 范例推理

根据财务信息、申报信息、发票购买使用信息,以及各种违章信息,建立计算机自动选案系统,为税务稽查工作提供科学、规范的依据,从而做到"有据可依"。这项工作适于使用基于范例推理(CBR)的技术来完成。

基于范例推理已经是人工智能的一个发展较为成熟的分支,各种成功的应用充分显示了这项新的人工智能技术前景远大。

CBR 是一种基于过去的实际经验或经历的推理。传统的推理观点把推理理解为通过前因后果链(如规则链)导出结论的一个过程。许多专家系统使用的就是这种规则链式的推理方法。在 CBR 中,使用的主要知识不是规则而是范例或案例,对于纳税稽查来讲,这些范例记录了纳税人的各种有关数据。

在税务稽查中,采用 CBR 方法有如下好处:

1) 知识获取容易。开发基于规则的知识系统时,获取规则或模型是最繁琐的一件事务,需要领域专家(纳税业务熟悉人员)和知识工程师的反复密切合作甚至推倒重来。采用 CBR 反复则轻松多了,因为它存储的是范例,是纳税人的各种纳税情况,而获取这种范例对于领域专家来讲非常方便。

2) 知识维护方便。编写知识系统所需的启动知识库还仅仅是第一步。随着系统的运行,常常会发现初始的知识不完整而需要更新,新的知识可能会与原有知识产生冲突,导致非常大的系统变动。CBR 方法则不存在这些问题,因为范例存储的纳税数据是一种相对来讲更贴近于纳税业务用户的数据。

3) 用户易接受。CBR 推理的根据是历史事实,事实胜于雄辩,因此对用户有说服力。

在对被怀疑的纳税人进行稽查时,由于提供的依据是历史事实依据,因此说服力强。

设计基于范例的税务稽查选案系统要涉及如下关键问题:

(1) 范例表示

研究如何将过去所遇到的税务稽查选案问题以一种合适的、统一的表示方法表示出来,并将它们组织成范例库以便统一管理。税务稽查中涉及财务信息、申报信息、发票购买使用信息以及各种违章信息等不同内容的多种信息,如何将这些信息表示成范例的形式是系统实现的第一步。

范例的表示有两部分内容,一是范例的内容,即范例应该包含哪些有关的东西才能对问题的解决有用;二是范例的索引,它和范例的组织结构以及检索有关,反映了不同范例间的区别。范例一般有如下三个主要组成部分:

1) 情景描述:范例发生时要解决的问题及周围世界的状态。

2) 解决方案:对问题的解决方案。

3) 后果:执行解决方案后导致的结果(周围世界的新的状态)。

对于税务稽查选案来讲,情景描述主要是纳税人的各种数据,如财务报表、申报征收、发票购买使用等等信息。解决方案则指该情况是否属于可怀疑的偷漏税对象。范例的后果内容部分则记录了实施解决方案后(即断定是否偷漏税)的后果情况,是误判还是正确的断定。

(2) 范例检索

范例检索过程的输入为当前纳税人情况。通过推理分析,纳税人情况得到细化,特别是推导出一些关键的可当做索引的纳税信息。检索算法使用当前纳税情况和细化出来的索引在范例库中搜索。搜索需要借助匹配过程来决定当前范例和范例库中遇到的范例之间的匹配度或相似度。检索算法返回一组(部分)匹配的相似范例,这些范例都有可能对当前情况有用。根据税务稽查选案的具体特点和需要,确定范例间的相似度准则是实现基于范例的税务稽查选案的关键问题之一。

检索过程有三个核心部分组成:检索算法、匹配函数和情景分析。下面着重讨论检索算法。我们知道,数据结构和算法之间有着紧密相连的关系,因此探讨检索算法必须和范例库的组织结构联系在一起,不同的范例库组织自然要有相应的不同算法来检索。表结构或平面组织结构是一种简单的组织结构,而树和图结构则是复杂的组织结构。不同的范例组织结构有利有弊,这需要在设计时充分考虑稽查选案的特点,依具体情况而定。

CBR界的研究人员已形成了一系列的范例组织和检索策略和算法。有串行的,有并行的;有平面型的,有层次型的;有在细粒度级上建立索引以区别不同的范例,有在粗粒度级上建立索引的。用得最多的则是倒排索引之类的方法,既可以采用串行也可用并行策略来检索。具体地说,有如下三种有名的检索方法:近邻法、归纳法以及模板检索。这可以根据稽查选案的实际需要选择最佳的检索算法来完成范例检索任务。

(3) 范例获取

范例收集分为两个阶段:初始范例(范例库种子)收集阶段和范例求精阶段。前者要求保证范例库对纳税业务领域有足够的覆盖度以及具有可靠性。范例求精,也就是不停的范例训练过程,即是对范例中的有关纳税信息反复精化,它贯穿于系统的整个生命周期。

初始范例的获取是通过软件设计人员和纳税专家之间的合作完成的,这个工作不太复杂,不像专家系统那样需要大量的精力和时间。顺利完成的前提是范例的表示已经定义得较好。至于范例求精,则在系统的实际运行过程中,根据纳税问题的具体需要,做适当的、必要的修改,一般来说,由于使用的是范例推理的方法,因此改进工作也是较为轻松的。

11. 专家系统

税务稽查选案有一套完整的指标体系和参数设置,同时专家的经验又起着重要的作用。把这些和税务稽查选案相关的知识和经验提取出来,以合理的知识表示方法表示出来,是设计计算机自动稽查选案系统的基础工作和需要解决的一个关键问题。

专家系统是运用知识进行推理的计算机程序。专家系统把某一领域里公认的权威专家的知识或法规及各种规则精选出来,并用某种形式表示出来,计算机将根据这些知识去模仿专家分析问题的方法和解决问题的策略,求得问题的解答。专家系统是实现智能决策的关键,用从税收业务专家头脑中发掘出来的税收知识和经验构筑起来的税收专家系统,可使税收业务专家的专长不受时间和空间的限制,为更多的税务工作者提供咨询和建议,从而提高一般税务干部的工作水平。

根据税法及各种条例,分析纳税人的各种资料(基本信息、工商登记信息、纳税申报信息、发票使用情况、违章信息及财务信息等),智能、准确地鉴定应纳税种,同时监控纳税人的登记变化情况及纳税活动,做到对税源宏观监控,微观管理,控制漏征面,是税源分析的任务。目前增值税专用发票管理上还存在漏洞,利用增值税专用发票进行犯罪的案件屡禁不止,同时还存在增值税与营业税、增值税与消费税相互交叉问题。如何管理好发票(尤其是增值税专用发票),是摆在每个税务干部面前的一个重大课题。同时,还存在分析、审核、确认纳税人是否具有享受纳税活动中各种资格的待批文书审核问题。如果利用税收业务专家的知识和经验构造成税收专家系统,将大大提高各项管理工作的准确性和高效性,同时可以避免可能出现的违法乱纪现象。

从 20 世纪 80 年代后期开始出现第二代专家系统工具,例如 CLIPS、NEXPERTOB-JECT、KEE 的工作站 C 版本 PROKAPPA、ART‐IM 等。可以在分析、消化国外技术的基础上,使用面向对象的技术研究适用于税收领域的知识表示方法,开发适用于税收领域的面向对象的知识处理系统,它由推理机、语言解释器、工具库、可视化知识管理工具四部分组成,同时考虑以税收管理信息系统为基础,这个知识信息处理系统需要具有直接从数据库中读取数据的功能。在此基础上,使用这个知识信息处理系统开发适用于文件审核、发票稽核、税务检查结果分析等任务的专家系统。

9.4.3 内容

1. 税收数据分析预测

税收数据分析预测主要包括两方面的内容:

(1) 税收预测

其中主要是税收能力的估算。税收预测的主要作用是澄清税收和国民经济宏观指标之间的关系,这些宏观经济指标包括国内生产总值、固定资产投资、社会商品零售总额、货币投放量等国民经济先行指标,还需要估算税种结构、地区结构、地区都市化程度的不同对税收的影响,得出宏观税负、税收和国内生产总值的增长弹性,增长波动幅度,税收的绝对增长,税收结构变动等综合结论,在此基础上估算纳税能力,从而为预算税收收入和制定税收计划提高决策的依据。

(2) 税收计划

包括计算年度、月度的税收计划。科学、准确的税收计划对于政府各部门制定计划起着重要的参考作用,同时也是考查税务干部工作成绩的一项重要依据。

税收数据分析预测不仅是税务部门本身制定计划的重要参考,而且为国家及各级政府财政预算提供科学的依据,是税务部门的一项重要职能。税收数据分析预测除了和税收征管的数据有关外,更多的和宏观经济数据有关,涉及的因素较多,数据量庞大,由于受过去的计划经济体制影响和计算机应用水平的限制,这方面的问题未得到根本解决。

对于税收数据的分析预测任务,传统的决策分析和数据分析理论中的数学模型是必不可少的,它是进行数据分析和预测的最基本的手段。但是对时间段较短的数据和非结构化的数据来说,单纯使用数学模型可能满足不了实际的需要,而人工神经网络作为一种并行的动力学系统模型,特别适用于在统计推理、模式识别、联想记忆、聚类和分类活动方面模拟人的智能,它的出现和发展解决了这类问题。

2. 税务稽查计算机自动选案

税务稽查对象的确定,是指按照税务稽查计划范围、工作目标以及税务违法案源线索对稽查对象的选择和确定。科学地确定稽查对象对于开展稽查工作具有重大意义。

税务稽查行为,是国家赋予税务机关的行政执法权力,它必须符合法律规定,并受法律约束。税务稽查行为是由具体税务人员来完成的,在稽查人员同纳税人有某种利害关系的情况下,人的感情因素和个人意志很容易同执法行为相混淆,而使执法行为失之公正。这就要求稽查对象的确定应该是客观公正的,在客观条件相同的情况下的纳税人接受稽查的机会应该是均等的,只有科学地确定稽查对象,才能保证稽查工作的顺利进行。

税收的原则之一即是效率原则,税务稽查也必须遵循这一基本原则,使稽查活动以最少的人力、物力消耗,收到最大的稽查成果。这就要求确定稽查对象必须具有科学性、准确性,即能通过对纳税人财务信息和纳税情况的分析、处理,最大限度地发现疑点和问题,为稽查提供可靠充分的线索和依据。

由此可见,科学、准确地确定税务稽查对象,有利于保证稽查执法的客观公正,提高稽查的质量和效益,促进稽查计划目标的顺利实现。

可以使用基于规则和基于范例推理相结合的专家系统技术和数据开采技术,建立高效、开放、灵活的税务稽查计算机自动选案系统。

9.4.4　目的与意义

面对当前信息化技术的挑战,税收信息系统不仅要为税收各种业务的统计、资料收集、处理提供现代化手段,还需要为管理部门制定经营计划、研究发展战略和评估经营成果提供数据信息、计算处理、综合处理等辅助决策工具。没有一个智能化的决策支持系统,很难有效地适应税收现代化的战略决策,为税收领域的科学化管理、数据分析、风险分析和预测提供高科技手段。税收领域智能决策支持系统是现代化的税收信息系统必不可少的组成部分,与国民经济的发展密切相关。研究建立和发展现代化的税收领域智能决策支持系统,准确地把握税源的动态,实现对整个税收活动有效地管理和决策,具有重大的经济效益和社会效益。

自20世纪80年代中期以来,在全国各地已有大量税收软件系统交付使用,但这些系统绝大多数运行于局域网环境下,功能上仅仅是模仿手工处理方式来进行事务处理,目前还没有做到对信息的有效管理,更谈不上辅助决策能力。税收数据量巨大,这些数据是非常宝贵的信息资源,如果不进行整理、分析、提取,将使税务工作人员陷于大量的数据中,严重地影响工作效率,同时造成资源的大量浪费。较之发达国家,我国的税收计算机信息系统相对落后,尚处在引进、消化和创建阶段。由于我国的国情与国外有较大的差异,我们必须根据我国税法及经济状况,运用先进的科学技术,高起点地研制出适合我国国情的税收领域智能决策支持系统,以适应目前我国征管改革的需要。

税收领域智能决策支持系统是建立在税收管理信息系统的基础上,集成管理科学、人工智能、神经计算等多学科技术,面向税务工作管理层的智能软件系统。它运用高度智能化的技术来提高税务工作的管理效率,加强对纳税人经济活动的全面监督管理,加速税收领域的电子化和科学化管理进程。

在税收智能决策支持系统中,数据分析理论和智能技术是重要的组成部分。现代税收数据分析的理论和模型,是掌握和分析税收的行为与趋势的有效工具。为了对税收政策、科学管理、数据分析、税收预测和决策以及对税源发展目标的评估、偷漏税行为的控制和管理提供更有效的手段,可以采用专家系统、数据开采、基于范例推理等技术。从当前的国际和国内情况来看,智能决策系统模型和信息系统模型,特别是税务领域的信息系统模型越来越依赖于建立对变化环境具有自适应性的计算模型和工具。在税收信息系统的决策模型工程中,基于机器学习、非线性动力学系统和适应性技术的模型更适合于理解动态变化的市场行为。人工智能技术(包括机器学习系统、基于知识和规则的推理系统)是税务决策系统中起着关键影响的技术。

9.4.5 现状

国外经济发达国家早在20世纪六七十年代就已将计算机技术应用到税收业务上。各国政府投入巨额资金,建立庞大的全国计算机网络,有统一规范的信息系统支持,各种纳税事务的处理,包括对纳税人的监控和稽查,都通过计算机网络进行,收到很好的效果。近年来,许多发展中国家也把税收电子化作为加强政府经济调控能力的最主要措施来抓。可以说,除税收法制健全的因素外,税务工作拥有先进的管理手段,是这些国家税收秩序良好的主要原因。在技术上,税收信息系统大都采用客户机/服务器(client/server)体系结构,采用先进的大型数据库和网络系统。

另一方面,由于西方发达国家采用分税制较早,管理有一定的基础,制度比较规范,所以应用效果比较明显。比如:美国分联邦税和州税,联邦税由国家财政统一征收和管理,州税则由各州地方政府征收和管理,由于税收的特殊地位,不管是联邦税的征管,还是州地方税的征管都自上而下地统筹规划,加大对信息及电子化工程的投入,使税务部门在计算机应用上发挥了积极作用。

我国的税收信息化的建设历程始于20世纪80年代,发展轨迹大致可划分为三个阶段:第一阶段是模拟手工操作的税收电子化阶段,其总体特征为采用数据库技术,依托单机和局域网,涉及税务应用的操作层次,对税收业务的重要环节实现了手工操作的计算机化。第二阶段是步入面向管理的税收管理信息系统阶段,其总体特征为采用关系型数据库、客户机/服务器模式及图形化界面,依托广域网进行分布式处理,涉及税务应用的操作和管理层次。第三阶段是实现创造税收价值的全方位税收服务系统阶段,其总体特征为采用Web技术和组件化结构,依托互联网实现集中式处理,涉及税务应用的操作、管理和决策层次,并对纳税人进行全面的管理与服务。

目前,中国的税务信息化正处于由面向管理的税收管理信息系统的第二阶段向建立全方位税收服务系统的第三阶段迈进的过程。加快建设世界一流的税收管理信息系统,实现税务信息化的跨越式发展,使之符合"电子政务"发展的需求,已是摆在我们面前的十分现实的奋斗目标,也是中国税务信息化发展的必然趋势。

基于我国电子政务的大环境,国家对税务信息化工作已经明确提出了其总体目标,即根据一体化原则,建设一个基于统一税务规范的应用系统平台,税务机关依托税务系统的计算机广域网,以总局为主,以省局为辅,高度集中处理信息,税务信息化系统的功能设计将覆盖各级税务机关的所有职能。

1999年,神州数码承建国家税务总局的"中国税收征管信息系统(CTAIS)",该系统全面覆盖基层业务处理、管理监控和辅助决策等各个税收征管环节的业务,提供了管理服务、征收监控、税务稽查、税收法制及税务执行等5个系列的基层税收征管系统和市局级管理与监控系统。CTAIS较充分地考虑了税收应用系统的特点,功能全面,业务监控关系严密,能够满足全国统一规范的要求。

9.4.6 税务智能决策支持

税收是国家财政收入的主要来源,起着聚财和宏观经济调控的作用。目前,通过税务部门组织的收入一直占国家财政收入的90%以上。随着社会主义市场经济体制的建立和完善,税收工作在国民经济建设中起着越来越重要的作用。

为了充分发挥税收在社会主义现代化建设中的重要作用,党中央、国务院对此十分重视。在八届人大四次会议上批准的《中华人民共和国国民经济和社会发展"九五"计划和2010年远景目标纲要》中明确指出:要"完善税收征管制度、强化管理监督,并要加快应用计算机进行税收征管的步伐"。国家税务总局为了贯彻落实这一"科技兴税"的战略目标,加快税务管理现代化进程和税收电子化步伐,特制定了《税收电子化工程"九五"时期发展规划》来统筹部署全国范围内的税收电子信息化工程的建设。

面对当前信息化技术的挑战,税收信息系统不仅要为税收各种业务的统计、资料收集、处理提供现代化手段,还需要为管理部门制定经营计划、研究发展战略和评估经营成果提供数据信息、计算处理、综合处理等辅助决策工具。没有一个智能化的决策支持系统,很难有效地适应税收现代化的战略决策,为税收领域的科学化管理、数据分析、风险分析和预测提供高科技手段。税收领域智能决策支持系统是现代化的税收信息系统必不可少的组成部分，与国民经济的发展密切相关。研究建立和发展现代化的税收领域智能决策支持系统，准确地把握税源的动态，实现对整个税收活动有效地管理和决策，具有重大的经济效益和社会效益。

税收领域智能决策支持系统是建立在税收管理信息系统的基础上，集成管理科学、人工智能、神经计算等多学科技术，面向税务工作管理层的智能软件系统。它运用高度智能化的技术来提高税务工作的管理效率，加强对纳税人经济活动的全面监督管理，加速税收领域的电子化和科学化管理进程。

[改自：智能科学网 http://www.intsci.ac.cn/]

参考文献与网站

[1] 阮俊杰. 智能型决策支持系统[J]. 控制与决策，1991(1).
[2] 徐洁磐. 一个智能决策支持系统生成器的设计与实现[C]//第八次全国数据库学术会议论文集，1989.
[3] 高洪深. 决策支持系统[M]. 北京：清华大学出版社，1996.
[4] Yong L F. 计算机支持含有创造力决策：右脑型决策支持系统[M]//决策支持系统与专家系统. 北京：社会科学文献出版社，1988.
[5] 姚卿达，等. 新一代决策支持系统[J]. 计算机科学，1988.
[6] 夏安帮. 决策支持系统引论[M]. 上海：同济大学出版社，1991.
[7] 杨一平. 静态智能模拟系统[J]. 决策与决策支持系统，1993.
[8] 智能科学网：http://www.intsci.ac.cn

案 例 分 析

案例1 电子政务中的"决策支持系统"

"电子政务"是指政府机构运用现代计算机和网络技术，将其管理和服务职能转移到网络上去完成，同时实现政府组织结构和工作流程的重组优化，超越时间、空间和部门分隔的制约，向全社会提供高效优质、规范透明和全方位的管理与服务。它的意义在于突破了的工业时代传统的"一站式"政府办公模式，建立了适应网络时代的"一网式"新模式，开辟了推动社会信息化的新途径，创造了政府管理、服务的新方式。"电子政务工程"的实施标志着我国向网络时代迈进了一大步。在数字化进程中，中国政府毫无疑问将变得更加精干、强大，也必将和人民更加贴近。这将极大地调动整个社会活力，推动中国社会的飞速发展，并对我国未来的发展产生巨大的影响。

为了适应电子政务中政府管理新方式的需要，北京市社会科学院信息研究中心在"国家社会科学基金"和"北京市自然科学基金"的资助下研制开发了"北京(地方)经济决策支持系统",其中5个子系统于2001年被北京市政府采用,目前在"城市发展监控系统"上运行,通过在线工作方式,对北京市政府在电子政务的经济管理方面提供科学支持。

"地方经济决策支持系统"为省、市各地方经济决策部门把握经济发展状态、预测经济发展趋势、监测经济系统运行提供了一个平台。它的目标在于提高决策的有效性。其功能首先是为决策者提供一个良好的决策环境,其次是为决策者提供进行科学决策所必需的工具。它利用电子计算机进行信息收集、存储、加工和处理,模拟不同的决策方案,提供给决策者进行优化和选择。它可以在决策过程的不同阶段提供不同形式的支持,提高决策者的决策效率和决策的科学性。

"地方经济决策支持系统"定位于为各级政府的经济决策提供理论和方法支持。经济系统是复杂系统,因此,它既要支持结构化决策,也必须支持半结构化决策和非结构化决策,并注重把定性和定量完美地结合起来。在系统运行过程中,它通过人机交互,提高人对问题的理解、认识能力,辅助寻找解决的途径和方法。在系统中除了建立较大型的数据库,具备了数据查询、检索功能外,还引入了统计、预测模型和一些适应政府机构专业工作的控制和模拟模型,以及一些专业性很强的综合评价系统。

本软件涵盖了以下7个系统:

(1) 北京劳动就业决策支持系统

本系统以大型动态数据库为基础,分类存储北京(年度、月度)的全部主要劳动经济信息,以及全国主要城市的劳动经济信息,实现劳动就业信息的快速自动查询、检索及自动制表、统计、预测、趋势分析、指标控制、政策模拟等。

(2) 北京物价决策支持系统

共分三大部件——人机交互系统、数据库系统、模型库系统。主要以水资源调价的投入产出模型为实例。

(3) 北京郊区农业决策支持系统

本系统针对当今郊区农业生产、管理实现现代化的需要,包括:京郊农业综合信息检索、查询;京郊农业形势分析;京郊农业发展的综合评价。

(4) 北京700年自然灾害查询系统

本系统建立了从明代开始北京700年所发生的重大灾害的综合数据库,通过对数据库查询,用户可以了解到北京700年来所发生的水、旱、地震、风及蝗灾的情况。该系统还设置了一些定量分析的模型,为寻找北京地区自然灾害发生的规律性建造了一个可以扩展的人机交互平台。

(5) 宏观金融风险预警系统

本系统试图建立我国宏观金融风险预警系统,对我国宏观金融运行状况进行监测,以便及时发现经济运行中存在的问题,为经济决策部门提供决策参考。

(6) 北京经济综合决策支持系统

本系统是以上几个分系统的集成。体现这种综合性的最主要特点是在该系统中设置了几个重要的综合性模型,分别是:人机交互的综合分析与预测模型;二次最优合理预期模型;北京适度人口规模模型;城市国际化程度的识别与定位的人工神经网络模型。

(7) 北京产业结构调整决策支持系统

本系统是一个大型投入产出模型。为了适应北京的需要,同时设置了能源、水资源、就业几方面的系数。加入 WTO 对北京产业结构的调整和劳动就业的影响,是该系统的一个典型案例。

北京市政府的"城市发展监控系统"采用的是"北京(地方)经济决策支持系统"中的"北京经济综合决策支持系统"、"北京劳动就业决策支持系统"、"北京郊区农业决策支持系统"、"北京产业结构调整决策支持系统"及"北京700年自然灾害查询系统"五个子系统;另外,原版本中的"北京物价决策支持系统"和"北京劳动就业决策支持系统"曾分别被北京市物价局和北京市劳动局试用,目前物价系统和宏观金融风险预警系统正在进一步的完善的升级过程中。

为了进一步扩展电子政务的服务功能,在此基础上,又研制开发了企业层次的两个系统:"企业预警系统"和"企业综合评价系统",以及为大众服务的"大众投资决策支持系统"。

"地方经济决策支持系统"的创新之处是:
- 在解决中央与地方关系的模型实现上引入合理预期理论、控制论和博弈论;
- 对人的思维方式进行了大胆探索;
- 在政策模拟上积累了大量的经验;
- 尝试利用人工神经网络模型处理复杂的非线性、多变量、多学科综合性问题;
- 运用当代先进信息技术,在经济和社会现象的仿真上大胆探索,在实现政策的模拟与实验上步入社会科学的前沿,在实用性的开发上也走在了前列。

电子政务的建设大体包括三个层面:一是政务数据的电子化,即建立数据库系统;二是政务流程的电子化,即把已经规范的政务流程以软件程序的方式固定下来,提高工作效率;三是对电子化的数据进行科学的加工、处理,并运用理论及定量模型为决策提供支持。毫无疑问,随着电子政务管理和服务功能的充分发挥,在这个信息快速流运行的平台上办公、寻求服务的人们,对决策支持的需求也会越来越扩展、越深化。

[摘自:陈文. 首都信息化,2002(9)]

案例2 动力维护计算机决策支持系统

1. 引言

从 20 世纪 90 年代初广州电信局的第一套通信电源监控系统的开发实验作为电源监控的起步标志,到现在已有十多个年头了,在此期间,动力及环境集中监控系统无论在技术上,还是在系统实施的规模上,都有了很大的发展,但是在发展过程中暴露出了不少新的问题,如在监控系统硬件配置灵活、软件功能不断完善的情况下,其高智能化方面的性能没有得到更好的发展。

为了使监控系统有效地发挥作用,除了不断完善监控系统基本功能外,同时还要注重利用计算机数据处理的优势,开发完善高智能化性能。广东省各分公司目前的监控系统主要是实现动力设备监控功能,是一种"防患于已然"的监控系统,该系统不能对动力设备的潜在隐患,通过计算机进行数值分析和故障预测,实现"防患于未然"的功能。因此,顺应动力及环境监控系统的发展趋势,应该增加智能决策功能,以利于今后更好地指导电源设备的维护工作。于是,提出了预防性维护策略与智能决策相结合的维护思路,进行动力监控维护计算机决策系统研制。

2. 研制过程

(1) 采用客户/服务器模式

现在深圳移动公司运行的监控设备是华为的产品,如果全面地抛弃其产品而重新设置一套监控设备,不仅浪费设备,而且是不现实的。可以设想把动力维护计算机决策支持系统跨接在现有监控平台上进行工作,采用客户/服务器模式来实现对华为监控系统数据库的操作,设立一个和华为监控服务器并行工作的服务器,称之为决策服务器,把它作为华为监控服务器的客户端,通过以太网和华为监控服务器对接。客户端通过调用华为监控服务器数据库的程序,把华为监控服务器的数据传送给决策服务器,决策服务器选择有用的数据保留,把海量的数据存放在自己的 Sybase 数据库之中。

决策服务器和用户终端之间也是通过客户/服务器模式进行通信的。决策服务器可以有一个或者多个用户终端,用户终端就是一般的 PC 机,终端对用户设定一定级别的数据访问权限,使许多维护人员在异地能够用客户/服务器模式操作。用户终端获取维护决策服务器产生的预防性告警、任务派发等信息,并且通过 Modem 等通信接口把告警转化为声光信息向相关人员传送。终端和决策服务器可以通过简单的局域网连接,也可以通过企业办公网络连接。图 9.9 为采用客户/服务器模式的动力维护计算机决策支持系统的物理结构图。

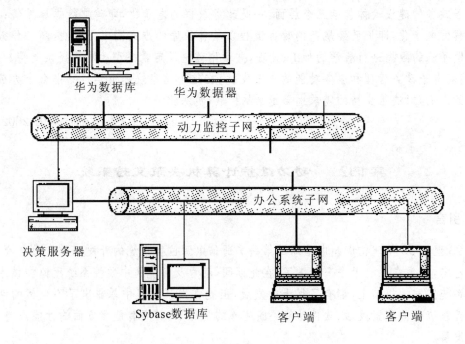

图 9.9 动务维护计算机决策支持系统物理结构

(2) 选择系统开发的工具

可以选择 Windows NT 作为决策服务器运行的操作系统,因为它和华为监控服务器比较容易实现对接。选择 Sybase 11.5 程序作为决策服务器上调用数据库的管理程序,因为它一方面能够实现海量数据的可靠存储和管理,另一方面又可以实现数据库交互的兼容性,能够支持和华为监控服务器在数据库方面的对接。选择能够熟练操作的 Windows NT 或者 Windows 98 作为用户终端运行的操作系统。

由于监维系统的开发工具既涉及大量的模型计算,同时又要求与数据库有着友好的开发接口,为此,选择 Borland 公司的 Delphi 5.0 作为决策系统界面及主程序的开发工具。选用 Delphi 5.0 作为开发工具的另一个原因是它具有良好的底端开发功能,同时,Delphi 5.0 能够容易地支持 Winsock 层的软件开发。

(3) 建立合理的失效模型

失效模型是动力维护计算机决策支持系统研制成功与否的核心,必须从产品供应商那里取得失效模型的基本信息,搞清楚他们对失效模型的物理理解,并且补充在维护工作中的实践经验,作为建立失效模型的依据,然后运用数学公式推导建立失效模型,这是研究工作的主要内容。

建立失效模型是一项非常复杂的工作,失效模型在数学上缺少统一描述,例如,一些设备的失效模型需要对曲线的斜率进行计算,另一些设备的失效模型需要对曲线斜率进行时间积分,还有一些设备的失效模型和数学上不相关的参数有关。这些设备的失效模型的建立都需要对产品失效原理的深刻理解,这对准确建立数学模型是至关重要的。

3. 主要技术方案

(1) 系统结构组成

动力维护计算机决策支持系统结构如图 9.10 所示。Socket(套接字)是典型的运行 TCP/IP 通信协议的应用开发接口,作为网络应用编程界面;OLE(object linking and embedding)是对象动态链接与嵌入方式,是应用程序之间交换数据和相互操作的一种方式,能实现不同程序之间的功能共享;ODBC(open data base connectivity)是 Windows 应用程序与后台数据库之间的公共接口,是通信服务器获取 Sybase 数据库资料的连接方式;Sybase 是数据库管理系统。

(2) 系统的软硬件配置

1) 主要硬件:
- IBM 专用服务器;
- IBM 微机;
- BCSU 电池测量仪。

2) 主要系统软件:
- Windows 98 操作系统;
- NT Workstation 4.0 操作系统;
- Sybase 11.5 数据库。

3) 主要开发软件:
- Delphi 5.0。

4. 关键技术的研发

(1) 通信电源系统中失效模型的建立

动力系统是由电源整流器、蓄电池、保护开关等设备组成的大系统,大系统中失效模型的建立是一个复杂的过程,因为系统的失效不仅取决于系统本身的因素,同时与系统中各部件的失效情况紧密相关。可以从电源部件失效分析着手,然后把各个电源部件失效分析结合起来,得出整体动力系统的失效分析。失效模型建立的具体方法是:结合设备维护的具体经验,设立有关电源部件失效的阈值,建立基于专家系统的交流、整流设备的失效模型,然后按照失效模型编制计算机程序,对监控采集的实时数据自动读入到计算机接口中,通过运行计算机程序,对电源的各个相关部件进行失效分析,最后再综合出动力系统整体的失效分析。

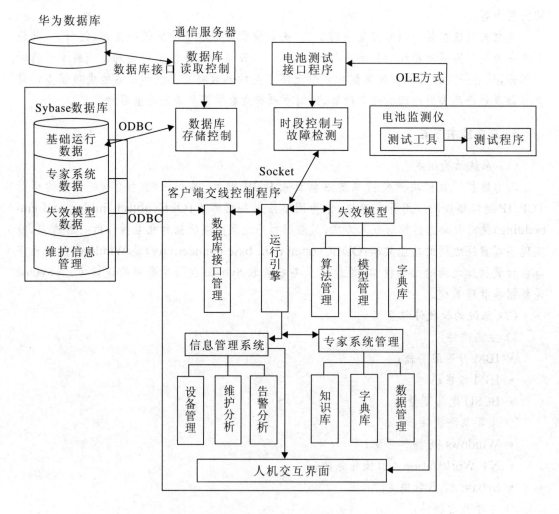

图9.10 动力维护计算机决策支持系统结构图

(2) 基于故障树的专家系统的研发

专家系统即为具有专门知识,并利用这些专门知识解决特定系统中实际问题的计算机程序。在进行动力监控维护计算机专家系统的开发中,主要采用以下关键技术:

1) 运用产生规则式知识形式建立专家系统。利用故障树诊断的概念，对现行设备的各种故障进行故障树的推理，给出推理机模型，将某项事件作为确定性的推理重点，对可能引起该项事件的其他因素则作为故障元进行逆向推导，并在此基础上进行确定性推导。

2) 应答式的开放专家系统的建立。建立专家系统不同于建立传统的数据库系统，它需要对推理模型、人机交互、数据管理几方面进行系统集成。应答式表现在处理的过程是以应答方式进行的，符合人工智能的处理原则。

(3) 基于时序微分分析的电池性能评价方案

该方案不是以某种测试结果作为判断电池性能的惟一依据而得出结论，相反地，它将电池的维护看作是一个长期的变化过程来予以分析，提出一个解决电池性能评价的整体方案。

由于电池的运行是一个连续的过程，因此，必须对电池进行连续的分析，这就是微分分析的概念。将上述的分析结合起来，进行确定性的评价便一定会得出准确的结论。因此，采用时序分析的方法，将电池在假负载放电时的测量值记录下来，然后进行数学曲线的拟合，即通过和各种容量的标准曲线相比较得出各个单体的容量，进而获得整组电池的容量。当市电发生停电时，电池测试仪自动触发测试程序，以动态的在线方式获得电池的容量测量数值。最后将电池在假负载放电和停电时实际放电的测量结果加以比较，结合电导测量数值，给出电池维护工作的建议。这种维护决策是动态的，而不是静态的。

5. 系统存在问题及改进考虑

(1) 失效模型的完善问题

由于所有的失效模型均为首次开发运行，在理论上有需要进一步完善的地方。可以在采集大量运行数据的基础上对失效模型加以完善，逐步做到故障预测的准确性。

(2) 系统接口的通用性问题

由于动力维护计算机决策支持系统的开发是以华为公司提供的数据库接口作为本系统接口，不能兼容其他厂家的数据库接口，使该系统移植到其他厂家建造的动力及环境集中监控系统中较为繁琐。可以在华为公司提供标准系统接口基础上，增强监控维护计算机决策支持系统的接口通用性。

(3) 电池性能评价解决方案中的评价精度问题

数理统计拟合的准确性在很大程度上取决于采集样本的精度和数量，因此，需要改善监控设备测量数据的精度并进行大量的测量试验。

6. 结束语

动力维护计算机决策支持系统的应用是建立在已建成的监控系统的实时数据采集基础之上的，该系统是动力及环境监控系统在设备管理功能应用上的改进提高。这个科技项目的研制为广东省通信电源整体维护工作的智能化做出了探索性的努力，2001年3月该项目被评为广东移动通信责任有限公司优秀科技项目。

[摘自：黄绍中. 电信科学, 2001(2)]